2022年受験用 鹿児島県
高校入試問題集
私立編 I

鹿児島市内5校の入試問題掲載

- 鹿児島高校
- 鹿児島純心女子高校
- 鹿児島実業高校
- 樟南高校
- 鹿児島情報高校

解答用紙集

2022年受験用

鹿児島県高校入試問題集　私立編Ⅰ

解答用紙集　目次

令和三年度　国語　解答用紙

1

1　ア　イ　しく　ウ　り　エ　オ

2　A　B　C　3　4

5

6　7

2

1　ア　して　イ　ウ　じた　エ

2　①　②

3　15　から

4

5

6

7

3

1　2　3　4

5　6　7　8

9　季語　季節　10

4

1　2　3　①　②

4　5　6

7　A　B　8　9

○印	志望学科・コース
	普　　通　　科
	英数科特進コース
	英数科英数コース
	情報ビジネス科

受験番号

番

合　　計

点

(　　)(　　)　(　　)(　　)(　　)　(　　)　(　　)

鹿児島高校　令和３年度　**数　学**　解答用紙

1

(1)	(2)	(3)	(4)	(5)
(6)	(7)	(8)	(9)	(10)
$x=$			度	g

2

(1)		(4)
①	②	
個	番目	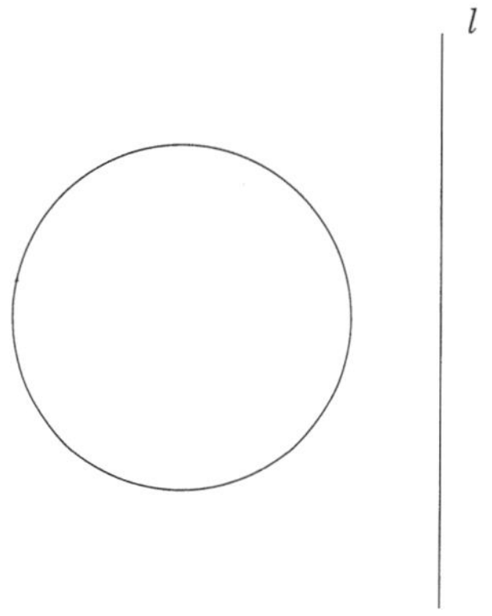
(2)		
①	②	
	$n=$	
(3)		
①	②	
cm	cm²	

3

(1)	(3)		(4)
	A	a	
(2)	B	b	
時間			

4

(1)	(2)	(3)	(4)
$a=$		個	

5

(1)	(2)	(3)	(4)
：	度	cm²	cm³

○印	志望学科・コース	受験番号
	普　通　科	番
	英数科特進コース	
	英数科英数コース	
	情報ビジネス科	

合　計
点

鹿児島高校　令和３年度　**英　語**　解答用紙

1

1	2	3	4	5

2

1	2	3	4	5

3

	３番目	５番目		３番目	５番目		３番目	５番目
1			2			3		
4			5					

4

問１ (a)　　問２ (b)　　問３

問４ (c)　　問５ (d) 8

問６ A (1)　B (2)

問６ C (e) 5 (f) 5

5

問１ ① t　⑥ m

問２ (a)　(b)

問３ (c)　　問４　　問５ ⑦

問６ (h　　) (w　　)

問７ (d)　(e)　(f)

問８

○印	志望学科・コース	受験番号
	普通科	番
	英数科特進コース	
	英数科英数コース	
	情報ビジネス科	

合計
点

鹿児島高校　　令和３年度　　**社　　会**　　解答用紙

1

Ⅰ
1		2	(1)		(2)
3	月　日　時	4	(1)		(2)
5		6	(1)		(2)
7					

Ⅱ
1	X	Y	Z	2	
3	太平洋側は寒流の千島海流が流れているが，日本海側は（　　　）の（　　　）海流が流れているから				

Ⅲ
1		2	

2

Ⅰ
1	①	②	2	3	
4		5	(1)	X	Y
(2)					
6					

Ⅱ
1		2	3	(1)	(2)
4	(1)		(2)		
5					

3

Ⅰ
1		2	(1)		(2)
3		4		5	

Ⅱ
1		2	(1) 裁判	(2) 名	
(3)					
3	(1) 名	(2)			
4					

○印	志望学科・コース	受験番号
	英数科特進コース	番
	英数科英数コース	

合　　計
点

鹿児島高校　令和３年度　理　科　解答用紙

1

1											
2	(1)		(2)		(3)						
3	(1)		(2)		(3)		4	mL			

2

I

1		2		3	km
4		5	時　分　秒		

II

1		2		3		4	

3

1		2		3	→　→　→				
4									
5	(1)	：	(2)	g	6	(1)		(2)	

4

I

1	(1)		(2)		2	A		B		3

II

1	(1)	a		b	
2	Ω				

(2)

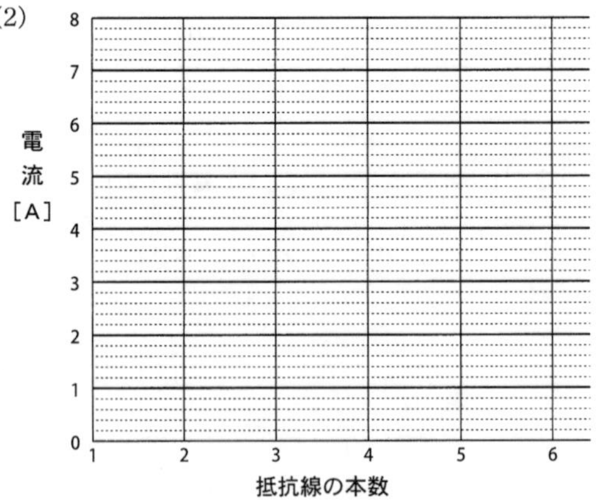

○印	志望学科・コース	受験番号
	英数科特進コース	番
	英数科英数コース	

合計
点

令和三年度　鹿児島純心女子高等学校入学学力検査問題　国語　解答用紙

1

1 ① ② ③ ち ④ う

⑤ ⑥ して

2 画

2

1

2

3

4 Ⅰ Ⅱ

5

3

1

2 ② ⑤

3

4

5 Ⅰ Ⅱ Ⅲ Ⅳ

4

1

2 Ⅰ Ⅱ

3

4

5

6

5

1 2 3 4 5 6 7 8

受験番号

得　点

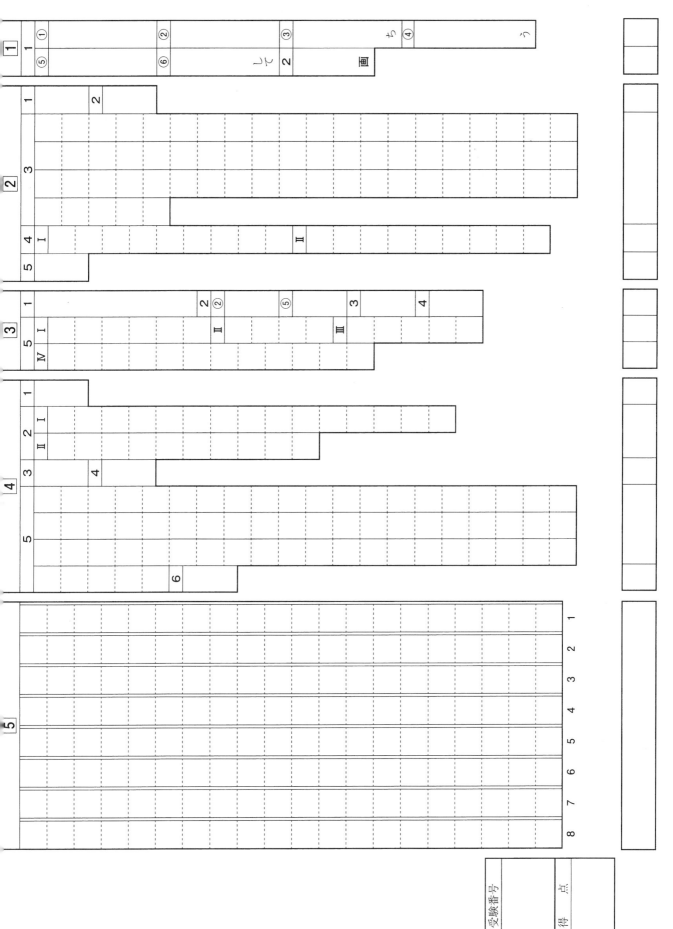

令和３年度　鹿児島純心女子高等学校　入学学力検査問題
数学　解答用紙

1

(1)		(2)		(3)	
(4)		(5)			

2

(1)		(2)	$a=$	(3)	
(4)	①　$a=$　　②　$a=$	(5)		(6)	度
(7)	①　　度　②　　cm^2				
(8)	①　　円　②　昼間の電気使用量　　kWh，夜間の電気使用量　　kWh				

3

Ⅰ	(1)	冊	(2)	最頻値	中央値	平均値
Ⅱ	(1)		(2)			

4

(1)	ア　　イ
(2)	<証明>
(3)	

5

(1)	秒速　　m　(2)　　回
(2)	
(3)	m

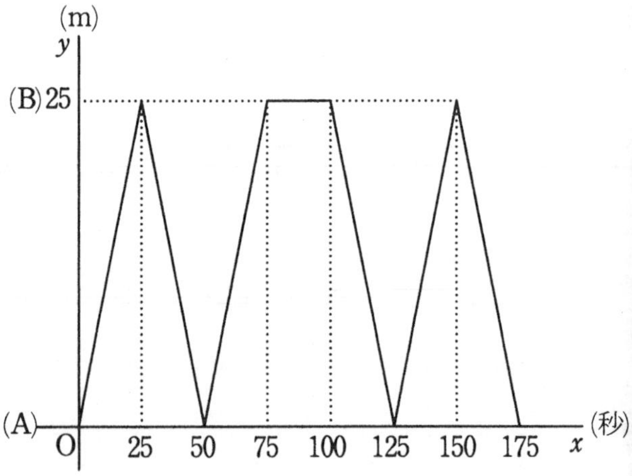

受験番号	得点

令和3年度　鹿児島純心女子高等学校　入学学力検査問題

英　語　解　答　用　紙

1	1		
	2		
	3		
	4	①	②
	5	(1)	(2)
		(3)	is the most important for him.
	6		

2	1	①	②		
	2	①			
		②	③	④	
	3	?			
	4				

3	Ⅰ	①	②	③	④
	Ⅱ	1			
		2			
	Ⅲ	(1)			
		(2)			

4	1		
	2		
	3	冬	春
	4	● 10 15	
		● 10 15	
		● 10 15	
	5		
	6		
	7		
	8		

受験番号	得　　点

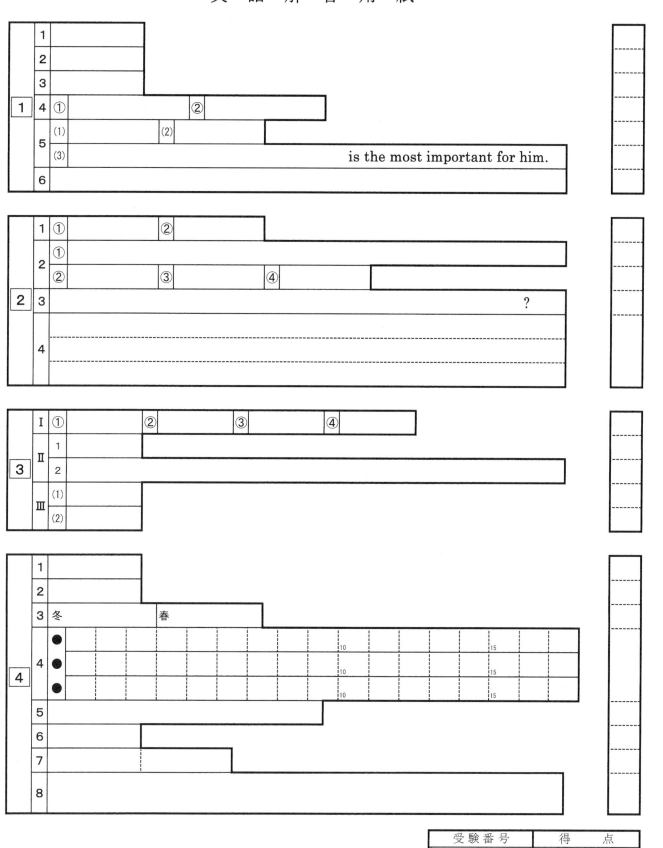

令和３年度　鹿児島純心女子高等学校　入学学力検査問題
社会科解答用紙

採点欄

1	Ⅰ	1	(1)	(2)	2	(1)	
		2	(2)				
		3			4	(1)	(2)
		4	(3)				
	Ⅱ	1	(1)	(2)			
		2	(1) 語句	⇒ ⇒			
			(2)				
		3	県	4	(1)		(2)
		4	(3) A	B			
	Ⅲ	1					
		2	1	2			

2	Ⅰ	1	①	②			
		2		3	(1)	(2)	
		4					
		5	(1)	(2)			
		6	A ⇒ ⇒ ⇒ ⇒				
	Ⅱ	1		2		3	
		4		5			
		6	⇒ ⇒				
	Ⅲ	1					
		2					

3	Ⅰ	1	各国が				
		2		3	(1)		
		3	(2) 議席	4		5	
		6		7			
	Ⅱ	1		2			
		3					
	Ⅲ						

受験番号	得点

令和３年度　鹿児島純心女子高等学校　入学学力検査問題
理科　解答用紙

1

Ⅰ
1 ア	イ
2	3
4	5

Ⅱ
1	2 → → → →	
3 本	4	5
6		

2

Ⅰ
1 化学式	色
2 水溶液	変化
3	
4	
5	

Ⅱ
1	2
3	4
5 方法	
結果	

3

Ⅰ
1 mA	2 Ω

3

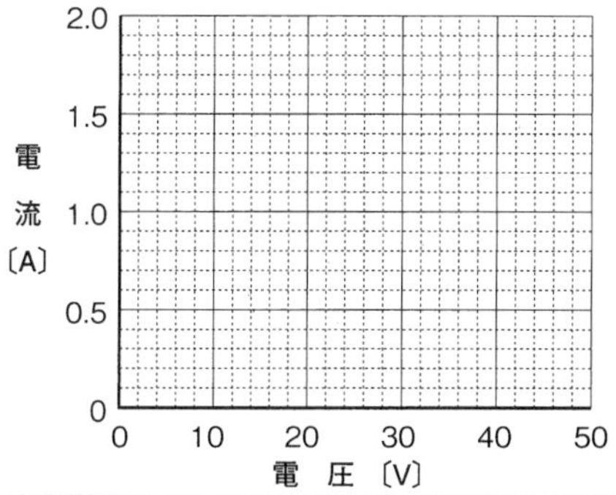

4

5

Ⅱ
1 N	2 cm
3 N	4 N
5 cm	

4

Ⅰ
1	
2	
3	4
5	

Ⅱ
1 → →	2
3	
4	

5

1 ①	
②	
2 ①	②

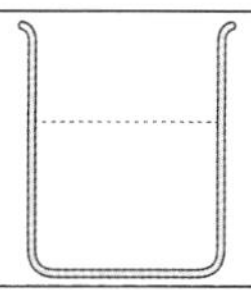

3	
4 ①	
②	
5 ①	②

受験番号	

合計得点	

令和3年度入学試験
鹿児島実業高等学校

国語解答用紙

受験番号 科 番

得点

1
1 a b c d e
2
3
4
5
6
7
8

2
1 (1) (2)
2
3
4
5
6
7
8 Ⅰ Ⅱ

3
1 a b
2
3
4
5 Ⅰ Ⅱ Ⅲ

4
1
2
3 a b
4
5
6 A B
7
8

鹿児島実業高等学校
令和3年度入学試験

数学解答用紙

1	(1)	
	(2)	
	(3)	
	(4)	
	(5)	

3	I	(1)	本
		(2)	本
	II	(ア)	
		(イ)	

4	(1)	$b=$
	(2)	
	(3)	(,)

2	(1)	
	(2)	$x=$, $y=$
	(3)	
	(4)	$\angle x=$
	(5)	個
	(6)	
	(7)	cm

5	(1)	
	(2)	
	(3)	

6	(1)	
	(2)	
	(3)	

受験番号	科						番	得点	

鹿児島実業高等学校
令和3年度入学試験

英語解答用紙

1				
1		2		
3	①		②	
4	(1)		(2)	
5				

1

2										
	1		2		3		4		5	

2

3								
1	3番目	7番目	2	3番目	7番目	3	3番目	7番目
4	3番目	7番目						

3

4				
	①		②	

4

5						
1	①		②		③	
2	(1)					
	(2)					
	(3)					
	(4)				(5)	

5

6	
1	→ →
2	
3	
4	30
5	

6

受験番号	科						番	得点	

鹿児島実業高等学校
令和３年度入学試験

社会解答用紙

1

問１　問２　山脈　問３　問４

問５　問６　問７　問８　語　問９

小計

2

問１　問２　問３　問４　問５　漁業

問６　問７　問８　問９　島

小計

3

問１　①　②　問２　問３　問４

問５　文化　問６　問７　問８

小計

4

問１　問２　問３　問４

問５　問６　問７　問８

問９　→　→　→

小計

5

問１　問２　裁判　理由

問３　問４　問５

小計

問６　問７　問８　問９

問10　問11　問12　問13

小計

受験番号	科	番	得点	

鹿児島実業高等学校
令和3年度入学試験

理科解答用紙

1

問1	(1)			
	(2)			
問2	(1)		(2)	
問3	(1)		(2)	
問4	(1)		(2)	

1
点

2

問1	
問2	
問3	
問4	
問5	
問6	
問7	B → → → → B
問8	
問9	

2
点

3

問1				
問2	(1)		(2)	km/s
問3				
問4				
問5	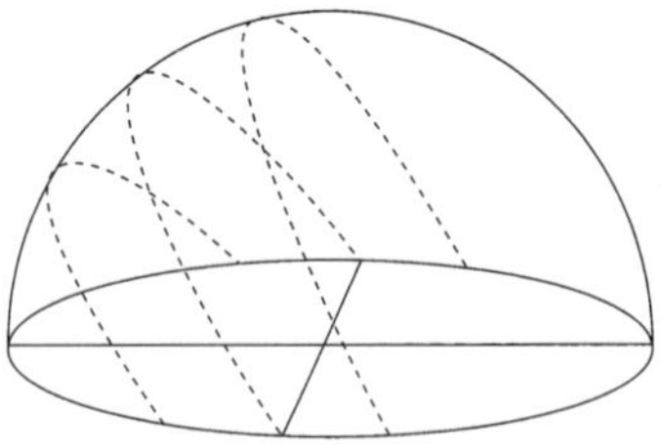			
問6	時　分			
問7				

3
点

4

問1	
問2	
問3	
問4	g
問5	
問6	g
問7	マグネシウム　：　銅　＝　　：
問8	g

4
点

5

問1	倍
問2	J
問3	W
問4	秒
問5	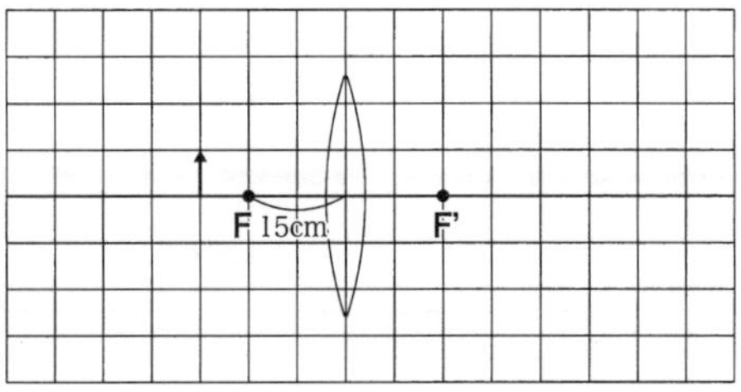
問6	(　　) cm (　　) けた
問7	
問8	

5
点

受験番号	科						番	得点	

樟南高校

令和三年度

国語解答用紙

問	得点
一	
二	
三	
四	
合計	

受検番号	受検場

一

問一 a　b　c　d

問二

問三

問四

問五

問六

問七

問八

問九

二

問一 a　b　c　d

問二

問三 (1)　(2)

問四

問五

問六

問七 1　2　3

問八

三

問一 (1)　(2)　(3)

問二 ①　②

問三

問四

問五

問六

四

問一 1　2　3

問二 4　6

問三 5

問四 7

問五 8　9　10

樟南高校　令和３年度 **数 学 解 答 用 紙**

1

(1)	
(2)	
(3)	
(4)	
(5)	
(6)	
(7)	
(8)	

2

(1)	$x=$
(2)	
(3)	$x=$, $y=$
(4)	$x=$
(5)	$\angle ACB=$
(6)	
(7)	g
(8)	cm^2
(9)	

3

(1)	
(2)	第　　列
(3)	第　　列

4

(1)	(　　,　　)
(2)	$a=$
(3)	$x=$
(4)	

5

(1)	
(2)	
(3)	通り
(4)	

受検場	受検番号

問題	得点
1	
2	
3	
4	
5	

得点	

樟南高校　　令和3年度　**英 語 解 答 用 紙**

〔得　点〕

1

1	2	3	4	5

2

	3番目	5番目
1		
2		
3		
4		
5		

3

1		2		3	

4		5	

4

問 1　(1)　　(2)　　　問 2　(3)　　(4)

問 3
・
・

5

(1)	(2)	(3)	(4)	(5)

6

問 1　(　　　　　　　　　　　　) ?

問 2　　　　問 3

問 4

問 5

問 6　(　　　) (　　　) ～ (　　　) (　　　)

問 7　　　　問 8

7

問 1　　　　問 2

問 3

問 4

問 5
・
・

問 6　(　　　) (　　　) (　　　)

問 7

得点	
1	
2	
3	
4	
5	
6	
7	

受　検　場	受　検　番　号

得　点　合　計

樟南高校　令和３年度　**社 会 解 答 用 紙**

1

問1	問2	問3	問4	問5	問6		問7	問8	問9
					1	2			

2

問1		問2	問3	問4	問5	問6		問7	問8
(1)	(2)					(1)	(2)		
	島が水没したら								

3

問1		問2	問3	問4		問5
X	Y			(1)	(2)	

4

問1	問2	問3	問4	問5	問6	問7	問8	問9

問10	問11	問12	問13

5

問1			問2	問3	問4	問5	問6	問7
1	2	3						

問8

10　20

受検場	受検番号

得点	1	2	3	4	5	合　計

樟南高校　　令和3年度

理 科 解 答 用 紙

1

(1)			(2)	(3)	(4)		
①赤血球	①白血球	②			①	②	③
							秒

2

(1)	(2)	(3)	(4)		(5)	(6)
			E	F		
						類

3

(1)

(2)	(3)	(4)	(5)	(6)
		%	g	g

4

(1)		(2)	(3)	(4)	(5)
①	②				
		秒			時　分　秒

(6)	(7)		
	④	⑤	⑥

5

(1)			(2)
①	②	③	
			cm^3

6

(1)	(2)	(3)	(4)	(5)	(6)

(7)	(8)
	%

7

(1)	(2)		(3)	(4)
N	関係	の法則	cm	

(5)	(6)	(7)
Pa	倍	kg

8

(1)	(2)	
	電熱線A	電熱線B
の法則	Ω	Ω

(4)	(5)	(6)	(7)
A	倍	V	倍

(3)

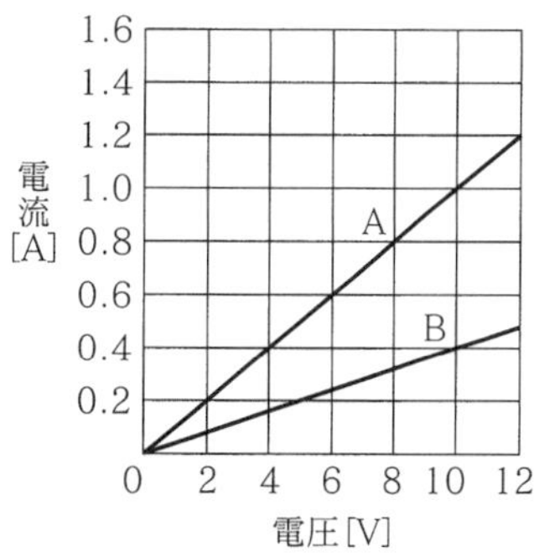

受検場	受検番号

得点

国語　令和三年度　入学者選抜学力試験　解答用紙

鹿児島情報高等学校

受験番号
科
No.

※ この欄は記入しないでください。

採点	
1	
2	
3	
4	
総点	

1

問1　ア　イ　問2
問3　1　2
問4　問5
問6　問7
問8

2

問1　ア　イ　問2
問3
問4
問5
問6　問7
問8

3

問1　問2　問3　ア　イ
問4　問5
問6　問7
問8

4

問1　問2　問3
問4　音　問5　問6　画目
問7　問8

令和３年度　入学者選抜学力試験　解答用紙

数　学　鹿児島情報高等学校

受験番号	科	No.	

※　この欄は記入しないでください。

得点	1		2	3	4	5	6	総点	
	1	2~5							

解　答

1 の解答欄		
1	(1)	
	(2)	
	(3)	
	(4)	
	(5)	
	(6)	
2		
3		
4		度
5		

2 の解答欄	
1	点
2	
3	
4	点

3 の解答欄			
1		円	
2	(1)	$\begin{cases} x+y=\square \\ \square x+\square y=1160 \end{cases}$	
	(2)	40g　通	75g　通

4 の解答欄	
1	
2	$a=$　　　$b=$
3	
4	
5	

5 の解答欄	
1	度
2	cm
3	:
4	cm^2

6 の解答欄	
1	
2	
3	cm
4	cm
5	cm^3

令和3年度入学者選抜学力試験　解答用紙

英　語　　鹿児島情報高等学校

受験番号	科	No.							

※この欄には記入しないでください。

得点	1	2	3	4	5	6	7	合計

解　答

1 【聞き取りテスト】

1	Q 1		Q 2		2	Q 1		Q 2		3	Q 1		Q 2	

2

3

1	(1)		(2)		(3)		(4)		(5)	
2	(1)		(2)		(3)		(4)		(5)	

4

①		②		③		④		⑤	

5

①		②		③	
④					

6

1		2					
3		4		5		6	
7							

7

1	
2	
3	

採点小計欄

1
2
3
4
5
6
7

KYOUSHIN

中学校　3年　　組　　番
氏名

高校入試問題集　私立編Ⅰ

はじめに

「本格的に受験勉強を始めたいけれど，何から手を付ければいいのかわからない」と思っていませんか？あなたは自分がこれから挑戦する「入試」をきちんとわかっていますか？自分の行きたい高校がどんな問題構成でどんな問題が出ているのか，それをしっかり知っておくことで，自分が何を勉強していくべきなのかもわかってくるはずです！さあ，高校入試問題集で私立の入試をマスターしましょう！

いろいろな疑問と本書の使い方

私立の「〇〇高校」ってどんな問題が出たの？

鹿児島市内５校の入試問題を収録！

私立高校の入試問題は，学校ごとに特徴があるんですよ！だからといって，自分が行きたい私立高校の入試だけ勉強するなんてもったいない！自分が受験を考えている高校はもちろん，その他の高校の入試問題にチャレンジしましょう。**様々な出題傾向にチャレンジして繰り返し練習することで，自分が受ける高校でどんな問題が出ても本番では落ち着いて試験に臨めます。**

高校の特色は？受験の日程は？授業料は？どんな制服？

このページでまるわかり！各学校の学校紹介ページ！

５校それぞれの学校紹介ページ。志望校の情報はいろいろ知りたいですよね。募集要項や，学校の特色，卒業後の進路など**気になる学校情報が満載**です。入試問題と合わせて，気になる高校の基本情報をチェックしましょう。

答え合わせも自分でできるの？

丁寧で見やすい解答解説で安心！

「あ～，解き終わった～！」で終わっていませんか？問題は解いた後が肝心。大切なのは復習です。**各学校，各教科の詳しく丁寧な解答解説はあなたの強い味方。**毎回の復習をサポートします。聞き取りテストの放送内容も解説の中に掲載していますよ。解答用紙は使いやすい別冊仕様で，答え合わせも簡単です。

過去問でしょ？過去問だから来年は出ないんでしょ？

実際の入試問題を解いてみることに意味があります！

単元別や分野別などの問題集だけでは入試に向けてバランスの良い勉強はできません。**実際の入試問題を解いてみて，自分はどこが苦手なのか，何を勉強する必要があるのかを確認することはとても大切なんです。**そこから入試の傾向に合わせた対策をとりましょう！

2022年受験用

鹿児島県高校入試問題集　私立編Ⅰ

目　次

※「鹿児島実業高校」，「鹿児島情報高校」の聞き取りテストは，英語のページにあるQRコードをスマートフォン等で読み取って再生することが可能です。

鹿児島高等学校

理事長 津曲貞利
学校長 徳丸喜代志
所在地 〒890-0042 鹿児島市薬師一丁目21番9号
電話 (099) 255-3211
FAX (099) 258-0080
ホームページ http://www.kagoshima-h.ed.jp
交通 鹿児島中央駅より徒歩で13分
「鹿児島高校前」バス停より徒歩で1分
「城西公園前」バス停より徒歩で2分

1530色の青春 「1人1人の個性」と「1つ1つの可能性」 1日1日大切に育みたい

令和4年度 募集要項

	学科・コース	定員	入試科目	出願期間	入試日	合格発表	受験料	入学金	授業料
一般入試	英数科 特進・英数コース	120	国数英社理 面接	令和4年 1月4日(火) ～ 1月7日(金) ※事前のWEB登録が必要	令和4年 1月24日(月)	令和4年 1月31日(月)	10,000円	100,000円	月額48,000円 (就学支援金が33,000円の場合, 納入金額は15,000円になります)
	普通科 選抜・一般コース	270	国数英 面接						
	情報ビジネス科	120							
推薦入試	英数科 特進・英数コース	定員の20%程度	数学と英語の総合問題 面接		令和4年 1月17日(月)	令和4年 1月19日(水)	10,000円	免除	
	普通科 選抜・一般コース 情報ビジネス科		作文 面接						

▶本校の特色

◆1人1人の個性が輝く3学科

英数科（特進コース）…東大・京大・九大や医学部系の国公立大、早稲田・慶應など難関私立大への進学を目標とするコースです。

英数科（英数コース）…鹿児島大を中心とする国公立大、難関私立大への進学が目標のコースです。2、3年進級時に特進コースへの転コースも可能です。　※両コースとも部活動可能です。

普通科（選抜・一般コース）…9割を超す生徒が進学。鹿児島大をはじめとする国立大、県内、九州圏内を中心とした大学や短大に進学。看護系の専門学校などにも多数進学。自分にあった進路が実現できます。進路選択の一助として大学や専門学校の授業が受けられます。

情報ビジネス科…社会で活躍するスペシャリストになるための基礎を学び、就職にも進学にも対応できる学科。簿記・電卓・情報処理などの資格取得を目指します。また、同一学園の鹿児島国際大をはじめとして大学進学・専門学校などへの道も大きく開かれています。

◆全国クラスの部活動

21の運動部と17の文化部が活動しています。中でも、陸上競技部・男子ソフトテニス部・バドミントン部・サッカー部・硬式野球部・女子バスケットボール部・駅伝部・フェンシング部は強化指定部となっており、毎年多くの部活動が全国大会に出場し、数々の実績を残しています。その他にも、水泳部や音楽部など、全国大会常連の部活動が多数。ほとんどの部活動を「部活動等奨学金制度」の対象とするなど、全力でサポートしています。

◆校外活動も応援

校外での体育・文化活動に取り組む生徒も奨学金制度によって応援しています。ヴァイオリン、津軽三味線、SDGsなど、多くの生徒が幅広い分野で活躍中。国体に出場した生徒や世界大会を目指す生徒など、多くの実績を残しており、生徒の個性や活動を学校全体で応援し続けます。

▶進路実績

◆誇れる進学実績

筑波大学／東京工業大／鹿屋体育大学／福島大学／九州大学／九州工大／熊本大学／長崎大学／佐賀大学／鹿児島大学／北九州市立大学／慶應義塾大学／津田塾大学／帝京大学／東京工科大学／明治大学／法政大／専修大／立教大学／東京理科大学／日本大学／京都外国語大学／近畿大学／大阪芸術大学／西南学院大学／福岡大学／鹿児島国際大学 他多数

◆就職率12年連続100%

鹿児島銀行／南日本銀行／宮崎銀行／南国殖産／岩崎産業／山形屋／ＪＲ九州／京王電鉄／京セラ国分・川内／城山ホテル鹿児島／日本郵便／JA鹿児島県中央会／イオン九州／九州電力／成城石井／健康家族 他多数

▶奨学金制度について

◆学業・部活動等奨学金制度（返済不要）

令和4年度予定

種類	入学金	奨学金支給額	
		月額	年額
SS	全額免除	48,000円	576,000円
S	全額免除	38,100円	457,200円
A	半額免除	26,100円	313,200円
B	半額免除	16,100円	193,200円
C	半額免除	6,100円	73,200円

その他、兄弟姉妹奨学金制度、トップランナー補助制度など本校独自の奨学金制度があります。（返済不要）

※奨学金支給金額は、授業料から就学支援金等を差し引いた金額が上限。

ICT教育への環境も整備しています

毎年多くの部活動が全国大会に出場！

校外活動に取り組む生徒も多数

体育祭など、学校行事も多数

7 次の文は、本文について述べたものである。【 A 】・【 B 】に適切な語を入れて完成させよ。【 A 】は、本文中から二字で抜き出し、【 B 】は、**ア**～**エ**から一つ選び、記号で答えよ。

> 人間の【 A 】は、見苦しいものであり、災難を招くこともあるので慎まなければならない。【 A 】を捨て、【 B 】であることを美徳とする。

ア 慎重　**イ** 謙虚　**ウ** 熱心　**エ** 素直

8 「徒然草」の作者名を漢字で書け。

9 「徒然草」と同時代の作品を次から一つ選び、記号で答えよ。

ア 奥の細道　**イ** 万葉集　**ウ** 方丈記　**エ** 枕草子

4 次の文章を読んで、あとの１～９の問いに答えなさい。

一道《いちどう》に携《たづさ》はる人、あらぬ道の(a)筵《むしろ》に臨みて《会合に参加して》、①「あはれ、わが道ならましかば、かくよそに見はべらじものを」と言ひ、心にも思へること、常のことなれど、世にわろく覚ゆるなり《たいそう悪く思われるのだ》。知らぬ道の(b)羨《うらや》ましく覚えば、②「あな、羨まし。などか習はざりけん」と言ひてありなん《言っていればいいのだ》。我が知《知恵》を取り出でて人に争ふは、角《つの》ある物《動物》の(c)角を傾《かたぶ》け、牙ある物の(d)牙を咬《か》み出だす類《たぐひ》《同類》なり。

人としては善に誇らず、物《他人》と争はざるを徳とす。他に勝ることのあるは、大きなる失なり。③品の高さにても、才芸《学問・芸能》の優れたるにても、先祖の誉《ほまれ》《名声》にても、人に勝れりと思へる人は、たとひ、言葉に出でてこそ言はねども、内心にそこばく《多くの》の④咎《とが》あり。慎《つつし》みて、⑤これを忘るべし。痴《をこ》《愚かに》にも見え、人にも言ひ消たれ、禍《わざは》ひをも招くは、ただこの慢心なり。

一道にもまことに長じぬる人は、自ら明らかにその非をアを知るゆゑに、志《こころざし》常に満たずして、ついに物に誇ることなし。

（「徒然草」による）

１　～～線部ア「知るゆゑ」を現代仮名遣いに直し、すべてひらがなで書け。

２　＝＝線部ａ～ｄ「の」の働きが違うものを一つ選び、記号で答えよ。

３　――線部①「あはれ、わが道ならましかば、かくよそに見はべらじものを」、②「あな、羨まし。などか習はざりけん」の内容としてふさわしいものを次から選び、それぞれ記号で答えよ。

ア　自分の本当の才能を認めてもらえず、残念に思っている。
イ　自分の知らないことについては負け惜しみを言い、他人と競い合っている。
ウ　自分も早く習わなかったことに後悔し、他人をうらやんでいる。
エ　他人の長所を素直に受け入れて、認めたいと思っている。

４　――線部③「品」の意味として最も適当なものを次から選び、記号で答えよ。

ア　身分　　**イ**　財産　　**ウ**　目標　　**エ**　価値

５　――線部④「咎」は、ここでは「欠点」という意味であるが、これと同じ意味の語を、それ以降の本文中から一語で抜き出して答えよ。

６　――線部⑤「これ」は何を指しているか、本文中から九字で抜き出して答えよ。

1 ──線部①「植木にかこまれて立っている。」の「いる」と、文法的な意味が他と異なっているものを次から一つ選び、記号で答えよ。

ア 新聞は毎日読んでいる。
イ 時間になっても寝ている。
ウ 方法をしっかり理解している。
エ いつまでも子供でいる。

2 ──線部②「吾輩は猫である」を文節に区切り、その文節数を答えよ。

3 ──線部③「犭」の筆順で第一画目に書くところを次から選び、記号で答えよ。

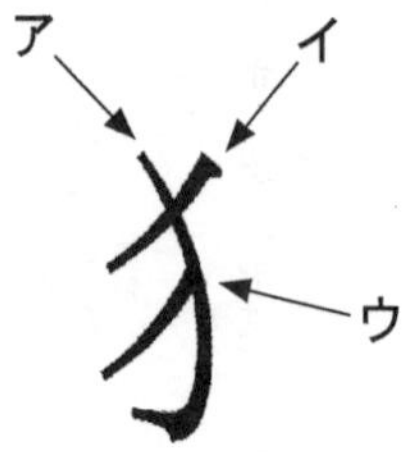

4 ──線部④「ニャアニャア」は何という表現技法か、漢字で答えよ。

5 ──線部⑤「根負け」の正しい意味を次から選び、記号で答えよ。

ア 根拠に乏しいこと。
イ 根本から気力がなくなること。
ウ 根底からひっくり返されること。
エ 根気が続かなくなること。

6 ──線部⑥「いかに」について、副詞の種類を次から一つ選び、記号で答えよ。

ア 状態　**イ** 程度　**ウ** 疑問　**エ** 反語

7 ──線部⑦「珍重」の漢字の構成として同じものを次から一つ選び、記号で答えよ。

ア 温暖　**イ** 増減　**ウ** 国立　**エ** 登山

8 ──線部⑧「庭」の部首名をひらがなで答えよ。

9 Aの歌の季語と季節を漢字で答えよ。

10 次の**ア**～**エ**の漢字は行書で書いたものである。楷書で書いたときに「猫」と総画数が同じになるものを次から一つ選び、記号で答えよ。

3 次の文章を読んで、あとの1～10の問いに答えなさい。

新宿区早稲田南町七番地に、薄よごれた、殺風景な二階建ての都営アパートが二列に並んで建っている。その入り口に当たる道路ぎわに、「史跡　漱石山房址《し》（注）」という標柱が立っている。その敷地の東寄りの一角に、ぼろぼろにまわりの欠け落ちた九層の石塔が、手入れのゆきとどいた①植木にかこまれて立っている。そのわきに「新宿区文化財　小説②『吾輩は猫である』の主人公になった三毛猫の墓である」という立札がある。

（中略）

漱石は③猫と犬と文鳥を飼っていた。

ところで、漱石の『吾輩は猫である』の主人公となった初代の猫は、迷子の捨て猫であった。漱石の妻鏡子は猫があまり好きでなかったので、迷い込んで来たその捨て猫を、夜中になると外へつまみ出したが、翌朝になると、雨戸をあけるや否や、待ちかまえていたようになれなれしく、④ニャアニャア鳴きながら、家に入ってくるので、とうとう⑤根負けして飼った。

漱石もとくに猫が好きという方ではなく、おまけに、なかなかのやんちゃ猫で、ふすまを引っ掻《か》いたりしてあばれまわり、やたらに鳴くので、カンシャクをおこし、書斎から飛び出して、物差しを振り上げて追いかけまわしたという。

そこで「吾輩は猫である。名前はまだ無い。……⑥いかに⑦珍重されなかったかは、今日に至るまで名前さえつけてくれないのでもわかる」ということになったわけだ。

しかし、飼っているうちに、まんざらでもなくなったらしい。もちろん、いわゆる愛猫家《あいびょうか》のように「猫可愛がり」をしたわけでもないが、〝猫並〟にあつかうようになったらしい。その証拠には、駒込千駄木町から西片町へ、そしてまた西片町から南町へ引っ越すとき、⑧家庭のうちのはしくれ（注）として、どうにかこの猫も連れて行かれているのである。

そうしてこの猫は、南町に移って病気になり、一ヵ月目に死んでしまった。

猫が病気のとき、「宝丹（注）でも飲ませてやれ」と言ったそうだし、死ぬと、急にかわいそうになったらしく、墓を作ってやり、白木の角材に、「猫の墓」としたため、その下に、

A　この下に稲妻起こる宵《よい》あらん

という一句をそえた。

漱石はその後も猫を、二代目、三代目と二匹飼っている。

（巖谷大四「作家とペット」による）

（注）漱石山房址 ＝ 夏目漱石が明治四十年の九月から亡くなるまでの十年間を過ごした旧居の跡で、「漱石山房」と称された。
はしくれ ＝ 取るに足らない存在だが、一応その部類に属する者。
宝丹 ＝ 粉末の気付け薬。

カズ坊さんは軽く笑い飛ばしたあと「そうだろうなぁ」となぜか満足そうに言い、「心配すんなって。案外、カントクが『お。いいこと言うねえ』ってノってくるかもしんないしよ」と付け足した。

（朝倉かすみ「ぼくは朝日」による）

（注）いくない ＝「よくない」という意味の方言。
うまく言えないべ ＝ うまく言えないだろう。「べ」は「だろう」という意味の方言。
ハリボテ ＝ ある形に木や竹を組み、その上に紙を張り重ねて作ったもの。張り子。
かぜて ＝「まぜて」という意味の方言。
したけど ＝「けれど」という意味の方言。

1 ＝＝線部ア～エのカタカナを漢字に直せ。

2 ――線部①・②が色を表す語を用いた慣用句となるように、それぞれの（　）を補うのにふさわしい色を漢字で答えよ。

3 ――線部③とあるが、朝日は、林田先生がなぜこのような態度をとっていると考えているのか。解答欄につながるように本文中から十五字以上二十字以内で抜き出して答えよ。

4 ――線部④「朝日の目を見つづけた」とあるが、この時の富樫くんの気持ちを説明したものとして最も適当なものを次から選び、記号で答えよ。

ア カズ坊さんに逆らうような発言をする朝日に驚き、とまどっている。
イ 朝日の発言を深く受け止め、自分はどうすべきか考え直している。
ウ 下を向くと朝日やカズ坊さんに笑われそうな気がして我慢している。
エ 誰にも頼らず、自分の考えを堂々と発言できる朝日を尊敬している。

5 ――線部⑤とあるが、「すごい勇気」を持つ富樫くんは、今回の劇に対して自分にはない思いがあると朝日は考えている。それが分かる箇所を本文中から十五字で抜き出して答えよ。

6 本文に登場するカズ坊さんについて述べた文章として最も適当なものを次から選び、記号で答えよ。

ア「最後の手段」をめぐり、意見は大きく分かれたが、小学校のリーダー的存在である朝日の言葉に従うように、カズ坊さんは富樫くんを説得した。
イ かわいがってきた富樫くんが、自分の考えた「最後の手段」より朝日の考えに納得したことで、好きにすればよいとカズ坊さんは投げやりになった。
ウ 富樫くんのことが心配で「最後の手段」を考えたが、朝日とのやり取りを見るうちに、富樫くんの意思に任せようとカズ坊さんは考えを改めた。
エ 自分で「最後の手段」を決めたにも関わらず、まだ不安そうな富樫くんを安心させるために、カズ坊さんはまた新たな作戦を考えようとしている。

7 ――線部⑥「『最後の手段』の前に富樫が男を見せる」とは富樫くんがどうすることか。本文の言葉を用いて、四十五字以内で説明せよ。

富樫くんはハッとした目をした。

すぐに下を向こうとしたが、途中でよして、④朝日の目を見つづけた。

ハンス役に抜擢《ばってき》されてから、富樫くんは変わった。アリマ電気店で修行するようになってからも変化はあったのだが、変化率が上がった、という感じだった。

国語の教科書の読みも上手になったし、休み時間に男子でおこなう馬乗りにも(注)「かぜて」と自ら参加を希望した。怪我《けが》をしたらお母さんが悲しむ、とエケイエンしていたのだが、ほかの男子と同じようにあそぶとお母さんが喜ぶ、と考えを変えたようだ。初めて馬乗りに「かぜて」と言ったとき、朝日が発した「いいのか?」の確認に、富樫くんがそう答えたのだった。

「そうだね。西村くんの言う通りだ」

富樫くんが頭を下げた。すごくちいさな声だった。

「おまえ、できんのか?」

カズ坊さんが富樫くんの顔を覗《のぞ》き込む。富樫くんはうつむいたまま、首をひねった。ひねりすぎて、頭が一回転しそうだった。「分かんないけど」とつぶやく。

「分かんないけど、『最後の手段』は最後でないと『最後の手段』にならないし(注)したけど、と朝日に視線を寄越《よこ》した。富樫くんの顔は赤くふくらんでいて、目は少し濡れていた。

「言うのは、本番の前の日でいいかな?」

もし、ハンスやらせないってなったら、ちょっと、と頭を掻《か》いた。困ったような、恥ずかしそうな、泣き出しそうな笑みを浮かべる。

「うん、前の日で」

朝日が応じると、えへへ、と肩をすくめた。紅白饅頭《まんじゅう》の紅《あか》いのが首の上に置かれたようだった。「『最後の手段』は最後じゃないと」とひとりごちている。

「すごいな」

朝日の口から再度、富樫くんへの賞賛が漏れた。⑤すごい勇気だ。

朝日はいつもお父さんやお姉ちゃんから先生の言うことを聞くように、と言われている。先生には逆らってはならないものと思っている。富樫くんもそうだろう。富樫くんのやろうとしていることは、「逆らう」というのとは色合いがちょっとちがうが、大まかに括《くく》ると同じようなものだ。

朝日がカズ坊さんの口にした「最後の手段」に疑問を投げかけ、「林田先生に言ってみたら」と言ったのは、それをしないと「最後の手段」にならないと、ただそう思っただけで、まさか富樫くんが実践しようとするとは考えもしなかった。

富樫くんは度胸がある。それほどハンス役に真剣に取り組んでいるのだ。朝日は自分の態度を振り返った。王さまのセリフはたったひとつだ。大きな声でハキハキ言えればそれでいいのか、と自問してみたのだが、割合早く、別にそれでいいんでないか、との答えが出た。

「じゃ、まー、そういうことで」

カズ坊さんがパンッと手を打った。

⑥「『最後の手段』の前に富樫が男を見せるってことで」

と言うと、富樫くんが胸に手をあて、はーと息を吐き出した。

「もうはやドキがムネムネかよ」

2 次の文章を読んで、あとの１～７の問いに答えなさい。

> 西村朝日は北海道に住む小学四年生。二学期、創作劇を上演することになり、カントクの林田先生は、主人公のハンス役に富樫《とがし》くんを指名した。練習を重ねるうちに、富樫くんは、林田先生と自分の考えるハンス像の違いに悩み始める。そこで、家電品を修理する修行でお世話になっているアリマ電器店の息子のカズ坊さんに相談したところ、カズ坊さんは富樫くんを連れて朝日の家にやってきた。

「おれとしては、こいつのやりたいようにハンスをやらせてやりたいんだわ。だが、練習中にカントクに楯突《たてつ》くのは(注)いくない。たとえカントクがこいつの考えに耳を［ア］カしてくれたとしても、結局押し切られると思うんだ。こいつ、おれらみたいによっぽど仲いいやつらでないと、思ってること、(注)うまく言えないべ。っていうか、言いたがらないべ」

「そうだけど」

朝日はカズ坊さんの言《げん》をいったん受けた。

「言うだけ言ってみたほうがいんでないか？　休み時間に職員室に行って、こそっと」

提案したものの、朝日は「でも押し切られるだろうな」と予感していた。

林田先生は自分の思う通りに劇を完成させたいと考えているようで、劇に出るひとのセリフの言い方はもちろん、背景の草むらの色ひとつにしても「その緑色じゃなくて！」と大道具係に塗り直しをさせた。(注)ハリボテのがちょうの目の大きさや位置にも［イ］イヨウにこだわり、「ちがう！　そうじゃなくて！　そこじゃなくて！」とつくりかけのがちょうを近くから見たり、遠くから眺めたりして「うーん」と髪の毛を忙《せわ》しくいじったりしたのだが、そういうときに林田先生の発する声が①（　）切り声とまではいかないけれど、けっこうなキンキン声で、こめかみには②（　）筋が立っていて、なんというか、③「だれの意見も聞きません。まして児童の考えなど」というムードを発散させているのだった。

「ムダ、ムダ」

カズ坊さんは「あっちいけ」の手振りをした。富樫くんから林田先生のようすを聞いているらしい。

「おれが一計を［ウ］アンじたのはよ、練習はカントクの言う通りにしておいて、本番で富樫のやりたいハンスをやるって寸法なんだ」

ま、最後の手段よ、とカズ坊さんはカップを持ち上げた。鼻のあたりまで持ってきて、カップを左右にちいさく動かし、香りを楽しんでからすすった。

「最後の手段か」

朝日は腕を組んだ。

「最後の手段だ」

カズ坊さんが応じる。富樫くんも深くうなずく。

「そんなら、やっぱり、その前に林田先生に言ったほうがいんでないか？『最後の手段』つったら、やる前にいろんなことするもんでないのか。して、どれもだめだったら、そこで……ってヤツなんでないの？」

朝日は富樫君にそう言った。

1 ＝＝線部ア～オのカタカナは漢字に、漢字はひらがなに直せ。

2 本文中の[A]～[C]に入る語を次から選び、記号で答えよ。

ア しかし　イ いかにも　ウ すると　エ また
オ もちろん　カ 例えば

3 ――線部①「ほめる」とあるが、この語句と同じ意味の言葉（同義語）を本文中から抜き出し、漢字二字で答えよ。

4 ――線部②「『ダメだと思う』と答えた生徒が、米国と中国は二〇％未満だったのに対し、日本は約六〇％にも上っています。」とあるが、このようなアンケート結果になってしまった理由として最も適当なものを次から選び、記号で答えよ。

ア 「九〇点を取って偉いね」というように、日本の教育においては結果ばかりほめることを重視してきたから。
イ 子どもの頃からほめることを重視しなかったため、他国に比べると自己肯定感が極端に低くなっているから。
ウ 日本ではテストを実施しても、結果を踏まえて「力が伸びたね」などのほめることを告げていなかったから。
エ 今の日本の教育には松井秀喜の父や吉田松陰のように、子どもの将来の伸びる可能性を見抜く力がないから。

5 ――線部③「ほめ方を意識する！」とあるが、ほめる時にはどのようなことを意識すればよいのか。本文中の語句を使って、二十五字以内で答えよ。

6 次の一文が、一つの形式段落として本文のどこかに入るが、それはどこか。この一文の後に続く形式段落の番号を答えよ。

ただし、ほめる際には、一つだけ注意が必要です。

7 筆者の主張として、最も適当なものを次から選び、記号で答えよ。

ア 人間はチヤホヤされてしまうと、自尊心だけが高くなってしまう傾向があるので、ほめすぎやおだてすぎには留意する必要がある。
イ 人間は他者に期待されると、その期待に応えようと努力するので、常に期待を込めてほめたり、おだてたりすることが大切である。
ウ 人間は結果や能力をほめられ過ぎると、「またほめられたい」と期待して不正を働くようになるので、ほめ続けるのは危険である。
エ 人間は結果のみを重視して他者を評価する傾向にあるが、そのがんばり自体や取り組んできた過程をほめることの方が重要である。

ミューラーらは、一回目のテストの後に、能力を称賛した生徒と、努力を称賛した生徒を対象に、より難しいテストを行ったのですが、前者は成績を落とし、作業の持続力がなくなったり、楽しめなくなったりしたいっぽう、後者は成績を伸ばすという結果になりました。能力を伸ばすのであれば、具体的に子どもが達成した内容を伝えてあげることが肝心なのです。

⑪　また、カリフォルニア大学サンディエゴ校のツァオらの研究に、「結果や能力をほめられて育った子どもはズルをする傾向が強い」という興味深い報告があります。

⑫　この研究は、中国東部の三〇〇人の子どもに数字カードを使って推理ゲームを行なわせ、続けていくうえで、頭のよさをほめた子どもと、一切ほめなかった子どもに分けました。そして、わざと研究者が席を外して、その動向を見守ったのですが、なんとほめた子どもたちのほうが、カードの数字を覗《のぞ》き見たりしていたという衝撃の結果が待っていたのです。

⑬　ほめられたことで、子どもたちの中で「またほめられたい」という気持ちが募ウり、手段を選ばなくなったと研究チームは推測しています。プロセスをほめずに、結果だけをほめると、この実験のような望んでいない不正が生じてしまう可能性もある……才能を持っていたにもかかわらず、ほめ方を間違うことで、サルも木から落ちてしまうというわけです。

⑭　これは勉強に限った話ではなく、美容やおしゃれに関しても言えることではないでしょうか？

⑮　[C]、男性から「かわいいね」「キレイだね」と言われるよりも、「いつもかわいいネイルだね」「今日もステキエなバッグだね」と、魅力的になるための努力をしていることを評価されたほうが、さらに頑張ろうという意識が働くはずです。勉強に限らず、誰かをほめるときは、プロセスや努力をほめてあげることがポイントです。

⑯　ただ単に、チヤホヤしても自尊心だけが高くなってしまうこともあります。自尊心が高くなったところで、社会的リスクから遠ざかるわけではありません。因オ果が逆転して、学力が高いとか容姿が優れているといった要因があるから人間として大切な内実を伴わずに自尊心だけが高くなるという結果につながりかねません。つまり、やみくもに子どもの自尊心だけを高めるような教育をしても、成績は伸びづらいのです。

⑰　考えてもみてください、「〇〇ちゃんは、いつも好成績を取ってすごいザマスね！」（ザマスは演出ですが……）とほめたところで、変にプライドだけが高くなるような気がしませんか？

⑱　ほめるときは、ただほめるのではなく、③ほめ方を意識する！　それこそ努力する才能を伸ばし、子どもを伸ばすコツなのです。

（堀田秀吾「このことわざ、科学的に立証されているんです」による）

（注）松下村塾 ＝ 幕末の長州藩・萩で、吉田松陰が指導した私塾。
被験者 ＝ 試験や実験の対象になる人のこと。

令和三年度　鹿児島高校入試問題　国　語

（解答…180P）

1　次の文章を読んで、あとの１～７の問いに答えなさい。

①　メジャーリーガーとしても活躍した野球選手・松井秀喜さん。球史に残る怪物です。松井秀喜さんの父・昌雄さんは幼少期から徹底的にほめて育てたそうです。何か注意をする際にも必ずまずほめてから注意をしたとか。

②　また、幕末の思想家・吉田松陰は、(注)松下村塾に入塾したある気弱な少年を見て、「君には将来性がある。きっと大物になる」とほめ上げたと言います。彼は後に、伊藤博文と名乗り、初代総理大臣として日本の政治を牽引《けんいん》していくことになります。

③　［A］、先天的なセンスもあったでしょう。しかし、子どもや部下を育てる上で大事なことは、叱りつけること以上にまずはほめることです。

④　人の可能性を信じて期待することで、期待された本人も応えようとする現象を、心理学では「ピグマリオン効果」と言います。ハーバード大学の教育心理学者ロバート・ローゼンタールによってテイショウ（ア）された概念です。

⑤　彼は小学校の先生と生徒を(注)被験者にして、ある実験を行いました。まず、全校生徒に知能テストを行い、その結果と関係なく担任教師に、各クラスの二〇％にあたる生徒の名前をランダムに挙げて、「この生徒たちは、知能テストの結果、急速に知的能力が伸びると予測された生徒です」と伝えたのです。

⑥　［B］、驚くことにその八か月後、再び知能テストを行ったところ、「急速に知的能力が伸びる」と告げられた生徒たちは、そうでない生徒たちに比べ、イチジル（イ）しく成績がアップしていたというのです。

⑦　成績の上がらなかった生徒も、八か月前に名前さえ挙がっていれば……と思うと気の毒ですが、いかにピグマリオン効果が有効かを物語るエピソードと言えるでしょう。その生徒さんたちを豚に例えるのは少々気が引けますが、おだてる、ほめることを続ければ、豚でさえも木に登ることができるというわけです。

⑧　とりわけ①「ほめる」という行為は、これからの時代の日本人には欠かせないことだと思います。というのも、日本青少年研究所が、日本・米国・中国の中高生を対象に、「自分はダメな人間だと思うか?」という調査を行ったところ、②「ダメだと思う」と答えた生徒が、米国と中国は二〇％未満だったのに対し、日本は約六〇％にも上っています。日本人は、他国に比べると自己肯定感が低いことが指摘されています。これは、ほめることを重視してこなかった日本の文化にも原因があると私は読んでいます。国際社会で日本の存在感を増していくためにも、子どもの頃からほめることを心がけた教育をすることが大事でしょう。

⑨　それは、結果や能力をほめるのではなく、プロセスをほめるということ。テストで高得点を取った子どもに対して、「九〇点を取って偉いね」ではなく、「毎日一時間も勉強していたんだからすごいね」という具合に、結果にいたるプロセスをほめるようにしてください。

⑩　この重要性を証明するのが、コロンビア大学のミューラーとドゥエックが行った、「能力をほめることは、子どものやる気をむしばむ」という研究結果です。

令和３年度　鹿児島高校入試問題　数　学

（解答…181Ｐ）

1　次の各問いに答えなさい。

(1)　$12 - 6 \div 2$ を計算せよ。

(2)　$\frac{1}{2} + \frac{3}{4} - \frac{5}{6}$ を計算せよ。

(3)　$\frac{4}{\sqrt{2}} - \sqrt{18} + \sqrt{32}$ を計算せよ。

(4)　$27x^3y \div 6xy \times (-4x)$ を計算せよ。

(5)　$x^2 - 3x - 28$ を因数分解せよ。

(6)　２次方程式 $5x^2 - 3x - 1 = 0$ を解け。

(7)　$2\sqrt{13}$ を小数で表したときの整数部分の値を求めよ。

(8)　２つの数 a，b に対して，$a \triangle b = a^2 + ab + b^2$ と定めるとき，$3 \triangle (2 \triangle 1)$ を計算せよ。

(9)　次の図において，$\angle x$ の大きさを求めよ。

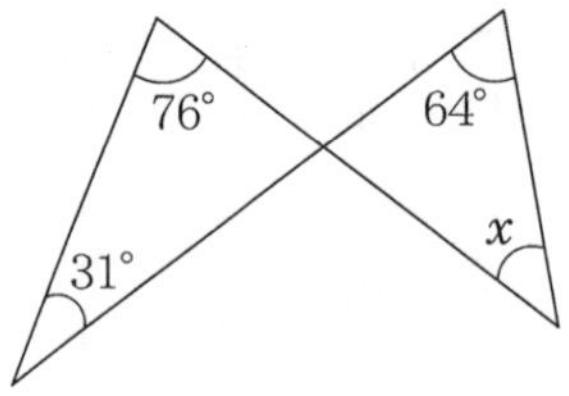

(10)　濃度８％の食塩水 250 g に水を加えたら，濃度５％の食塩水ができた。このとき，加えた水の量を求めよ。

2 次の各問いに答えなさい。

(1) 次の図のように，正方形  と正方形  からなる１番目のような模様の正方形がある。これと同じ正方形を，２番目は２枚，３番目は３枚･･･と規則的に重ねていく。ただし，重ねた  は１個と数える。このとき，次の各問いに答えよ。

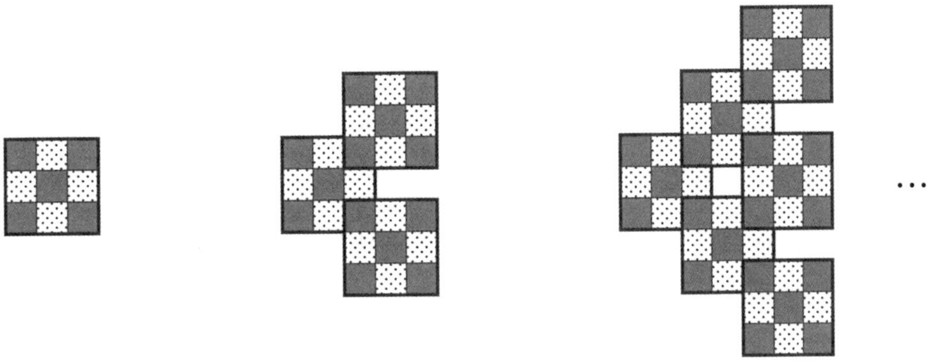

１番目　　２番目　　３番目　　･･･

① ５番目の図形において， は何個あるか。

②  と  の個数の差がはじめて19個より大きくなるのは何番目の図形か。

(2) 次の各問いに答えよ。

① 袋の中に，赤玉６個，白玉４個が入っている。この袋から，玉を１個ずつ２回取り出す。１回目が赤玉，２回目が白玉を取り出すときの確率を求めよ。ただし，取り出した玉は，もとに戻さないものとする。

② n を６と異なる自然数とする。袋の中に，赤玉 n 個，白玉４個が入っている。この袋から，玉を１個ずつ２回取り出す。１回目が赤玉，２回目が白玉を取り出すときの確率が①と同じになった。このとき，n の値を求めよ。ただし，取り出した玉は，もとに戻さないものとする。

(3) 次の図のように，１辺が$\sqrt{3}$cmの正三角形ABCの各頂点を通る円がある。次の各問いに答えよ。

① 円の半径を求めよ。

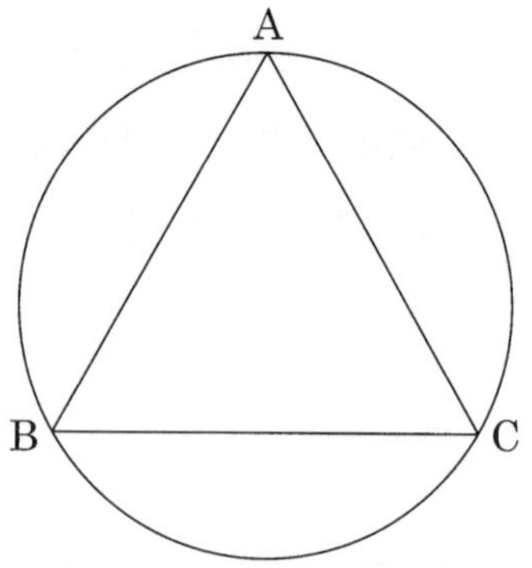

② 円周上に３点A，B，Cと異なる点Xがある。△ABXと△BCXと△CAXの面積の和が最も大きくなるとき，その面積の和を求めよ。

(4) 次の図のような円と直線lがある。直線lに関して，図の円と対称な円の中心Oを，定規とコンパスを用いて作図によって求めよ。ただし，作図に用いた線は残しておくこと。

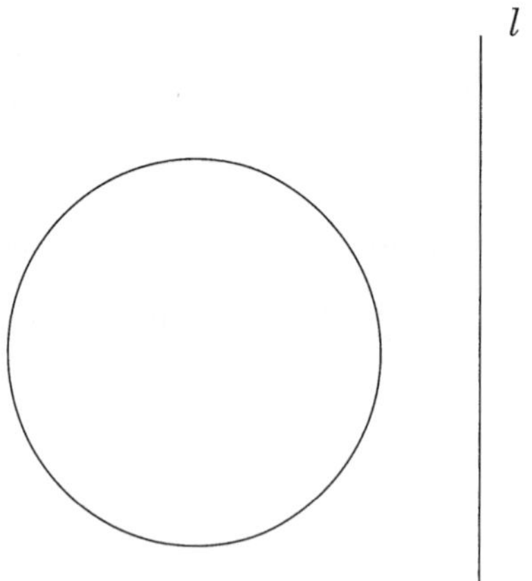

3 次の（Ⅰ）～（Ⅳ）は，ある中学校１年生の部活動生の，１週間の自宅学習時間の合計を部活動ごとにヒストグラムにまとめたものである。例えば，２～４の区間は，２時間以上４時間未満の階級を表す。このとき，次の各問いに答えなさい。

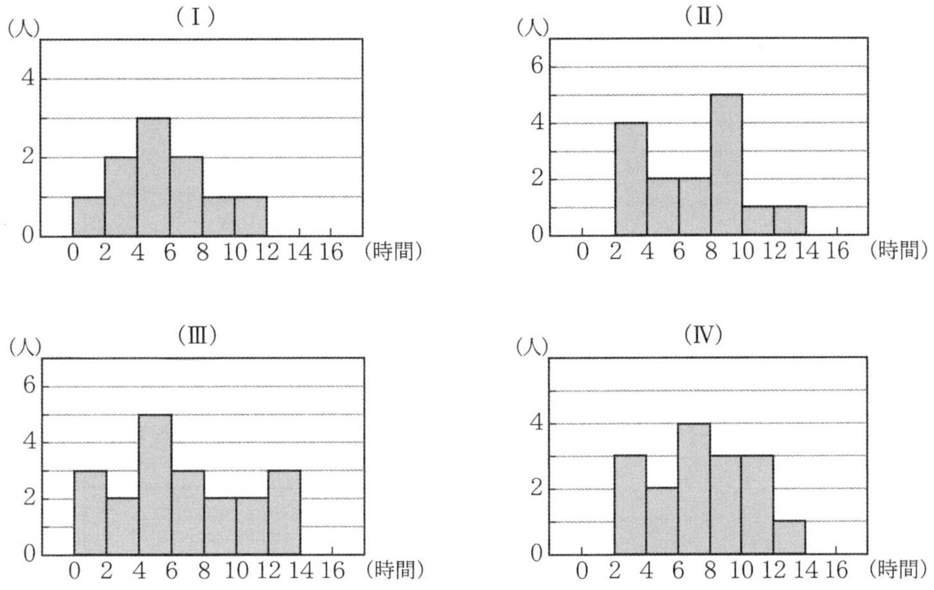

(1) （Ⅰ）のヒストグラムにおいて，中央値（メジアン）を含む階級の相対度数を求めよ。

(2) （Ⅱ）のヒストグラムの平均値を求めよ。

(3) 太郎さんと花子さんは，「（Ⅲ）と（Ⅳ）のどちらの部活動がよく自宅学習をおこなっているか」について会話をした。ＡとＢには，（Ⅲ），（Ⅳ）のうち適するものを，また，a と b には適する数を答えよ。

太郎　「各データにおいて，（階級値）×（度数）の和で比較すると，［ Ａ ］の部活動の値が［ a ］となり大きいよ。」

花子　「部員の数が異なるから，平均値で比較するのはどうだろう。［ Ｂ ］の部活動の方が平均値は［ b ］時間で大きくなるよ。」

太郎　「中央値も異なるから，考える値によって，どちらの部活動がよく自宅学習をおこなっているかは違ってくるね。」

(4) ４つの部活動のヒストグラムにおいて，次の**ア**～**オ**の中から正しいものをすべて選び，記号で答えよ。

ア　中央値（メジアン）を含む階級の階級値の最も大きい値と最も小さい値の差は５時間である。

イ　最頻値（モード）は，全部で３種類である。

ウ　４つの部活動生の中で１週間の自宅学習時間の合計が最大の時間は14時間である。

エ　（Ⅰ）のヒストグラムに15時間自宅学習をした生徒２人を追加しても，（Ⅰ）の平均値は４つの部活動の平均値の中で最大にはならない。

オ　４つの部活動の中で，最頻値（モード）と中央値（メジアン）を含む階級の階級値が等しくなる部活動が１つだけある。

4 次の図のように，関数 $y = ax^2$ の放物線上に 3 点 A，B，C があり，点 A の座標は $(-6,\ 9)$，点 B の x 座標は 4，点 C の x 座標は -2 である。このとき，次の各問いに答えなさい。

(1) a の値を求めよ。

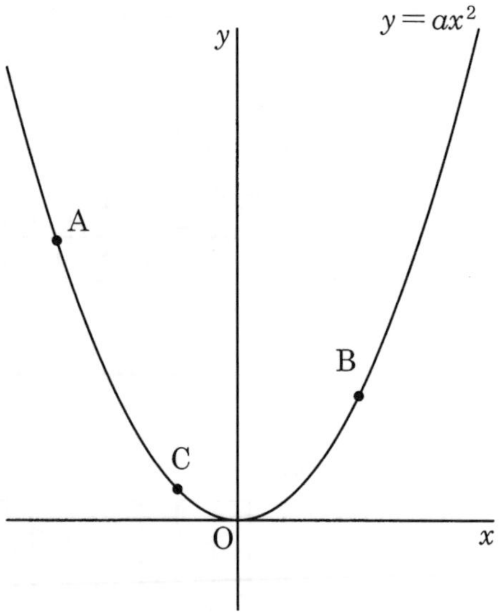

(2) △ABC の面積を求めよ。

(3) この放物線上に 3 点 A，B，C と異なる点 P をとって，3 点 A，B，C のうちの 2 点と点 P とで三角形を作ったとき，その面積が△ABC の面積と等しくなるような点 P の個数を求めよ。

(4) (3)で数えたすべての点 P を頂点とする多角形の面積を求めよ。

5 次の図のように，ある平面上に辺の長さが2cmの正三角形ABCがある。線分AD，BE，CFはそれぞれこの平面に垂直であり，AD＝3cm，BE＝2cm，CF＝1cmとする。
直線DE，DF，EFとこの平面の交点をそれぞれ点P，Q，Rとする。このとき，次の各問いに答えなさい。

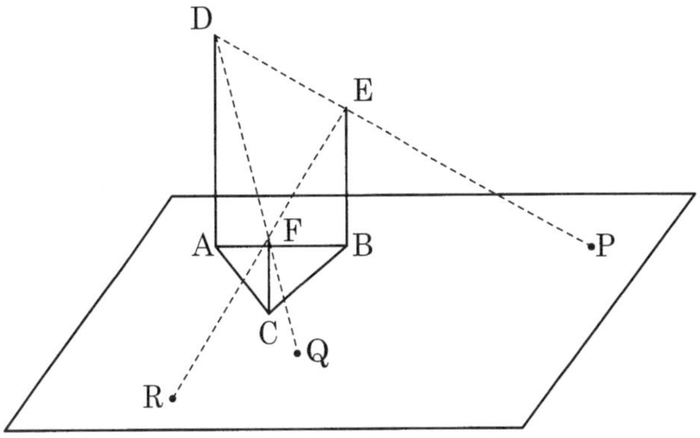

(1) AP：BPを最も簡単な整数の比で表せ。

(2) △CQRについて，∠CQRの角度を求めよ。

(3) △BQRの面積を求めよ。

(4) 右の図のような，立体EF－BCQPの体積を求めよ。

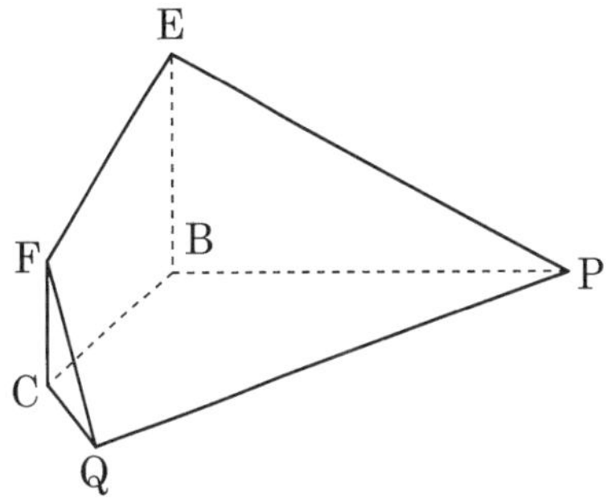

令和３年度　鹿児島高校入試問題　英　語　（解答…183Ｐ）

1 次の各組の対話で，（　　）に入る最も適当なものを，それぞれア～エの中から１つ選び，その記号を書きなさい。

1　A：Do you know that man?

B：(　　　)

ア　Yes, he is.　　イ　No, he isn't.

ウ　No, I don't like it.　　エ　Yes, he is a famous singer.

2　A：How many books do you have?

B：(　　　)

ア　I like reading books very much.　　イ　I went to the library yesterday.

ウ　I bought these books last week.　　エ　I have twenty books.

3　A：Is Yuki older than Mary?

B：(　　　)

ア　No, she is the tallest in her class.　　イ　Yes, she is as old as Mary.

ウ　No, she is a little younger than Mary.　　エ　Yes, she is taller than Mary.

4　A：Where do you want to go this weekend?

B：(　　　)

ア　How about the museum?　　イ　How long does it take from here?

ウ　I went there with my family.　　エ　I usually go there by bus.

5　A：Would you like something to drink?

B：(　　　)

ア　I'm glad you like it.　　イ　Thank you.　I'd like some water.

ウ　It was delicious.　　エ　I'll have something to drink for you.

2 次の各文の（　　）に入る最も適当なものを，それぞれ**ア**～**エ**の中から１つ選び，その記号を書きなさい。

1 Ken (　　) his little brother to the park last Sunday.

ア takes　**イ** took　**ウ** has taken　**エ** is taking

2 This is the message (　　) he left for us.

ア who　**イ** that　**ウ** what　**エ** how

3 She has practiced the piano hard (　　) a year.

ア in　**イ** at　**ウ** since　**エ** for

4 I bought this book on my (　　) home yesterday.

ア way　**イ** road　**ウ** air　**エ** sea

5 Meg got up early in (　　) to make breakfast for her family.

ア once　**イ** first　**ウ** order　**エ** time

3 次の各組の対話で，（　　）内の語（句）を意味が通るように並べかえたとき，（　　）内で**3番目と5番目**にくる語（句）の記号をそれぞれ書きなさい。

1 A：What (**ア** you　**イ** like　**ウ** music　**エ** of　**オ** do　**カ** kind)?
B：I like Japanese pop music.

2 A：Look!　She can speak English well.
B：Yuko is (**ア** speakers　**イ** in　**ウ** of　**エ** English　**オ** the best　**カ** one) the class.

3 A：When did they leave London?
B：I (**ア** when　**イ** know　**ウ** don't　**エ** left　**オ** they　**カ** there).

4 A：I'm planning to go to see a movie this weekend.　Do you want to come?
B：No, thanks.　I (**ア** made　**イ** fishing　**ウ** have　**エ** go　**オ** a plan　**カ** to) in the river.

5 A：Mary invited me to her birthday party on Saturday, but I have a tennis match that day.
B：You (**ア** her　**イ** should　**ウ** you　**エ** call　**オ** and say　**カ** that) can't go.

4 次の対話を読み，問いに答えなさい。

When Kenta arrived at the restaurant, he looked around to find his friend Matt. Kenta couldn't see him, so he asked for a table for two. The waiter led him to a table next to the window, served him a cup of coffee and left.

Matt : Hi! Sorry if you waited for a long time.

Kenta : No problem. I have just arrived too. Do you want some coffee? "It's ①service."

Matt : Of course they serve coffee, it's a restaurant! You make me laugh sometimes. I think you may be trying to say that the coffee is free.

Kenta : Yes! It's free! Isn't that right?

Matt : No! You said "It's service." That is not correct. "Service" just means it can be bought from the menu. It does not mean free.

Kenta : Oh, I didn't know that at all! I always seem to say things wrong.

Matt : OK, I'll be your teacher. What else do you find difficult?

Kenta thought for a second while the waiter served Matt a cup of coffee.

Kenta : Do you remember we had a lot of rain and thunder yesterday?

Matt : Yes.

Kenta : My *co-worker asked me about the thunder this morning and I replied that the thunder "hurt my eyes." But she *blinked in surprise when she heard that.

Matt : I know how she felt... Tell me, what is thunder?

Kenta didn't know how to explain it, so he used his finger to draw a picture on the table.

Matt : I'm sorry, ②that is not quite right.

Kenta : What do you mean?

Matt : We actually call that "lightning." "Thunder" is only the sound.

Kenta : Only the sound? I didn't know that.

Matt : Don't worry too much about it.

Kenta : By the way, Matt, may I borrow your phone? I must call my work place.

Matt : Of course. But what's wrong with your phone?

Kenta : Yesterday, I fell asleep on the train, and my bag was on the seat next to me. When I woke up, I was stolen my bag, and my phone was inside.

Matt : What? ③It's not possible.

Kenta : Why not? Did I make a mistake again?

Matt : Yes, a big one! You should say, "My bag was stolen" or, "Somebody has stolen my bag." You told me your bag stole you, it is a funny mistake.

Kenta : "My bag was stolen," "Thunder," "Free coffee"... I must learn so many things!

Matt : You shouldn't be afraid of making mistakes. I make them all the time!

④*Kenta still looked sad.*

Matt : Would it make you happier if I told you a similar story?

Kenta : Yes. I am very interested in your story!

Matt : When I was in Japan studying at university, I made a big mistake. One day I visited my friend Saki with a gift, and I told her in Japanese, "Omiyage ga imasu." She looked very surprised! Then Saki told me I used "iru," not "aru," and so my sentence sounded very strange to her. Then I also learned from her that "iru" must be used when we talk about living things, but "aru" is used when we talk about things that are not living.

Kenta : It is difficult for foreign students to understand the difference between the two at first.

Matt : Yes. You are right. Perhaps it makes Japanese language more difficult to understand.

Kenta : I understand that. But it's not a big problem to make mistakes. It's important to try. I'll be your teacher now.

(注) co-worker : 同僚（職場が同じである人） blinked : まばたきをした

問 1 下線部①について Matt が考える“service”の意味となるように，（ a ）に入る最も適当な**漢字 2 文字**を書け。

“service”は（ a ）を表すのではなく，メニューから購入可能であることを意味する。

問 2 下線部②が表す意味となるように，（ b ）に入る最も適当な**漢字 1 文字**を書け。

Kenta が，“thunder”という英語は雷の（ b ）を表すと考えていたこと。

問 3 下線部③のように Matt が答えた理由となるように（ A ）～（ C ）に入る最も適当な組み合わせを**ア～エ**の中から 1 つ選び，その記号を書け。

Kenta は「バッグが盗まれた」と伝えたかったが，Matt に「（ A ）が（ B ）に（ C ）」と伝わったから。

ア A：Kenta B：バッグ C：盗まれた
イ A：バッグ B：Kenta C：盗まれるだろう
ウ A：バッグ B：誰か C：盗まれた
エ A：Kenta B：誰か C：盗まれるだろう

問 4 下線部④の理由となるように，（ c ）に入る最も適当なものを**ア～エ**の中から 1 つ選び，その記号を書け。

Kenta （ c ）.

ア didn't make many mistakes
イ wasn't able to speak English well
ウ was surprised at Matt's mistake
エ was interested in Matt's mistake

問 5 対話の内容に合うように，（ d ）に入る日本語を**8 文字以内**で書け。

日本語の「ある」は話し手が（ d ）について話すときに使う。

問 6 次の英文は，後日 Kenta が Matt に書いたメールである。英文を読み A，B，C の問いに答えよ。

> Hi, Matt,
>
> Thank you so much for your advice. Actually, you really (1) me. After I met you, I returned to work. I wanted to challenge myself, so I used the words “thunder,” “service,” “stolen” in a conversation. I used the words correctly. My friend told me my English is getting much better. You should also have more conversation in (2). Now you know we can let mistakes be our teacher in life. See you soon.
>
> Kenta

A 文中の（ 1 ）に入る最も適当な英語を**ア～エ**の中から 1 つ選び，その記号を書け。

ア called イ borrowed ウ saved エ believed

B メールの内容に合うように，文中の（ 2 ）に入る最も適当な英語 1 語を書け。

C 下線部の表す内容となるように，（ e ），（ f ）に入る日本語をそれぞれ**5 字以内**で答えよ。

私たちは（ e ）を（ f ）にできるという意味。

5 次の英文を読み，問いに答えなさい。

Mrs. Martin was tired after an afternoon of shopping, and then she had to carry her large bags. It was raining too, and she had a whole hour to wait before she could ①(t   ) the bus home. She only had time for some tea and a cake. She smiled to herself as she walked toward her favorite tea shop.

At the counter she picked up her tea and a KitKat biscuit. KitKat is a chocolate-covered *wafer bar snack. Eating a KitKat made her feel like a child again, because she always remembered how happy the old *commercials for KitKat made her when she was a child.

There were many people in the shop, but she found the last empty table. With her tea spoon, she put in two spoons of sugar and then *sipped at the hot, sweet tea. It was perfect for this cold wet day!

"Anyone sitting here?"

A young man sat down at her table without waiting for her reply. ②<u>She felt a little angry with him</u>, but she said, "sure," and gave a little smile even though she thought the man was not very polite.

She tried hard not to look at him as she drank the last of her tea. But as she put the empty cup on the table, she was surprised to see him open ③<u>the KitKat</u> she just bought and ate the first piece. The red *wrapper lay on the table. And then the young man ate one more piece and *sucked his first finger.

Later, he stopped eating and placed the last two pieces of her KitKat next to his coffee. He then looked up at her and smiled.

His (④) made her most angry of all. To take someone's KitKat so openly was bad, and his (⑤) was worse. It was like he knew how much she was excited to eat this chocolate snack and he took it away from her in such a bad way.

She pushed herself forward. "This is ⑥(m   ), thank you." She picked up the last two chocolate bar pieces from his plate, and ate them quickly.

The young man *frowned, smiled and shook his head all at the same time. He was probably surprised by an old woman with so much power. Maybe, he thought she was too nice or afraid to take back her KitKat.

She gave him one angrier look, picked up her shopping bags and left. She felt the young man's eyes on her back as she left, and now it was her turn to feel like a (⑦). Yes, she won and she felt light on her feet as she walked to the bus stop. She still had ten minutes until her bus arrived, so she sat on a bench next to a woman with her baby and waited.

She felt better and better over time. She put her hand in her handbag to find the last few candies she always carried with her. She found them, but just as she was taking them from her bag, she saw something red in her bag. She took out a KitKat, looked at it and was very ⑧<u>surprised</u>.

She at once stood up and ran back to the cafe as fast as possible. When she arrived, tired and hot, she saw the man when he was opening the door to leave. As soon as he came outside, she stepped toward him.

"I am so sorry! I thought you ate my KitKat, but I looked in my bag and…"

She then gave him the KitKat with a sad look. She waited for him to shout at her. But instead he laughed. He laughed so loudly that everyone in the restaurant looked through the window at him.

He looked at her and waved the KitKat, "Shall we share this?"

(注) wafer : 小麦粉等を材料とし，薄く短冊形に焼いた洋菓子（ウエハース）
commercials : テレビでの広告・宣伝　　sipped at : ～を少しずつ飲んだ　　wrapper : 包み紙
sucked : ～をなめた　　frowned : 顔をしかめた

問1 下線部①，⑥に入る適当な語を答えよ。ただし，与えられた文字で始めること。

問2 下線部②のようにMrs. Martinが感じた理由となるように，（ a ），（ b ）に入る適当な日本語を答えよ。

若い男性がマーティンの（ a ）を待たずに，彼女の隣に座ったことを（ b ）と考えたから。

問3 下線部③について，次の英語の質問への答えとなるように，（ c ）に入る適当な英語1語を答えよ。

Q：How many chocolate pieces were there in the KitKat?

A：There were（ c ）pieces of chocolate.

問4 （ ④ ），（ ⑤ ）に共通して入る英語1語を本文の内容に合うように答えよ。

問5 （ ⑦ ）に入る語を**ア**～**オ**から選び，その記号を書け。

ア horse　　**イ** loser　　**ウ** child　　**エ** winner　　**オ** waiter

問6 次の英文は下線部⑧のようにMrs. Martinが感じた理由である。本文の内容に合うように（　　）に入る適当な英語1語をそれぞれ答えよ。ただし，与えられた文字で始めること。

Mrs. Martin suddenly realized that the young man didn't eat（h　　）KitKat and she had the（w　　）idea about him.

問7 次の英文は本文中の若い男性が後日，書いた英文である。本文の内容に合うように，（ d ）～（ f ）内に入る最も適当な英語を**語群**から選び，答えよ。

A few days ago, when I was having a cup of coffee with my KitKat at a familiar tea shop, I was really shocked when a woman suddenly picked up my KitKat and（ d ）it. It was unbelievable! Also the perfect（ e ）was angry with me without reason. After a while, when I was leaving, she stood just in front of the shop with a KitKat in her hand. Just then she told me the（ f ）.

語群【 trip / stranger / truth / gave / answer / ate 】

問8 本文の内容に合うものを**ア**～**オ**から2つ選び，その記号を書け。

ア A few days later, Mrs. Martin forgave the young man at the coffee shop for his mistake.

イ Mrs. Martin forgot to buy a KitKat with her tea in the shop after her shopping.

ウ The young man got angry when she reached for his chocolate bar and took it back.

エ After shopping Mrs. Martin went to a tea shop and shared a table with the young man.

オ The young man was so kind that he accepted the woman's mistake with a warm heart.

令和３年度　鹿児島高校入試問題　社　会

（解答…186Ｐ）

1　次のⅠ～Ⅲの問いに答えなさい。答えを選ぶ問いについては１つ選び，その記号を書きなさい。

Ⅰ　次の略地図を見て，１～７の問いに答えよ。

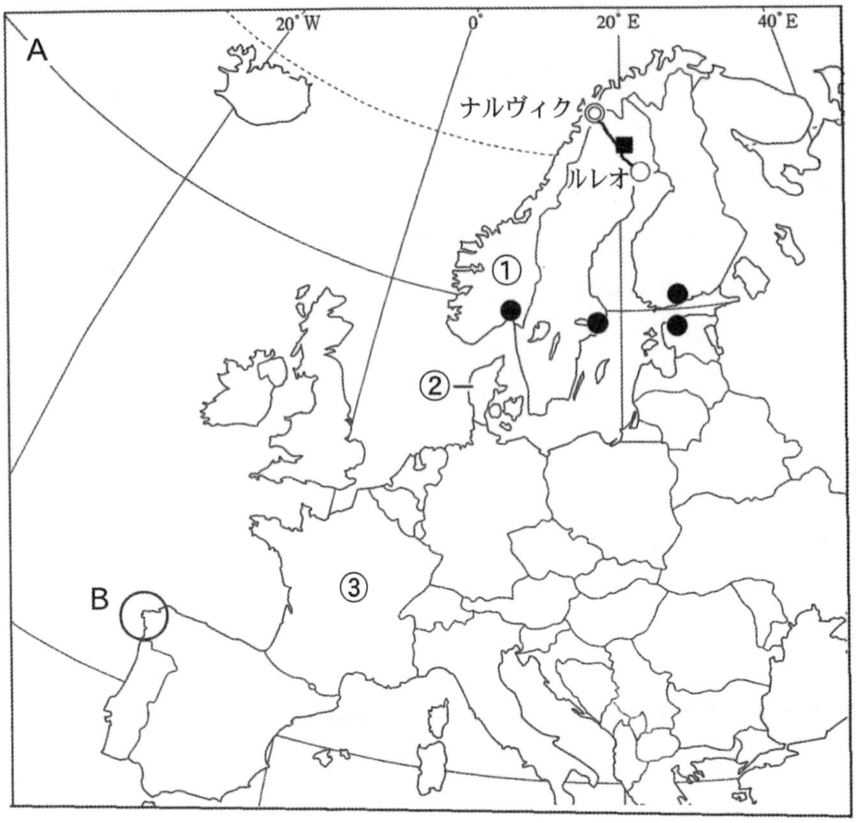

資料１　　2017 年（単位 ％）

1	オーストラリア	53.2
2	ブラジル	23.4
3	南アフリカ	4.1
4	カナダ	2.5
5	ウクライナ	2.3
6	インド	1.7
7	スウェーデン	1.4
	マレーシア	1.4

（「地理統計要覧 2020」二宮書店より）

1　略地図中に３本の緯線が記入されている。このうち破線は北極圏であり，Ａの緯線には●で示した首都が並んでいる。Ａの緯線に該当する緯度はどれか。

ア　北緯 40 度　　**イ**　北緯 50 度　　**ウ**　北緯 60 度

2　略地図中の■はある重要な地下資源の産地を，○のルレオと◎のナルヴィクはその資源の輸出港を，また■と○および◎をつなぐ線はその資源の輸送ルートを示している。この資源について，(1)・(2)の問いに答えよ。

(1)　**資料１**は，この地下資源の輸出上位８か国を示している。この地下資源名を書け。

(2)　この地下資源の輸出はルレオ港からおこなうが，ルレオ港が凍結する冬期は隣国の凍結しないナルヴィク港から主におこなっている。ルレオ港よりも高緯度に位置するナルヴィク港が凍結しない理由にはある海流が影響している。寒流か暖流の区別をつけてこの海流名を答えよ。

3　イギリスはヨーロッパ連合（ＥＵ）を，ＥＵ本部のあるベルギーが使用する中央ヨーロッパ時間で 2020 年２月１日午前０時に正式に離脱した。イギリスはベルギーと１時間の時差がある。この離脱の日時はイギリス時間では何月何日の何時か。

4　略地図中のフランスについて，(1)・(2)の問いに答えよ。

(1)　ヨーロッパの中では比較的大きいフランスでも面積は日本の約 1.5 倍，人口は約２分の１である。下の人口密度を示した**資料２**の**ア**～**ウ**には，３か国とも人口が日本の約２分の１であるフランス，イギリス，イタリアのいずれかが該当する。フランスはどれか。

(2)　**資料３**は略地図中の①～③のいずれかの国の電力構成比を示したものである。フランスは**ア**～**ウ**のどれか。

資料２　2019 年（単位 人/km^2）

	人口密度
日本	330.1
ア	278.5
イ	200.4
ウ	105.1

（「地理統計要覧 2020」二宮書店より）

資料３　2017 年（単位 ％）

国名	１位	２位	３位以下
ア	原子力　72.5	水力　11.7	15.8
イ	水力　95.6	火力　2.2	2.2
ウ	風力　46.5	火力　27.0	26.5

（国際エネルギー機関の最新データベースより）

5　略地図中のＢの○印の海岸部には，陸地の沈水（沈降）による**図１**のような海岸地形がみられる。その海岸地形の名称と日本で同様の地形がみられる例の正しい組み合わせはどれか。

図１

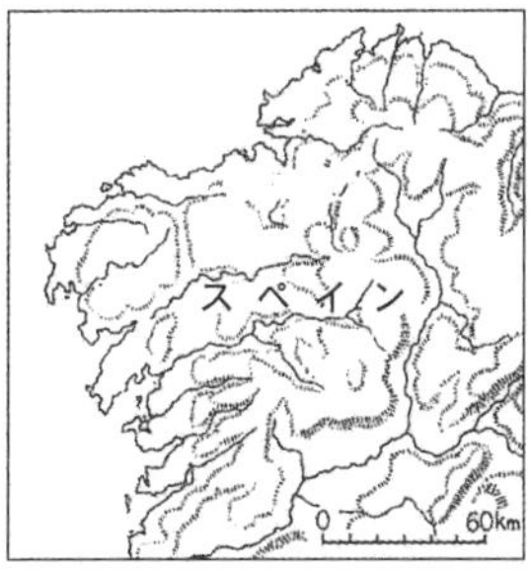

	海岸地形	日本の例
ア	リアス海岸	九十九里浜
イ	リアス海岸	三陸海岸
ウ	フィヨルド	九十九里浜
エ	フィヨルド	三陸海岸

6　地中海性気候について，(1)・(2)の問いに答えよ。

(1)　**図２**中の破線は地中海式農業の代表的なある作物の北限を示している。この線は地中海性気候の北限と見事に一致している。**資料４**はこの作物の世界における生産上位８か国を示している。この作物名を書け。

(2)　地中海性気候が分布するのはアメリカ合衆国では次のどの地域か。

ア　太平洋岸
イ　メキシコ湾岸
ウ　大西洋岸
エ　五大湖周辺

図２

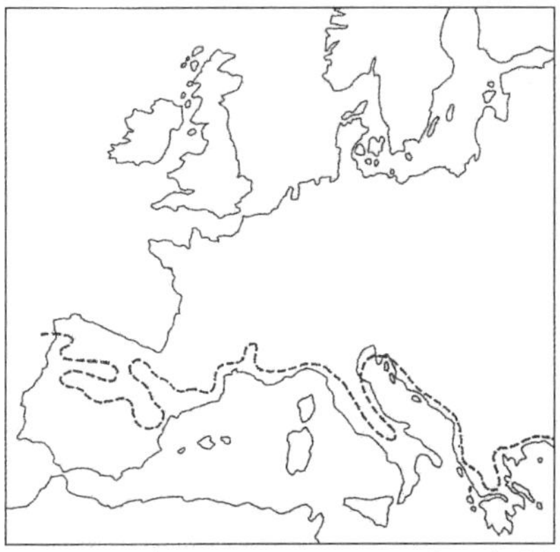

（Diercke Weltatlas ほかによる）

資料４　2017 年（単位 ％）

1	スペイン	31.4
2	ギリシャ	13.0
3	イタリア	12.3
4	トルコ	10.1
5	モロッコ	5.0
6	エジプト	4.4
7	チュニジア	4.3
8	ポルトガル	4.2

（「地理統計要覧 2020」二宮書店より）

7　スイスの酪農はチーズの生産が中心である。日本では北海道でチーズの生産が盛んである。スイスや北海道でチーズの生産が盛んな理由を書け。ただし，**市場**と**加工**ということばを必ず使うこと。

Ⅱ　次の東北地方に関する文を読んで，1～3の問いに答えよ。

2018年の東北地方の米の生産量は，日本全国の4分の1以上を占めている。都道府県別順位は，1位の新潟，2位の北海道に秋田，山形，宮城，福島と東北地方の県が続く。また東北地方には，稲作と果樹栽培や ⓐ畜産の両方を経営する農家も多くみられる。東北地方では，夏に太平洋側に吹きつける冷たい北東風である［X］による冷害をたびたび受ける。このような厳しい環境の東北地方で稲作が盛んなのはなぜか。その理由はいくつか考えられる。

ひとつには，イネを研究して［Y］をおこない，寒さに強いコシヒカリが開発されたことがある。もうひとつには，東北地方の地形と気候が関わっている。東北地方には稲作に好都合な平野が点在している。それぞれの平野には雄物川や最上川，北上川などの河川が流れ，雪解け水が利用できるので用水にも恵まれる。また，［X］と夏の南東季節風が奥羽山脈を越えて日本海側に吹き下ろすとき，**図1**で示したような［Z］現象が起きるために，風上側より気温が上がる。このような ⓑ日本海側に吹く高温の風が稲作にとって恵みの風となるのである。

図1

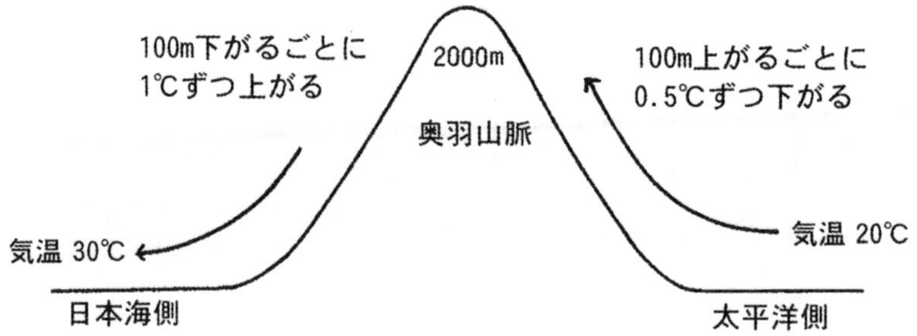

（「地理月報558」二宮書店より）

1　文中の［X］～［Z］のそれぞれにあてはまる最も適当なことばを書け。なお，［Y］は**漢字4字**で答えよ。

2　下線部ⓐについて，次の**資料1**は採卵鶏，肉用若鶏（ブロイラー），肉用牛，乳用牛の飼育数の多い上位5都道府県を示したものであり，①・②は採卵鶏，肉用若鶏のいずれか，A，Bは岩手，鹿児島のいずれかである。②に該当する家畜名，Bに該当する県名の正しい組み合わせはどれか。

資料1　　2019年（単位 %）

	①	②	肉用牛	乳用牛
1位	茨城　8.3	宮崎　20.4	北海道　20.5	北海道　60.1
2位	千葉　6.8	A　20.2	A　13.5	栃木　3.9
3位	A　6.4	B　15.7	宮崎　10.0	熊本　3.3
4位	岡山　5.7	青森　5.0	熊本　5.0	B　3.2
5位	広島　5.1	北海道　3.6	B　3.5	群馬　2.6

（日本国勢図会 2020/21より）

	②	B
ア	採卵鶏	岩手
イ	採卵鶏	鹿児島
ウ	肉用若鶏	岩手
エ	肉用若鶏	鹿児島

3　下線部ⓑについて，日本海側が太平洋側よりも高温になるのは，**図 1** で示すような現象だけではなく海流も関わっている。**資料 2** は**図 2** で示したほぼ同緯度でともに沿岸部に位置する秋田市と宮古市の 1 月と 8 月の平均気温を示している。秋田市は冬に北西の冷たい季節風が吹くにもかかわらず 1 月の平均気温は宮古市とほぼ同じであり，8 月の平均気温は秋田市の方が高い。日本海側の気温が高くなる理由を述べた解答欄の文中の（　　　）に適する語句を答えよ。

資料 2

1981～2010年の平均値(単位 ℃)

	月平均気温	
	1月	8月
秋田市	0.1	24.9
宮古市	0.3	22.2

（「地理統計要覧 2020」二宮書店より）

図 2

Ⅲ　次の関東地方の工業に関する文を読んで，**1**・**2** の問いに答えよ。

京浜工業地帯は，第二次世界大戦後には，船による原料や製品の輸送に便利なため，鉄鋼，造船，石油化学，電気機器などの大工場や，その下請けの中小工場が集まり，めざましく発展した。1960 年代からは，千葉県の東京湾岸に鉄鋼，石油化学などの大工場が進出し，京葉工業地域が生まれた。

1970 年代以降，関越自動車道や東北自動車道などの整備でトラックによる輸送がより便利になった北関東にも，地価が安く広い土地を確保できたこともあり，自動車・電気機器など多くの工場が進出した。自動車道のインターチェンジ近くには［　　　］がつくられ，そこに東京などから移転した工場の立地もみられた。これらは北関東工業地域とよばれ，現在では関東平野全体にまで工業地域が拡大している。

1　文中の［　　　］にあてはまる最も適当なことばを書け。

2　**資料 3** は工業地帯・地域の製造品出荷額とその構成を示したものである。①～③は，京葉工業地域，京浜工業地帯，中京工業地帯のいずれかが該当する。①～③を正しく示している組み合わせはどれか。

資料 3　　2017 年（単位 %）

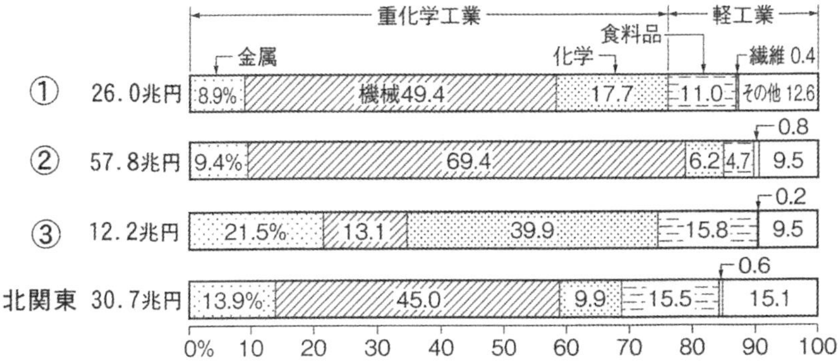

（日本国勢図会 2020/21 より）

	①	②	③
ア	京葉	京浜	中京
イ	京葉	中京	京浜
ウ	京浜	京葉	中京
エ	京浜	中京	京葉
オ	中京	京葉	京浜
カ	中京	京浜	京葉

2 次のⅠ・Ⅱの問いに答えなさい。答えを選ぶ問いについては１つ選び，その記号を書きなさい。

Ⅰ 「文字」についての文章を読んで，１～６の問いに答えよ。

> 相手に自分のことを伝えたり，記録をつける手段として「文字」というものが存在する。文字の起源は古く，ⓐ紀元前3000年ごろから存在したといわれている。しかし，人類の出現が今から約700万年から600万年前といわれているため，文字によって語られる人類の歴史はあまり多くない。私たちは文字から多くの情報を得て，歴史から先人たちの行動を学ぶことができる。
>
> 日本で文字が使われるようになったのは，４～５世紀に［①］によって漢字が伝えられたからだといわれている。その後，ⓑ奈良時代に和歌や歴史書など多くの書物が文字でまとめられるようになり，ⓒ平安時代には文字を活用して物語や日記が書かれるようになった。
>
> やがて，ⓓ武士の時代になると，その活躍も文字で伝わり，次第に民衆も文字に触れる機会が増加した。江戸時代になると［②］で読み書きを教わる民衆が増え，より多くの人が文字を通して情報収集を行い，ⓔ学問を研究するようになった。

1 ［①］・［②］にあてはまる語句をそれぞれ**漢字３字**で答えよ。

2 下線部ⓐのころ世界各地で文字が誕生した。誕生した場所と文字の組み合わせとして適当なものはどれか。

ア（場所 メソポタミア 文字 象形文字） **イ**（場所 中国 文字 象形文字）
ウ（場所 メソポタミア 文字 くさび形文字） **エ**（場所 中国 文字 くさび形文字）

3 下線部ⓑのころ律令制のもとで九州北部の警備にあたった兵士のことを何というか。

4 下線部ⓒのころのできごとを説明した文章で**適当でないもの**はどれか。

ア 坂上田村麻呂が征夷大将軍に任命され，東北地方に派遣された。
イ 最澄が比叡山に延暦寺を建てて天台宗を開いた。
ウ 菅原道真が遣唐使の派遣停止を提案した。
エ 藤原定家らによって新古今和歌集がまとめられた。

5 下線部ⓓについて，(1)・(2)の問いに答えよ。

(1) 鎌倉時代以降の農業生活が変化した理由について下記にまとめた。［X］・［Y］に適する語句を，**資料１**を参考にして答えよ。

【農業生活が変化した理由】

1	二毛作やかんがいの技術が発展したから。
2	草や木を焼いた灰などが［X］として使われたから。
3	鉄製の農具が普及したから。
4	農作業で［Y］が利用されたから。

資料１

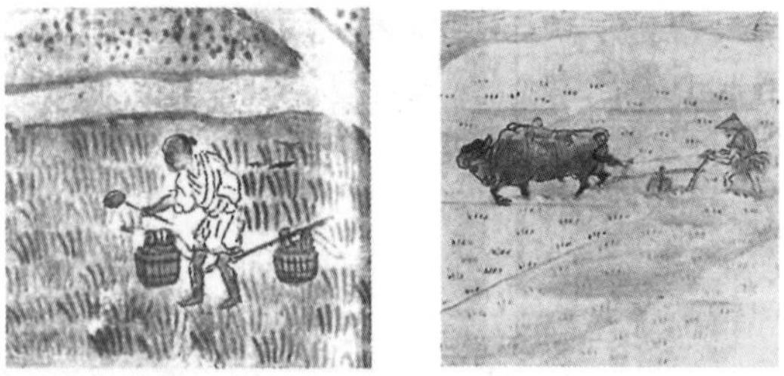

(2) **資料２**のような分国法が各地で制定された。分国法とはどのようなものかを「**領国**」という語を用いて**15字以内**で答えよ。

資料２

> 一 けんかした者は，いかなる理由による者でも処罰する。
> 一 許可を得ないで他国へおくり物や手紙を送ることは一切禁止する。

6 下線部ⓔの中で，18世紀後半に日本古来の伝統を評価する「古事記伝」を著した人物は誰か。

ア 本居宣長 **イ** 杉田玄白 **ウ** 葛飾北斎 **エ** 与謝蕪村

Ⅱ　歴代総理大臣についてまとめた表をみて，１～５の問いに答えよ。

元号	人物	出身地	説　明
明治	A	山口県	初代総理大臣をつとめた。ヨーロッパ各地で<u>ⓐ憲法</u>を学び，憲法の草案を作成した。
大正	B	岩手県	平民宰相とよばれた。本格的な政党内閣であり，政党政治をおしすすめた。
昭和	C	岡山県	Bと同じく政党政治を行ったが，<u>ⓑ五・一五事件</u>で暗殺された。
	D	東京都	<u>ⓒサンフランシスコ条約</u>に調印し，日本は独立を回復した。

1　下線部ⓐについて，以下の文章は大日本帝国憲法に関して説明したものである。［ X ］に適する語句を答えよ。

> 大日本帝国憲法は，［ X ］から国民に与えるという形で発布され，［ X ］が国の元首として軍隊を統率し，外国と条約を結ぶなどの大きな権限をもった。

2　Bが行った政策はどれか。
ア　関税自主権を回復させた。　　**イ**　治安維持法を制定した。
ウ　選挙法を改正した。　　**エ**　日英同盟を締結した。

3　下線部ⓑについて，(1)・(2)の問いに答えよ。
(1)　このできごとに関連する当時の新聞記事はどれか。

ア

總會、勸告書を採擇し
我が代表堂々退場す
四十二對一票、棄權一

イ

首相遂に兇手に倒る
昨夜十一時廿六分絶命

ウ

●女房連《にようばうれん》の一揆《き》
米高に喋り兼ね「餓死するぞ」口々に喚き立て
三百餘名米屋へ押しかく

エ
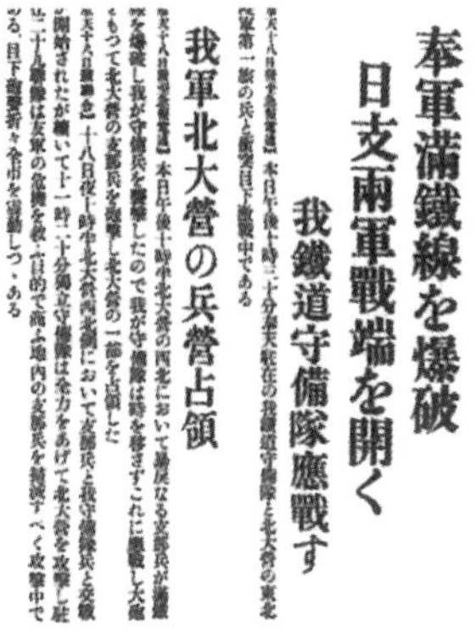
奉軍滿鐵線を爆破
日支兩軍戰端を開く
我鐵道守備隊應戰す
我軍北大營の兵營占領

(2)　このできごとの後に陸軍の青年将校たちが大臣などを暗殺し，東京の中心部を占拠する事件が起こった。この事件名を答えよ。

4　下線部ⓒについて，(1)・(2)の問いに答えよ。
(1)　この調印をアメリカが急いだ理由を「**西側**」という語を用いて**25字以内**で説明せよ。

(2)　この後に日本が調印したものとして**適当でないもの**はどれか。
ア　日ソ中立条約　　**イ**　日中平和友好条約　　**ウ**　日韓基本条約　　**エ**　日中共同声明

5　A～Dの人物名の組み合わせとして適当なものはどれか。

ア	A　伊藤博文	B　原敬	C　犬養毅	D　吉田茂
イ	A　伊藤博文	B　加藤高明	C　近衛文麿	D　池田勇人
ウ	A　黒田清隆	B　原敬	C　近衛文麿	D　吉田茂
エ	A　黒田清隆	B　加藤高明	C　犬養毅	D　池田勇人

3 次のⅠ・Ⅱの問いに答えなさい。答えを選ぶ問いについては1つ選び，その記号を書きなさい。

Ⅰ　次の資料はある生徒が授業で，「日本の企業と労働」についてまとめ，作成した発表用の資料である。1～5の問いに答えよ。

【日本の企業と労働のまとめ】

ⓐ企業とⓑ株式会社	株式会社はⓒ株式の発行によって得られた資金をもとに設立される企業である。 ⓓ世界各地に市場を求めて，海外に現地籍の企業をつくる企業が活躍している。
労働者の権利	労働者には，労働3権や労働3法が，憲法や法律で保障されている。

発表用資料1

【株式会社制度のしくみ】

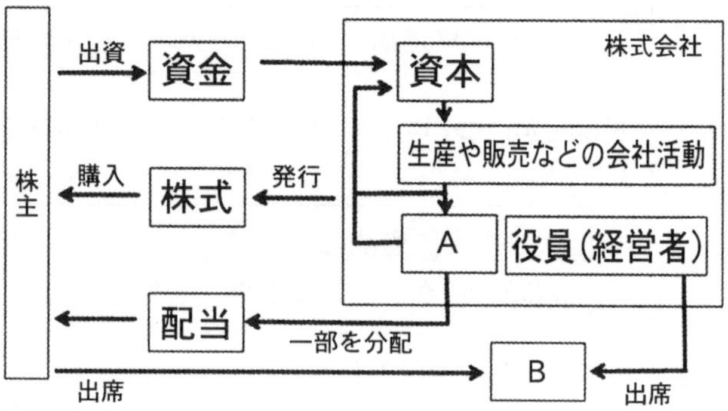

発表用資料2　　**【安心して働ける社会のために】**

X　働く環境の変化
　男女の分業体制を見直し，仕事と生活を両立できるような仕組みを作る。
Y　社会保障の充実
　失業しても困らないように，社会全体で生活保護や職業訓練などを整備する。
Z　法律による保障
　企業は労働者が団結する権利や団体交渉する権利を保障する。

1　下線部ⓐについて述べた文として**適当でないもの**はどれか。
　ア　年功序列賃金を見直し，労働者の能力や成果を賃金に反映させる企業が増えた。
　イ　環境にやさしい商品の開発や地域文化への貢献をおこなっている企業がある。
　ウ　消費者基本法が制定されたことにより，企業間における価格競争がうながされた。
　エ　中小企業の中には大企業に負けない技術を持っている企業も少なくない。

2　下線部ⓑについて，(1)・(2)の問いに答えよ。
(1)　株式会社は**発表用資料**1の［　A　］を得ることを目的に生産活動をおこなっている。［　A　］に適する語句を答えよ。

(2)　**発表用資料**1を参考に，［　B　］に入る名称を**漢字4字**で答えよ。

3　下線部ⓒについて，東京や名古屋，札幌などに設けられ株式や債券の売買をおこなう場所を**漢字5字**で答えよ。

4　下線部ⓓのような企業を何というか。

5　**発表用資料**2のX～Zはそれぞれ何のことか。正しい組み合わせを選べ。

	ア	イ	ウ	エ
X	持続可能な開発	ワーク・ライフ・バランス	ワーク・ライフ・バランス	持続可能な開発
Y	ディフェンスネット	セーフティネット	ディフェンスネット	セーフティネット
Z	労働組合法	労働組合法	労働基準法	労働基準法

Ⅱ　次の文を読んで，１～４の問いに答えよ。

国の権力は強制力を持っているので，一つの機関に集中し，濫用《らんよう》されると国民の自由をおびやかすことになりかねない。そこで，国の権力はⓐ国会・内閣・ⓑ裁判所の三つに分けられている。また，権力を国だけに集中せず，ⓒ地方公共団体にも分割するⓓ改革が進められ，地方が自主的に進められる仕事が拡大された。

1　下線部ⓐについて，国会議員の多くは政党に所属している。下の**表１**をもとに**Ａ～Ｄ党**の政策を**図１**にまとめた。**Ａ党**の政策は**図１**の**ア～エ**のどれか。

表１　Ａ～Ｄ党の政権公約の一部

項目＼政党	Ａ党	Ｂ党	Ｃ党	Ｄ党
高所得者の税負担率	上げる	上げる	下げる	下げる
関税率	下げる	上げる	下げる	上げる

※Ａ～Ｄ党は架空の政党である

図１　Ａ～Ｄ党の税や貿易に関する政策

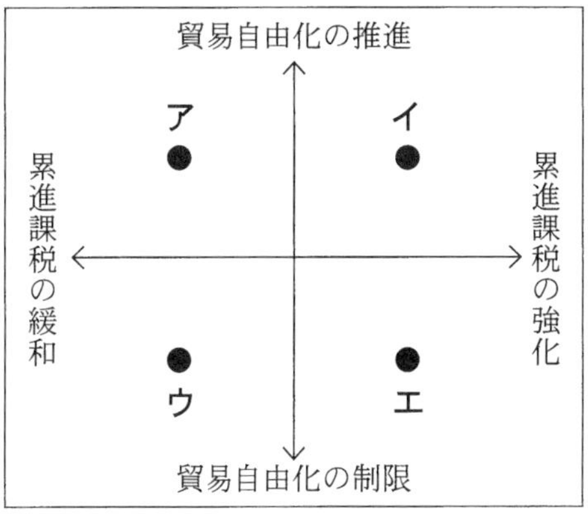

2　下線部ⓑについて，(1)～(3)の問いに答えよ。

(1)　**図２**は裁判がおこなわれる法廷の様子を表したものである。この法廷の様子を表した裁判の種類を答えよ。

(2)　最高裁判所の大法廷で裁判がおこなわれる場合，裁判官の人数は長官を除くと何名になるか。

(3)　裁判官は裁判を行う際「法服」を着用し，その色は黒色である。黒色である理由を「**裁判官・何色**」という語句を必ず用いて，30**字以内**で説明せよ。

図２　法廷の様子

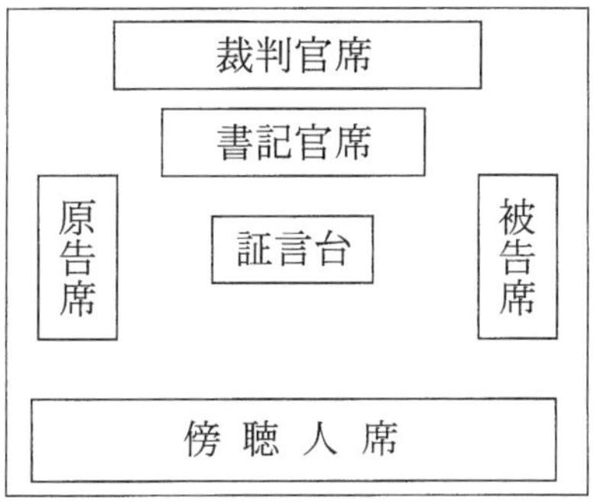

3　下線部ⓒについて，(1)・(2)の問いに答えよ。

(1)　**表２**の**Ａ市**の場合，市民が監査請求をおこなう場合，最低何名の有効な署名が必要か。

(2)　**Ａ市**の首長に対する解職請求をおこなう場合，請求先はどこか。

表２　Ａ市の人口・有権者数

Ａ市の人口	90万人
Ａ市の有権者数	60万人

4　下線部ⓓについて，1999年に制定された，国と地方公共団体の役割分担を明確にし，地方公共団体の権限を強めることになった法律を何というか。

令和３年度　鹿児島高校入試問題　理　科

（解答…188Ｐ）

1　次の文章を読み，以下の問いに答えなさい。

動物は，からだを構成する器官のはたらきで，さまざまな生命活動をする。生命活動を行うためにはエネルギーが必要であり，このエネルギーのもととなる養分は食物から摂取している。①からだの中で吸収された養分は全身の細胞へ運ばれ，酸素を使ってエネルギーが取り出される。細胞に必要な養分や酸素は，②血液の流れによって全身の細胞まで運ばれる。③ヒトにおいて，血液は，全身に張りめぐらされた血管の中を流れ，心臓のはたらきによって循環している。

1　下線部①に関連して，消化液に含まれ，食物を分解し，吸収されやすい物質にするものを何というか。**漢字４字**で答えよ。

2　下線部②について，血液の流れを調べるためにメダカを用いて次の実験を行った。以下の問いに答えよ。

【実験】 **図１**のように少量の水が入ったチャックつきのポリエチレンぶくろにメダカを入れ，尾びれを顕微鏡で100倍の倍率で観察した。**図２**は，**図１**の向きで観察したときに顕微鏡でみられた尾びれのようすをスケッチしたものである。

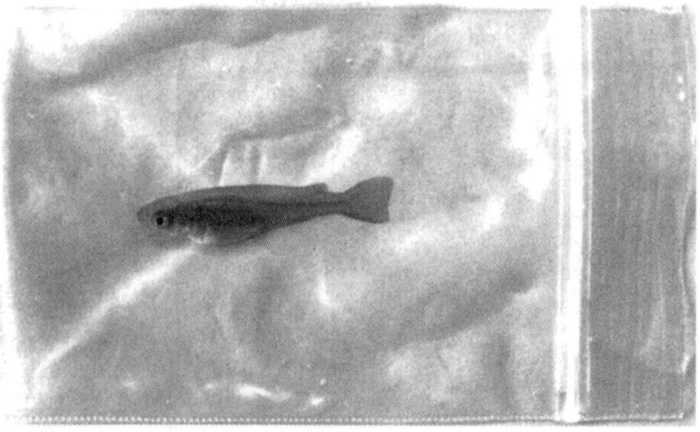

図１

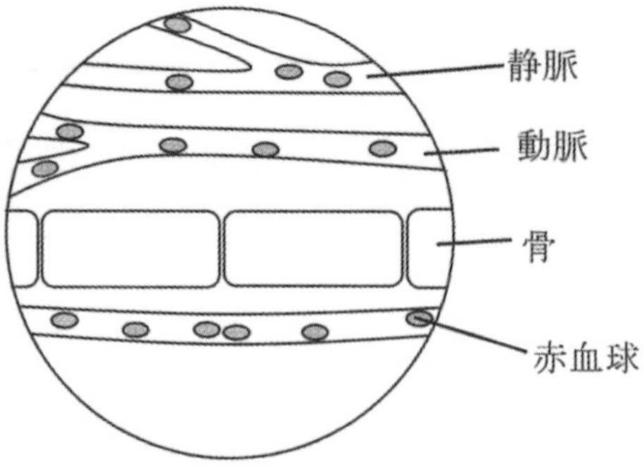

図２

(1) 血液に含まれる透明な液体で，養分や不要な物質などを運ぶはたらきのある成分として最も適当なものを，次の**ア**～**エ**から１つ選び，記号で答えよ。

ア　液胞　　**イ**　白血球　　**ウ**　血小板　　**エ**　血しょう

(2) **図２**にみられた動脈と静脈以外の血管で，組織に網《あみ》の目のように張りめぐらされている血管を何というか。

(3) **図２**の動脈と静脈の中を流れる血液の流れに関する記述として最も適当なものを，次の**ア**～**エ**から１つ選び，記号で答えよ。

ア　血液は，動脈では右から左へ，静脈では左から右へ流れている。
イ　血液は，動脈では左から右へ，静脈では右から左へ流れている。
ウ　血液は，動脈と静脈のいずれも右から左へ流れている。
エ　血液は，動脈と静脈のいずれも左から右へ流れている。

3　下線部③について，**図3**はヒトの体内での血液循環を模式的に表したものである。以下の問いに答えよ。なお，**図3**中の矢印（ ⬅ ）は血液の流れる方向を示している。

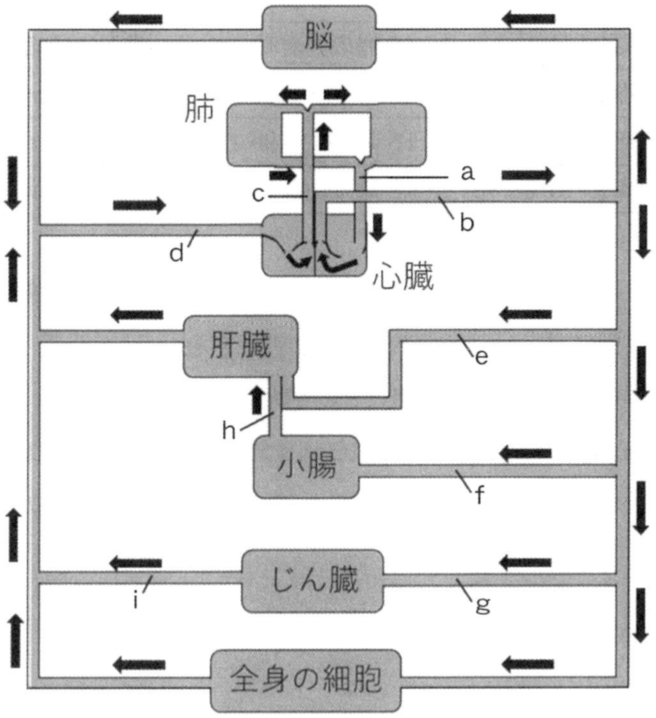

図3

(1) 血液循環のうち，心臓から肺以外の全身を通って心臓に戻る血液の流れを何というか。

(2) **図3**中のａとｃの血管の名称と，それぞれの血管内を流れる血液の組合せとして最も適当なものを，次の**ア**～**エ**から１つ選び，記号で答えよ。

	ａの血管名	ｃの血管名	ａの血管を流れる血液	ｃの血管を流れる血液
ア	肺動脈	肺静脈	動脈血	静脈血
イ	肺動脈	肺静脈	静脈血	動脈血
ウ	肺静脈	肺動脈	動脈血	静脈血
エ	肺静脈	肺動脈	静脈血	動脈血

(3) **図3**中のａ～ｉのうち，ブドウ糖とアミノ酸を最も多く含む血液が流れる血管を１つ選び，記号で答えよ。

4　ヒトの赤血球に含まれる物質Ｘは，酸素の多いところでは酸素と結びつき，酸素の少ないところでは酸素をはなす性質をもつ。物質Ｘは血液 100mL あたり 15 ｇ含まれ，１ｇの物質Ｘが 1.4mL の酸素と結合することができる。このとき，肺で 98% の物質Ｘが酸素と結びついたとすると，物質Ｘは血液 100mL あたり何 mL の酸素と結合することができるか。四捨五入して**小数第２位まで**求めよ。

2 次のⅠ・Ⅱについて，以下の問いに答えなさい。

Ⅰ　下の表は，ある地震についてA～Cの３か所で観測された記録である。以下の問いに答えよ。

観測地点	P波の到着時刻	S波の到着時刻	震源からの距離
A地点	18時50分56秒	18時51分06秒	64km
B地点	18時51分06秒	18時51分26秒	128km
C地点	18時51分01秒	18時51分16秒	96km

1　P波とS波について，正しく述べたものを次の**ア**～**エ**から１つ選び，記号で答えよ。

ア　震源ではP波が先に発生し，そのあとS波が発生する。

イ　震源ではS波が先に発生し，そのあとP波が発生する。

ウ　震源ではP波とS波は同時に発生するが，伝わる波の速さはP波の方が速い。

エ　震源ではP波とS波は同時に発生するが，伝わる波の速さはS波の方が速い。

2　S波が到達することでおこる大きな揺《ゆ》れを何というか。

3　この地震で初期微動継続時間が25秒となるのは，震源から何kmの地点か。

4　この地震でA地点では震度５強が観測された。震度５強のときの，揺れに対する人の感じ方や屋内のようすとして最も適当なものを，次の説明文**ア**～**エ**から１つ選び，記号で答えよ。

ア　大半の人が，ものにつかまらないと歩くことが難しいなど，行動に支障を感じる。固定していない家具がたおれることがある。

イ　人は揺れを感じないが，地震計には記録される。

ウ　ほとんどの人が驚く。歩いている人のほとんどが，揺れを感じる。眠っている人のほとんどが，目を覚ます。

エ　屋内で静かにしている人の大半が，揺れを感じる。眠っている人の中には，目を覚ます人もいる。

5　この地震が発生した時刻は何時何分何秒か。

Ⅱ　下の**図1**のように天体望遠鏡にしゃ光板と**装置X**を取り付け，**装置X**に映った太陽の像と記録用紙にかかれた円が，同じ大きさではっきり見えるように調整してから，太陽の表面のようすを観察した。**図2**は，そのときに太陽の表面にみられた黒点の位置と形をスケッチしたものである。ただし，観測地点は鹿児島市とし，**図2**の東西については，観察中に**装置X**上を太陽の像が動いていく方向を西としている。以下の問いに答えよ。

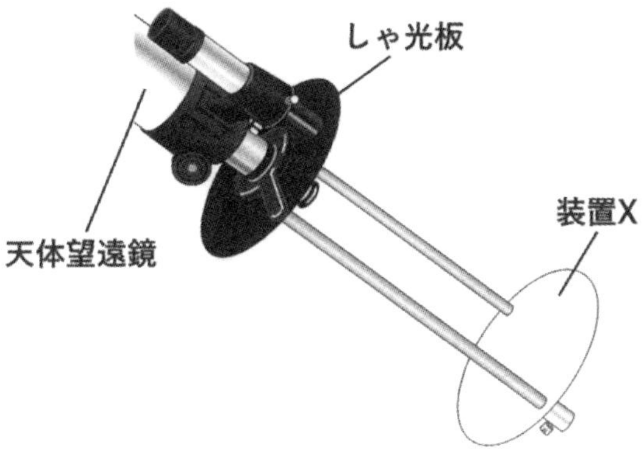

図1

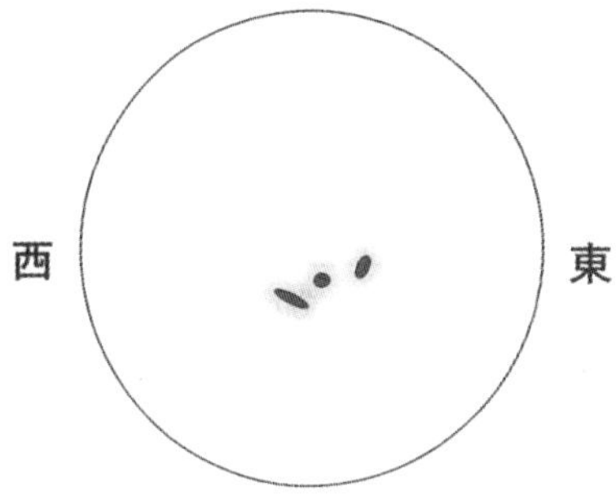

図2

1　太陽の表面のようすを観察するために取り付けた**装置X**の名称を答えよ。

2　太陽のように自ら光や熱を出す天体を何というか。

3　次の文は黒点の特徴を述べたものである。(　　　)に適する語を答えよ。

「黒点は，周囲の表面温度より温度が（　　　）ため，黒く見える。」

4　3日後，同じ時刻に太陽の黒点のようすを観察すると，黒点の位置は移動していた。黒点が移動した方向を**図3**の**ア**～**エ**から1つ選び，記号で答えよ。

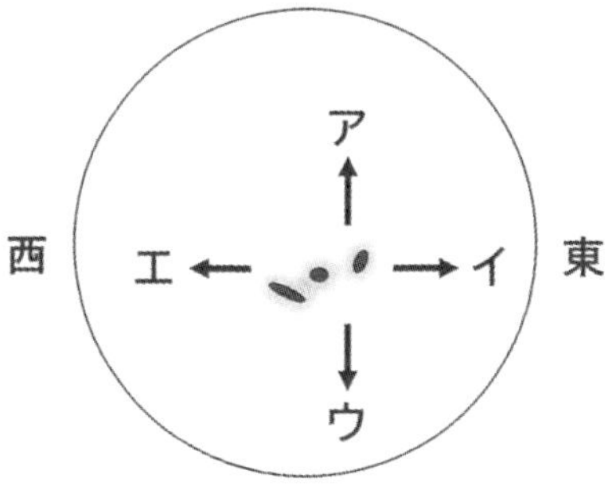

図3

3 次の文章を読み，以下の問いに答えなさい。

電子天秤を用いてステンレス皿の質量をはかると **54.80g** であった。このステンレス皿に銅の粉末を入れ，ステンレス皿ごと質量をはかった。①銅の粉末をステンレス皿にうすく広げて，②ガスバーナーで加熱すると赤い粉末が黒くなった。加熱をやめ，よく冷やしてから，質量をはかった。この操作を③質量が変化しなくなるまで繰り返し行い，変化しなくなったときの質量を加熱後の質量として記録した。

銅の粉末の質量を変えながら同じステンレス皿を用い，同様の実験を行った。この実験結果をまとめたものが次の**表**である。ただし，ステンレス皿の質量は，加熱前後で変化しないものとする。

表 加熱前後の質量（ステンレス皿を含む）

加熱前の質量［g］	55.80	56.80	57.80	58.80
加熱後の質量［g］	56.05	57.30	58.55	59.80

1 銅は加熱することで酸化銅に変化する。このときの化学反応式を書け。

2 下線部①の銅の粉末をうすく広げる理由として最も適当なものを，次の**ア**～**エ**から１つ選び，記号で答えよ。

ア 広がっていない状態では，爆発のおそれがあるから。

イ 空気と触れ合う面積が広くなるから。

ウ ステンレス皿と反応するのを防ぐため。

エ 空気中の光を吸収しやすくなるから。

3 下線部②について，次の操作a～dを，ガスバーナーの使い方として正しい順番に並べよ。

a ガス調節ねじを少しずつ開く。

b マッチに火をつける。

c ガス調節ねじをおさえて，空気調節ねじだけを少しずつ開く。

d ガスの元栓を開く。

4 下線部③について，質量が変化しなくなるのはなぜだと考えられるか。この理由を述べた次の文の（　　）に入る語句を，**10 字以内**で答えよ。

「銅の粉末が（　　　　　　　　　　　　　　　　）から。」

5　この実験について，以下の問いに答えよ。

(1) 銅と酸化銅の質量の比を**最も簡単な整数の比**で答えよ。

(2) 加熱前の質量（ステンレス皿を含む）が **61.85g** のとき，加熱後の質量（ステンレス皿を含む）は何 g になるか。四捨五入して**小数第 2 位まで**求めよ。

6　この実験で得られた酸化銅から銅の単体を取り出すために，酸化銅と炭素の粉末をよく混ぜ合わせて加熱した。

(1) このような化学反応を何というか。

(2) このとき発生した気体を石灰水に通すと白く濁《にご》った。この気体に関する記述について最も適当なものを次の**ア～エ**から１つ選び，記号で答えよ。

ア　うすい過酸化水素水に二酸化マンガンを加えると発生する。

イ　水に少し溶け，その溶液にBTB溶液を加えると黄色になる。

ウ　この気体で満たされた容器に火のついた線香を入れると，激しく燃える。

エ　マグネシウムに塩酸を加えると発生する。

4 次のⅠ・Ⅱについて，以下の問いに答えなさい。

Ⅰ 物体の運動に関して，以下の問いに答えよ。ただし，摩擦と空気の抵抗は考えないものとする。

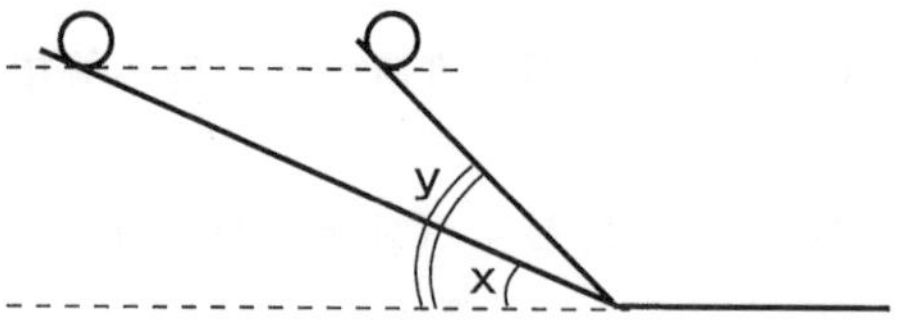

図 1

1 次の文中の（ 1 ）（ 2 ）に当てはまる適切な語句を，**図 1** を参考にして，下の**ア**～**ウ**からそれぞれ 1 つずつ選び，記号で答えよ。

「なめらかな斜面上を滑る物体の速さはどんどん速くなる。**図 1** のように同じ高さから物体を滑らせる場合，斜面の角度を x から y へと変化させると，物体が運動する距離も変化する。このとき，床につくまでの時間は（ 1 ），床に達したときの速さは（ 2 ）。」

（ 1 ）		（ 2 ）	
ア	角度によらず等しくなり	**ア**	斜面が長いほど速くなる
イ	角度が大きいほど短くなり	**イ**	斜面が長いほど遅くなる
ウ	角度が大きいほど長くなり	**ウ**	斜面の長さに関係なく等しい

2 斜面と直線を組み合わせた**図 2** のようなレール A，B がある。レールは①～③，④～⑤では全く同じ形で，③～④では同じ形のレールが上下反対につないである。④では③と同じ高さに戻る。また，レールの水平部分 a，b，c の長さは等しい。それぞれのレールの同じ高さから静かに離した鉄球の運動を調べ，時間と速さの関係をグラフにした。A，B それぞれのレール上を動く鉄球の運動に該当するグラフを，下の**ア**～**カ**からそれぞれ 1 つずつ選び，記号で答えよ。ただし，鉄球が a，b，c を通過するのにかかった時間がそれぞれ t_a, t_b, t_c で示されており，すべてのグラフで $t_a = t_c$ である。

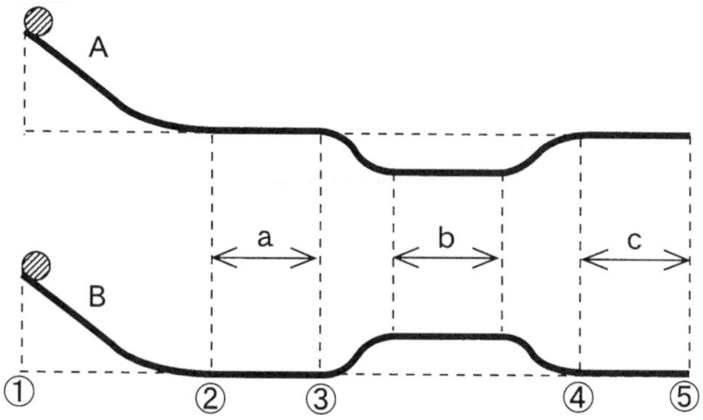

図 2

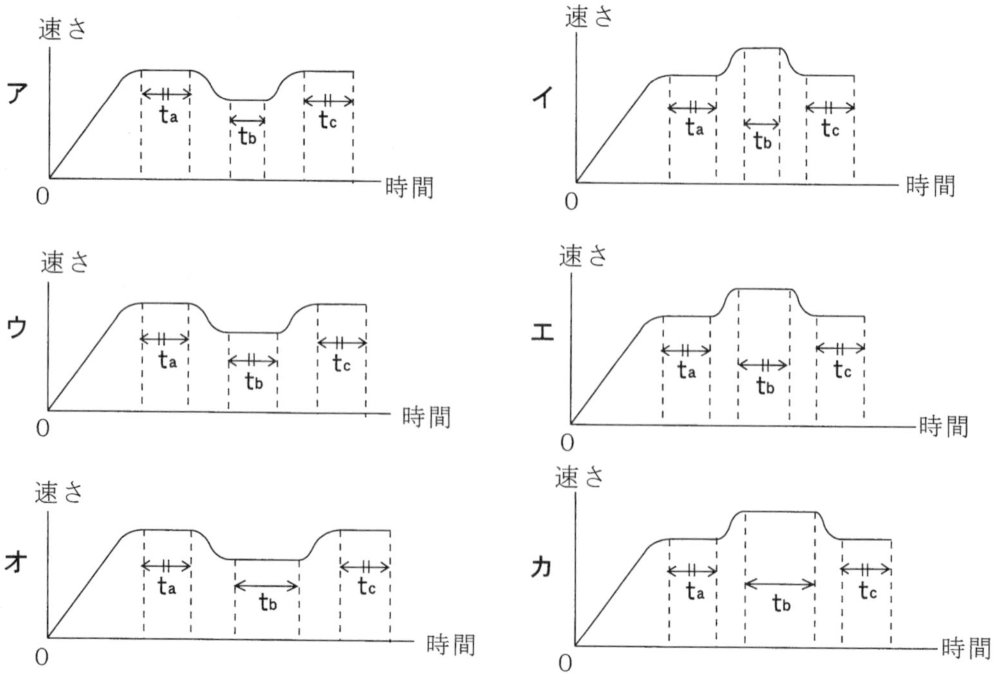

3　1周5kmの平らなサーキットを**図3**のグラフのように速さを変化させながら走るレーシングカーがある。レーシングカーが周回するサーキットの形状として最も適当な形を**ア～オ**から1つ選び，記号で答えよ。ただし，**図3**のグラフは**ア～オ**の**○**印を矢印の向きに通過してからの1周分の速さの変化が示してあるものとする。また，カーブが急であるほど速さは遅くなり，直線では200km/hで動いているものとする。

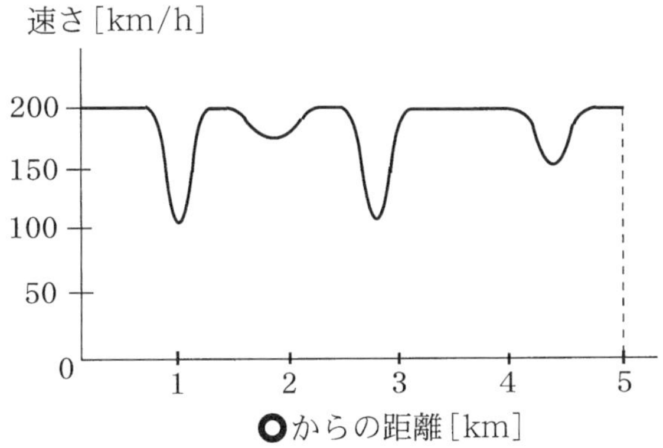

図3

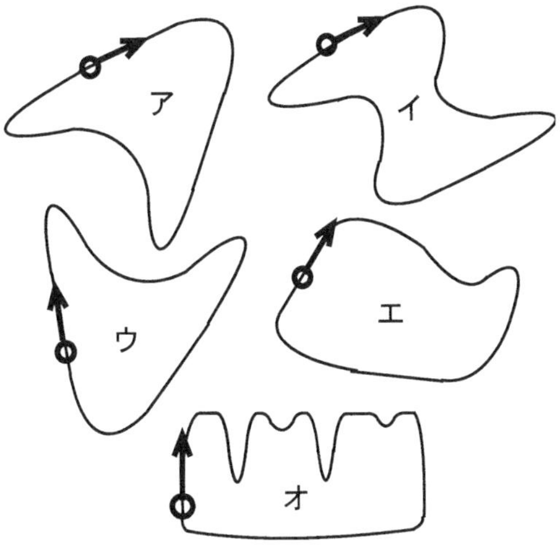

Ⅱ　電流と電圧について，以下の問いに答えよ。

1　直径1mm，長さ5cmの抵抗線が6本ある。6Vの電源に，**図4**のように抵抗線を直列につないでいくと，抵抗線の本数と電源から流れ出る電流の間に下の**表**のような関係が得られた。以下の問いに答えよ。

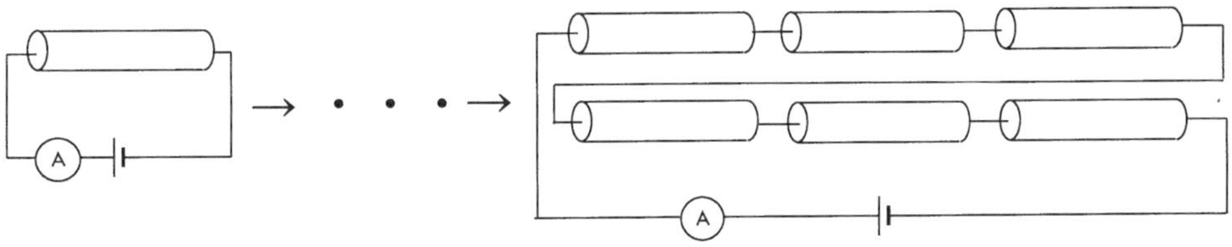

図4

表　抵抗線の本数と電流の関係

本数	1	2	3	4	5	6
電流[A]	1.20	0.60	0.40	0.30	0.24	0.20

(1) 次の文章中の（　a　）（　b　）に当てはまる適切な語句，数値を答えよ。

「表から，抵抗線の本数と電流の間には（　a　）の関係が成り立つと考えられる。また，1本の抵抗線の抵抗は（　b　）Ωであることがわかる。」

(2) この抵抗線を**図5**のように並列に束ねて電源につなぐとき，加える電圧を6Vにすると抵抗線の本数と電源から流れ出る電流との関係はどのようになるか。抵抗線の本数と電流の関係を解答欄に示せ。

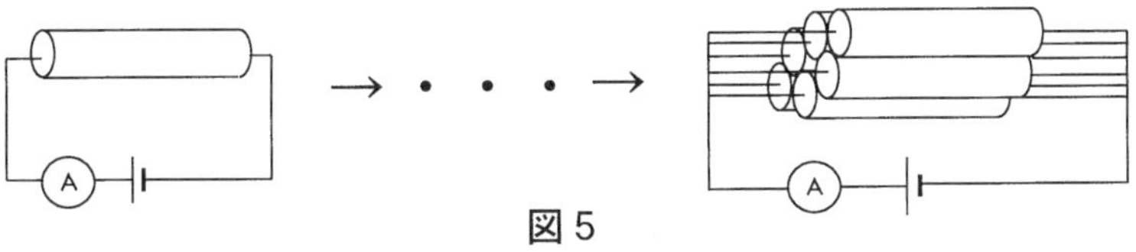

図5

2　ある金属1 cm^3 の塊で，断面積0.1 cm^2，長さ10cmの抵抗線を作ったところ，抵抗の大きさが10Ωの**抵抗線P**ができた。同じ金属1 cm^3 の塊で断面積を0.02 cm^2 にして**抵抗線Q**をつくると，**抵抗線Q**の抵抗の大きさはいくらになるか。ただし，変形によって，金属の塊の体積は変化しないものとする。

鹿児島純心女子高等学校

理事長　松下栄子
学校長　久松久美子
所在地　〒890-8522　鹿児島市唐湊4丁目22番2号
電話　(099)　254－4121
FAX　(099)　252－7688
ホームページ　http://www.k-junshin.ed.jp/
交通　ＪＲ「郡元駅」・市電「純心学園前」下車
鹿児島交通25番線「唐湊住宅」下車
鹿児島交通15-2,18番線「純心女子学園前」下車
鹿児島交通19, 24-1番線「純心女子中高前」下車

教育方針　*無限の可能性を秘めた女性《ひと》たちへ――――*
知・徳・体のバランスのとれた純心教育

受験情報（予定）受験会場　一般入試：本校・加治木・国分・薩摩川内・鹿屋・種子島・屋久島・奄美・徳之島・沖永良部
推薦入試：本校のみ

学科		募集コース	入試科目	出願期間	入試日	合格発表	受験料	入学金	授業料	寮費
普通科 定員 200名	一般入試	S特進コース 選抜コース 英語コース	国数英理社	2022年 1月4日(火) ～ 1月8日(土)	2022年 1月22日(土)	2022年 1月27日(木)	10,000円	100,000円	月額48,000円 (就学支援金控除前の金額です)	入寮費 55,000円 寮費(月額) 24,500円 食費(月額) 25,000円
		本科コース	5教科または 国数英3教科							
	推薦入試	S特進コース 選抜コース 英語コース 本科コース	面接 作文		2022年 1月17日(月)	2022年 1月19日(水)				

＜合格へのアドバイス＞
本校の入試問題は，鹿児島県の公立高校とほぼ同じ難易度で作成します。希望のコースに応じて合格のラインが異なります。得点によって奨学生を選考しますので，授業を大切にし，中学校の学習内容をきちんと学習しておいてください。
＜学校説明会＞ 7月25日(日)・8月22日(日)・10月10日(日) にキャンパス見学会を開催します。
＜土曜オープンスクール＞ 土曜日に授業見学と個別相談会を実施します。(第1・第3土曜を除く) お電話でお申し込みください。

主な合格状況

【国公立大学】
九州大・鹿児島大(医学部医学科・歯学部 他)・熊本大(医学部保健学科 他)・東京医科歯科大・広島大・鹿屋体育大・琉球大・宮崎大・長崎大・奈良女子大・宮崎公立大・長崎県立大・北九州市立大・県立広島大・兵庫県立大・都留文科大・釧路公立大 他

【私立大学】
聖マリアンナ医科大（医学部）・東海大（医学部他）・兵庫医科大(医学部)・早稲田大・上智大・明治大・青山学院大・立教大・法政大・津田塾大・日本女子・聖心女子大・学習院女子大・白百合女子大・関西大学・関西学院大学・西南学院大学・福岡大・立命館アジア太平洋大・鹿児島純心女子大学　他

【短期大学】
鹿児島県立短大・上智短大・鹿児島純心女子短大　他

その他多数合格～詳細は本校ホームページで

【校風・特色】
◇カトリックの精神に基づき，聖母マリアを理想と仰ぎ，気品のある教養豊かな女性の育成を目指しています。一人ひとりを大切にし，素質を十分に伸ばします。
◇ミッションスクール独自の行事が多く，行事ごとに生徒の自主性や協調性など多くのことを学ぶことができます。
◇女子だけののびやかな学校で，中学から短大・大学まで一貫した教育方針で教育を行っています。

【これからの社会のニーズに応えるための新しい学び＝21世紀型教育】
◇変化する21世紀の社会には「知識だけでなく，自ら考え表現できる人」が求められます。これからの社会のニーズに応え，「21世紀型教育」の新しい学びを実践していきます。

【文部科学省「地域との協働による高等学校教育改革推進事業指定校」】
◇2019年度より，地域協働推進校（アソシエイト）として，取り組んでいきます。

【特色あるコース】
◇S特進コース：新しい時代を創造していくリーダーを育成。医歯薬学部を含めた難関国公立大学（文系・理系）を目指す。
◇選抜コース：課題解決能力，実行力，創造力のある女性を育成。国公立大学への進学を目指す。
◇英語コース：世界で貢献できる女性を育成。難関私立大学を目指す。
◇本科コース：自分らしい生き方を力強く切り拓く女性を育成。指定校推薦などで姉妹校やその他大学への進学を目指す。

オンライン生徒総会

体育祭

新体操部全国選抜出場

クエストカップ3年連続全国大会出場

5

資料1は「食品ロスとそれにつながりのある問題」を示したものである。また、**資料2**はそれをもとにした先生と生徒の会話の記録である。**資料2**の空欄に入るように後の条件に従って文章を書きなさい。

条件

(1) 一段落で構成し、六行以上八行以下で書くこと。

(2) 原稿用紙の正しい使い方に従って、文字、仮名遣いも正確に書くこと。

(3) 書き出しは、「しかし、」とすること。

資料1

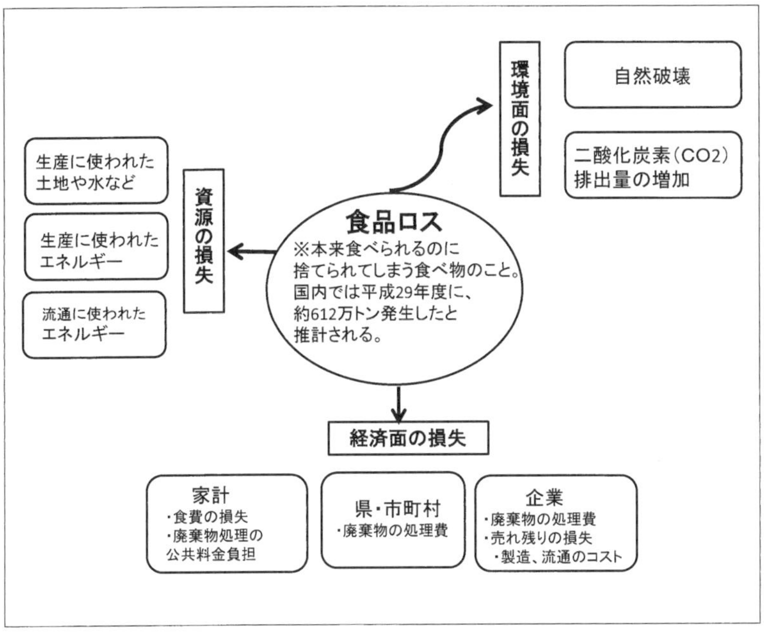

資料2

先生「**資料1**を見て食品ロスの問題について気づいたことを発表してください。」

Aさん「食品ロスの問題は、ただ食べ物を無駄にしているだけではなくて環境問題にも影響するというところが気になりました。」

先生「二酸化炭素（CO_2）の問題につながるというのはどういうことですか。」

Aさん「ゴミの焼却によって二酸化炭素が排出されます。地球温暖化の問題につながります。だから食品ロスの問題はゴミ処理のことにも気をつけなければいけません。」

Bさん「私は経済の問題が気になりました。特に、廃棄物処理の公共料金は家庭が負担するなど、考えたことがありませんでした。」

Cさん「私は資源の損失の問題が気になりました。」

先生「具体的にはどんなことですか。」

Cさん「はい。今までは食品ロスというと捨てられるときのことしか考えていませんでした。

しかし、（空欄）」

友郎＝「うた部」の下級生。
桃子＝「うた部」の下級生。予選に一緒に出場した。
難波江先生＝「うた部」の顧問。　伊藤先生＝短歌の指導者。

1　――線部①からどのようなことがわかるか。その説明として適当でないものを次から選び、記号で答えよ。

ア　清らと業平が二人でゆっくり話ができるように周囲の人たちが気遣っている。

イ　清らが自分たちに構わず店内をにぎやかにしてほしいと思っている。

ウ　周囲の人たちが清らと業平の話し合いの内容に興味を持っている。

エ　周囲の人たちに清らは自分と業平の話し合いを聞かれたくないと思っている。

2　次の文は、――線部②の説明である。［　Ⅰ　］と［　Ⅱ　］に入る言葉を本文中の言葉を使って補い、文を完成させよ。ただし、［　Ⅰ　］は十五字以内、［　Ⅱ　］は十字以内とする。

清らの宣言は「　Ⅰ　」ためのものであるのに、業平は「　Ⅱ　」と誤解していることが分かって笑っている。

3　次の一文は、本文中のどこに当てはまるか、［　A　］～［　D　］から選び、記号で答えよ。

清らは自《じ》嘲《ちょう》気味に笑う。

4　――線部③における「清ら」の気持ちの説明として、最も適当なものを次から選び、記号で答えよ。

ア　大きな目標に向かって自分自身を鍛え上げるという経験を自分に課したい気持ち。

イ　たとえ結果が悪くても途中で投げ出さずに努力を続けられる自分を発見したい気持ち。

ウ　業平の経験に対して自分が抱いているこだわりから抜け出したい気持ち。

エ　結果だけにふりまわされずに気持ちを大きく構えていられる自分でいたい気持ち。

5　――線部④における「清ら」の気持ちを六十五字以内で説明せよ。

6　次の文は――線部⑤における「僕」の気持ちについて説明したものである。［　　］に入る最も適当な四字熟語を次から選び、記号で答えよ。

清らや陸人の思いを理解はしながらも、自分が［　　］であることに悩んでいる。

ア　孤立無援　**イ**　優柔不断　**ウ**　疑心暗鬼　**エ**　外柔内剛

「結局あたしは、業平がうらやましいのかも。③業平にとったらバカげてるかもしれへんけど、あたしにとったら本物やから、この経験は。だからできたら、見守っててほしい。ずいぶん自分勝手なことを言うてるよな、あたし」

［　Ｂ　］

「せやから、業平も、あたしのことを気にせんと、試合に集中して。あたし、負けてもいいと思いながら、試合に出たくないねん。けど人間てもともとずるいから、なんかハードルを置かんとそこまで頑張れへん」

ドキリとした。(注)桃子に対して、そして自分自身、大会中に何度か負けてもいいと思った。

そのとき「お待ちどおさま」と、注文した料理が運ばれてきた。八等分してあるお好み焼きを、ひと切れつまんだあと、「あくがれやねん」と清らが言った。

「あくがれ？」

「ほら、(注)難波江先生が好きやって言うてた若山牧水の歌。『けふもまたこころの鉦《かね》をうち鳴らしうち鳴らしつつあくがれて行く』。このあくがれって、ここではないどこかへ行こうとする心の力やねん。自分ではどうしようもないっていうか。もっと自分を高めることができるんじゃないかなって。そういう、あくがれがあるから、人間は成長するんやって。もがきながら自分が幸せになれる位置を見つけるのが生きることやないかなって。これは、(注)伊藤先生からの受け売りやけど。業平にもわかってもらえると思う」

［　Ｃ　］

「わかるって？」

「ほら、この前、時宗さんにもエラそうなこと言ってしまったけど、自分の手が届くところでなんとかしようとしても、どうにもならんことってあるやん。④そんなときあくがれることができたら、人って、何かを超えていけると思うねん。あ、またなんか、エラそうなことほざいてしもたな」

「あくがれる力な」

「業平も、そんな気持ちになったことない？」

「どうかな」

言ったあと、互いに食べるほうに集中した。

「業平、しんどくない？」

「どうしてそういうこと聞くの？」

「だって、県大会から、あんまし笑ったとこ見たことないから。教室でも。テストがよっぽど悪かったとか」

［　Ｄ　］

「それは、なくもないけど」

「業平、優しすぎるねん。だから疲れるんや」

「違うって。人に言わせると、ズルイだけだよ」

「誰がそんなことを言うの？」

「アイツ！」

カウンターで、お好み焼きをぱくついている陸人を見た。言われた夜はショックだったけど、何日かして冷静に受け止めることができた。問題なのは、⑤じゃあ、僕はどうすればいいのか。答えが見つからない。

（村上しいこ「空はいまぼくらふたりを中心に」による）

(注) トキ＝時宗。僕の友人で、お好み焼き屋でアルバイトをしている。
秀麗＝秀麗高校。県予選の決勝で「僕」と「清ら」の学校に敗れた。「初瀬さん」は秀麗高校短歌部の部長である。
牧水短歌甲子園＝宮崎県日向市で行われる、もう一つの短歌の全国大会。

4　次の文章を読んで、あとの**1**〜**6**の問いに答えなさい。

高校三年生の「僕」（業平）が所属する「うた部」は、県予選大会を突破して全国高校生短歌大会（短歌甲子園）への代表権を獲得した。「うた部」の部長で、「僕」と付き合っている「清ら」は、大会で自分の短歌が負けたら学校を辞めると宣言していたが、「僕」はそんな「清ら」の気持ちがつかめずにいた。そんな中、「僕」は親友の「陸人」に誘われて「清ら」の兄が経営するお好み焼き屋を訪れる。

「清らさん、せっかく業平がきてくれたんだから、二人で話したら。ここはわたし一人でまわせるから」

「そうそう」

陸人が話を合わせる。そういうことか。

「ついでに清ら、今のうちに何か食っとけ」

お兄さんがタオルで汗をぬぐう。

「じゃあ、お言葉に甘えて」

僕と清らが奥のテーブルに向かう。ふと、清らが立ち止まった。

「①ちょっとお母ちゃん、なんでBGMのボリュームさげてんの。もっとあげて！」

僕たちは奥の四人席に向き合って座った。陸人はカウンターで、清らのお兄さんとしゃべっている。

「何にしますか？」

（注）トキが水を運んできた。不思議な感じだ。

「あたし、お好み焼き。豚といかのミックス」

「じゃあ、僕は焼きそば、牛で」

「お好み焼き、豚といかのミックスと、牛の焼きそばですね」

にやにやしながら形式どおりに繰り返すと、トキはオーダーを通しにいった。その背中を目で追うと、陸人が、こっちはいいから清らとしゃべれとばかりに、僕の視線を手で追い払った。

「バイト、ずっと入るんだ」

「うん。ほら、この前写真見せた大阪の友だちを、ディズニーランドへ招待すんねん。家に泊まってもらうとしても、食費とか、入園料とか出してあげたいやん。大阪にいたころは、よくお店にきてくれたし。それにあの子ら、これからいっぱいお金いるから。せや、盛岡へ行ったら、お土産も買わなあかん。そういえば（注）秀麗は、（注）牧水短歌甲子園に行くねんて。昨日初瀬さんがきて言うてた」

「そうなんだ。いや、その盛岡だけど、負けたら学校辞めるとかいうの、もうやめようよ」

「なんで？」

「（注）友郎だって、僕に、清らさんがもし負けても、辞めないように説得してくれって頼んできたんだよ。だから、もう意地を張る必要もないんじゃないのかな」

「意地？　そんなもん、張ってないけど」

②清らが目をパチクリさせて笑う。

「あたし今、すっごく楽しいねん。今まで、自分を追い込んだりとかしたことなかったから。なんていうのかな、自分とちゃんと向き合って勝負できてる感じがする。業平が水泳で、全国大会を目指して泳いでたときが、きっとそんな感じじゃなかったのかなって思う」

「　**A**　」

その気持ちはわかる。

自分を限界まで追い込んで、ギリギリのところで勝負する。二十五メートルにつき息継ぎ五回。そのまま二十五メートルをノーブレスで。それを八千メートル。大会では、勝っても負けても頭の中がまっ白になって倒れてしまいそうな快感があった。

よくよく聞きて、曲終りて、先の声にて、「君が船に心をかけて、寄せた（狙いをつけて船を寄せた）りつれども、曲の声に涙落ちて、かたさりぬ（ここはやめた）」とて、漕《こ》ぎ去りぬ。

（「十訓抄」による）

（注）安芸の国＝今の広島県の西部。
ひちりき＝雅楽や神楽などで使う管楽器の一種。

1 ——線部①「殺されなむず」を現代仮名遣いに直してすべて平仮名で書け。

2 ——線部②「屋形の上にゐて」、⑤「いひければ」の主語として適当なものを次から選び、それぞれ記号で答えよ。ただし、同じ記号を二度使ってもよい。

ア 海賊　**イ** 宗と　**ウ** 主たち　**エ** 用光

3 ——線部③「とくなにものをも取り給へ」の意味として最も適当なものを次から選び、記号で答えよ。

ア 何か特別なものを取ってください。
イ 早くどんなものでもお取りなさい。
ウ 何か気になるものは残してください。
エ 早く特別なものを探し出してください。

4 ——線部④「かくいふこと」はどういうことか、その内容を説明したものとして最も適当なものを次から選び、記号で答えよ。

ア 用光が海賊に向けて、のちの語り草となるような見事な笛を聞かせたいということ。
イ 用光が自分の家族に向けて、思い出となるような見事な笛を聞かせたいということ。
ウ 用光が海賊の首領に向けて、芸術のすばらしさを伝えるために笛を聞かせたいということ。
エ 用光が船に乗っている人に向けて、恐怖心を忘れさせるような笛を聞かせたいということ。

5 次は、本文をもとにした話し合いの場面である。［Ⅰ］～［Ⅳ］に適当な言葉を補って会話を完成させよ。ただし、［Ⅰ］と［Ⅱ］には本文中から最も適当な言葉をそれぞれ六字と四字で抜き出して書き、［Ⅲ］は五字以内、［Ⅳ］は十二字以内のふさわしい内容を考えて現代語で答えること。

先生「この話は音楽の持つ力について語ったものです。では、どんな話ですか。皆でまとめてみましょう。」
Aさん「海賊に襲われた用光はもともと武器の使い方を知らなかったようだね。」
Bさん「だから『［Ⅰ］』がなくて抵抗をあきらめたのかな。」
Cさん「そんな用光も海賊に対抗する方法があったのね。」
Bさん「用光が最後に手に取ったのは弓矢ではなく［Ⅱ］だったね。」
先生「［Ⅱ］が鳴り響き、その調べが［Ⅲ］ことを表現するのに作者は中国の昔話をたとえとして使っています。」
Aさん「海賊が［Ⅳ］という点からもそのことは伝わりますね。」

理工系大学の教授たちが考える教養とは、［　Ⅰ　］ためのものであるのに対し、筆者は［　Ⅱ　］ためのものであると考えている。

5　本文の意味段落について説明したものとして最も適当なものを次から選び、記号で答えよ。

ア　［A］では、困難を克服するための選択に必要なものについて述べられ、それとは反対の内容が［C］で述べられている。

イ　［B］では、教養としての日本文化についての話が述べられ、物事を多面的に見る必要があるという点で［D］と対比される。

ウ　［C］では、教養を木の根のたとえを用いることによって、［A］の内容をより分かりやすい形で繰り返している。

エ　［D］では、教養のある人の選択を説明することによって、［B］の教養による選択と区別している。

3

次の文章は用光《もちみつ》という楽人が船遊びから帰るときに起きた出来事である。これを読んで、あとの**1**～**5**の問いに答えなさい。

(注)安芸《あき》の国、なにがしの泊《とまり》(何とかいう港)にて、海賊押し寄せたりけり。弓矢の行方(弓矢のつかい方)知らねば、防ぎ戦ふに力なくて、今はうたがひなく①殺されなむず(今は間違いなく殺されるに違いない)と思ひて、(注)ひちりきを取り出でて、②屋形の上にゐて、「あの党や。今は沙汰《さた》に及ばず。(そこの者たちよ、今は何を言っても始まらない)③とくなにものをも取り給へ。ただし、年ごろ、思ひしめたる(長年の間心にかけて思ってきた)ひちりきの、小調子といふ曲、吹きて聞かせ申さむ。さることこそありしか(『こんなことがあったぞ』)と、のちの物語にもし給へ」といひければ、宗《むね》との大きなる声にて(首領と思われる男が)、「主《ぬし》(お前)たち、しばし待ち給へ。④かくいふことなり。もの聞け」と⑤いひければ、船を押さへて(海賊たちは船をひかえて)、おのおのしづまりたるに、用光、今はかぎりとおぼえければ、涙を流して、めでたき音を吹き出でて、吹きすましたりけり。をりからにや(ちょうどよい具合に)、その調べ、波の上にひびきて、かの潯陽江《じんやうかう》のほとりに、琵琶《びは》を聞きし昔語り(昔話と同じである)にことならず。海賊、静まりて、いふことなし。

めにはウ高度な専門性を、そして、恥をかかないためには教養を、という考えである。このような意味での教養とは、理工系教育に加えるべき文系の知識である。科学技術の専門家であることに加えて、文化的教養人になることもエ大切だという思想である。

C ②わたしは、教養の本質はもっと別のところにあると考えている。「飾りとしての教養」に対して、わたしは、現代の若者が身につけるべき教養は、枝葉や花としての教養ではないと思っている。それは、「人間の根」としての教養である。これは「命綱」に通じる思想である。

人間を一本の木にたとえるならば、その根っこにあたるのが教養である。一本の木が生長してゆくとき、その生長を支えるのが太い根である。根が丈夫でしっかりしていれば、木は大きく育つことができる。幹を太くし、枝を広げ、葉を茂らせ、花を咲かせ、実をつける。地上に伸びた木を地中で支えるのが根である。

木が生長しようとすると、ときには風が吹く。強風で枝が折れることもある。雷が落ちれば、幹までが割れてしまうかもしれない。日照りが続くときには、地中に深く伸びた根でなければ、水を吸い上げることはできない。

木が倒れてしまわないのは、根を大地に深く、また広く伸ばしているからである。根がしっかり大地を踏みしめているからこそ、木は大きくなることができるし、嵐にもかんばつにも耐えることができる。

「教養は人間の根である」というのは、順風のなかにあるとき、その教養は、その人の幹と枝を育て、花を咲かせ、また、実をつけさせる。その人を美しく飾る。他方、人がさまざまな困難に遭遇するとき、その困難に打ち克《か》つ力となって、その人を守る。

D 教養ある人は、よりよい選択をすることによって身を守ることができ、よりよい人生を実現することができる。よい選択をするためには、わたしたちは、まず目の前に現れてくる選択肢を選択肢として認識できなければならない。これができなければ、わたしたちは大切な選択肢をみのがしてしまう。選択肢を選択肢として認識できる能力、複数の選択肢のなかから、よりよい選択肢、さらには最善の選択肢を選択するための能力、言い換えれば、最善の選択を支えるのが教養である。

（桑子敏雄「何のための『教養』か」による）

（注）アリストテレス＝古代ギリシャの哲学者。
造詣＝学問または技芸に深く達していること。ここでは知識。

1 本文中の a ・ b にあてはまる語の組み合わせとして、最も適当なものを次から選び、記号で答えよ。

ア a しかし　b さらに
イ a ところで　b したがって
ウ a そして　b なぜなら
エ a ところが　b だから

2 ═══線部ア〜エの中から、品詞が他と異なるものを一つ選び、記号で答えよ。

3 ───線部①とあるが、ギリシャ語の「カタフィゲー」を本来の「避難所」とは異なる訳にしたのはなぜか、六十五字以内で説明せよ。

4 次は───線部②における筆者の考えをまとめたものである。 Ⅰ と Ⅱ に本文中から最も適当な九字の言葉を抜き出してそれぞれ書け。

令和三年度　鹿児島純心女子高校入試問題　国語

（解答…189P）

1

次の1・2の問いに答えなさい。

1　次の——線部①〜⑥のカタカナは漢字に直し、漢字は仮名に直して書け。

今年の弁論大会は①セッショクを避けるためオンラインで②開催された。各クラスから選出された代表が緊張した③面持ちでカメラに向かい、それぞれの考えを述べた。弁論のテーマは、環境問題を④アツカうことが条件であった。優勝したのは地元の川の水質⑤汚濁を調べて発表した純子さんであった。私は森林の減少にかかわるテーマで発表したが、惜しくも入賞は⑥ノガしてしまった。

2　次は、1の文章中の＝＝線部の漢字を行書で書いたものである。この漢字の「かまえ」を楷書で書いたときの画数を漢数字で答えよ。

2

次の文章を読んで、あとの1〜5の問いに答えなさい。なお、[A]〜[D]は意味段落を表す記号である。

[A]命の危機に遭遇することは不幸なことであるが、幸運に恵まれるだけがよい人生ではない。むしろ、さまざまな困難を克服すること、そのような克服を実現するための賢い選択を行うことこそが人生をア豊かにする。困難な状況にあってこそ、人間は賢い選択をすることができるからである。

命にかかわる危機のなかで何が人を救うことができるだろうか。

（注）アリストテレスの「教養は幸運なときには飾りとなるが、不運のなかにあっては命綱となる」ということばで、①わたしがあえて「命綱」と訳したのは、ギリシア語の「カタフィゲー」ということばである。アリストテレスは、幸運なときの「コスモス（飾り）」と不運なときの「カタフィゲー」を対比させた。カタフィゲーは、文字通りには、「避難所」である。「避難所」は、危機のときに身を守る場所であるが、いざというときに身を守る力になるという意味では、むしろ「命綱」と言った方がいいと思う。これは、ほかの人が守ってくれる力という意味ではない。自らの心のうちにあって、自分を守る力である。アリストテレスはそれが教養だというのである。教養は、自分自身のなかに形成された生きるための底力だからである。

[B]わたしが理工系大学で哲学を教えていたとき、理工系学生のもつべき教養の大切さを説く教授たちもイたくさんいたが、その多くは、教養を科学技術者が身に備えるべき「飾り」と考えていた。日本の科学技術者は、海外の学会に出席すると、懇親会のような交流の場で日本文化について質問を受ける。[a]、理工系の研究に専念してきた科学技術者、研究者は、日本文化の価値や意味についての問いに答えることも、あるいは自ら進んで紹介することも、自分の意見を述べることもできない。とくに最近は、日本の文化について（注）造詣《ぞうけい》のある海外の研究者も増えているので、質問も相当深く興味を持って発せられる。

[b]、「教養の大切さ」を感じた教授たちは、「学生には、教養を身につけさせなければならない。ただ、それは専門でとんがった能力をもつことが前提であるが」という。つまり研究者として成功するた

令和三年度　鹿児島純心女子高校入試問題　数　学

（解答…191Ｐ）

1　次の計算をせよ。

(1)　$-8-3\times(-2)$

(2)　$-9a\times(-6ab^2)\div 27a^2b$

(3)　$\dfrac{4x-y}{3}-\dfrac{x+2y}{2}$

(4)　$(a+2)(a-8)-(a-4)(a+4)$

(5)　$(\sqrt{3}+2)^2-\dfrac{12}{\sqrt{3}}$

2 次の各問いに答えよ。

(1) $x^2-2x-15$ を因数分解せよ。

(2) 方程式 $2x-5=5a-3x$ の解が $x=-2$ であるとき，a の値を求めよ。

(3) $3\sqrt{2}$，$\sqrt{(-4)^2}$，$\sqrt{17}$ を小さい順に並べよ。

(4) 関数 $y=ax^2$ について，次の①，②に答えよ。

① 関数 $y=ax^2$ のグラフが，x 軸について関数 $y=\frac{1}{2}x^2$ のグラフと対称であるとき，a の値を求めよ。

② 関数 $y=ax^2$ の x の変域が $-1\leqq x\leqq 2$ のとき，y の変域が $0\leqq y\leqq \frac{1}{2}$ となるような a の値を求めよ。

(5)　1つの内角の大きさが144°である正多角形は正何角形か。

(6)　右の図で，点Oを中心とし，線分ABを直径とする半円周上に，∠BAP＝30°，∠ABQ＝75°となるように2点P，Qをとる。2直線AQ，BPの交点をRとするとき，∠ARBの大きさを求めよ。

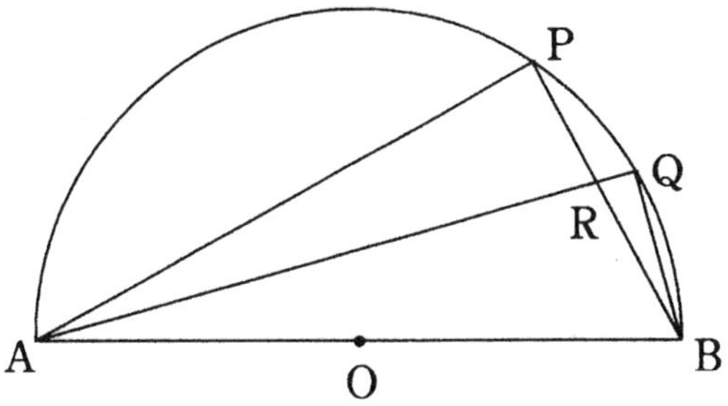

(7)　右の図はある立体の展開図で，OA＝5 cmである。ただし，円周率をπとし，(ア)はおうぎ形，(イ)は半径2 cmの円である。

①　(ア)の中心角を求めよ。

②　この立体の表面積を求めよ。

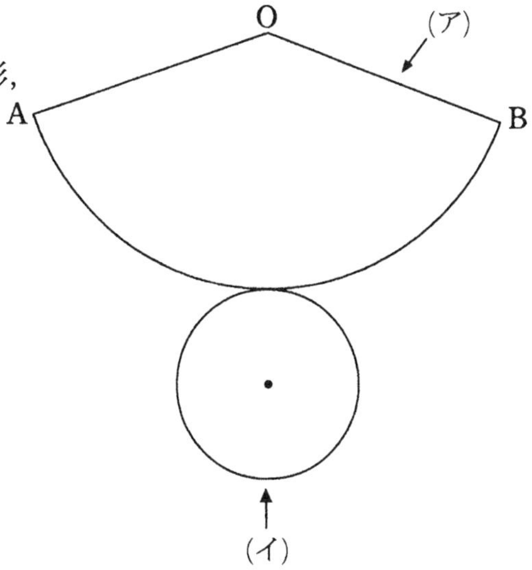

(8) ある電力会社の電気料金は，下の表のような基本料金と電力量料金を合計した金額になる。

<table>
<tr><td colspan="2">基本料金（月あたり）</td><td>1800 円</td></tr>
<tr><td rowspan="2">電力量料金</td><td>昼間(1 kWh あたり)</td><td>100 kWh まで 20 円
100 kWh を超えて 250 kWh まで 25 円
250 kWh を超えた分 30 円</td></tr>
<tr><td>夜間(1 kWh あたり)</td><td>10 円</td></tr>
</table>

＊1 kWh(キロワットアワー)は，1 kW を 1 時間で発電または消費した電力量のことをいう。

① ある月の電気使用量は，昼間 270 kWh，夜間 120 kWh であった。この月の電気料金はいくらか。

② ある月の電気使用量は，昼間と夜間あわせて 740 kWh で電気料金が 17050 円であった。この月の昼間と夜間の電気使用量をそれぞれ求めよ。ただし，この月は夜間より昼間の方が電気使用量が多いものとする。

3　次のⅠ，Ⅱの問いに答えよ。

Ⅰ　右の資料は，あるクラスの生徒18人について，1カ月に読んだ本の冊数を調べたものである。

冊数(冊)	0	1	2	3	4	5	6	7	8	計
人数(人)	0	1	2	2	5	3	2	1	2	18

(1)　冊数の平均値を求めよ。

(2)　再度調べ直したところ，1カ月に本を3冊読んだ人数と，5冊読んだ人数が入れかわっていることがわかった。このとき，最頻値，中央値，平均値がどのように変化したかを下の①～③の中からそれぞれ1つ選び，番号で答えよ。

①　増加する　　②　減少する　　③　変化しない

Ⅱ　袋の中に1，2，3の数字がそれぞれ書かれた赤玉3個と，2，3の数字がそれぞれ書かれた白玉2個が入っている。この中から同時に2個の玉を取り出すとき，

(1)　同じ色の玉が取り出される確率を求めよ。

(2)　異なる色の玉が取り出される確率と，異なる数字の玉が取り出される確率を比べると，どちらの方がどれだけ大きいか答えよ。

4　右の図のような，AD∥BC の台形 ABCD がある。辺 CD の中点を E，直線 AE と直線 BC の交点を F とするとき，次の問いに答えよ。

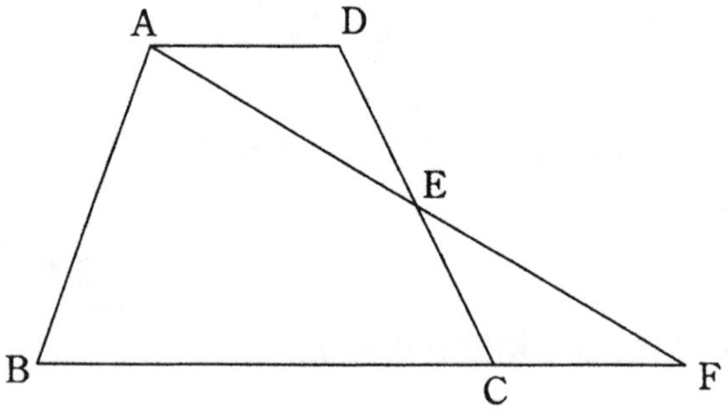

(1)　次の□に入る言葉や記号を答えよ。

ア□は等しいので，∠AED と∠イ□は等しい。

(2)　△AED ≡ △FEC であることを証明せよ。

(3)　線分 AE 上に点 P をとる。△ABP の面積と台形 ABCD の面積の比が 2 : 7 であるとき，AP : PE を最も簡単な整数の比で表せ。

5 純子さんと久美子さんは25 m プールに行った。下のグラフは純子さんが泳ぎ始めてからの時間を x 秒，スタート地点からの距離を y m として，純子さんの泳いだようすを表したものである。スタート地点をA，折り返し地点をBとし，次の問いに答えよ。

(1) 純子さんは最初の75秒間を，秒速何 m の速さで泳いだことになるか。

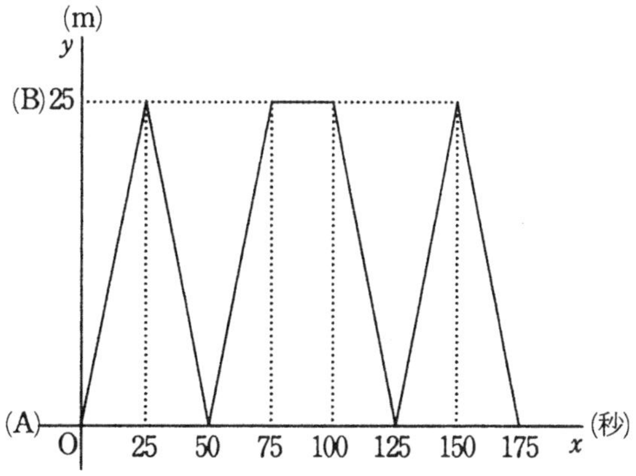

(2) 久美子さんは，純子さんが泳ぎ始めてから25秒後に，Aから一定の速さで歩いた。途中，純子さんに後方から1回追い越されただけで，Bには純子さんと同時に到着した。このとき，久美子さんの歩いたようすを表すグラフを解答用紙の図に書き加えよ。また，久美子さんが純子さんと前方から出会ったのは何回か。

(3) (2)のとき，久美子さんが純子さんに後方から追い越された地点はAから何 m のところか。

令和３年度　鹿児島純心女子高校入試問題　英　語

（解答…192Ｐ）

1　**聞き取りテスト**　　放送による指示に従いなさい。英語は**１～２**は１回のみ，**３～６**は２回ずつ放送します。なお，問題の指示は放送されません。

1　これから放送される英文の内容を表している絵を下の**ア～エ**の中から一つ選び，その記号を書きなさい。

2　これから，Ken と David との対話を放送します。二人が対話をしている時間を下の**ア～エ**の中から一つ選び，その記号を書きなさい。

ア　４：１０　　　**イ**　４：２０　　　**ウ**　４：３０　　　**エ**　４：４０

3　これから，Shota がクラスメイトを対象に取ったアンケートについて放送します。Shota のクラスメイトが冬休み期間中に勉強した教科についてまとめたグラフとして適切なものを,下の**ア～エ**の中から一つ選び,その記号を書きなさい。

ア

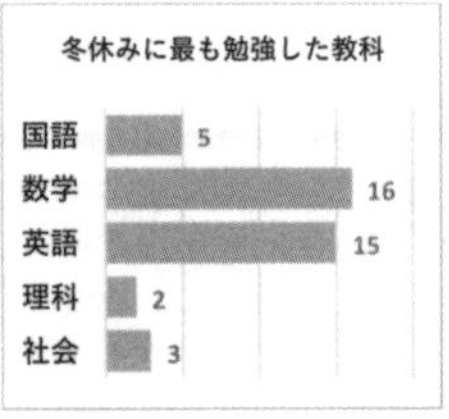

イ

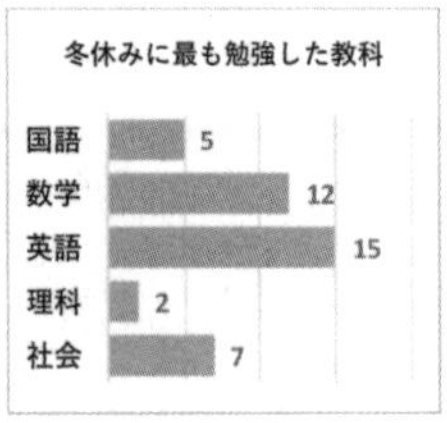

ウ

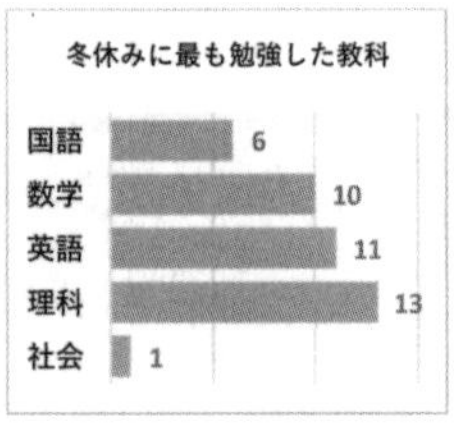

エ

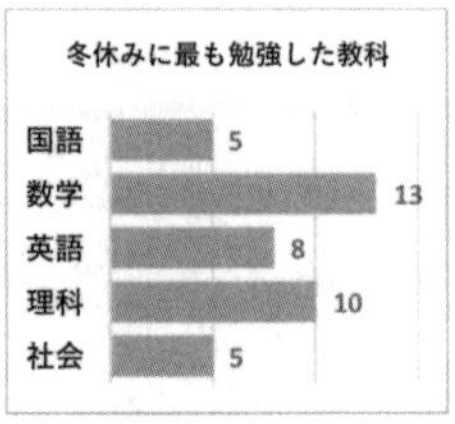

※グラフの中の数字は人数を表している

4　これから，ある大学での留学生の Bill と大学生の Tsubasa との対話を放送します。下の英文は，その対話の内容を要約したものです。対話を聞いて，（　①　），（　②　）にそれぞれ英語１語を書きなさい。

Bill and Tsubasa are in front of the Inamori Memorial Hall.　It was（　①　）two years ago and named after Mr. Inamori.　There are two（　②　）and two restaurants.　They will have lunch there.

5　これから，Haruto がコロナウィルスによる休校期間に考えたことについてのスピーチを放送します。スピーチの後に，その内容について英語で三つの質問をします。**(1)**，**(2)** はその質問に対する答えとして最も適当なものを下の**ア～エ**の中からそれぞれ一つ選び，その記号を書きなさい。**(3)** は英文が質問に対する答えとなるように，空欄に入る適切な英語を書きなさい。

(1)　**ア**　At school.　　　**イ**　At the museum.
　　　ウ　At home.　　　**エ**　At the hospital.

(2)　**ア**　She has a lot of housework.　　　**イ**　She works at school.
　　　ウ　She can use computers well.　　　**エ**　She drives to work.

(3)　[　　　　　　　　　　] is the most important for him.

6　これから，Robert と中学生の Ichiro との対話を放送します。その中で Robert が Ichiro に質問をしています。Ichiro に代わってあなたの答えを英文で書きなさい。答えを書く時間は 30 秒間です。

2 次の**1～4**の問いに答えなさい。

1 次は，アメリカからの留学生である Brenda と Yayoi との対話である。下の①，②の英文が入る最も適当な場所を対話文中の〈 **ア** 〉～〈 **エ** 〉の中からそれぞれ一つ選び，その記号を書け。

① Please tell me more about it.	② I was named after it.

Brenda：Yayoi, what does your first name mean in Japanese?
Yayoi：It means "March, the third month of the year." In old Japan, March was called Yayoi.
Brenda：I see. Were you born in March? 〈 **ア** 〉
Yayoi：Yes, I was. 〈 **イ** 〉
Brenda：My birthday is in December. What's the old Japanese name for December?
Yayoi：It's "Shiwasu." One theory* says it means "teachers run." 〈 **ウ** 〉
Brenda：Does it? 〈 **エ** 〉
Yayoi：In December, teachers are so busy that they have to run around to finish their jobs.
Brenda：The old names for months in Japanese are very interesting.

注 theory 説

2 次は，ゴミステーションでの中学生の Kumiko とアメリカから日本に来たばかりの留学生 Sam との対話である。二人の対話がごみ回収のポスターの内容と合うように，［ ① ］には4語以上の英語を，（ ② ）～（ ④ ）にはそれぞれ英語1語を書け。

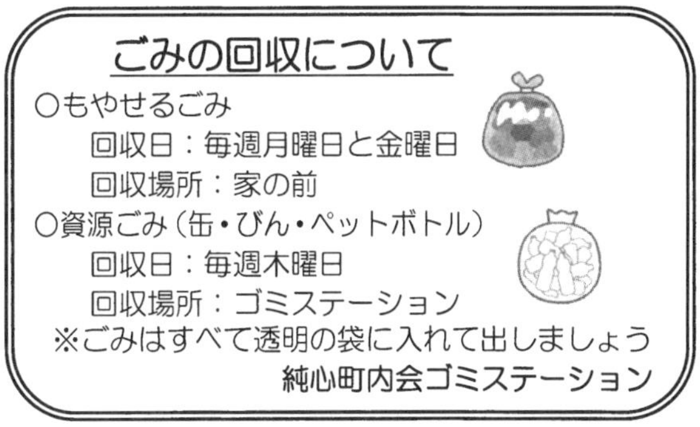
ごみの回収について
○もやせるごみ
回収日：毎週月曜日と金曜日
回収場所：家の前
○資源ごみ（缶・びん・ペットボトル）
回収日：毎週木曜日
回収場所：ゴミステーション
※ごみはすべて透明の袋に入れて出しましょう
純心町内会ゴミステーション

Kumiko：Good morning, Sam.
Sam：Hi, Kumiko. I can't read this poster.
［ ① ］
Kumiko：Sure.
Sam：I want to know the rules for throwing away my trash*.
Kumiko：OK, I'll tell you about them. You can take out your burnable* trash every Monday and Friday.
Sam：So, I can take out my trash（ ② ）a week.
Kumiko：Also, you have to put it in front of your house. You（ ③ ）not put your trash here.
Sam：I see. Can you tell me about recycling bottles and cans?
Kumiko：The poster says that you can put cans, glass* bottles and plastic bottles here every（ ④ ）.
Sam：Thank you very much. I have some plastic bottles in my house, so I'll take them out next week.
Kumiko：That's good. If you have questions, please ask me.
Sam：Thank you, Kumiko.

注 trash ごみ　burnable もやせる　glass ガラス

3 下の絵において，①，②の順で対話が成り立つように，①の吹き出しの［　　］に3語以上の英語を書け。

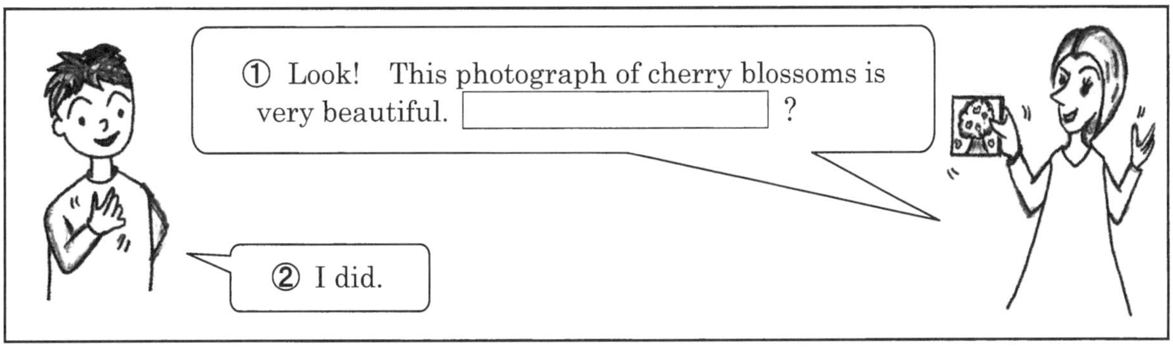
① Look! This photograph of cherry blossoms is very beautiful. ［　　　　］?
② I did.

4　下の絵は，授業で科学技術（technology）の進歩について学んでいる場面である。次の［　　　　］に3文以上のまとまりのある英文を書け。ただし，同じ表現を繰り返さないこと。

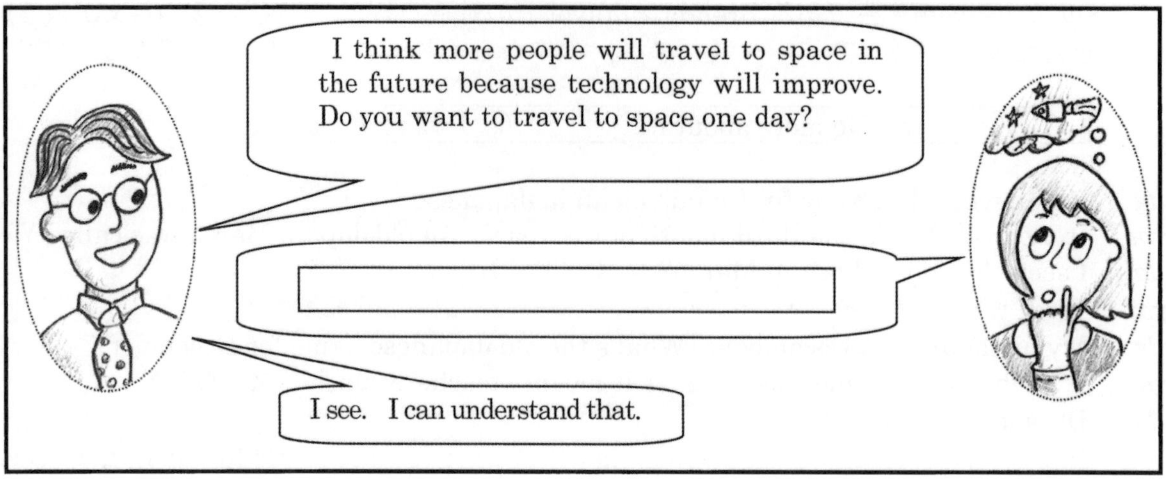

I think more people will travel to space in the future because technology will improve. Do you want to travel to space one day?
I see.　I can understand that.

3　次のⅠ～Ⅲの問いに答えなさい。

Ⅰ　次は，Hitomi と ALT の White 先生との対話である。対話文中の［ ① ］～［ ④ ］に入る最も適当な英文を，下の**ア～エ**の中からそれぞれ一つ選び，その記号を書け。

Hitomi　：Good morning, Mr. White.
Mr. White：Good morning, Hitomi.　Long time no see.
Hitomi　：I haven't seen you for about a month, Mr. White.［ ① ］
Mr. White：Hitomi,［ ② ］What did you do while the school was closed?
Hitomi　：Well, I couldn't go out because I didn't want to get the coronavirus*.
But, I had a good time at home.　I cooked a lot with my mother.
Mr. White：That's good.［ ③ ］
Hitomi　：That's right.　Thanks to* her, I can cook many kinds of dishes now.
But, I have a big problem.
Mr. White：Oh, what is it?
Hitomi　：［ ④ ］So, I gained a lot of weight*.
Mr. White：Now, you are a good cook, right?

注　coronavirus　コロナウィルス　　thanks to　～のおかげで　　gain weight　太る

ア　I ate too much while I was cooking.
イ　I'm sure you learned many recipes from your mother.
ウ　I have a question.
エ　It's good to see you again.

Ⅱ 次は中学生の Satomi がある新聞記事について英語の授業中に行ったスピーチである。これを読み，あとの問いに答えよ。

Do you bring your own bag when you go to a supermarket or a convenience store? I do now. Last year, in July, a new rule started in Japan. Now supermarkets and convenience stores ask people to pay extra* money if they want plastic shopping bags. This is because the plastic shopping bags that stores give to people are bad for the environment. For example, these plastic bags may become microplastics* in the sea. If sea animals eat those small pieces of plastic, they may get sick or die. In fact, many sea animals have died from eating plastics.

To solve this problem, the government* decided to make a new rule about shopping bags. The new rule says that people should [　　　　] when they buy something in stores. If people have to pay money, they may stop using plastic shopping bags. And I hope people will think more about the environment thanks to this new rule. So, everyone, let's bring your own bag for shopping!

Thank you for listening.

注 extra 追加の　microplastics 極小のプラスチック破片　government 政府

1 本文の内容に合うものを，下の**ア～エ**の中から一つ選び，その記号を書け。

ア Plastic bags are no problem for the sea. So, you can throw them away in the sea.
イ Paying extra money for plastic shopping bags may help people to think more about the environment.
ウ When you bring your own shopping bag, shops give you extra money.
エ The Japanese government is thinking of using the money people pay for bags to help old people.

2 [　　　　] 中に入る最も適当な英語を本文中から 9 語で抜き出して英文を完成させよ。

Ⅲ Maya と Shaun は下の映画館（cinema）の上映スケジュールをもとに，それぞれが観たい映画の予定を立てている。Maya と Shaun がそれぞれ出した条件に合う映画として最も適当なものを，下の**ア～エ**の中からそれぞれ一つ選び，その記号を書け。なお，映画館への移動時間は考慮しないものとする。

Mitta 11 Cinema

Now Showing　24th-31st January

Title	Genre*	Release* Year	Starting Time	Theater*
006 Fall Sky	Action*	2020	① 2:30 p.m. ② 8:15 p.m.	A B
Cara's Holiday	Love Comedy*	1953	① 3:30 p.m. ② 5:00 p.m.	B A
AI 2021	Science Fiction*	2020	① 11:30 a.m. ② 11:00 p.m.	A B
Night of the Dead	Horror*	2020	① 12:15 p.m. ② 7:30 p.m.	B A

Older movies are $15.00. Other movies are $10.00.
Theater B shows movies on a wide screen*

注 genre ジャンル，種類　release（映画の）封切り，公開　theater シアター
action アクション　love comedy ラブコメディ　science fiction SF
horror ホラー　screen スクリーン・画面

(1) Maya said, "I work from 9:00 a.m. to 4:00 p.m. today. I'd like to see a movie on a big screen."
ア 006 Fall Sky, from 2:30 p.m.　**イ** Cara's Holiday, from 5:00 p.m.
ウ AI 2021, from 11:00 p.m.　**エ** Night of the Dead, from 7:30 p.m.

(2) Shaun said, "I don't like horror movies and I only have $12.00. Also, I want to get home by 10:00 p.m. tonight because I have to finish my homework."
ア 006 Fall Sky, from 2:30 p.m.　**イ** Cara's Holiday, from 3:30 p.m.
ウ AI 2021, from 11:00 p.m.　**エ** Night of the Dead, from 12:15 p.m.

4 次の英文を読み，あとの**1～8**の問いに答えなさい。

In Japan, wearing a mask on trains, buses, in schools and in shops has become a normal* habit*. Before the coronavirus pandemic*, people in many countries didn't wear masks very often and were often surprised to see many Japanese were wearing them. But now wearing masks has become normal in Europe and many other places. In July of 2020, people who didn't wear masks in public had to pay a fine* of about 12,000 yen in the UK*. For many people around the world, wearing masks is a [①] habit that has happened because of coronavirus. However, ② Japanese have worn masks for many years. In winter, Japanese often wear masks to stop getting or spreading colds*. In spring, masks are worn during the hay fever* season. Some young people wear them to cover their face because they are shy or to keep their face warm in winter.

The history of wearing masks in Japan is old. A long time ago, people covered their mouth during special events and festivals. Special paper was used then. Today, this custom can still be seen at Yasaka Shrine in Kyoto. In the 17th century, Japanese people already wore masks. The habit of wearing masks can be seen in old pictures from the Edo period. In 1918 the Spanish flu* came to Japan and killed about 450,000 people. At that time there were posters to tell people to wear masks in many Japanese cities. During World War Ⅱ, Japanese people used a simple mask made of cloth called "aikoku masuku" or in English a "patriot mask".

Wearing masks has caused ③some problems. For example, disposable* masks are often used all over the world now. A famous Japanese diver*, Masahiro Takemoto, said the number of disposable masks on beaches in Japan and around the world has suddenly increased. Also, some people get too hot and sometimes get heatstroke* when they wear masks in summer. Other people have skin problems from wearing masks for a long time.

However, many doctors in Japan and other countries say wearing masks can stop the spread of coronavirus. Some people say that because [④], the number of people with coronavirus is lower than other countries.

It seems that masks will become a very common* piece of clothing* from now on. In fact, some makeup* and clothing companies* are producing new products* because many people are wearing masks all the time.

Of course, we all hope that we can return to a normal life and will not need to wear masks as much as we do now. We all look forward to seeing the beautiful smiles of people again. But until then, we will have to speak with our eyes as much as our [⑤].

注　normal 普通の　habit 習慣　pandemic パンデミック（世界的流行病）　fine 罰金
the UK 英国　cold(s) かぜ　hay fever 花粉症　Spanish flu スペインかぜ
disposable 使い捨ての　diver ダイバー　heatstroke 熱中症　common ありふれた
clothing 衣類　makeup 化粧品　company 会社　product(s) 製品

1　次の**ア～エ**の絵のうち，本文にある日本のマスクの使用の様子を<u>表していない</u>絵を一つ選び，その記号を書け。

2　[①] に入る最も適当なものを下の**ア～エ**の中から一つ選び，その記号を書け。

ア　poor　　**イ**　rich　　**ウ**　old　　**エ**　new

3　下線部② について，本文にある日本におけるマスクの使用について，冬と春の利用目的をそれぞれ下の**ア～エ**の中から一つずつ選び，その記号を書け。

ア　熱中症予防　　**イ**　花粉症予防　　**ウ**　日焼け予防　　**エ**　かぜ予防

4　下線部③について 3 つの問題点を，それぞれ 15 字程度の日本語で書け。

5　[④] に，本文の内容に合うように 4 語以上の英語を書け。

6　[⑤] に，本文の内容に合うように体の一部を表す語を英語一語で書け。

7　本文の内容に合っているものを下の**ア～オ**の中から二つ選び，その記号を書け。

ア　Before the coronavirus pandemic, wearing masks wasn't a normal habit for Japanese.
イ　In the UK, people had to pay money when they didn't wear masks in July of 2020.
ウ　In the Edo period, Spanish people came to Japan to kill the virus.
エ　Japanese doctors believe that wearing masks can kill the coronavirus.
オ　Some makeup companies are making new products because many people are wearing masks.

8　次は，Yumi と友人 Nina との対話である。Nina に代わって，下の文中の [　　　] に 10 語以上の英文を書け。英文は 2 文以上になってもかまわない。

Yumi　:　I watched a TV program about the coronavirus last night.
Nina　:　What did it say?
Yumi　:　It said that doctors and nurses are working very hard to fight against the virus.
Nina　:　I have heard that, too.　I also heard that some people are very rude* to them.
Yumi　:　I feel sorry for the people working in hospitals.　I want to do something for them.
Nina　:　I have an idea.　[　　　　　　　　]
Yumi　:　That's a good idea.　Let's do that.

注　rude　失礼な

令和３年度　鹿児島純心女子高校入試問題　社　会

（解答…195Ｐ）

1　次のⅠ～Ⅲの問いに答えなさい。答えを選ぶ問いについては一つ選び，その記号を書きなさい。

Ⅰ　高校生の純子さんは，2015年９月に国際連合のサミットで採択された「持続可能な開発目標(SDGs)」について学習した。次の目標**A**～**D**は17の目標から純子さんが選び，調べたものである。目標**A**～**D**を見て，**1**～**4**の問いに答えよ。

A

B

C

D

1　目標**A**「7　エネルギーをみんなにそしてクリーンに」について，あとの問いに答えよ。

(1)　2020年５月に，サウジアラビアやアラブ首長国連邦などの産油諸国は原油の生産量を減らし，原油の価格が下がらないよう合意した。これらの産油諸国が加盟する組織として，最も適当なものはどれか。

ア　ＴＰＰ　　**イ**　ＯＤＡ　　**ウ**　ＯＰＥＣ　　**エ**　ＰＫＯ

(2)　次の**表**は，世界の主な国々の発電量を発電方法の割合別に示したもので，①～③はロシア連邦，ブラジル，ドイツのいずれかである。このうち，**ブラジル**に当てはまるものはどれか。

※再生可能エネルギーには水力を含む。統計の都合上，合計は100%にならない。

表

国名 （発電量〔kWh〕）	火力（%）	原子力（%）	再生可能 エネルギー（%）
①（5789）	16.8	2.7	80.3
②（6491）	55.7	13.0	29.0
③（10910）	64.5	18.0	17.0

二宮書店『地理統計要覧2020年版』より引用。

2　目標**B**「9　産業と技術革新の基盤をつくろう」について，あとの問いに答えよ。

地図

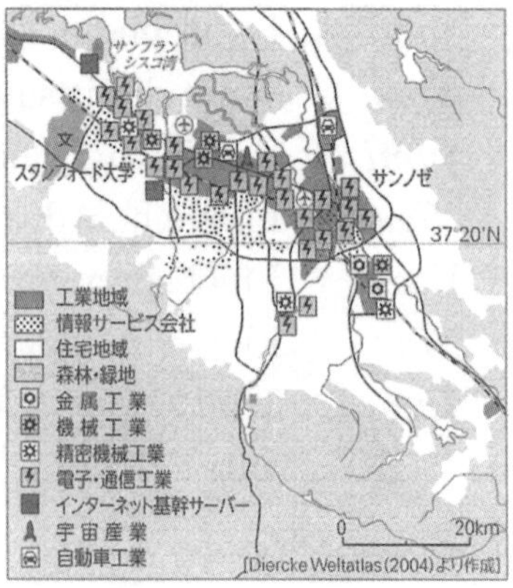

(1)　右の**地図**に示される，アメリカ合衆国のサンフランシスコ郊外にある先端技術産業が多く集まる地域を何というか。

(2)　下の**グラフ**について，近年，発展途上国の携帯電話契約数が先進国の携帯電話契約数よりも大きく増えているのはなぜか。携帯電話と固定電話の違いに着目して，**コスト**という語句を用いて簡潔に説明せよ。

グラフ

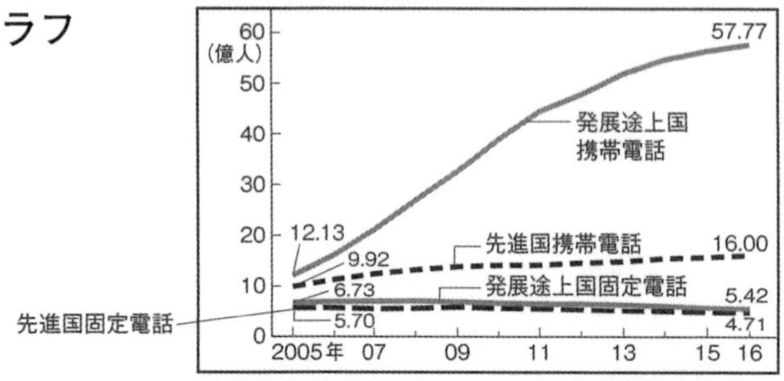

先進国と発展途上国の固定電話・携帯電話契約数の推移（ITU資料）

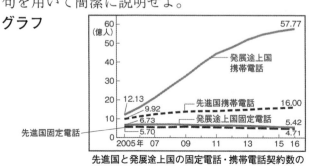

3 目標**C**「12　つくる責任　つかう責任」に関連して，世界の鉱工業について述べた次の文**ア**～**エ**のうち，下線部が**誤っているもの**を**２つ**選べ。

ア　大韓民国は，自動車や電子部品などの生産が盛んで，アジアNIEsの一国である。

イ　ロシア連邦は石油の産出量が多く，日本やヨーロッパ諸国とパイプラインで結ばれている。

ウ　アメリカ合衆国のうち，情報通信産業や航空宇宙産業が盛んな北東部はサンベルトと呼ばれる。

エ　オーストラリアでは鉄鉱石や石炭の産出量が多く，日本や中国へ多く輸出されている。

4 目標**D**「15　陸の豊かさも守ろう」について，あとの問いに答えよ。

(1)　下の文で説明されている地域の気候として，最も適当なものはどれか。

> 　このあたりは粘土と石灰が混じり合った独特の土壌で，ちょっと地面を掘ると，びっくりするほど大きな石がごろごろと出てくる。〈中略〉ほとんど葡萄《ぶどう》とオリーブしか育たないような土地だが，そのかわり葡萄とオリーブはどこよりも，この上なく美しく育つ。

村上春樹「白い道と赤いワイン」（『ラオスにいったい何があるというんですか？』）より引用。

ア　西岸海洋性気候　　**イ**　ステップ気候　　**ウ**　地中海性気候　　**エ**　温暖湿潤気候

(2)　下の**地図**は，アメリカ合衆国の農業地域区分を示している。この**地図**に見られるように，アメリカ合衆国では気温や降水量，土地などの自然環境と，市場などの社会条件に対応した農業が行われている。この方法を何というか，**漢字四字**で答えよ。

地図

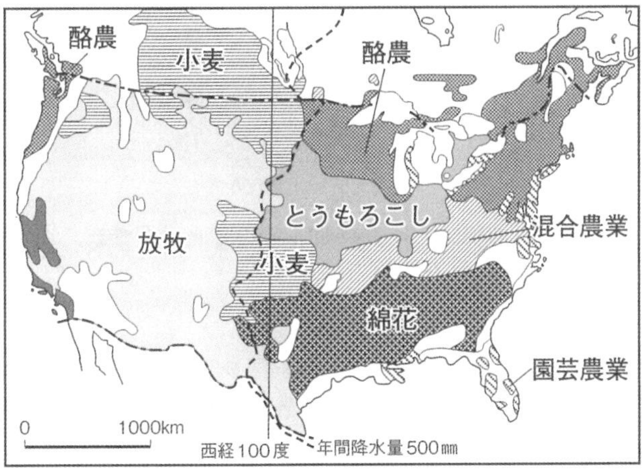

(3)　**写真１**はサウジアラビアの首都の近くで行われている，センターピボット方式というかんがい農法である。この方法によってサウジアラビアの農業生産量は大きく増加したが，新たな問題も生まれた。その問題とは何か，**写真２**を参考に，サウジアラビアの気候をふまえて簡潔に述べよ。

写真１

写真２　センターピボット方式

Ⅱ　純子さんは，2020年の夏休みのレポート課題で，50年前にあたる1970年に日本で起きた主なできごとについてまとめた。次の表を見て，あとの**1**～**4**の問いに答えよ。

3月	八幡製鐵《てつ》と富士製鐵が合併し，**A**新日本製鐵（現在の日本製鐵）が発足した。
10月	**B**国勢調査が行われ，アメリカに統治されていた「　**C**　」県が太平洋戦争後，初めて調査に組み込まれた。
11月	召集された国会で**D**公害対策関連14法案が成立し，翌月に環境庁の設置が決定された。

1　下線部**A**に関連して，あとの問いに答えよ。

(1)　日本の主な製鉄所が集中する，関東地方の太平洋側から九州北部にかけての地域を何というか。

(2)　次の地図**ア**～**ウ**は，電子部品，自動車，食料品のいずれかの出荷額（2014年）をそれぞれ示したものであるが，このうち**電子部品**に該当するものはどれか。

ア

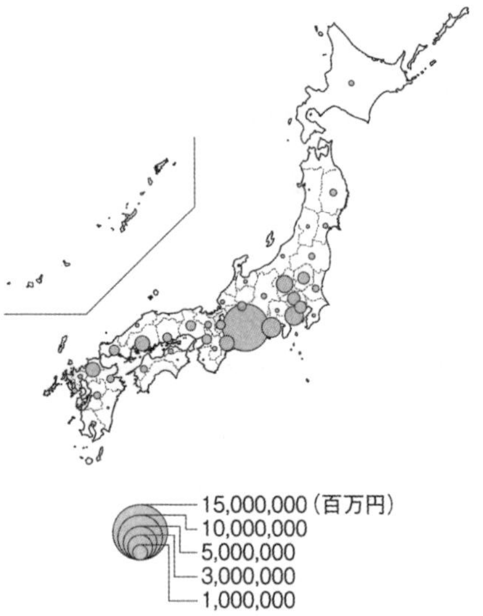

イ

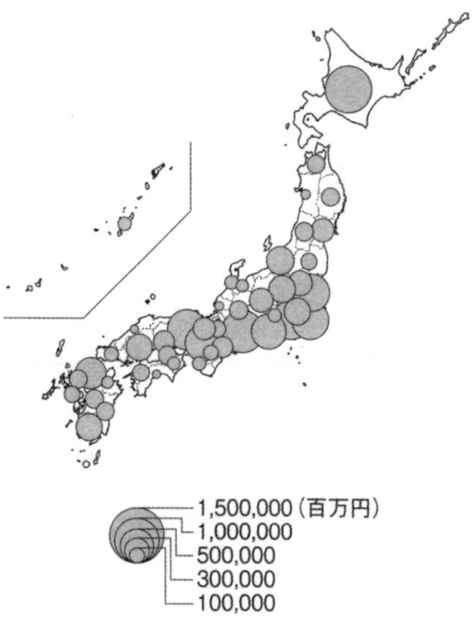

ウ

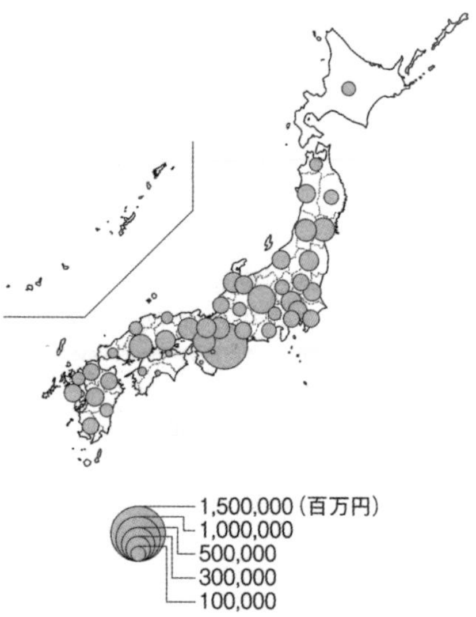

GISソフト「MANDARA10」により作成。　地図のデータはhttps://uub.jp/より引用。

2　下線部**B**に関連して，あとの問いに答えよ。

(1)　2020年に行われた国勢調査は，新型コロナウィルス感染症の感染拡大を防止する目的もあり，［　　　］による回答が初めて行われるようになった。［　　　］に適する語句を答えよ。また，国勢調査で得られたデータをもとにして作成された次のグラフ①～③を見て，年代の古い順に並べ替えよ。

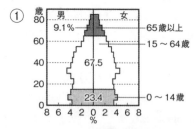

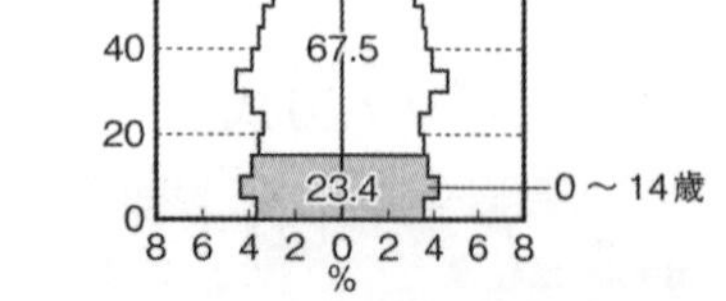

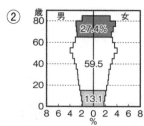

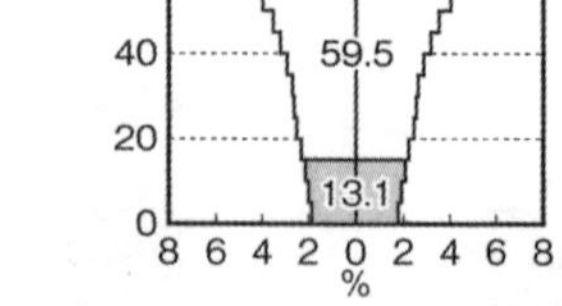

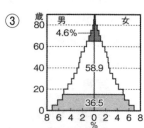

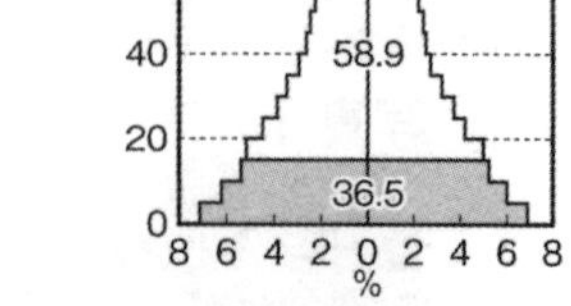

(2)　右のグラフは，国勢調査によって明らかになった，1970年と1990年の産業別人口割合を比較したものである。これを見て，どのような産業構造の変化を読み取ることができるか，グラフ中の**X**に該当する産業を下の語群から選び，説明せよ。

〔　第一次産業　　第二次産業　　第三次産業　〕

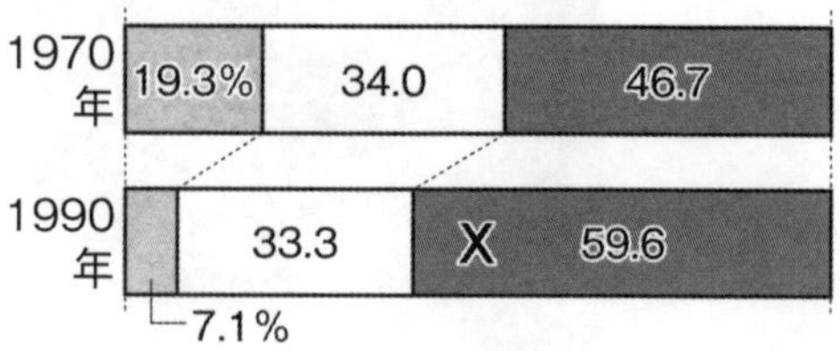

3「　**C**　」に適する県名を**漢字**で答えよ。

4　下線部**D**に関連して，あとの問いに答えよ。

(1)　四大公害病について述べた次として，**適当でないもの**を**２つ**選べ。

ア　水俣病は長崎県で発生した，工場の廃液による水質汚濁が原因となった公害病である。

イ　四日市ぜんそくは三重県で発生した，大気汚染が原因となった公害病である。

ウ　新潟水俣病では，被害を受けた人々が裁判を起こしたが，訴えは認められなかった。

エ　イタイイタイ病は，富山県で発生した，鉱山からの水質汚濁が原因となった公害病である。

(2)　公害を経験した地域は，現在はきれいな環境に戻りつつある。次の表中の**ア**～**ウ**は，かつお類，のり類，さんまの漁獲量の上位５都道県を示しているが，このうち**かつお類**に該当するものはどれか。

	1位	2位	3位	4位	5位
ア	佐賀県（670）	兵庫県（594）	福岡県（475）	熊本県（429）	宮城県（161）
イ	静岡県（724）	東京都（247）	宮城県（232）	三重県（183）	高知県（181）
ウ	北海道（391）	宮城県（120）	岩手県（93）	富山県（72）	福島県（51）

二宮書店『地理統計要覧2020年版』より引用。データの統計年次は2017年，単位は百トン。

(3)　近年は，企業による環境保全活動が盛んになってきている。下の**資料**は，ある企業の取り組みを紹介したものである。これを見て〔　A　〕・〔　B　〕に適する文や語句を答えよ。

資料　〈鹿児島県内のある企業の取り組み〉

・森林づくり事業を拡大していくことで，下の表にあるような〔　A　〕としての機能のほか，地球温暖化・〔　B　〕防止などの多面的な機能を高め，鹿児島湾とそこに注ぐ甲突川流域の環境保全に貢献していきます。

「かごしま環境パートナーズ協定」に基づく取り組み実績

	森林整備（県有林の間伐）	森林整備に伴うCO_2吸収量
2017年度	3.08ha	139 t
2016年度	3.03ha	87 t

https://www.kagin.co.jp/investor/315_eco.html**より引用，一部改変。**

Ⅲ　2021年は，ロシア連邦が成立してから30周年の節目となる。これに関連して，あとの問いに答えよ。

1　1991年に，ロシア連邦やウクライナ，カザフスタンなど各国が独立したことで，【　X　】は解体した。【　X　】に該当する国名は何か。

2　ロシア連邦は，現在BRICSの一国となっている。BRICS諸国のもつ共通点について述べた次の文の［　1　］・［　2　］に適当な文を記入し，文を完成させよ。

BRICS諸国は，［　1　］ために巨大な市場があり，下のグラフからも分かるように，国土面積が広いために［　2　］という共通点をもっている。

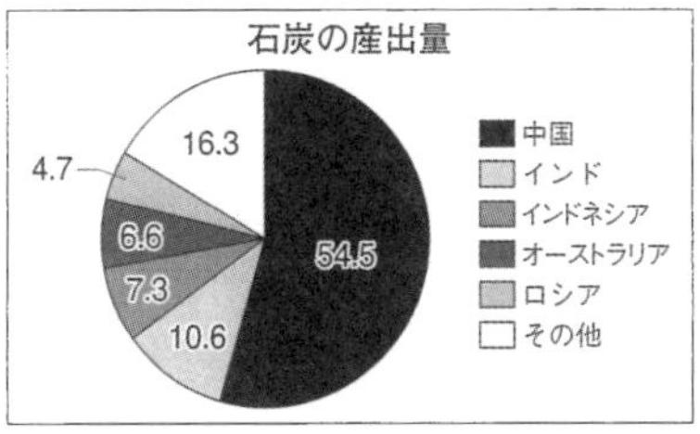

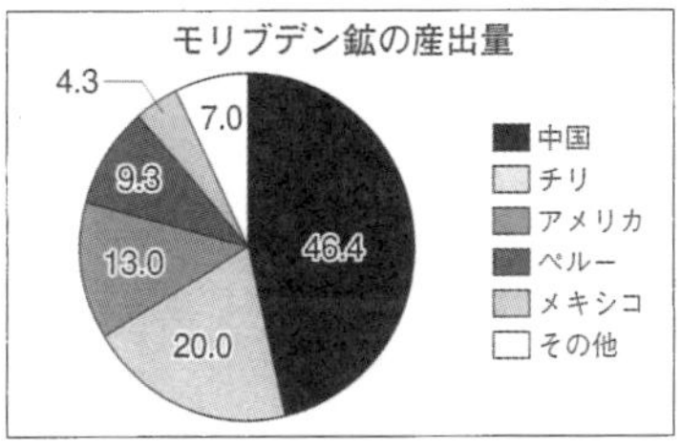

※モリブデン鉱は
レアメタルの一種。

グラフのデータは二宮書店『地理統計要覧2020年版』より引用。データの単位は%，統計年次は2016年。

2 次のⅠ～Ⅲの問いに答えなさい。答えを選ぶ問いについては一つ選び，その記号を書きなさい。

Ⅰ　ヨウコさんは，2021年のＮＨＫ大河ドラマの主人公が，近代日本の貨幣制度の確立に関わった渋沢栄一であることを知り，様々な日本の貨幣を調べて表にまとめました。この表を見て，**1**～**6**の問いに答えよ。

	貨幣	説明
A	**和同開珎《わどうかいちん》**	唐の開元通宝にならって708年に造られた。［　①　］遷都に必要な膨大な経費の確保や財政運用の円滑化を図るために発行された。
B	**乾坤通宝《けんこうつうほう》**	ⓐ後醍醐天皇が，権威を示すために大内裏（皇居）の造営を計画し，その造営費調達のために発行しようとしたといわれている。
C	**寛永通宝《かんえいつうほう》**	1636年に将軍の命令で造られはじめ，幕末まで鋳造された。ⓑ江戸時代の最も日常的な貨幣として広く流通した。
D	**延喜通宝《えんぎつうほう》**	ⓒ平安時代中期に鋳造された貨幣。しかし，銅の不足を補うために鉛分が多く含まれており，良質とはいえなかった。
E	**永楽通宝《えいらくつうほう》**	将軍［　②　］がはじめた明との貿易によって大量に日本に流入した輸入銭。ⓓ戦国大名たちからも重要視され，納税や物価の基準にもなった。

1　［　①　］・［　②　］にあてはまる語句・人名をそれぞれ**漢字**で書け。

2　ⓐについて述べた文として，最も適当なものはどれか。

ア　貴族や僧の権力争いが激しかったため，現在の京都に都をつくり，政治の立て直しをはかった。

イ　幼少の天皇に位をゆずって上皇となった後，摂政や関白の力をおさえて，院政を行った。

ウ　朝廷の力を回復させようと，承久の乱を起こしたが，幕府に敗れ，隠岐に流された。

エ　建武の新政と呼ばれる，天皇中心の新しい政治をはじめたが，貴族重視の姿勢が，武士の反発を招いた。

3　ⓑについて，あとの問いに答えよ。

(1)　江戸幕府８代将軍は，急増する庶民からの訴えに対し，裁判の基準となる法律を定めたが，これを何というか。

(2)　江戸時代にえがかれた絵画として，**誤っているもの**はどれか。

ア

イ

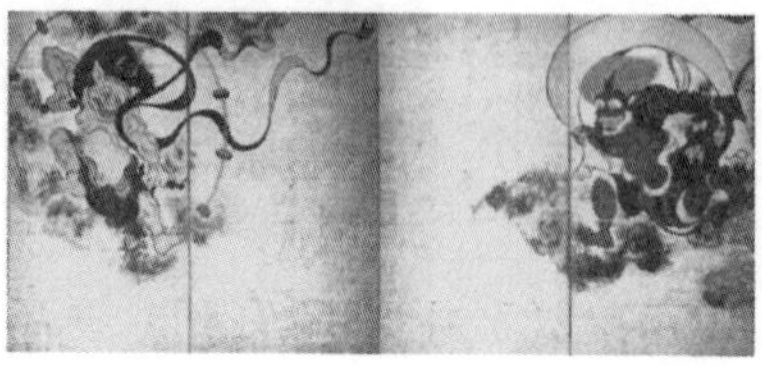

ウ

エ

4　ⓒについて，下の文は，この時代を生きたある人物についての説明文である。文中の下線部について，この人物が，［　　　　］の停止を提案した理由を説明せよ。ただし，［　　　　］内の語句を明記して説明すること。

894年に［　　　　］に任命されたが，派遣の停止を提案し，認められた。学問に優れ，右大臣になったが，藤原氏と対立し，大宰府に左遷されて，そこで亡くなった。朝廷はたたりを恐れて，彼を天神としてまつるようになり，やがて学問の神様として知られるようになった。

5　ⓓについて，あとの問いに答えよ。

(1)　下の**地図**の**あ**～**え**と，その地を領国とした戦国大名の組み合わせとして，最も適当なものはどれか。

ア　**あ**－上杉氏　　**イ**　**い**－北条氏　　**ウ**　**う**－朝倉氏　　**エ**　**え**－武田氏

(2)　下の**資料**を参考に，戦国大名の領国支配に関する次の文の［　　　　　　　　］に適当な文を記入せよ。

戦国大名たちは，領国支配のために独自の分国法を定めた。下の資料はその一部であるが，これは，けんかの禁止を明記することで，［　　　　　　　　］目的のために定めた規定である。

地図

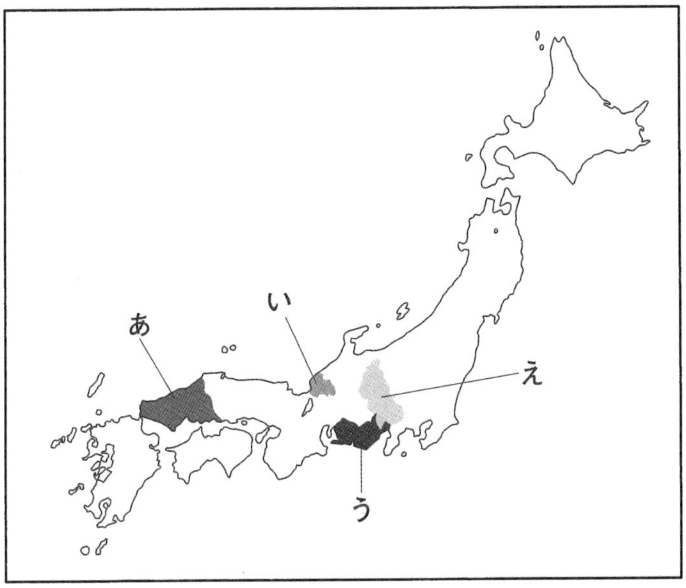

資料

一　けんかをした者は，どのような理由があろうと処罰する。

『甲州法度之次第』

6　A～Eを年代の古い順に並べよ。（ただし，Aは解答欄に記してある）

Ⅱ　ヒナコさんは，「近代日本経済の父」と呼ばれる渋沢栄一の生涯について調べて，年表にまとめました。これをみて，**1**～**6**の問いに答えよ。

西暦年	渋沢栄一の主な業績
1840	現在の埼玉県深谷市に生まれる。
1863	ⓐ<u>尊王攘夷運動</u>に身を投じ，横浜の焼打ち等を計画するが挫折する。その後，京都に上り，［　　　］の家臣となる。
1867	［　　　］の弟に随ってフランスへ渡ってパリ万博を視察し，ⓑ<u>ヨーロッパ各国を訪問</u>した後に，パリに留学する。しかし，［　　　］が大政奉還を行ったため，翌年に帰国する。
1872	勤めていた大蔵省を退官し，第一国立銀行（現在のみずほ銀行）の頭取に就任する。以後，実業界に身を置き，ⓒ<u>500に及ぶ企業の設立に関わる</u>。
1927	日本国際児童親善会を創立し，会長に就任する。ⓓ<u>悪化した日米関係改善のため日米親善人形歓迎会を主催する</u>。
1931	死去。

1　文中の［　　　］には同じ人物の名が入るが，この人物の名を**漢字**で記せ。

2　ⓐについて述べた下の文の空欄［　**あ**　］・［　**い**　］に当てはまる語句の組み合わせとして，最も適当なものはどれか。

> 尊王攘夷運動とは，［　**あ**　］しようとする運動である。このような運動が盛んになった背景には，開国によって［　**い**　］ため，物価が不安定になったことなどがあげられる。

ア　**あ**－将軍を推し立てて欧米の文化・制度を吸収
　　い－外国から大量の金貨が持ち込まれた
イ　**あ**－将軍を推し立てて欧米の文化・制度を吸収
　　い－日本から大量の金貨が持ち出された
ウ　**あ**－朝廷を推し立てて欧米の勢力を排除
　　い－外国から大量の金貨が持ち込まれた
エ　**あ**－朝廷を推し立てて欧米の勢力を排除
　　い－日本から大量の金貨が持ち出された

3　ⓑについて，この時に通訳として同行し，渋沢に語学を教えたアーノルドは，江戸時代に日本に滞在したある人物の子である。下の文は，その人物についての説明文であるが，この文で説明されている人物の名として，最も適当なものはどれか。

> オランダ商館につとめたドイツ人医師で，長崎に鳴滝塾を開いて医学を教えた。帰国する際に伊能忠敬らが作成した日本地図を持ち出そうとしたため，国外追放の処分を受けた。

ア　フェノロサ　　**イ**　ラクスマン　　**ウ**　シャクシャイン　　**エ**　シーボルト

4　ⓒについて，右の写真は渋沢が1883年に開業した工場で，イギリス製の最新式機械を導入し，女子工員たちが昼夜二交替で生産活動を行ったが，この工場の名称と，この工場で生産している製品の組み合わせとして，最も適当なものはどれか。

ア　大阪紡績会社－生糸　　**イ**　大阪紡績会社－綿糸
ウ　富岡製糸場－生糸　　**エ**　富岡製糸場－綿糸

5　ⓓについて，この事業は，悪化する日米関係のなかで，日本とアメリカの児童たちの間の友情交流を結ぶ目的で開始された。下の文は，当時の日米関係について述べたものであるが，文中の［　う　］に適当な文を記入せよ。

> 日露戦争後に，日本が満州の権益を握ると，かねてから中国進出をうかがっていたアメリカ合衆国との間で日本との政治的緊張が高まっていた。また，アメリカ本国においても，経済不況のなかで，日系移民がアメリカへ大量に移住することにより，［　う　］恐れがあったため，対日感情が悪化していたことなどが，両国の対立を深める一因になったと考えられる。

6　次の**ア**～**エ**のうち，渋沢栄一が生きた時代の中国に関する出来事を**3つ**選び，年代が古い順に並べよ。

ア　パリ講和会議の結果に失望した北京の学生たちの反日運動が，中国全土に広がった。
イ　内戦に勝利した毛沢東を首席とする中華人民共和国が建国され，国民政府は台湾に追われた。
ウ　下関条約締結によって，多額の賠償金支払いに加え，遼東半島・台湾・澎湖諸島を日本に割譲した。
エ　外国人排除を主張する義和団を中心とする民衆が，清の軍隊とともに，北京の各国公使館を包囲した。

Ⅲ　アイコさんは，渋沢栄一が設立に関わった学校のひとつ日本女子大学校（現在の日本女子大学）出身のある人物について調べてみた。下の**資料**と**年表**を参考にして，**1**・**2**の問いに答えよ。

資料

> 元始，女性は実に太陽であった。真正の人であった。今，女性は月である。他によって生き，他の人によってかがやく，病人のように青白い顔の月である。…

年表

1922年	治安警察法第5条が一部改正され，初めて女性の政治集会への参加が認められる。
1946年	第22回衆議院議員総選挙において，初めて［　え　］。
1960年	第１次池田勇人内閣において，中山マサが，初の女性国務大臣（厚生大臣）に就任する。
1993年	土井たか子が，女性初の衆議院議長に就任する。

1　**資料**は，この人物が1911年に設立した団体の宣言文の一部である。さらに，この人物は1920年に市川房枝らと新婦人協会を設立して，女性の様々な権利獲得をめざす運動を展開したが，この人物は誰か。

2　**年表**は，この人物などが展開した女性運動によって実現した女性の政治参加の過程をまとめたものであるが，年表中の［　え　］に適当な文を記入せよ。

3 次のⅠ～Ⅲの問いに答えなさい。答えを選ぶ問いについては一つ選び，その記号を書きなさい。

Ⅰ 純子さんのクラスでは，さまざまなテーマについてグループ発表をおこなった。下は，その際に使用されたパワーポイント画面であるが，この画面をみて，**1**～**7**の問いに答えよ。

Aグループ【現代社会と生活】
①グローバル化と国際協力
・グローバル化とⓐ国際分業
・多文化社会
②情報化と少子高齢化
・ⓑ情報社会とネット犯罪
・少子高齢化の進行とその対策

Bグループ【民主主義と選挙のしくみ】
①民主政治と選挙の原則
・直接民主制と間接民主制
・選挙の４原則と公職選挙法
②選挙のしくみと政党の役割
・小選挙区制とⓒ比例代表制
・政党の役割

Cグループ【三権分立】
①三権分立のしくみと目的
・ⓓ国家権力乱用防止の歩み
②ⓔ三権による相互抑制
・国会による抑制
・内閣による抑制
・裁判所による抑制

Dグループ【地方自治のしくみ】
①地方自治のしくみと地方財政
・地方自治のしくみ
・ⓕ地方財政
②住民参加と地方自治の動き
・直接請求権
・ⓖ地方自治の動き

1 ⓐについて，国際分業のしくみと目的について，下の語句を全て使用し，解答欄の書き出しにしたがって説明せよ。

得意　　不得意　　輸入　　輸出

2 ⓑについて，コンピューターやインターネットなどの情報通信技術を利用出来る人，利用出来ない人との間に生じる情報格差の事を何というか。

3 ⓒについて，**表**はわが国の比例代表制選挙〔衆議院・参議院〕における議席数配分に関係するものである。この表について，あとの問いに答えよ。

(1) 表に示されたように，各政党の総得票数をそれぞれ１，２，３，４…と自然数で割っていき，得られた商（得票数）の大きい順に議席を配分する方式を何というか。

(2) 定員が10名であった場合，Ｂ党の獲得議席数は何議席か。

表

政党名	Ａ党	Ｂ党	Ｃ党	Ｄ党
総得票数	1500	2100	900	2700
÷１	1500	2100	900	2700
÷２	750	1050	450	1350
÷３	500	700	300	900
÷４	375	525	225	675

4 ⓓについて，下の文は『フランス人権宣言』（1789年）の一部である。次の**ア**～**エ**のうち，下線部分に最も影響を与えた思想家の名として，最も適当なものはどれか。

第２条「政治的統合（国家）の全ての目的は，自然でおかすことのない権利を守ることである。この権利とは，自由，財産，安全および圧政への抵抗である。」

ア ホッブス　**イ** ロック　**ウ** ルソー　**エ** ガンディー

5　ⓔについて，わが国の三権（国会・内閣・裁判所）における「抑制と均衡」の関係について述べた文として，**誤っているもの**はどれか。

ア　国会は裁判所に対し，弾劾裁判所を設置する事ができる。
イ　裁判所は国会に対し，違憲立法審査権を持つ。
ウ　内閣は国会の両院に対し，解散権を持つ。
エ　国会は内閣に対し，内閣不信任決議権を持つ。

6　ⓕについて，地方財政を補うために国から支出される地方交付税交付金・国庫支出金のうち，用途が指定されていないものはどれか。

7　ⓖについて，次の**X**には同じ語句が入るが，何という語句か。

日本国憲法（第94条）
地方公共団体は，その財産を管理し，事務を処理し，および行政を執行する権能を有し，法律の範囲内で［　X　］を制定することができる。

＊当映画館をご利用のお客様へ
県の青少年保護育成［　X　］により，18歳未満の方は終映が23：00を過ぎる上映回にはご入場出来ません。

Ⅱ　下は純子さんの町のレンタルビデオ店にある料金表である。これを見て，**1**～**3**の問いに答えよ。

<table>
<tr><th colspan="2">レンタル料金</th><th>当日</th><th>1泊2日</th><th>2泊3日</th><th>7泊8日</th><th>延滞料金</th></tr>
<tr><td rowspan="3">DVD</td><td>新　作</td><td>350</td><td>400</td><td>450</td><td></td><td rowspan="2">300</td></tr>
<tr><td>準新作</td><td>250</td><td>—</td><td>—</td><td>350</td></tr>
<tr><td>旧　作</td><td>—</td><td>—</td><td>—</td><td>100</td><td>200</td></tr>
<tr><td rowspan="2">CD</td><td>新　作</td><td>250</td><td>300</td><td>350</td><td></td><td>200</td></tr>
<tr><td>旧　作</td><td>200</td><td>—</td><td>—</td><td>300</td><td>100</td></tr>
</table>

1　料金表について説明した次の文の①～④に入る語句の組み合わせとして，正しいものはどれか。

レンタル料金・延滞料金ともに（　①　）よりも（　②　）のほうが価格（料金）が安くなっているのは，(②）に比べて（①）は始め（　③　）が多いが，次第に（　④　）の方が上回っていくためである。このように（③）・(④）のバランスにより決定される価格を［　Y　］という。

ア　①新作　②旧作　③需要　④供給
イ　①新作　②旧作　③供給　④需要
ウ　①旧作　②新作　③需要　④供給
エ　①旧作　②新作　③供給　④需要

2　［　Y　］に入る語句は何か。

3　純子さんは，地元のデパートで右のようなポスターを目にした。「円高」とはどのような状態をいうか，次の語句を使用し説明せよ。

〔　150円　　120円　　1ドル　〕

円高還元
セール **開催中**

Ⅲ　純子さんは，昼食の食券販売が食材注文の関係で5日前に行われ，しかも鹿児島産の食材が多く使用されていることを知った。このように，地元の産品を地元で消費することを何というか，**漢字**で答えよ。

令和３年度　鹿児島純心女子高校入試問題　理　科

（解答…197Ｐ）

1　次のⅠ，Ⅱの各問いに答えなさい。答えを選ぶ問いについては記号または番号で答えなさい。

Ⅰ　**図１**は，ヒトの消化器官を模式的に表したものである。

図１

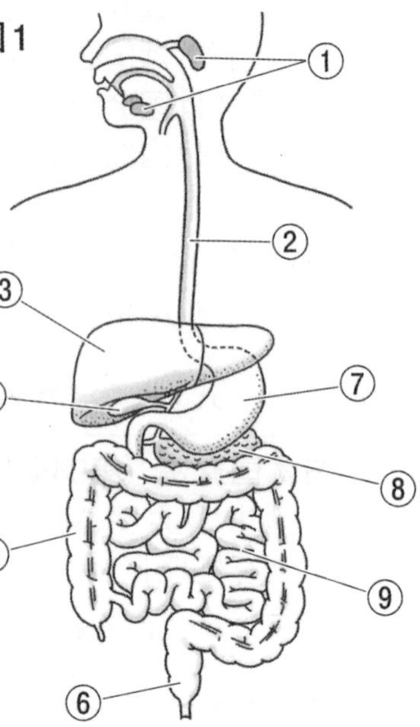

1　次の**ア**，**イ**のはたらきをする器官を**図１**の①～⑨からすべて選べ。

ア　炭水化物を分解する酵素を含む消化液をつくる。

イ　有害なアンモニアを無害な尿素に変える。

2　タンパク質が，消化酵素によって消化されると，最終的に何になるか。その物質名を答えよ。

3　２の物質は，吸収されたあと，主にどのように利用されるか。次の**ア**～**エ**から１つ選べ。

ア　脂肪の合成　　**イ**　グリコーゲンの合成

ウ　タンパク質の合成　　**エ**　デンプンの合成

4　食物中のタンパク質，デンプン，脂肪とそれを分解する消化酵素の組合せとして最も適当なものを，次の**ア**～**オ**から１つ選べ。

	タンパク質	デンプン	脂　肪
ア	トリプシン	胆汁	アミラーゼ
イ	胆汁	アミラーゼ	リパーゼ
ウ	アミラーゼ	リパーゼ	トリプシン
エ	ペプシン	アミラーゼ	リパーゼ
オ	リパーゼ	胆汁	トリプシン

5　**図２**は，ある消化器官の一部の断面を拡大したものである。この消化器官の名称を答えよ。

図２

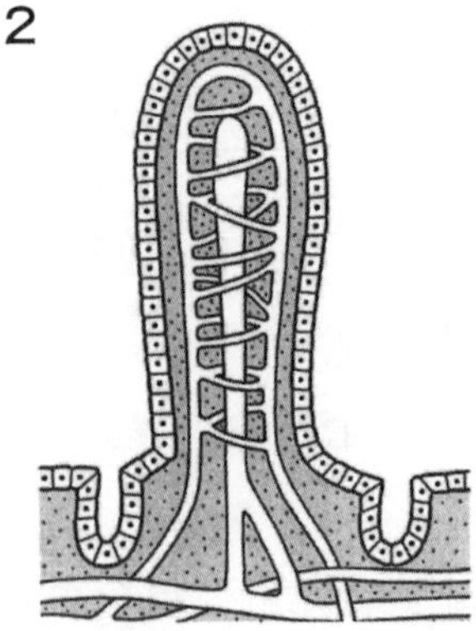

Ⅱ　**図1**は，カエルの生殖細胞が受精して細胞分裂が進むようすを，**図2**はゾウリムシが分裂して増えるようすを表している。

図1

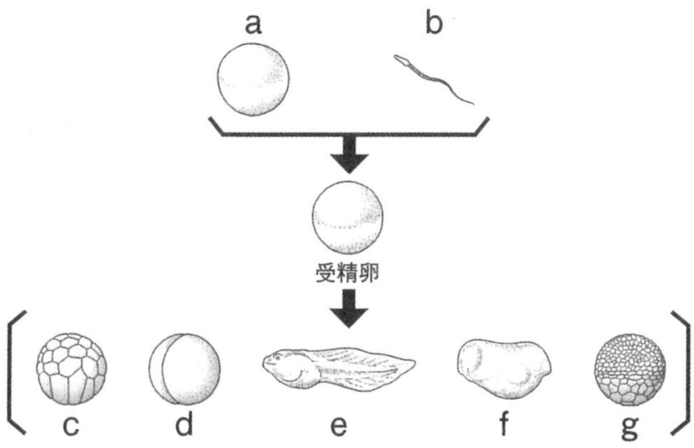

図2

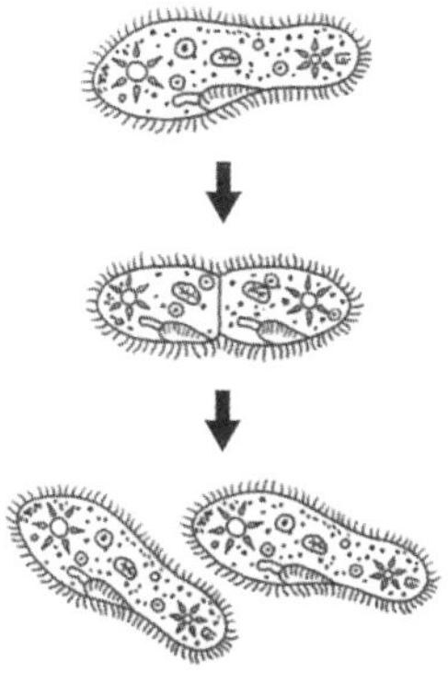

1　カエルと同じように，子のときはえらで呼吸するが，おとなになると肺と皮膚で呼吸する動物はどれか。次の**ア**～**エ**から１つ選べ。

ア　イモリ　　**イ**　ヤモリ　　**ウ**　トカゲ　　**エ**　ヘビ

2　**図1**の**c**～**g**を，発生の順番になるように並び替えよ。

3　**図1**の**a**の細胞の染色体数が12本であるとき，**g**の細胞がもつ染色体の本数は何本か。

4　**図1**の**g**について，**c**と比較したとき，細胞の総数と細胞１つあたりの体積の大きさはどのようになっているか。次の**ア**～**ケ**から１つ選べ。

	細胞の総数	細胞の体積
ア	変わらない	変わらない
イ	変わらない	小さい
ウ	変わらない	大きい
エ	少ない	変わらない
オ	少ない	小さい

	細胞の総数	細胞の体積
カ	少ない	大きい
キ	多い	変わらない
ク	多い	小さい
ケ	多い	大きい

5　ゾウリムシを観察するときに，顕微鏡の倍率を低倍率から高倍率に変えた。このときの視野の明るさと視野の広さはどのように変化するか。次の**ア**～**エ**から１つ選べ。

	明るさ	広さ
ア	明るくなる	広くなる
イ	明るくなる	せまくなる
ウ	暗くなる	広くなる
エ	暗くなる	せまくなる

6　**図2**のような，生殖細胞以外の細胞からの新しい個体の増え方は，作物の栽培にも利用されている。この方法は，種子から栽培する方法と比較して，どのような利点があるか。１つ説明せよ。

2 次のⅠ，Ⅱの各問いに答えなさい。答えを選ぶ問いについては記号で答えなさい。

Ⅰ　純子さんは，「たたら製鉄で生産された玉鋼《たまはがね》（鉄）を使った黒い刀が，人気漫画《まんが》の主人公が持つ黒刀と似ている。」という記事を見て，たたら製鉄について調べてみた。たたら製鉄とは，「たたらと呼ばれる炉《ろ》に，砂鉄（主成分は酸化鉄）と木炭を混ぜ，風を送りながら加熱すると純度の高い鉄が得られる」というものであった（**図1**）。

純子さんは，学校で行った理科の実験との共通点について考えてみた。

図1

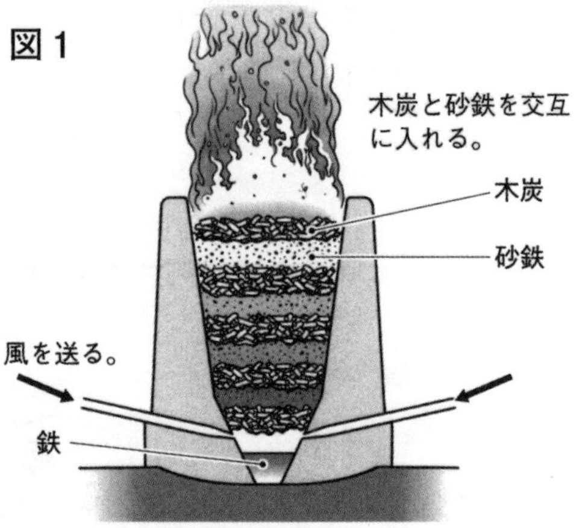

【実験】**図2**のように酸化銅 4.00 g と炭素の粉末を試験管Aに入れて加熱し，発生する気体を試験管B中の無色の水溶液に導いて，気体の種類を調べた。気体の発生が終わったら，試験管Bからガラス管を取り出し，加熱をやめてゴム管をピンチコックで閉じた。よく冷ましてから試験管Aに残った固体の質量を測定した。この操作を酸化銅の質量は変えず，炭素の質量を変えながら数回行った。

加えた炭素の質量と試験管Aに残った固体の質量の関係は**図3**のようになった。

図2

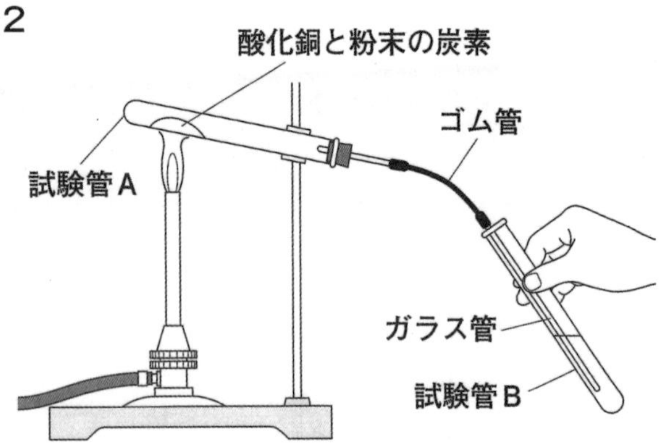

図3

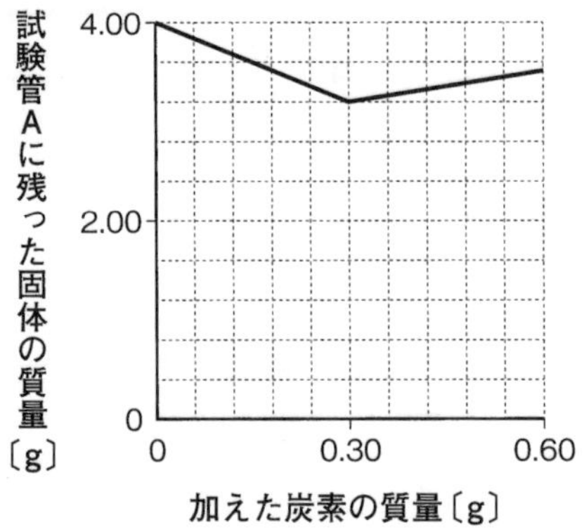

1　【実験】でできた固体の化学式と色を答えよ。

2　試験管B中の水溶液は何か。また，【実験】で発生した気体によって，その水溶液はどのように変化するか。

3　下線部のように，ゴム管をピンチコックで閉じる理由を答えよ。

4　【実験】で加えた炭素の質量が0.40 g のとき，試験管Aに残った固体の物質名をすべて答えよ。

5　「たたら製鉄」と【実験】の共通点として考えられるものを，次の**ア**～**オ**からすべて選べ。

ア　酸化反応と還元反応が同時に起こっている。
イ　多量の空気が必要である。
ウ　金属の酸化物が酸素と化合する。
エ　二酸化炭素が発生する。
オ　金属の酸化物から酸素が取り除かれる。

Ⅱ　次の文は，気体の性質を調べる実験を行った純子さんと先生の会話である。

【先　　生】同じ質量と大きさのペットボトルを５本用意しました。Ａ～Ｅには，酸素，水素，アンモニア，二酸化炭素，塩化水素のいずれかの気体が入っています。
Ａ～Ｅのペットボトルのふたを少し開けたところに，水でぬらした青色リトマス紙を近づけてみてください。

【純子さん】ＡとＢに青色リトマス紙の色の変化がみられました。

【先　　生】次に，Ａ～Ｅのペットボトルのふたを少し開けて，においをかいでみましょう。においをかぐときには，手であおいでかいでくださいね。

【純子さん】はい。ＡとＣからにおいがしました。

【先　　生】次に，Ａ～Ｅのペットボトルのふたを少し開け，少量の水を加えて，すばやくふたを閉め，ペットボトルをふってみてください。

【純子さん】(a)Ａ，Ｂ，Ｃだけペットボトルがへこみました。

【先　　生】ここまでの実験結果から，Ａ～Ｃに入っている気体が何か分かりましたか。

【純子さん】(b)Ａは（　①　），Ｂは（　②　），Ｃは（　③　）だと思います。

【先　　生】そうですね。正解です。では，ＤとＥに入っている気体は，どのようなことを行えば判別できますか。

【純子さん】（　　　　　　　　　　④　　　　　　　　　　）

1　青色リトマス紙を赤色に変化させる水溶液の性質は何性か。

2　下線部(a)の結果より，Ａ，Ｂ，Ｃの気体に共通する性質は何か。簡単に書け。

3　下線部(b)の空欄のうち，（　①　）にあてはまる気体の名前を答えよ。

4　下線部(b)の空欄のうち，（　②　）にあてはまる気体を発生させる方法を，次の**ア**～**エ**から１つ選べ。

ア　亜鉛に塩酸を加える。
イ　二酸化マンガンにオキシドールを加える。
ウ　石灰石にうすい塩酸を加える。
エ　塩化アンモニウムと水酸化カルシウムを混ぜて加熱する。

5　会話文中の（　④　）について，純子さんが提案した判別する方法とその結果について答えよ。

3 次のⅠ，Ⅱの各問いに答えなさい。答えを選ぶ問いについては記号で答えなさい。

Ⅰ **図1**は，２つの電熱線R_1とR_2について，その両端に加えた電圧と流れた電流の関係を，それぞれグラフに表したものである。

1 電流の大きさを測定しているときの電流計の接続のようすと針のふれが**図２**のようであったとき，電流の大きさは何mAか。

2 電熱線R_1の抵抗は何Ωか。

3 電熱線R_1とR_2を直列に接続したとき，回路全体に加わる電圧と流れる電流の関係はどうなるか。解答欄のグラフに記入せよ。

4 **図３**の装置は，電熱線R_1を使って，電流が磁界から受ける力を調べたものである。電流を流したところ，銅線は，**図３**の矢印の向きに動いた。この銅線の動く向きを，**図３**の矢印とは逆方向にするには，どうすればよいか。方法を１つ答えよ。

5 **図３**の電源装置の電圧はそのままで，電熱線をR_1からR_2に変えて電流を流すと，銅線の動きはどのように変化するか。簡単に書け。

図１

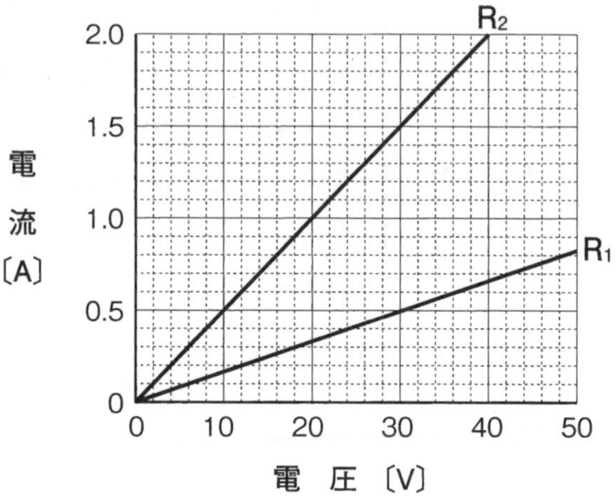

図２

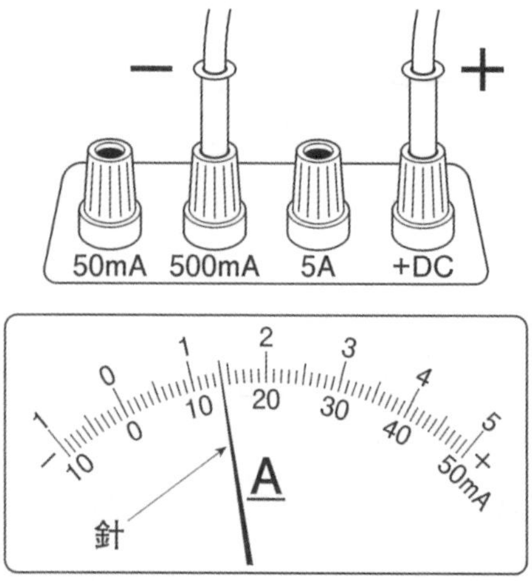

図３

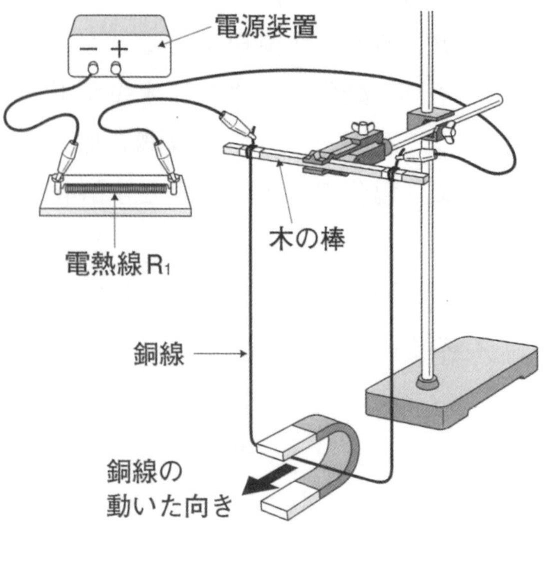

Ⅱ　力が加わっていないときの長さが16cmのばねＡがある。ばねＡにはたらく力の大きさと，ばねののびの関係を調べたところ，**図１**のようになった。なお，ばねの重さは考えなくてよいものとする。

図１

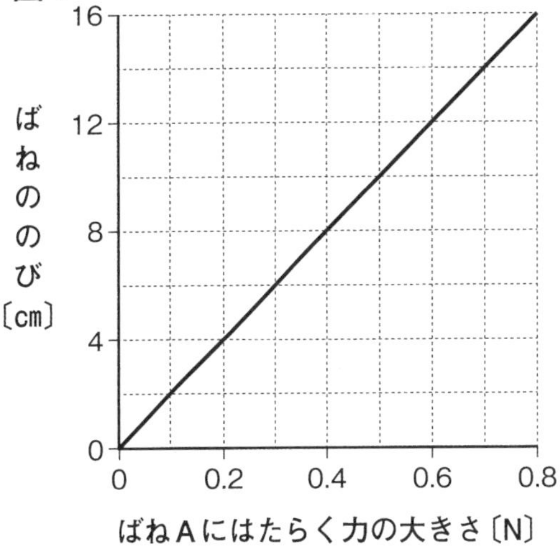

1　**図２**のように，ばねＡを天井からつりさげ，下端を手で引いたところ，ばねの長さが28cmになった。手で引いた力の大きさは何Ｎか。

2　ばねＡを２本用意して**図３**のように，重さが0.7ＮのおもりＢをつるした。このとき，ばね１本当たりののびは何cmとなるか。

3　**図４**のように，ばねＡの上端を手で支え，おもりＢをスポンジにのせたところ，ばねの長さが22cmとなった。このとき，手で支えている力は何Ｎか。

4　３のとき，おもりＢがスポンジを押す力は何Ｎか。

5　**図４**のスポンジを押す力とスポンジの沈む深さは比例するものとする。**図４**の状態から手を上下に動かし，ある位置で止めたところ，スポンジの沈んだ深さは３のときの半分になった。このとき，ばねののびは何cmか。

図２

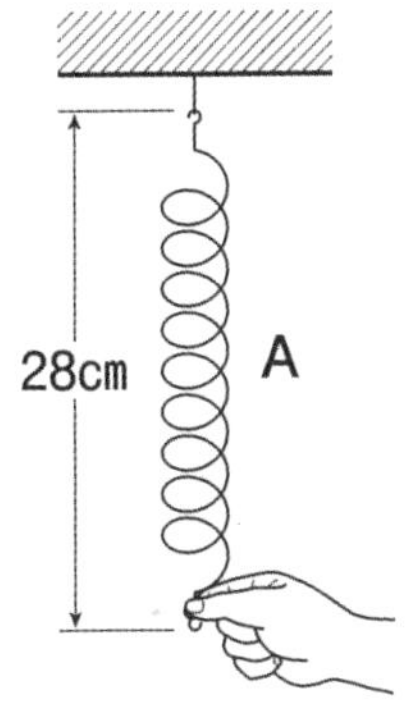

図３

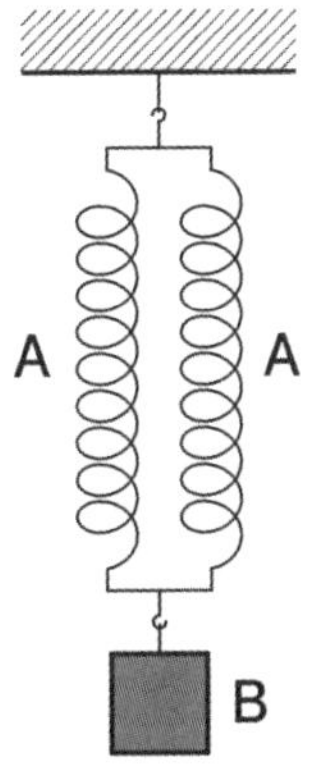

図４

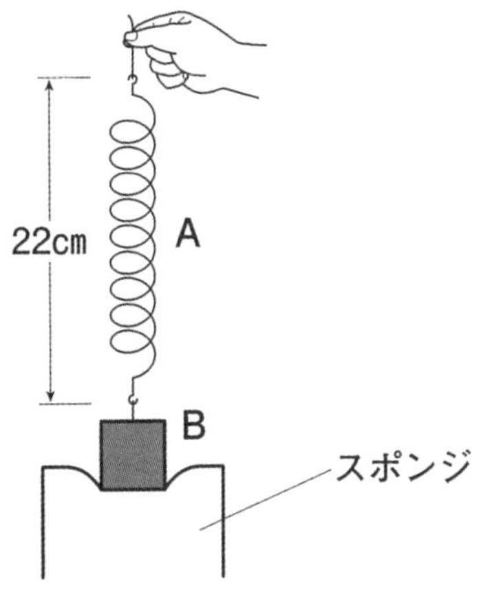

4 次のⅠ，Ⅱの各問いに答えなさい。答えを選ぶ問いについては記号で答えなさい。

Ⅰ　４種類の火成岩（花こう岩，安山岩，流紋岩，玄武岩）の観察を行った。次の図は，４種類の火成岩の中から２種類の岩石を選び，それぞれの岩石のつくりを表したものである。

岩石A

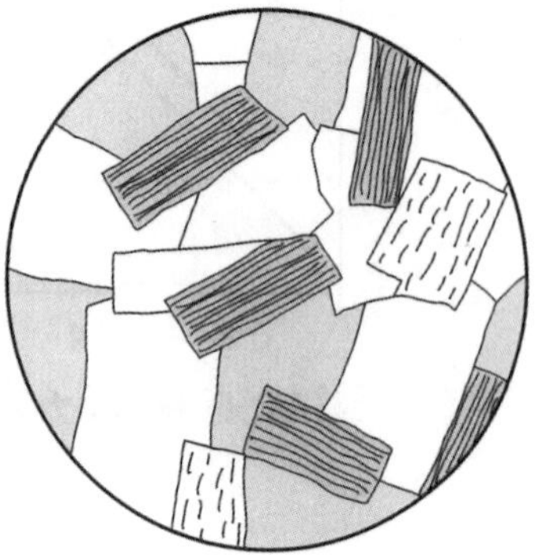

岩石B

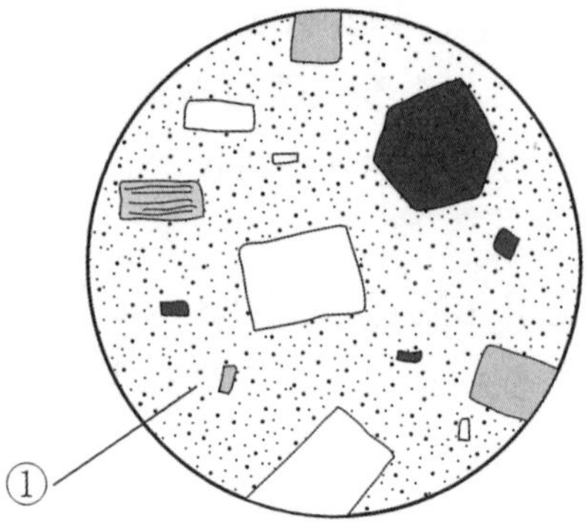

1　岩石Aのつくりを何組織というか。

2　岩石Bの①の部分は，小さな鉱物の集まりやガラス質の部分である。この部分を何というか。

3　岩石Aのようなつくりをしている岩石を，次の**ア**～**エ**から１つ選べ。
ア　花こう岩　　**イ**　安山岩　　**ウ**　流紋岩　　**エ**　玄武岩

4　４種類の火成岩のうち，最も黒っぽい色をしているのはどれか。また，その火成岩と同じ成分のマグマによって形成された火山の形は**A**～**C**のどれか。最も適当な組み合わせを次の**ア**～**シ**から１つ選べ。

A

B

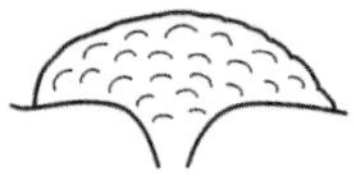

C

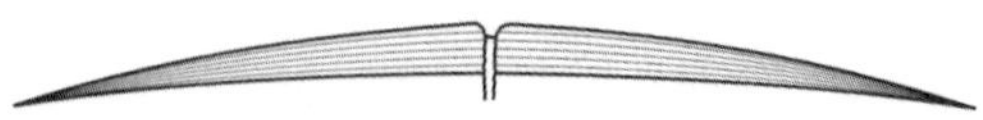

	火成岩	火山の形
ア	花こう岩	A
イ	花こう岩	B
ウ	花こう岩	C
エ	安山岩	A
オ	安山岩	B
カ	安山岩	C

	火成岩	火山の形
キ	流紋岩	A
ク	流紋岩	B
ケ	流紋岩	C
コ	玄武岩	A
サ	玄武岩	B
シ	玄武岩	C

5　岩石Aは岩石Bに比べると，大きな結晶が多い。この理由を，マグマが冷え固まるときの場所と状況をもとに簡単に説明せよ。

Ⅱ　次の**図１～３**は，日本付近の春・夏・冬のいずれかの季節の特徴的な天気図を示したものである。また，**図４**は梅雨のときの天気図を示したものである。

図１

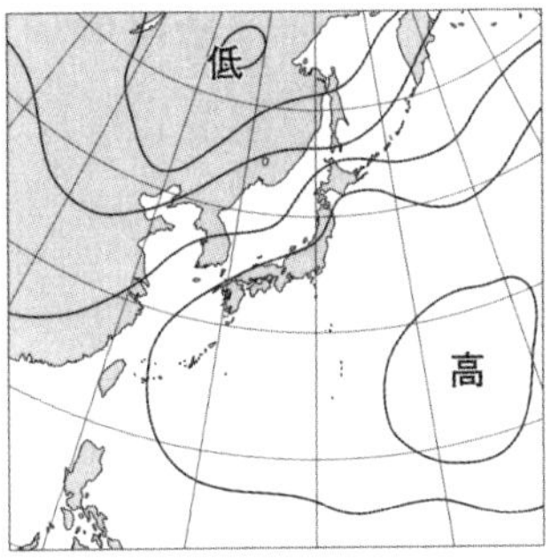

図２

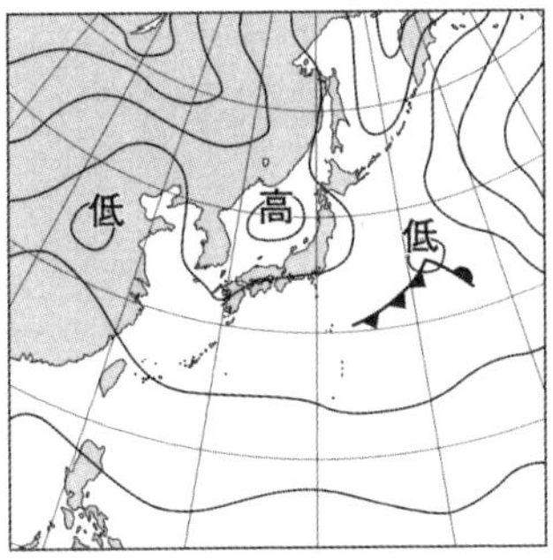

図３

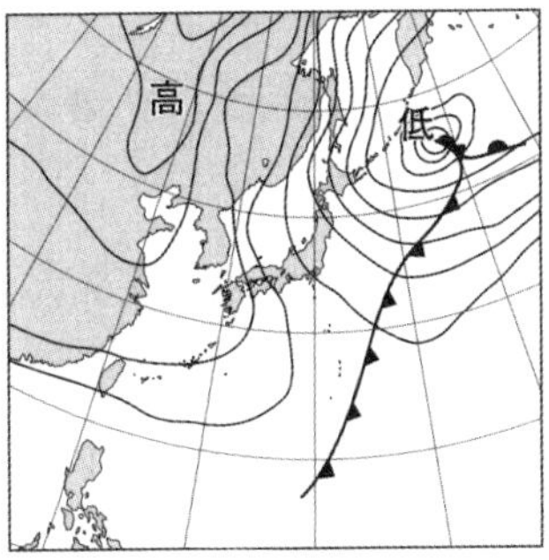

図４

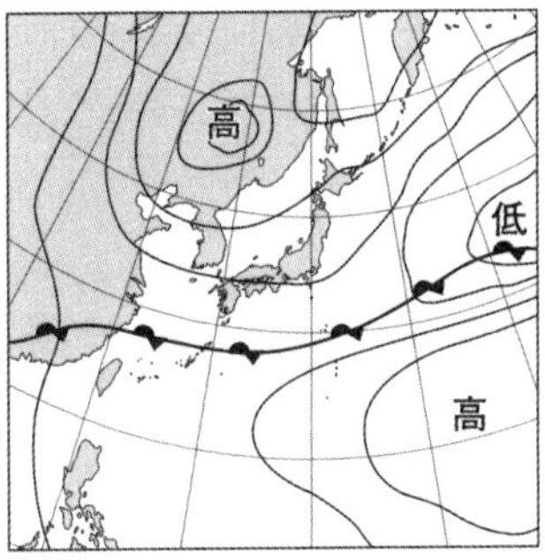

1　**図１～３**を冬・春・夏の順に並べかえ，その順番を**１～３**の数字で答えよ。

2　次の文章は，**図１～３**の中で，冬の天気図における日本の天気について説明したものである。文章中の（　①　）と（　②　）について，あてはまる言葉の組み合わせとして正しいものを表の**ア～カ**より１つ選べ。

この天気図において，最も関係の深い気団は，（　①　）気団で，この気団から吹きだされる風により，日本付近では風向が（　②　）の季節風が吹く。

	①	②
ア	シベリア	北東
イ	オホーツク海	北西
ウ	シベリア	西
エ	オホーツク海	北東
オ	シベリア	北西
カ	オホーツク海	西

3　日本の夏においては，南東の季節風が吹くことが多い。この季節風を吹き出す気団名を答えよ。

4　**図４**の梅雨の天気図において，梅雨前線がその後，高緯度の方へ移動することで各地の梅雨が明ける。なぜ高緯度の方へ移動するのか。関係する気団名を使って簡単に説明せよ。

５　次の文を読み各問いに答えなさい。答えを選ぶ問いについては記号で答えなさい。

1　下の表は，セキツイ動物の特徴をまとめたものである。

<table>
<tr><th></th><th>魚類</th><th>両生類</th><th>は虫類</th><th>鳥類</th><th>ほ乳類</th></tr>
<tr><td>体　温</td><td colspan="5">ア　　イ　　ウ　　エ</td></tr>
<tr><td>ふえ方</td><td colspan="2">a　卵生</td><td colspan="2">b　卵生</td><td>胎生</td></tr>
</table>

①　セキツイ動物を，変温動物のなかまと恒温動物のなかまに分けるには，表中の**ア～エ**のどこで分ければよいか。

②　aの卵生と，bの卵生の違いを答えよ。

2　**図1**は，液体のロウが入ったビーカーの断面を表している。

図1

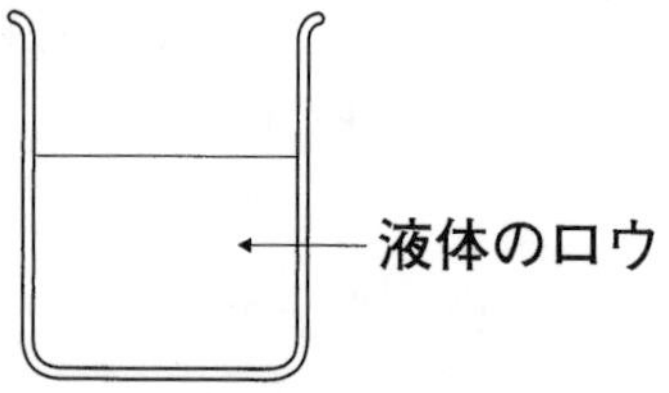

①　ビーカーを冷やして，ロウが固体になったとき，ロウの体積に変化がみられた。このときのようすを，解答用紙の図に表せ。ただし，図の点線は，液体のロウの液面の高さを表している。

②　液体のロウが固体になるとき，質量はどうなるか。次の**ア**～**ウ**から１つ選べ。
ア　小さくなる　　**イ**　大きくなる　　**ウ**　変化しない

3　塩化水素について，この気体の水溶液を塩酸という。うすい塩酸に電流を流すと，電気分解して，陽極，陰極ともに気体が発生した。このときの化学変化を化学反応式で表せ。

4　**図2**のような装置を用いて，光源を凸レンズの焦点の外側から焦点の位置まで近づけていき，スクリーンに映る像を観察した。

図2

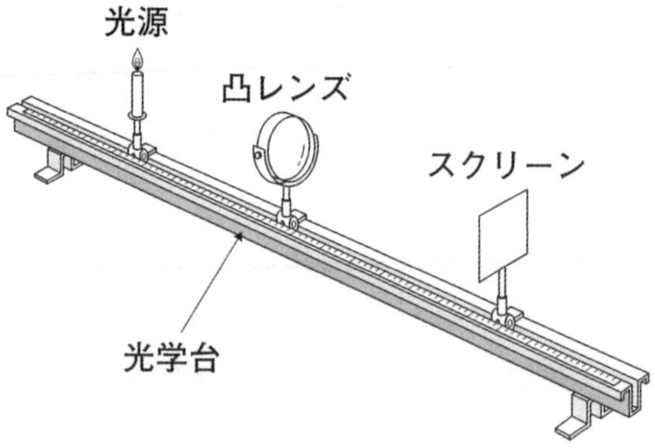

①　光源を動かす間，はっきりした像をうつすために，スクリーンの位置はどうすればよいか。次の**ア**～**ウ**から１つ選べ。
ア　凸レンズに近づけていく
イ　凸レンズから遠ざけていく
ウ　スクリーンは動かさなくてよい

②　光源を焦点の位置まで動かす間，スクリーンに映る像はどうなっていくか。簡単に書け。

5　**図3**は，ある地域で地質調査がおこなわれたときの柱状図である。**B層**からアンモナイト，**D層**からフズリナの化石が見つかっている。なお，この地域では地層の逆転はないものとする。

図3

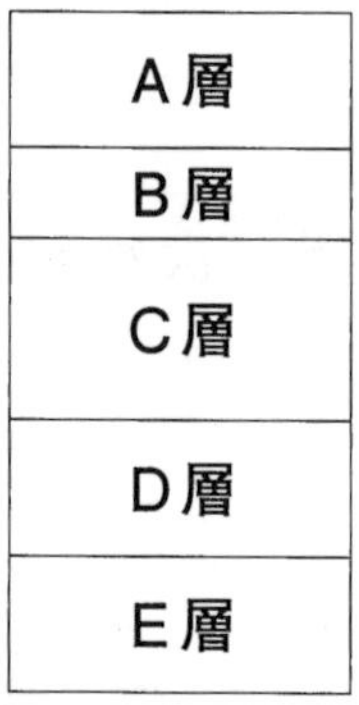

①　**B層**からアンモナイトの化石が見つかっていることから，中生代に堆積したことを知ることができる。このように，地層が堆積した年代を知る手がかりとなる化石を何というか。名称を漢字で答えよ。

②　**E層**で見つかる可能性のある化石と，この地層の堆積した地質年代の組み合わせとして適当なものを，次の**ア**～**カ**から１つ選べ。
ア　サンヨウチュウ・中生代　　**イ**　サンヨウチュウ・古生代
ウ　モノチス・中生代　　**エ**　モノチス・古生代
オ　ビカリア・新生代　　**カ**　ビカリア・中生代

学校法人 川島学園

鹿児島実業高等学校

川島学園理事長	川　島　英　和
鹿児島実業高等学校長	中　釜　一　喜
所在地	〒891-0180　鹿児島市五ヶ別府町3591番3
電話	(099) 286-1313
ホームページ	https://www.kajitsu.ac.jp/
メールアドレス	bhs-kawashima@kajitsu.ac.jp
交通	・車で鹿児島中央駅西口より武岡トンネルを抜けて約10分。 ・鹿児島中央駅より南国バス・スクールバスで約15分。 ・スクールバス 鹿児島市内の中学校区を通過。 鹿児島中央駅より鹿実への直行便も運行。

受験情報　受験会場（本校を含め14会場で実施予定）

募集定員			入試科目	出願期間	入試日	合格発表	受験料	入学金	学費（月額）
文理科　60名 文理コース 英数コース 普通科　120名 選抜コース キャリア デザインコース 総合学科　270名 10系列	推薦入試	各学科	作文・面接 ※A方式・B方式あり	令和4年 1月5日(水) 〜1月11日(火)	令和4年 1月17日(月)	令和4年 1月19日(水)	10,000円	全額または半額免除	50,400円 各種学園奨学生制度就学支援金，その他奨学金制度あり (令和2年度実績)
	一般入試	文理科 普通科	国・数・英(聞きとりテスト) 社・理・面接		令和4年 1月27日(木)	令和4年 2月1日(火)		100,000円 ※各種学園奨学生制度あり	
		総合学科	国・数・英(聞きとりテスト) 面接						
		試験会場：本校，薩摩川内，いちき串木野，湧水，霧島，姶良，南さつま，指宿，鹿屋，種子島，屋久島，奄美，徳之島，沖永良部							
学校寮	大峯寮，第二大峯寮，向学寮（個室），女子寮（個室），桜華寮（個室），野球部寮，球心寮								
オープンスクール	夏　7月31日(土)・8月1日(日)・21日(土)・22日(日)　　秋　10月17日(日)								

進学状況

【国公立大】 帯広畜産大・北見工大・北海道大・群馬大・高崎経済大・筑波大・千葉大・東京学芸大・東京工業大・お茶の水女子大・横浜国立大・横浜市立大・神奈川県立保健福祉大・静岡大・静岡県立大・福井大・京都教育大・奈良女子大・大阪大・大阪市立大・神戸市外大・兵庫教育大・兵庫県立大・新見公立大・広島大・県立広島大・広島市立大・尾道市立大・島根大・島根県立大・山口大・山口県立大・山陽小野田市立山口東京理科大・下関市立大・愛媛大・高知大・九州大・九州工業大・福岡教育大・北九州市立大・福岡女子大・福岡県立大・佐賀大・長崎大・長崎県立大・熊本大・熊本県立大・大分大・宮崎大・宮崎県立看護大・宮崎公立大・鹿児島大・鹿屋体育大・琉球大・名桜大・防衛医科大学校・防衛大学校・国立看護大学校・海上保安大学校

【私立大学】 慶應義塾大・早稲田大・東京理科大・青山学院大・明治大・中央大(法)・法政大・立教大・成城大・明治学院大・学習院大・日本大・東洋大・駒澤大・専修大・芝浦工大・津田塾大・獨協大・国際武道大・北里大(薬)・國學院大・国士舘大・順天堂大・創価大・大東文化大・東海大・帝京大(医)・日本女大・日体大・日本女子体大・神奈川大・関東学院大・愛知医科大(医)・中京大・同志社大・立命館大・関西大・関西学院大・京都産業大・京都女子大・近畿大・龍谷大・大阪体育大・桃山学院大・安田女子大・西南学院大・福岡大(医)・中村学園大・立命館アジア大・福岡工大・九州栄養福祉大・九州共立大・九州産業大・久留米大(医)・崇城大・熊本保健大・九州保健福祉大・鹿児島国際大・志學館大・鹿児島純心女子大・第一工業大

【短期大学】 鹿児島県立短大・鹿児島医療センター付属看護学校・関西外国語大学短大部・香蘭女子短大・中村学園大学短大部・鹿児島純心女子短大・鹿児島女子短大・第一幼児教育短大

就職状況

（県　内）
ENEOSマリンサービス・九電工・南国殖産・山形屋・南国交通・鹿児島銀行・鹿児島信用金庫・南日本銀行・鹿児島県農業協同組合中央会・京セラ・岩崎産業・康正産業・日本特殊陶業・鹿児島サンロイヤルホテル・城山ホテル鹿児島・白水館・日清丸紅飼料・南日本くみあい飼料・南日本新聞印刷・五月産業・鹿児島青果・日本貨物検数協会・川北電工・東郷・島津興業・イオン九州・南州コンクリート・ハンズマン・タカミヤ・アリマコーポレーション・トヨタレンタリース鹿児島・明石屋・鹿児島綜合警備保障・南九州トンボ・日之出紙器工業・中央仮設　他

（県　外）
トヨタ自動車・トヨタ自動車九州・トヨタ車体・日産自動車・豊田自動織機・日産車体・三菱ふそうトラック・バス・東邦液化ガス・大阪ガス・日本製鉄・産業振興・JFEスチール・大同テクニカ・東罐興業・淀川製鋼所・住友電気工業・独立法人国立印刷局・JR九州・東京地下鉄・横浜ゴム・きんでん・錦江・クボタ・全日警・横浜冷凍・日本郵政・セコム・丸磯建設・SUBARU・キャプティ・丸善石油・にしけい・山崎建設・三菱製鋼・高周波熱錬・出光ユニテック・テツゲン　他

（公務員）
警視庁・東京消防庁・国家一般職・鹿児島県警・宮崎県警・鹿児島県職員・薩摩川内市職員・阿久根市職員・日置市職員・垂水市職員・南九州市職員・南種子町役場・鹿児島県警事務・曽於市職員・防衛大学・自衛官一般曹候補生・自衛官候補生・海上保安大学校　他

1 ——部①の「希」の白抜きの部分は何画目に書くか。漢数字で答えよ。

希

2 ——部②の対義語として、最も適当なものを次から選び、記号で答えよ。

ア 冷遇　イ 冷酷　ウ 冷眼　エ 冷静

3 ＝＝部a「カンシン」、b「ケントウ」の漢字として、最も適当なものを次から選び、記号で答えよ。

a ア 関心　イ 感心　ウ 歓心　エ 寒心

b ア 健闘　イ 検討　ウ 見当　エ 賢答

4 ——部③の品詞として、最も適当なものを次から選び、記号で答えよ。

ア 連体詞　イ 接続詞　ウ 副詞　エ 形容動詞

5 ——部④の意味のことわざを示すものとして、最も適当なものを次から選び、記号で答えよ。

ア 備えあれば憂いなし　イ 案ずるより産むが易し

ウ 大事の前の小事　エ 果報は寝て待て

6 [A]、[B]にあてはまる、グラフから読み取れることとして、最も適当なものをそれぞれ選び、記号で答えよ。

[A]

ア eスポーツ、ドッジボール、サッカーが多い

イ 野球、サッカー、eスポーツが多い

ウ バレー、eスポーツ、サッカーが多い

エ 野球、バレー、サッカーが多い

[B]

ア 男子はサッカー、女子はバレーが人気だね

イ 男子は野球、女子はバレーが人気だね

ウ 男子は野球、女子はバスケットが人気だね

エ 男子はサッカー、女子はバスケットが人気だね

7 〰〰部（ア）を示すものとして、最も適当なものを次から選び、記号で答えよ。

ア eスポーツとバスケット

イ 野球とドッジボール

ウ 野球とeスポーツ

エ ドッジボールとバスケット

8 〰〰部（イ）とあるが、実施するものとして、最も適当と考えられるものを次から選び、記号で答えよ。

ア eスポーツ　イ サッカー

ウ 野球　エ バレー

3 ――部②とあるが、そうした理由として**適当でないもの**を次から選び、記号で答えよ。

ア　異変に気づいたが、言えば恨まれると思ったから。
イ　異変を言ったら、友人を驚かせてしまうと思ったから。
ウ　異変を言わなければ、友人の身が危ないと思ったから。
エ　異変を言ったら、友人を怖がらせてしまうと思ったから。

4 ――部③とあるが、それが指す内容はどこからか。文中より抜き出し、最初の五字で答えよ。

5 次は、本文について話し合っている先生と生徒の会話である。[　Ⅰ　]～[　Ⅲ　]に適当な言葉を補って会話を完成させよ。ただし、[　Ⅰ　]には二十字以内で適当な言葉を考えて書き、[　Ⅱ　]には文中より四字で抜き出し、[　Ⅲ　]には後の語群から最も適当なものを選び、記号で答えること。

生徒Ａ「先生、私はこれに似た落語の話を知っています。本文のように[　Ⅰ　]という性格の登場人物とその友達とのやりとりがとても面白いです。この話のもとは、中国の笑話で、それが後の『長短』という落語になったそうです。」
生徒Ｂ「私も知っています。本文で、騒ぐ友人の態度と対照的に、男の受け答えを[　Ⅱ　]と表現しているところを、落語でうまく演じ分けています。」
生徒Ａ「傍線部④のように[　Ⅲ　]とさる人が考えていることが分かる演じ方も見事です。」
先　生「では、その落語を実際に見てこの話と比較してみましょう。」

[Ⅲ]の語群
ア　万事休す
イ　情けは人のためならず
ウ　雨降って地固まる
エ　知らぬが仏

---

[4] 次は、鹿児島実業高校生徒会が、クラスマッチの競技について話し合っている様子と、生徒の希望種目調査結果のグラフである。

Ａさん「クラスマッチをより良いものにするために、みんなの①希望を調査してみたよ。」
Ｂさん「どんな結果になったかな。気になって②興奮しちゃうな。」
Ｃさん「たくさんの意見が出たね。ａカンシンの高さがわかるね。ｂケントウを繰り返して、みんなの意見がきちんと取り入れられた種目にしたいね。希望種目の結果をグラフにしたよ。」
Ａさん「種目の希望を見てみると、[　Ａ　]ことがわかるね。」
Ｂさん「そうだね。③確かに人気が高いね。特に、その中でも[　Ｂ　]。」
Ｃさん「(ア)条件面を考えると、実施が難しいものもありそうだ。」
Ｂさん「(イ)希望が多くて男女の偏りがなく、条件をクリアできているものに決めたらいいね。」
Ａさん「これまでで一番いいクラスマッチにしたいな。④何が起きても対処できるように、当日に向けて準備をしていこう。」

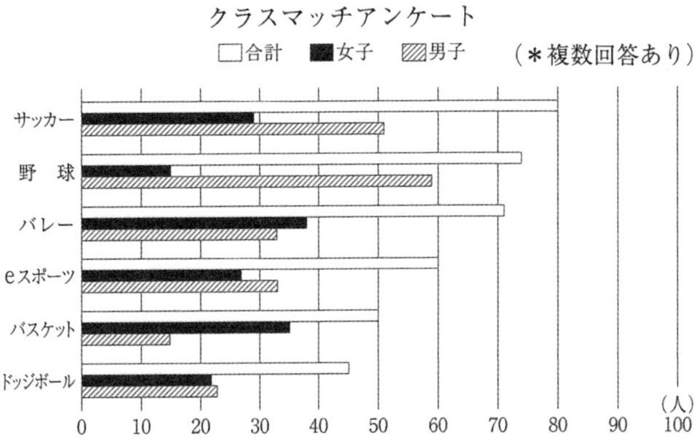

	ドッジボール	バスケット	eスポーツ	バレー	野　球	サッカー
□合計	45	50	60	71	74	80
■女子	22	35	27	38	15	29
▨男子	23	15	33	33	59	51

<実施できる条件>
条件①　出場できる機会が多いこと。
条件②　場所の確保ができること。
条件③　道具が整っていること。

<条件①を満たしている>
サッカー、野球、バレー、バスケット、ドッジボール

<条件②を満たしている>
サッカー、野球、バレー、ｅスポーツ、バスケット、ドッジボール

<条件③を満たしている>
サッカー、バレー、バスケット、ドッジボール

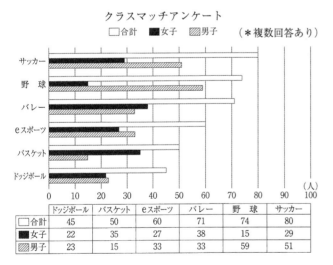

7　――部④は亀乃介のどのような様子を表しているか。最も適当なものを次から選び、記号で答えよ。

ア　濱田の鋭い批判の言葉に、大きな胸の痛みを感じている。
イ　自分では思いも寄らなかった考えに、衝撃を受けている。
ウ　濱田の自信に満ちた態度を前に、ふがいなさを感じている。
エ　自分の思いが濱田に伝わらないことに、絶望している。

8　本文全体を通して、亀乃介の心情がどのように変化しているかを説明した次の文の空欄 Ⅰ 、 Ⅱ にあてはまる語句を、文中から抜き出して答えよ。ただし、字数は空欄の指示による。

Ⅰ（二十字以内） ことが自分の目指すべき道であると思っていたが、亀乃介が Ⅱ（十字以内） をすることが必要だと考える濱田の意見に少しずつ目を向け始めている。

3　次の文章を読んで、後の問いに答えなさい。

注もろこしに、さる人(ある人)あり。むまれつきゆたかにして(生まれつき落ち着きがあり)、物ごとにさわがぬ人なりしが、冬の日のことなるに(冬の日のことであるが)、友だちとともに注炉にあたりて、はなし居ける時、なにとかしたりけん(どうしたことだろうか)、友だちの衣の注裳《もすそ》に火つきて、aもへあがれり。されども(しかし)友だち、①これをゆめにもしらず。かの人はとくにしりしかども(とうに知っていたのだが)、さらにいわずして(全く言うことはなく)、②しばらくありて、友だちにむかつていひけるは、ここに一つの大事あり、われ以前よりこれをみつけたれども、これをいわば君おどろきおそれ給ふべし、又いわずんばわれを恨《うらみ》給ふべし、かつうは又(一方ではまた)、君の身もあやうかるべし(危うくなってしまうだろう)、しからば(そうなら)、これをいひてよからんか(よいのだろうか)、又はいわずしてよからんかといへり。友だちこれをききて、それはなに事なるやらん(一体何の事であろうか)、いひ給へといへば、かの人(その人)、bこゑをしづかにしていへるは、君が衣の裳に火つきてもへ侍るといふ。友だちおどろき、やがてもみけし、おおきにいかりていはく、なんぢ(あなた)火つきてもゆる事を、とくに見付《つけ》なば、なんぞは(早くに見つけたならば、どうして)やくわれにいわざるといへば、かの人しづかにこたへていわく、われ③はじめよりいふごとく、いわば君おどろきおそれ給ふべしと、いまそのことばにたがわず(食い違うことなく、思った通り)、あんのごとく、君おどろきおそれ給へり、われここにおいて、④いひてよかるべきか、いわずしてよかるべきかといわずやといへり(言ったでしょうと言った)。

（「理屈物語」による）

(注)　もろこし＝今の中国。
炉＝だんろ。火などをたく設備・器具。
裳＝着物のすそ。

1　＝部a「もへあがれり」、b「こゑ」を現代仮名遣いに直してひらがなで書け。

2　――部①の解釈として、最も適当なものを次から選び、記号で答えよ。

ア　衣のすそについた火の広がる様子が夢とは少し違った。
イ　衣のすそに火がついていることに全く気付かなかった。
ウ　衣のすそに火がついたことを夢の中では見なかった。
エ　衣のすそについた火について全く知らないふりをした。

「亀ちゃん。君は、もうこれ以上、セント・アイヴスにいてはいけない。日本に帰って、自分自身の作陶をして、ここで学んだことを後続の世代に伝える。そうするべきだ」

亀乃介は、はっとして顔を上げた。濱田は真剣なまなざしを亀乃介に向けていた。

――自分自身の作陶。

④その言葉が矢のように鋭く亀乃介の胸に刺さった。

「君がここに残ることにこだわるのはよくわかる。僕だとて、いつまでもここにいられるものならそうしたい。けれど、それじゃいけないんだ」

まっすぐな視線を亀乃介に向けたまま、濱田が続けた。

「亀ちゃん。君は、きっとリーチと自分を［B］のように感じているんだろう。でも、だからこそ、いつまでもここにいてはいけない。ここにいる限り、君はリーチを頼り続けるだろう。君自身の作陶を、いつまでたっても見出すことができないだろう」

そう濱田は言った。

亀乃介は、口を結んだまま、ただうつむくことしかできなかった。

しばらくのあいだ、うつむく亀乃介を無言でみつめていた濱田は、やがて静かな声で語りかけた。

「リーチは、誰よりも、君の身の上と、今後のことを案じている。君が彼のことを［B］だと感じているように、彼もそう感じていると、僕は思う」

亀乃介は目を上げた。そこには、微笑を浮かべた濱田の目があった。

「だから、勇気を出して、相談してみろよ」

亀乃介は眼鏡の奥の瞳をみつめ返した。溢《あふ》れんばかりの友情の色が澄んだ瞳に浮かんでいた。

（原田マハ「リーチ先生」）

1 ～～部「濱田をしっかりと支えようと心に決めた」について

(1) 「しっかりと」がかかっていく文節を答えよ。

(2) いくつの文節から成り立っているか。漢数字で答えよ。

2 ――部①における「亀乃介」の心情として、最も適切なものを次から選び、記号で答えよ。

ア 戸惑い　イ 興奮　ウ 悲しみ　エ 期待

3 本文中の［A］にあてはまる体の一部を表す語を漢字一字で答えよ。

4 ――部②のように亀乃介が言うのはなぜか。理由の説明として、最も適当なものを次から選び、記号で答えよ。

ア イギリスには大切な人たちがおり、特に愛するシンシアとは結婚に踏み切れないとしても、会えなくなるのはつらいことだから。

イ 敬愛するリーチがかつて北京に移住してしまった時に、離ればなれになっていた寂しさが自分にとって大きなものであったから。

ウ 個展にすべてをかける濱田を支えたいと思ってはいるが、自分がいなくても、濱田は一人で充分にやっていける実力があるから。

エ 工房の職人の指導は自分に任せられており、その責任を投げ出してまで、濱田と共に帰国することはできないと思っているから。

5 本文中の［B］にあてはまる、リーチと亀乃介の関係性を表す四字熟語として、最も適当なものを次から選び、全て漢字で答えよ。

ひょうりいったい　いしんでんしん
ふそくふり　いっしんどうたい

6 ――部③における濱田の心情の説明として、最も適当なものを次から選び、記号で答えよ。

ア 自分の考えを曲げようとしない亀乃介に対して不満を抱き、固く口を閉ざしている。

イ 自分の考えを曲げようとしない亀乃介に対して困り果て、次の手を考えあぐねている。

ウ 亀乃介の変わらない決意に対して、伝えるべき核心に迫るための糸口を探している。

エ 亀乃介の変わらない決意に対して、意見を翻させられる根拠を示そうと画策している。

2 次の文章を読んで、後の問いに答えなさい。

イギリスに日本の陶芸の道筋をつける。
それが、濱田がリーチとともにはるばるイギリスまでやってきた目的のひとつであり、彼の究極の夢であった。
そしてそれはまた、リーチの夢でもあり、亀乃介の夢でもあったのだ。
だからこそ、一度目の成功が偶然だったと言われないように、二度目が本番、というつもりで、濱田は十二月の個展にすべてをかけているのだと言っていた。
亀乃介も、濱田をしっかりと支えようと心に決めた。
「そうか、わかった。そういうことなら、僕も全力で支えるよ。まえよりもすごいものを創って、イギリス人をびっくりさせて帰ってくれよ」
濱田はうっすらと微笑んだ。が、その目には真剣な光が宿っていた。
亀乃介を正面にじっと見据えると、濱田ははっきりとした声で言った。
「亀ちゃん。――君も、僕と一緒に日本へ帰らないか」
亀乃介は①目を瞬かせた。
「――日本に帰る？……自分が？」
亀乃介が訊《き》き返すと、濱田はこくりとうなずいた。
「そうだよ」
それは、まったく予想外の提案だった。亀乃介は、自分でもこっけいなくらい動揺してしまった。
「いや、しかし……そんなわけにはいかないよ」
苦笑いをして、亀乃介は答えた。
「だって、いっぺんにふたりも抜けたら、工房が大変なことになるじゃないか。職人たちの指導もあるし……リーチ先生の作品を創るのに、熟練の助手が必要だし……。そりゃあ、職人たちの［ A ］は上がったけど、まだまだこれからだろう。濱田さんが帰国するのは仕方のないことだけど、僕は……いま、僕までが帰るわけには……」
言い繕いながら、亀乃介の心の中に大切な人たちの顔が浮かんだ。
愛する人、シンシア。結婚に踏み切れないものの、シンシアに会えなくなるのはつらい。
そしてリーチ先生――。
誰よりも大切な、敬愛する先生。

もう十五年近くも、そばを離れることはなかった。ただいっとき、先生が北京に移住したあいだを除いては。
リーチと離ればなれになっていた時期の寂しさが、突然、亀乃介の胸に蘇った。
先生が帰ってくる日まで、自分は作陶し続ける。そう思いながら、リーチの帰りを待ち続けた。
そして、リーチと再会したとき、心に決めたのだ。もう決して先生のそばを離れず、陶芸の道を先生とともにひたすら歩み続けるのだと。
だからこそ、イギリスまで、セント・アイヴスまでやってきた。
もとより、何があろうと帰国はしない。自分はこの地に骨を埋める気で来たのだ。
先生のそばを二度と離れはしないのだ。
「②僕は――やっぱりここに残るよ、濱田さん」
亀乃介は、動揺する気持ちを振り払ってきっぱりと言った。
「こんなことを言っていいかどうかわからないけど……僕は、自分がリーチ先生とこの工房に必要な人間なんだと思っている。だから……もちろん、柳先生や光太郎さんのことは心配だけど……帰るわけにはいかないよ」
濱田は眼鏡の奥の目をじっと亀乃介に向けていた。そして、尋ねた。
「シンシアのことがあるからか？」
一瞬、亀乃介は返答に詰まったが、
「いや。……それより何より、工房のことが第一だ」
と答えた。
それがほんとうの気持ちだった。シンシアのことは、どんなに愛してはいても、これ以上はどうにもならないと、どこかであきらめていた。
亀乃介は、さらに続けた。
「もしもリーチ先生が日本へ帰るというならお供をする。けれど、先生がここにいる限り、ここが僕のいるべき場所だ」
③濱田は、しばらくのあいだ、無言で亀乃介をみつめていたが、
「じゃあ、たとえば……リーチが『カメちゃんは日本に帰るべきだ』と言ったら、どうする？」
そう言った。
亀乃介は、胸がぎくりとするのを感じた。
亀乃介の様子をみつめていた濱田は、ややあって、静かに言った。

女性であれば、美人といわれる人は、そうでない人よりも、自分の思いどおりになることが多少は多いと思う（あくまで想像だが）。そうだとしたら、不美人の人が不自由さを克服することはなかなか難しい。また、もちろん、生まれながらにして躰に障害を持っている人もいる。程度の差は非常に大きいけれど、それでも空を飛べる人間がいるわけではない。こういった身体的な不自由は、誰もが多かれ少なかれ持っている、といっても良い。②自分の立っている位置が道のスタート地点である。そこから歩む以外に選択肢はないだろう。

（森　博嗣「自由をつくる自在に生きる」）

1　――部a～eのカタカナは漢字に直し、漢字は平仮名に直して書け。

2　本文中の［A］・［B］にあてはまる語の組み合わせとして、最も適当なものを次から選び、記号で答えよ。

ア（A　ただし　B　また）　イ（A　たとえば　B　だから）

ウ（A　もちろん　B　しかし）　エ（A　やはり　B　だが）

3　本文中の［Ⅰ］にあてはまる語句を次から選び、記号で答えよ。

ア　基本的　イ　動物的　ウ　平均的　エ　趣味的

4　本文中の［Ⅱ］にあてはまる言葉を、文中の表現を用いて十字程度で答えよ。

5　本文中の「健康」に関する記述として正しいものを、次から二つ選び、記号で答えよ。

ア　幸福のために必要不可欠な条件である。

イ　生きる喜びそのものである。

ウ　自由を得るための手段の一つである。

エ　背負わなければならない荷物である。

オ　若くて元気な活動的な状態である。

カ　人や年齢、状況などで変化するものである。

6　――部①とはどのような状態か。最も適当なものを次から選び、記号で答えよ。

ア　躰の健康のために不可欠な要求を「したいこと」のように頭脳が訴え、躰を自分の思うように動かせない不自由な状態。

イ　躰が生存に必要な要求を「したいこと」のように頭脳に訴え、自分の思うように行動することができない不自由な状態。

ウ　躰が空腹や睡魔に従って行動することを要求し、自分がやるべきことよりも食欲や睡眠欲を優先している不健康な状態。

エ　空腹や睡魔に従って行動することを頭脳が求め、欲求のままに好きなように食べたり眠ったりしている不健康な状態。

7　――部②とあるが、そのように言える理由として、最も適当なものを次から選び、記号で答えよ。

ア　努力だけでは克服できない不自由さを抱えたうえで、試行錯誤を重ねて、問題を解決することしかできないから。

イ　どうにもできない不自由さがあると受け入れて、自分ができることだけを選別して、現状を工夫するしかないから。

ウ　生まれ持った才能を前提としたうえで、自分ができることだけを選んで、問題を解決することしかできないから。

エ　自分だけにしかない無二の才能があると信じて、試行錯誤を重ねながら、現状を工夫していくしかないから。

8　筆者の論の展開に対する説明として、最も適当なものを次から選び、記号で答えよ。

ア　一般的に認識されている「自由」の定義に疑問を示し、その定義の不足を挙げ、「自由」に対する新たな定義づけを示している。

イ　一般的に認識されている「自由」を肯定しつつも、異なる解釈も付け加え、新たな「自由」に対する定義づけを示している。

ウ　一般的に認識されている「自由」に対する疑問を示し、異なる視点から問いかけ、「自由」の獲得に対する方策を示している。

エ　一般的に認識されている「自由」の定義に賛同しつつ、異なる視点からも考察し、「自由」の獲得に対する方策を示している。

令和三年度　鹿児島実業高校入試問題　国語

（解答…198P）

1　次の文章を読んで、後の問いに答えなさい。

腹が空《す》いたら好きなものを食べる。これは「自由」な状態だろうか？

普通は、これこそ「自由の中の自由」「自由の代表格」だ、と認識されているふしがある。現に、「俺は好きなものさえ食べていられれば、もうそれだけで幸せだ」とa豪語する人もいる。まさに、食べるために生まれてきた、といわんばかりである。なんともまあ、［Ⅰ］な感覚だなと微笑《ほほえ》ましい。［A］、食べるといってもいろいろな条件がある。最低限の栄養bホキュウとしての食事から、趣味的なグルメのレベルまでさまざまだ。一概に、食べることが動物的だとはいえないかもしれない。ここで書いているのは、かなり一般的、平均的な食事のことだ。

食欲のほかにも基本的な欲求がある。寝たいときに眠り、働かなくても良いなら、一日ごろごろとなにもしないでいたい。そういう状態が「自由」だと思い描く人はわりと多いのではないか。

「［Ⅱ］状態」という条件も重要だと思う。普通は、なにもしないでごろごろしていたら、誰かから注意を受けるからだ。それくらい、人から文句を言われ続けている人生、というのが多くの人が経験する現実なのかもしれない。どういうわけか、文句を言われると気分が悪くなるように、人間は成長のcカテイでプログラムされる。これは、もちろん「支配」である。

少し考えてみればわかることだが、腹が空いたというのは、肉体的な欲求であり、つまり、食欲は躰による「支配」なのである。休みたい、寝たい、というのも同様だ。躰《からだ》が頭脳に要求している。頭ではもっとしたいことがあるのに、躰がいうことをきかない、そういう不自由な状況と考えることができる。

健康であることは、もの凄《すご》く感謝すべき幸せの一要因であることはまちがいない。病気のときには、自分の思うように行動できなくなる（ときには、思考もままならない）。誰もが「不自由」を感じるのが不健康である。

これと同様に、空腹や睡魔も、やはり、躰による支配なのだ。もっとやりたいこと、やるべきことがあるのに、人間は生きていくために食べなければならないし、寝なければならない。作業の効率は落ちるが、死んでは元も子もないから、しかたがない。躰はこの要求をあたかも「したいこと」のように頭脳に訴え、これが「肉体的欲求」となる。思考によって導かれた「自分がやりたいこと」とは発信源が異なる。違っていることがご理解いただけるだろうか。

このような「①躰による支配」を、悪いことだと主張しているのではない。躰の欲求に応えることはとても大切だし（まっこうから拒否したら余計に不健康になる）、ときには第一優先になる。生きているかぎり逃れることができないのはd紛れもない事実である。

ただし、一言だけつけ加えるなら、この「健康」が生きる目的になるという発想は矛盾しているだろう。したがって、健康がすなわち自由ではない。健康であることが人生の喜びだというのは、僕は錯覚だと思う。それが真実ならば、生まれながらに不健康な人、自分に責任はないのに病気になった人、事故に遭って健康を奪われた人には、もう人生の喜びはない、ということになってしまう。

健康は、自由を得るための一手段ではある。また、「健康」の定義は人それぞれで違うし、同じ個人でも年齢や状況によって「健康」は変化する。誰だって、歳をとれば、若くて元気な状態には戻れない。それを不健康というわけではない。

生きていく以上、自分の躰のコンディションは、背負わなければならない荷物である。捨てるわけにはいかないし、eコウカンすることもできない。他者と比べて、自分の荷物が重いといくら嘆いても、それで軽くなるわけでもない。朝起きた状態が、その日のデフォルトであり、そこから自分が今日どちらへ向かって歩きだすのか、しか日々の選択肢はないのである。自由というのは、その人が歩きださなければ、絶対に得られないものだと思う。

個人の身体的特徴も、生きていくうえで制限になる場合が多い。身体の能力的な理由で、いくら努力をしても不可能なことはある。個人差というものは、努力だけでは克服できない。持って生まれた才能があれば自由で、それがなければ不自由を強いられるのか、といえば、ある程度はそのとおりである。

［B］、そんなことをいえば、人間は空を飛べない。だからこの点に関しては、鳥よりも不自由である。鳥に憧《あこが》れて、鳥が好きになるのは勝手だけれど、鳥を妬《ねた》んで毎日嘆いていてもしかたがない。人間はしかし、「空を飛びたい」と強く憧れたからこそ、飛行機を発明し、今では鳥よりも速く、高く、遠くまで飛べる自由を獲得したのである。嘆いたり恨んだりばかりでは、いつまで経っても問題は解決しなかったはずだ。

令和３年度　鹿児島実業高校入試問題　数　学

（解答…200Ｐ）

（注意）

① 根号を使う場合は，$\sqrt{\quad}$ の中を最も小さい整数にしなさい。

② 分数はできるだけ簡単な形で答えなさい。

③ 円周率は π とする。

1　次の計算をしなさい。

(1)　$35+54\div(-6)$

(2)　$0.5\times\frac{4}{5}-\frac{1}{3}$

(3)　$(-3)^2-4^2$

(4)　$(a+2b)(a-2b)-(a+3b)^2$　（展開せよ）

(5)　$\sqrt{80}-\frac{10}{\sqrt{5}}-3\sqrt{5}$

2 次の各問いに答えなさい。

(1) x^2-5x-6 を因数分解せよ。

(2) 連立方程式 $\begin{cases} y=2x+1 \\ x+2y=-3 \end{cases}$ を解け。

(3) y が x に反比例するものを，次の(ア)～(オ)からすべて選び，記号をかけ。

(ア) y 個のボールの中から15個取ったときの残りのボールの個数 x

(イ) 500mの道のりを毎分 x mの速さで歩くときにかかる時間 y 分

(ウ) 1本120円の鉛筆を x 本買ったときの代金 y 円

(エ) x %の食塩水10 g と y %の食塩水20 g を混ぜて，20%の食塩水を30 g 作る

(オ) 底辺の長さが x cm，高さが y cm である三角形の面積6cm^2

(4) 右の図において，$\angle x$ の大きさを求めよ。

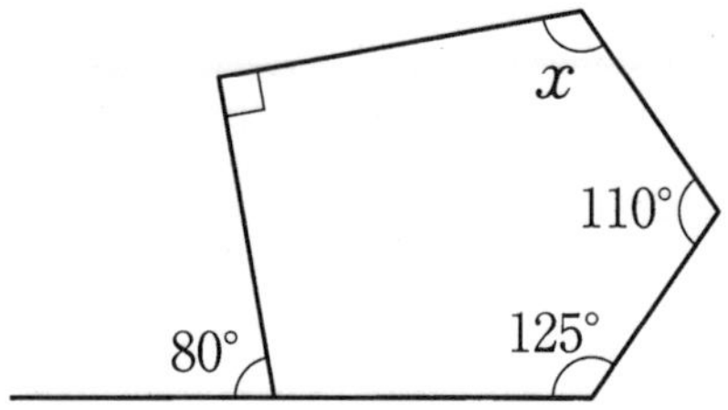

(5) n を30以下の自然数とするとき，$\sqrt{n-1}$ の値が整数となるような n の値の個数を答えよ。

(6) A, B, C, Dの４人で１回じゃんけんをするとき，１人だけが勝つ確率を求めよ。

(7) 右の図の円錐の側面積が 24π cm^2 であるとき，底面の円の円周の長さを求めよ。

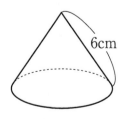

3 次の各問いに答えなさい。

Ⅰ バスケットボール部のAくんの最近の6試合におけるシュートの成功数は，

2　8　a　3　10　11（本）

であり，平均が6本である。このとき，次の各問いに答えなさい。

(1) a の値を求めよ。

(2) 次の試合のシュートの成功数まで含めて成功数の平均を1本上げたい。このとき，次の試合で何本決めればよいか。

Ⅱ 右の図において，直線AB上に点Eを作図する。ただし，四角形ABCDと三角形EBCの面積が等しくなる。このときの，Sさんと T先生の会話である。次の空欄(ア)，(イ)に適する大文字のアルファベットを答えなさい。

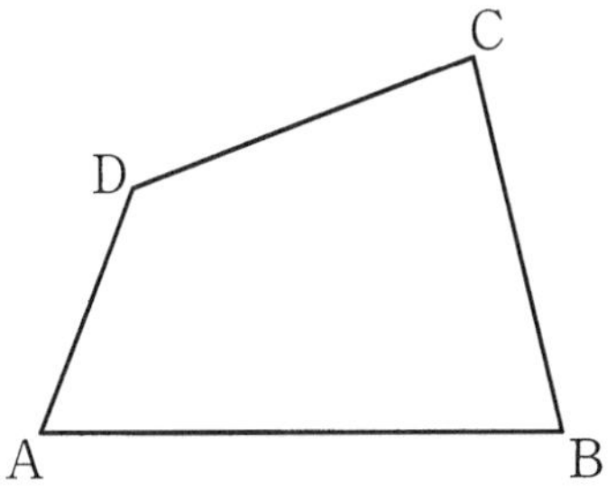

Sさん：まず，直線ABを引きます。だけど，それからどうしよう？

T先生：そうですね。それではヒントを出します。四角形のままではわかりにくいので，線分ACを引いてわかることを教えてください。

Sさん：四角形ABCDが2つの三角形ACDと三角形ABCに分かれました。

T先生：そうですね。ではその次ですが，点Eは直線ABに関して点Aの左側でも，点Bの右側でも表すことができますが，点Aの左側に作図することを目標に，もう一度考えてみましょう。

Sさん：わかりました。これからつくる三角形BCEはもとの四角形と面積が同じになるんですよね。ということは，三角形ACEと三角形 ［(ア)］ の面積が同じになるようにすればいいですね。

T先生：素晴らしいことに気づきましたね。ではそのためにどうすればよいでしょうか。

Sさん：はい。2つの三角形は辺ACが共通だから，高さが同じなら面積が同じです。だから，点Dを通り，直線 ［(イ)］ と平行な線を引き，直線ABとの交点が求める点Eですか。

T先生：その通りです。よく考えられましたね。では作図してみましょう。

4 関数 $y=x^2$ と $y=\frac{1}{2}x^2$ があり，それぞれのグラフと直線 $y=x+b$ との交点を図のように A, B, C, D とし，それぞれの x 座標は，-1，2，$1-\sqrt{5}$，$1+\sqrt{5}$ とする。
このとき，次の各問いに答えなさい。

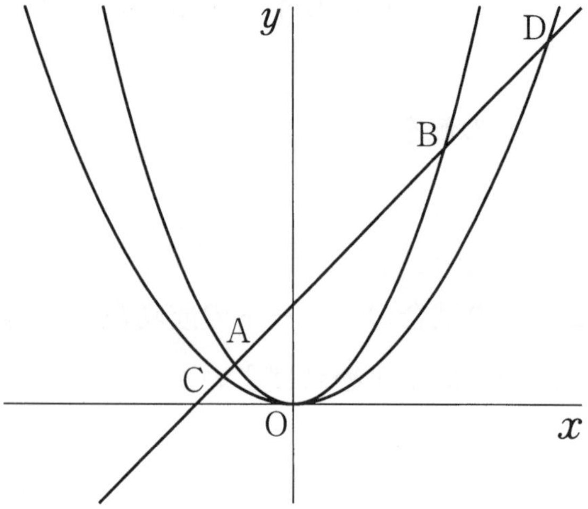

(1) b の値を求めよ。

(2) 三角形 OBC の面積を求めよ。

(3) 関数 $y=x^2$ のグラフ上を動く点を P とするとき，四角形OPACの面積が $\sqrt{5}-1$ のとき，点 P の座標を求めよ。ただし，点 P の x 座標を負とする。

5　１辺の長さが4の正三角形ABCがある。辺ACの中点をD，辺BCを４等分し，最も点Cに近い点をEとする。このとき，次の各問いに答えなさい。

(1)　DEの長さを求めよ。

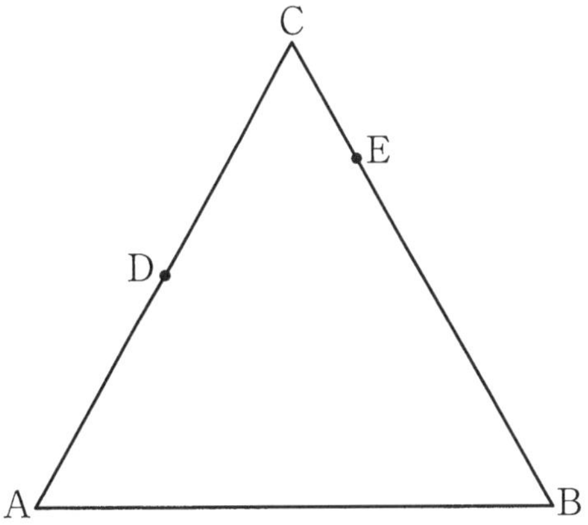

ここで，線分DEの垂直二等分線と辺ABの交点をF，線分ADの垂直二等分線と辺ABの交点をG，また，この２本の垂直二等分線の交点をHとおく。

(2)　FGの長さを求めよ。

(3)　三角形ADHの面積を求めよ。

6 1辺の長さが4である立方体ABCD－EFGHについて，次の各問いに答えなさい。

(1) 四面体 AEFH の体積を求めよ。

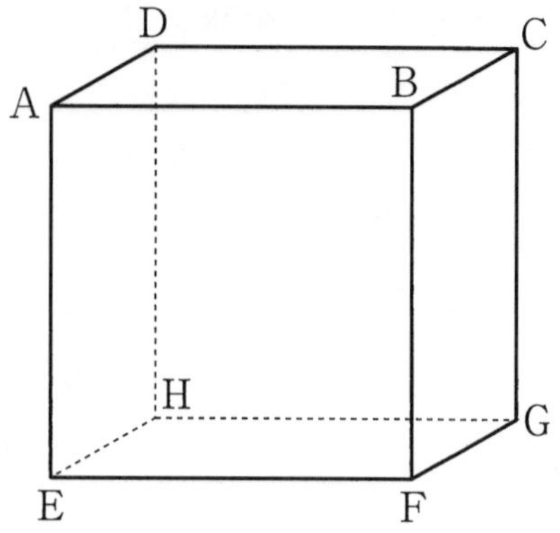

(2) 正四面体 ACFH の体積を求めよ。

(3) 正四面体 ACFH と正四面体 BDEG が共有する部分の立体の体積を求めよ。

鹿児島実業高校

令和３年度　鹿児島実業高校入試問題　英　語　（解答…201Ｐ）

1　**聞き取りテスト**　英語は２回ずつ放送します。メモをとってもかまいません。

1　これから，Akito と Emily との対話を放送します。Akito と Emily が見ている旅程表として最も適当なものを下のア～エの中から一つ選び，その記号を書きなさい。

ア

9：00	科学博物館
11：30	スカイタワー
12：30	昼食
13：30	朝日動物園

イ

9：00	科学博物館
11：30	昼食
12：30	スカイタワー
13：30	朝日動物園

ウ

9：00	朝日動物園
11：30	スカイタワー
12：30	昼食
13：30	科学博物館

エ

9：00	科学博物館
11：30	昼食
12：30	朝日動物園
13：30	スカイタワー

2　これから，Mike と母親との対話を放送します。その対話を聞いて，Mike が対話のあとにとる行動について，最も適当なものを下のア～エの中から一つ選び，その記号を書きなさい。

ア　ダイニングルームに辞書を探しに行く。

イ　テレビ台に置き忘れた辞書を取りに行く。

ウ　兄の部屋に行って，辞書を返してもらう。

エ　居間に行って，父の辞書を取ってくる。

3　これから，Ken と Amy との対話を放送します。下の英文は，その対話をした日の夜，Amy が友達の Lina に送ったＥメールの一部です。対話の内容に合うように，（ ① ），（ ② ）に英語のつづりを１語ずつ書きなさい。

> *Hi, Lina. How are you? We have the school festival next Sunday. I'm going to dance with my classmates at （ ① ） p.m. There are many other interesting programs, too. Ken and I are going to take a music lesson. They will teach us how to sing well. If you are free, why don't you join us? The lesson starts at eleven a.m. in the music room. It's next to the （ ② ） room. We can have lunch together after the lesson. I hope you can make it.*

4　これから，Yuriko の英語の授業でのスピーチを放送します。スピーチのあとに，その内容について英語で二つの質問をします。その質問に対する答えとして最も適当なものを下のア～エの中からそれぞれ一つ選び，その記号を書きなさい。

(1)　ア　Because she couldn't play basketball with her teammates.

イ　Because she couldn't see her grandmother.

ウ　Because she couldn't study English at school.

エ　Because she couldn't go out with her family.

(2)　ア　She started to learn Chinese on the radio.

イ　She started to walk with her father in the morning.

ウ　She started to help her mother to clean their house.

エ　She started to grow vegetables with her sister.

5　これから，Erika と Kevin との対話を放送します。その中で，Kevin が Erika に質問をしています。Erika に代わってあなたの答えを英文で書きなさい。英文は２文以上になってもかまいません。書く時間は１分間です。

2 次の１～５の（　　　）の中に入れるのに最も適当なものを下の**ア**～**エ**の中からそれぞれ一つ選び，その記号を書け。

1 （　　　）times have you been to Tokyo?

ア How much　　**イ** How long　　**ウ** How many　　**エ** How about

2 Which is more interesting, this book（　　　）that one?

ア and　　**イ** or　　**ウ** than　　**エ** as

3 These are pictures（　　　）by my father in Kagoshima.

ア take　　**イ** to take　　**ウ** took　　**エ** taken

4 I sat（　　　）Bill and Mike.

ア between　　**イ** among　　**ウ** in　　**エ** on

5 A：Be quiet in the library, please.

B：（　　　　　　）

ア No, thank you.　　**イ** Too bad.　　**ウ** Oh, I'm sorry.　　**エ** That sounds OK.

3 次の１～４の日本語の意味になるように，[　　　　]の中の語（句）を正しく並べかえたとき，**３番目**と**７番目**にくる語（句）の記号を書け。ただし，文頭にくる語も小文字にしてある。

1 このコップには全く水が入っていない。

[**ア** is　**イ** this　**ウ** there　**エ** water　**オ** glass　**カ** in　**キ** no].

2 彼はどこでコンサートのチケットを買えばよいか分からなかった。

He [**ア** know　**イ** bought　**ウ** where　**エ** for　**オ** didn't　**カ** the ticket　**キ** he] the concert.

3 彼らはあなたと同じくらい上手にギターを弾きます。

[**ア** you　**イ** as　**ウ** the guitar　**エ** play　**オ** as　**カ** they　**キ** well].

4 本をたくさん読むことはとても楽しい。

[**ア** many　**イ** a　**ウ** is　**エ** lot　**オ** reading　**カ** of　**キ** books] fun.

4 次の会話文を読み，下の①，②の英文が入る場所として最も適当なものを，対話文中の〈 ア 〉～〈 エ 〉の中からそれぞれ一つ選び，その記号を書け。

① I'll make it easier for you. ② That's a good idea.

Nancy : Mom. Come here. Quick!
Mother : What's the matter, Nancy?
Nancy : Look at my plant, Mom. The leaves* look yellow. It's sick. What shall I do?
Mother : When my plants look yellow, I give them some water.
(A few minutes later.)
Father : Hi, Nancy. What are you doing? 〈 ア 〉
Nancy : My plant is sick, so I'm giving it some water.
Father : 〈 イ 〉 But your plant also needs sunlight. You shouldn't leave it in such a dark place. Plants use sunlight to make food. The leaves make food for the plant. Leaves can't make food without sunlight.
Nancy : I don't understand.
Father : OK. 〈 ウ 〉 How do you feel when you don't eat?
Nancy : I feel bad.
Father : Plants are the same. They feel bad when they are hungry.
Nancy : 〈 エ 〉 Now I'm beginning to feel hungry and thirsty*.

注 leaf (leaves)：葉　thirsty：のどがかわいた

5 次の１，２の問いに答えよ。

1 次の英文を読み，文中の [①] ～ [③] に入る最も適当なものを下のア～ウの中からそれぞれ一つ選び，その記号を書け。ただし，文頭にくる語も小文字にしてある。

Plastics are very useful and used for shopping bags, bottles and other things. Plastics are now an important part of our daily lives*. However, [①].

Plastics are made from oil. They produce carbon dioxide* when they are burned*. Carbon dioxide may cause* global warming*. Also, plastics are difficult to break down. [②]. Small plastics broken down to less than* five millimeters* are called "microplastics." Microplastics stay in the bodies of fish and birds and are harmful* to ecosystems*.

People around the world are starting to try to reduce* plastic waste*. [③]. A coffee shop will stop using plastic straws*. We need to try to find new ways to reduce plastic waste.

注 daily lives：日常生活　carbon dioxide：二酸化炭素　burn：燃やす　cause：引き起こす　global warming：地球温暖化　less than：～より小さい　millimeter(s)：ミリメートル　harmful：有害な　ecosystem(s)：生態系　reduce：減らす　waste：ゴミ　straw(s)：ストロー

ア so a lot of plastic waste stays in the sea
イ a lot of plastic waste causes problems for the environment
ウ many countries ban* plastic shopping bags

注 ban：禁止する

2　次の英文を読み，あとの問いに答えよ。

Good morning, everyone. Today, I would like to talk to you about health and breakfast. Do you have breakfast every morning? I believe that eating breakfast is very important for our health. I am going to use two graphs to show you that ①it is true.

Last week, I asked my classmates two questions about breakfast. First, I asked, "How often do you eat breakfast?" Then, my classmates chose one of four answers："I always do", "I often do", "I sometimes do", and "I never do". Graph 1 shows their answers to this question. You will find that (　②　) of my classmates always eat breakfast.

Now, please look at Graph 2. I asked them, "How do you feel in the morning?" More than 50 percent of the students who eat breakfast every day feel fine. But (　②　) of the students who sometimes have breakfast don't feel well in the morning. One student said, "When I don't have breakfast, [　　　　③　　　　] because I feel hungry and can't stop thinking about something to eat. I can't wait for lunch!"

So, what do you think? I try to get up early and have breakfast every morning. When I have breakfast, I feel very good at school. I found that it is important to eat breakfast every morning to make our school lives better. I think you should eat breakfast every morning, too. Thank you for listening.

Graph 1

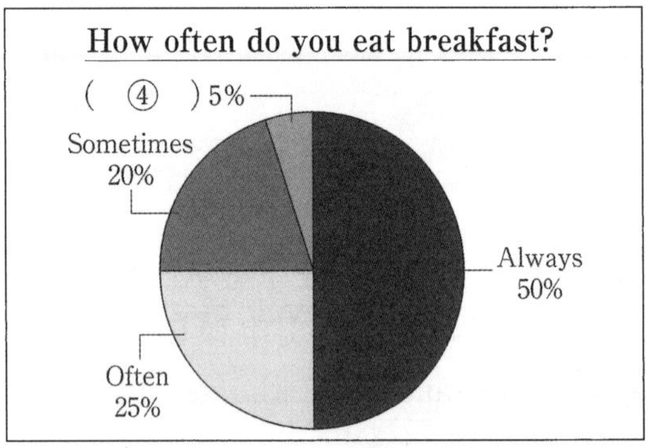

Graph 2

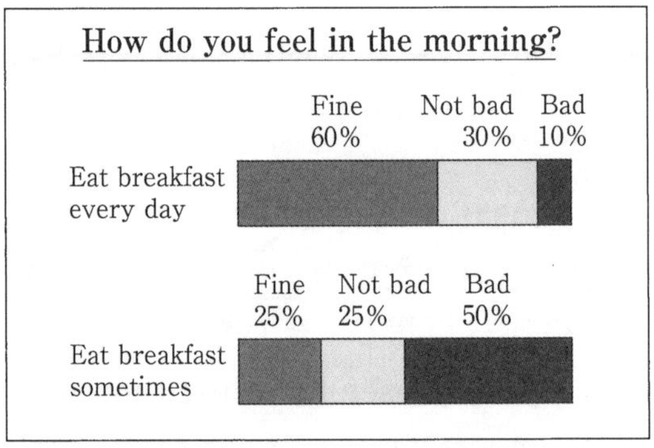

(1)　下線部①の it が指す内容を日本語で書け。

(2)　本文中の（　②　）には同じ語が入る。英単語１語で書け。

(3)　[　③　]には，ある生徒の発言が入る。その生徒に代わってあなたの答えを４語以上の英文で書け。

(4)　Graph 1 の（　④　）に入る最も適当な１語を本文中から抜き出して書け。

(5)　本文のタイトルとして最も適当なものを下の**ア**～**エ**の中から１つ選び，その記号を書け。

ア　Breakfast is the key to good grades*.

イ　Being hungry all day is bad for your study.

ウ　Getting up early is better than having breakfast.

エ　Eating breakfast leads* to better health.

注　grade(s)：成績
　　lead to ～：～につながる

6 次の英文を読み，あとの問いに答えよ。

"Now, Emil," said his mother, "get ready. Your clothes are on your bed. Get dressed*, and then we'll have dinner."

"Yes, Mother."

"Wait a minute. Have I forgotten anything? Your other clothes are in your case*. There's some food for your trip. These flowers are for your aunt*. I'll give you the money for your grandmother after dinner. No, that's all, I think."

Emil left the room and Mrs. Fisher turned to her neighbor, Mrs. Martin. "My son's going to the city for two or three weeks. At first he didn't want to go. But what can you do while school's closed? My sister has asked us again and again to visit her. I can't go, because I have so much work. Emil has never traveled alone before, but [　①　]. He'll be all right : his grandmother's going to meet him at the station."

"I think he'll enjoy the city," said Mrs. Martin. "All boys like it. There are so many things to see. I must go now, Mrs. Fisher. Goodbye."

Emil came back into the room and sat down at the table. His hair was tidy* and he was wearing his best jacket. While he ate, he watched his mother. "I mustn't eat too much," he thought. "She won't like it when I'm going away for the first time."

"Give my love to your aunt and your grandmother and your cousin Polly. ② Take care of yourself. And be good. I don't want anyone to say that you are not a polite* boy."

"I promise*."

After dinner Emil's mother went to the living room. There was a box on one of the shelves*. She took out some money and came back to the table.

"Here's seventy pounds*," she said. "Five ten-pound notes* and four five-pound notes. Give your grandmother sixty pounds. I couldn't send the money to her before. But I have worked hard and I have saved* it for her. The other ten pounds is for you. Your return trip will cost* about three pounds. Use the other seven pounds when you go out. I'll put the money in this wallet*. Now don't lose it!"

"It'll be safe there," he said.

His mother looked serious*. "You mustn't tell anyone on the train about the money."

"Of course not," said Emil.

Some people think that seventy pounds is not big money. But it was a lot of money to Emil and his mother. Emil's father was dead, so his mother worked all day. She paid for their food and clothes, and for his son's books and his school. Emil knew that his mother worked hard, ③ so he really tried to do well in class. She was always happy when he got a good grade from his teacher at the end of the year.

"Let's go now," said Mrs. Fisher. "You mustn't miss the train. If the bus comes along, we'll take it."

The bus came and Emil and his mother got on. They got off at the park in front of the station.

Mrs. Fisher bought a ticket for Emil. They only had to wait a few minutes for the train.

"Don't leave anything on the train," said Mrs. Fisher.

"I'm not a baby," said Emil.

"All right." His mother looked serious again. "You must get off at the right station in the city," she said. "It's the East Station, not the West Station. Your grandmother will be by the ticket office."

"I'll find her, Mother."

"Don't throw paper on the floor of the train when you eat your food. And don't lose the money."

Emil opened his jacket and felt in his pocket.

"Is there a seat for you?" she asked.

"Yes," said Emil.

Mrs. Fisher said, "Be good. Be nice to your cousin, Polly." Then the train moved slowly out of the station.

注 get dressed：服を着る　case：スーツケース　aunt：おば　tidy：きちんとした　polite：礼儀正しい
promise：約束する　shelf (shelves)：棚《たな》　pound(s)：ポンド（英国の通貨単位）　note(s)：紙へい
save：貯金する　cost：（費用が）かかる　wallet：財布　serious：深刻な

1　次の**ア**～**ウ**の絵は，本文のある場面を表している。話の展開に従って並べかえ，その記号を書け。

ア

イ

ウ

2　[①]に入る英文として，最も適当なものを下の**ア**～**エ**の中から一つ選び，その記号を書け。

ア　he is too young to go to the city alone　　**イ**　I will take Emil to the city
ウ　he is old enough now　　**エ**　I can go to the city with him

3　下線部②の日本語の意味として，最も適当なものを下の**ア**～**エ**の中から一つ選び，その記号を書け。

ア　必ずお手伝いをしなさい。　　**イ**　自分のことは自分でしなさい。
ウ　いとこのポリーとは仲良くね。　　**エ**　時には自分を振り返りなさい。

4　下線部③の理由を30字程度の日本語で書け。

5　本文の内容に合っているものを下の**ア**～**オ**の中から二つ選び，その記号を書け。

ア　Emil didn't want to see his cousin Polly at first.
イ　Emil's mother worked hard and saved the money for his grandmother.
ウ　Emil's mother told Emil to get off at the West Station.
エ　Emil checked the money inside the pocket of his jacket.
オ　Emil's cousin, Polly, would be by the ticket office to meet Emil.

試験問題は以上です。次のページは試験監督者の指示があった場合のみ解答しなさい。

令和３年度　鹿児島実業高校入試問題　社　会　　（解答…204Ｐ）

１　世界地理に関して，後の問いに答えよ。

略地図

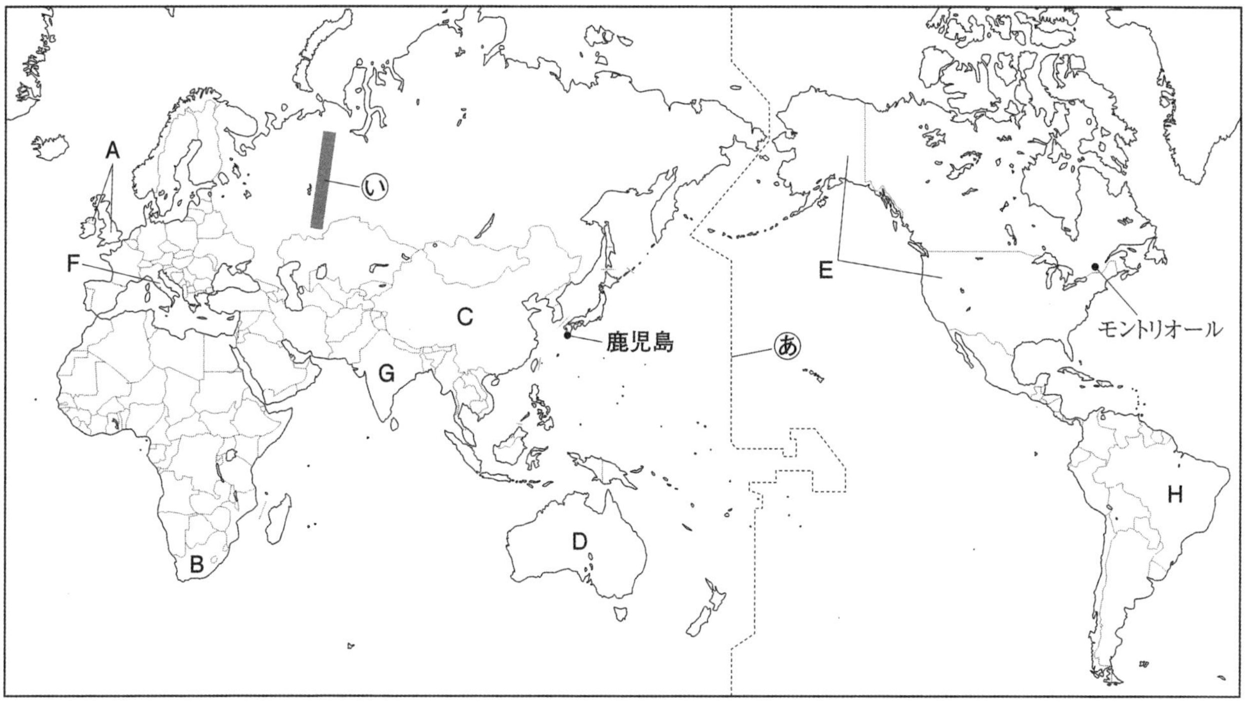

問１　**略地図**中のあの点線を何というか，**漢字５文字**で答えよ。

問２　**略地図**中のいの山脈はロシア連邦西部を南北に走り，ヨーロッパとアジアとの境界線となっている。この山脈を何というか，答えよ。

問３　**略地図**中の鹿児島が１月28日午前６時の時，モントリオールは１月何日の何時か。適当なものを次の**ア**～**カ**から選べ。（鹿児島の標準時は東経135度の経線，モントリオールの標準時は西経75度の経線）

ア　１月27日午前４時　　**イ**　１月27日午後４時　　**ウ**　１月27日午後８時
エ　１月28日午前０時　　**オ**　１月28日午前10時　　**カ**　１月28日午後４時

問４　**略地図**中の**Ａ**～**Ｅ**の５ヵ国について，それぞれの国の特徴について述べたものである。**Ｄ**に該当するものを次の**ア**～**オ**から選べ。

ア　北緯37度付近から南に位置する地域では情報技術産業が発達している。
イ　プラチナやクロムの鉱産資源の産出量が世界で最も多い。
ウ　18世紀後半から世界に先がけて，鉄鋼業や機械工業などが発達した。
エ　沿岸部に経済特区を設け工業化を進めた結果，内陸部との格差が拡大した。
オ　1960年には輸出品の約４割が羊毛であったが，現在は石炭・鉄鉱石などの割合が高い。

問５　**略地図**中の**Ｆ**国の地中海沿岸では，夏は高温で乾燥し，冬は温暖で雨が多い気候をいかした農業形態が見られる。この農業の特徴として，適当なものを次の**ア**～**エ**から選べ。

ア　オリーブや小麦を栽培し，羊ややぎを飼育する。
イ　ライ麦や小麦といった穀物を栽培し，牛や豚を飼育する。
ウ　ビニールハウスや温室を利用し，野菜や花などを生産する。
エ　乳牛を飼育し，生乳やチーズを生産する。

問６　南半球に存在しない気候帯を次の**ア**～**オ**から選べ。

ア　熱帯　　**イ**　乾燥帯　　**ウ**　温帯　　**エ**　冷帯（亜寒帯）　　**オ**　寒帯

問7　**略地図**中の**G**国では人口の約８割の人々が，ある宗教を信仰している。この宗教を信仰する人々の特徴として適当なものを次の**ア**〜**エ**から選べ。

ア　嘆《なげ》きの壁の前でいのりをささげる。　**イ**　日曜日は教会へ行き，いのりをささげる。
ウ　ガンジス川などで沐浴《もくよく》をして，身を清める。　**エ**　カーバ神殿にむかって，１日５回いのる。

問8　**略地図**中の**H**国の人々が主に使用している言語は何か，答えよ。

問9　**資料１**の**X**・**Y**・**Z**はインドネシア・マレーシア・タイのいずれかである。正しい組み合わせを次の**ア**〜**カ**から選べ。

資料１

国名	人　口 （千人）	一人あたり ＧＮＩ（ドル）	米の生産量 （千ｔ）	パーム油生産量 （千ｔ）	天然ゴム生産量 （千ｔ）
X	270,626	3,725	81,382	29,274	3,486
Y	69,626	6,289	33,383	1,854	5,145
Z	31,950	9,684	2,902	19,667	603

（世界国勢図会2019／20年）

	ア	イ	ウ	エ	オ	カ
X	インドネシア	インドネシア	マレーシア	タイ	マレーシア	タイ
Y	マレーシア	タイ	インドネシア	インドネシア	タイ	マレーシア
Z	タイ	マレーシア	タイ	マレーシア	インドネシア	インドネシア

2　日本地理に関して，後の問いに答えよ。

略地図

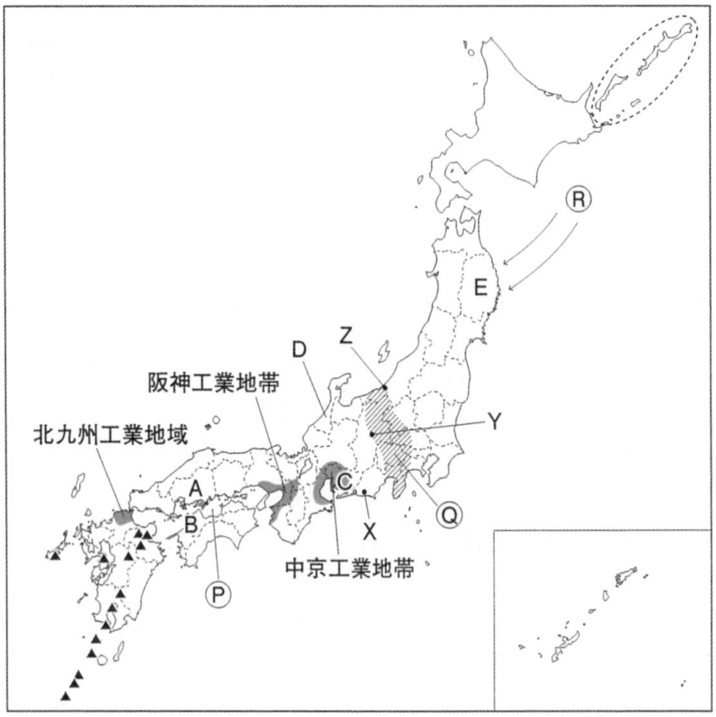

資料１

南部鉄器《なんぶてっき》

問1　**略地図**中の**A**〜**E**の各県のうち県庁所在地と県名が一致するものがある。その県庁所在地名は何か，**漢字**で答えよ。

問2　**資料１**の南部鉄器《なんぶてっき》は伝統的工芸品である。**略地図**中の**A**〜**E**の各県の中で，この伝統的工芸品が伝統産業として受け継がれているのはどの県か記号で答えよ。

問３　前ページの**略地図**中の▲は九州地方の主な火山分布である。次の文の［　　　　］に当てはまる語句は何か，答えよ。

> 火山活動は時に災害を引き起こす。一方で特有の地形や美しい景色，温泉などをつくり，観光地や観光資源になっている。また，火山の蒸気を利用した［　　　　］発電など，私たちにさまざまな恵みをもたらしている。

問４　**資料２**のⓐ～ⓒは前ページの**略地図**中にある工業地帯・地域の工業生産額を示している。正しい組み合わせを次の**ア**～**カ**から選べ。

資料２

	ⓐ	ⓑ	ⓒ
工業生産額（兆円）	32.1	9.2	57.1
金　属（%）	20.3	16.6	9.3
機　械（%）	37.1	43.8	68.2
化　学（%）	21.0	9.5	10.8
食料品（%）	11.1	17.3	4.9
せんい（%）	1.3	0.6	0.9
その他（%）	9.2	12.2	5.9

「経済センサス」平成28年ほか

	ア	**イ**	**ウ**	**エ**	**オ**	**カ**
北九州工業地域	ⓐ	ⓐ	ⓑ	ⓒ	ⓑ	ⓒ
阪神工業地帯	ⓑ	ⓒ	ⓐ	ⓐ	ⓒ	ⓑ
中京工業地帯	ⓒ	ⓑ	ⓒ	ⓑ	ⓐ	ⓐ

問５　前ページの**略地図**中のⓅではたまごからふ化させて稚魚《ちぎょ》，稚貝《ちがい》をある程度まで育てたあと，自然の海や川に放す漁業を行っている。このような漁業を何というか，答えよ。

問６　**資料３**のⓗ～ⓙの雨温図は，前ページの**略地図**中の都市**Ｘ**～**Ｚ**のいずれかの雨温図を示している。正しい組み合わせを次の**ア**～**カ**から選べ。

資料３

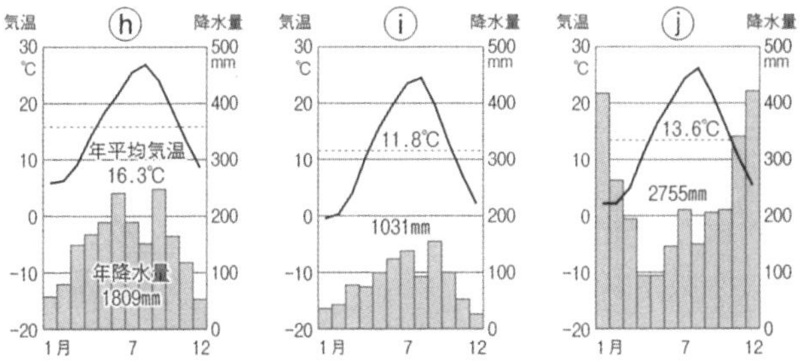

	ア	**イ**	**ウ**	**エ**	**オ**	**カ**
ⓗ	X	X	Y	Z	Y	Z
ⓘ	Y	Z	X	X	Z	Y
ⓙ	Z	Y	Z	Y	X	X

（「理科年表」平成26年）

問７　前ページの**略地図**中のⓆで示した斜線は新潟県糸魚川《いといがわ》市と静岡県静岡市をおおよそ結ぶ線を西端《せいたん》としたみぞ状の地形である。この地形を何というか，**カタカナ**で答えよ。

問８　前ページの**略地図**中のⓇで示している風の内容について，適当なものを次の**ア**～**エ**から選べ。

ア　冬にふく暖かい風で，気温が下がらず作物の収穫量が減る。
イ　冬にふく冷たい風で，作物の出荷時期が遅れる。
ウ　夏にふく暖かい風で，作物の出荷時期が早まる。
エ　夏にふく冷たい風で，気温が上がらず作物の収穫量が減る。

問９　前ページの**略地図**中にある　　　の部分について述べた次の文の［　　　　］に当てはまる島名は何か，答えよ。

> 　　　で囲まれた歯舞群島《はぼまいぐんとう》・色丹島《しこたんとう》・国後島《くなしりとう》・［　　　　］島《とう》は日本の固有の領土であり，ロシア連邦に返還を求めている区域である。

3 次は，ある中学生が住居についてまとめた**A**～**D**のカードと，生徒と先生の会話である。後の問いに答えよ。

A 竪穴住居

地面を深さ50cmほど掘り下げた床に柱を立て，草や木の枝で屋根をふきおろした住居。縄文時代から奈良時代の一般住居。

B ［ ① ］

③平安時代の貴族の住宅。部屋は板の間で，間仕切りがほとんどなく，屏風《びょうぶ》などで仕切られた。

C ［ ② ］

④室町時代後期に成立した武家住宅の建築様式。禅宗の寺院の建築様式を取り入れ，畳を敷いて床の間を設けた。

D 棟割《むねわり》長屋

⑤江戸時代の町人の住居。一つの屋根の下を数軒の住居に仕切ってある。

生徒　家で過ごす機会がふえたので，日本の住居の変遷について調べてみました。竪穴住居は奈良時代まで使われていたのには驚きました。

先生　⑥大陸との交流が盛んになり，奈良時代になると平城宮の様な宮殿もつくられました。しかし，長野県平出《ひらいで》遺跡で発見されたように，地方の人々は竪穴住居に住んでいたようです。

生徒　（Cのカードの）［ ② ］はその後どのようなところで使われていますか？

先生　⑦16世紀以降に作られた大坂城や二条城の広間に使われています。はなやかな色彩の屏風絵やふすま絵，精巧な彫り物で飾られました。

問１　［ ① ］，［ ② ］にあてはまる語句は何か，それぞれ**漢字３字**で答えよ。

問２　下線部③に関連して，９世紀末に中国との国交がとだえたが，その時の王朝として適当なものを次の**ア**～**エ**から選べ。

ア 隋　　**イ** 唐　　**ウ** 元　　**エ** 明

資料１

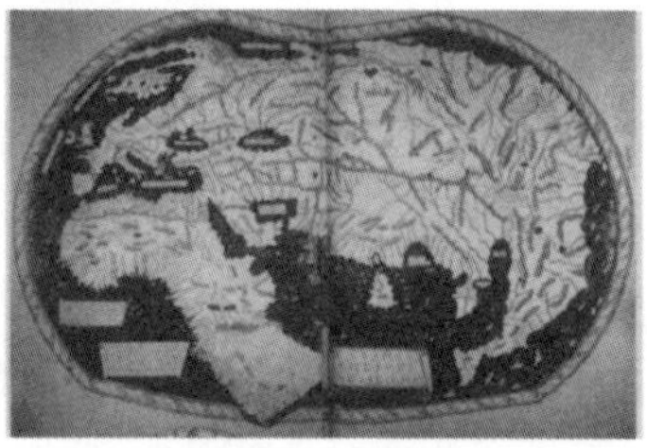

問３　下線部④に関連して，右の**資料１**は同時代にヨーロッパで作られた世界地図である。このように地球が球体であることを信じて，インドを目指し大西洋を横断して，1492年アメリカ大陸付近の島に到達した人物は誰か，答えよ。

問４　下線部④に関連して，14世紀に起きたこととして適当なものを次の**ア**～**エ**から選べ。

ア　中山の王となった尚氏は，北山，南山の勢力を滅ぼして琉球王国を建てた。

イ　アイヌ民族は，首長コシャマインを指導者として立ち上がったが，敗れた。

ウ　高麗が起こり，朝鮮半島を統一した。

エ　京都方の北朝と吉野方の南朝が並び立つ南北朝時代が終結した。

問５　下線部⑤に関連して，**資料２**に代表される江戸の町人の好みを反映して生まれた文化を何というか，答えよ。

問６　下線部⑤に関連して，寛政の改革の内容について**適当でないもの**を次の**ア**～**エ**から選べ。

資料２

ア　江戸の物価高騰を抑制するために株仲間を解散させる法令を出した。

イ　旗本や御家人の生活苦を救うため，借金を帳消しにする棄捐《きえん》令を出した。

ウ　凶作に備えて村ごとに米を備えさせた。

エ　朱子学を重んじ，湯島聖堂の学問所で人材の育成に努めた。

問７　下線部⑥に関連して，５世紀後半，渡来人によって伝えられ，高温で焼くためかたく黒っぽい土器で，主に祭祀や副葬品に使われたものは何か，答えよ。

問８　下線部⑦に関連して，織田信長が近江に築いた５層の天守をもつ城は何か，答えよ。

4 次の年表を見て，後の問いに答えよ。

年	主な出来事	
1873	① が出される	
1890	教育勅語が出される	
1900	②8ヵ国連合軍が中国に出兵する	
1904	③日露戦争が始まる	
1914	第一次世界大戦勃発	
1918	④「十四か条の平和原則」を発表	X
1929	⑤世界恐慌がおきる	
1936	⑥ が起こる	
1947	教育基本法が制定される	
1972	日中の国交正常化	Y
1979	米中の国交正常化	
1986	ソ連で⑦「ペレストロイカ」が始まる	

資料1

…およそ天地の間にあるもので一つとして税のかからないものはない。その税を国家の経費にあてる。したがって人間たるものは，当然身も心もささげて，国に報いなければならない。欧米人はこれを血税という。人間の生きた血で，国に奉仕するという意味である。
…だから今，欧米の長所を取り入れて古来の軍制を補い，…全国の国民で男子二十歳になった者は，全て兵籍に編入し，国家の危急に備えるべきである。

問1　右上の**資料1**は ① の前に出された布告である。 ① に当てはまる語句は何か，答えよ。

問2　下線部②に関連して，列強の中国進出に反対して1899年に宗教結社が中心となって起こした民衆反乱は何か，答えよ。

問3　年表中**X**の期間で実施された教育改革について適当なものを次の**ア**～**エ**から選べ。
ア　学制の発布　　**イ**　義務教育６年に延長　　**ウ**　学校令の制定　　**エ**　国立大学の創設

問4　下線部③に関連して，日露戦争に反対した人物を次の**ア**～**エ**から選べ。
ア　桂太郎　　**イ**　山県有朋　　**ウ**　幸徳秋水　　**エ**　福沢諭吉

問5　下線部④に関連して，「十四か条の平和原則」を発表したアメリカの大統領は誰か，答えよ。

問6　下線部⑤に関連して，**略地図**中の［網掛け部分］は，ある国と植民地が貿易を拡大しながら，他国の商品をしめ出すことでつくり出した経済圏を示している。ある国とは何か，答えよ。

略地図

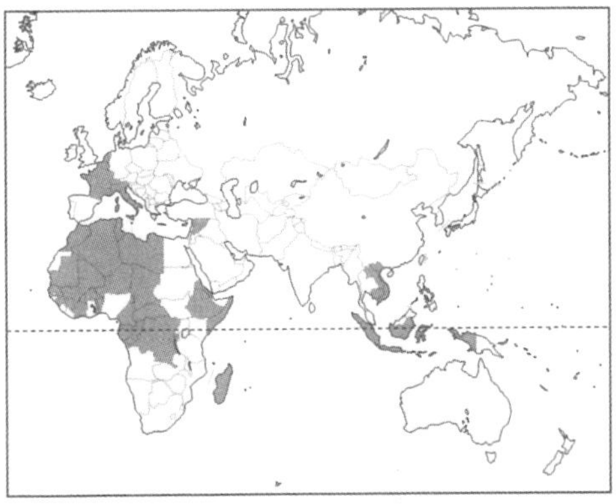

問7　右下の**資料2**は ⑥ の事件の最中に出されたものである。 ⑥ にあてはまる文章として適当なものを次の**ア**～**エ**から選べ。
ア　政党内閣時代の終わりを告げる二・二六事件
イ　政党内閣時代の終わりを告げる五・一五事件
ウ　軍部の発言力を強める二・二六事件
エ　軍部の発言力を強める五・一五事件

資料2

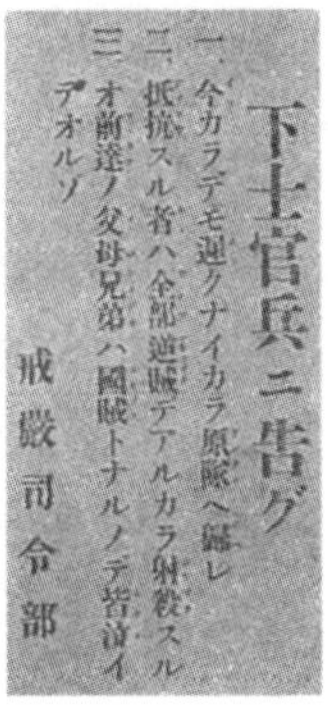
下士官兵ニ告グ
一、今カラデモ遅クナイカラ原隊ヘ帰レ
二、抵抗スル者ハ全部逆賊デアルカラ射殺スル
三、オ前達ノ父母兄弟ハ國賊トナルノデ皆泣イテオルゾ
戒厳司令部

注：資料の一部を加工しています

問8　年表中**Y**の期間でおこった出来事として適当なものを次の**ア**～**エ**から選べ。
ア　イラン・イラク戦争　　**イ**　朝鮮戦争
ウ　自衛隊の設置　　**エ**　第四次中東戦争

問9　下線部⑦に関連して，「ペレストロイカ」以降におきた次の出来事を年代の古い順に並べ，記号で答えよ。
ア　アメリカ同時多発テロ　　**イ**　ベルリンの壁崩壊
ウ　ソビエト社会主義共和国連邦解体　　**エ**　阪神・淡路大震災

5 2020年の出来事に関する表をみて，後の問いに答えよ。

1月	トヨタ①静岡県に「実証都市」建設へ
2月	トランプ大統領（当時）の弾劾②裁判で無罪評決
3月	③記録的な暖冬　日本の月平均気温が過去最高に ④東京オリンピック・パラリンピックが延期へ
4月	⑤布マスク不良品問題で納入した４社の名前を公表 原油先物⑥価格が初のマイナスに
5月	⑦無人宇宙輸送船「こうのとり」最後の打ち上げ
6月	⑧第201回通常国会が閉会
7月	⑨鹿児島県知事に塩田康一氏，初当選
8月	⑩総理大臣の在任期間が過去最長に ４－６月期の⑪ＧＤＰが年率換算でマイナス27.8％と発表
9月	⑫国連創設75周年　国際協調宣言を採択
10月	⑬核兵器禁止条約の2021年発効が決定

問１　下線部①に関して，地方公共団体の財源の確保について述べた文として適当なものを，次の**ア**～**エ**から選べ。

ア　地方交付税交付金は，地方公共団体の間の財政格差をおさえるための依存財源である。
イ　国庫支出金は，事業税や自動車税などからなる自主財源である。
ウ　地方税は，道路整備など特定の費用の一部について国が負担する依存財源である。
エ　地方債は，地方自治体の借金であり自主財源である。

問２　下線部②に関して，**資料１**は日本において裁判が行われる法廷の様子を示したものである。これは民事裁判，刑事裁判のどちらの法廷の様子を示したものか答え，そのように判断した理由を１つ答えよ。

資料１

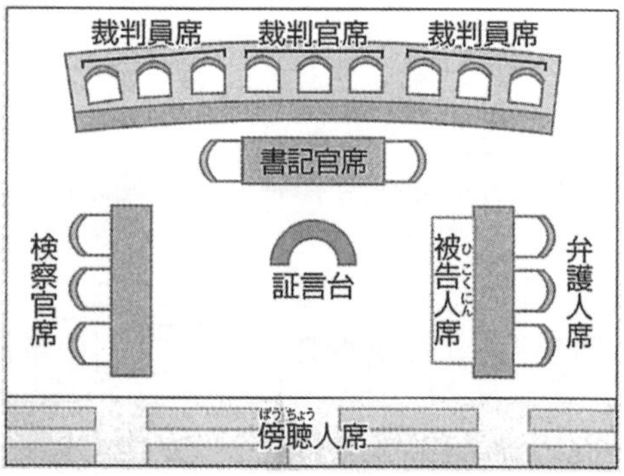

問３　下線部③に関して，大気中の温室効果ガスを増加させる要因となる石油や石炭，天然ガスなどのエネルギー資源をまとめて何というか。**漢字４字**で答えよ。

問４　下線部④に関して，下の文は1964年の東京オリンピックを含む時期の文章である。□に適する語を**漢字６字**で答えよ。

> 日本では1955年から□が始まり，テレビなどの電化製品が普及するなど，国民の生活水準が高まった。しかし，1973年に原油価格が引き上げられて□は終わった。

問５　下線部⑤に関して，訪問販売や電話勧誘などで商品を購入した場合に，購入後８日以内であれば，**資料２**のような書面を送付することで消費者側から無条件で契約を解除できる。このような消費者保護の仕組みを何というか答えよ。

資料２

通知書

私は、令和〇〇年〇月〇日に、貴社のセールスマン〇〇〇氏にすすめられて、左記の契約をしましたが、都合により解約します。支払済の金〇〇円をただちに返金してください。

記

一、商品名　〇〇〇
二、代金　金〇〇〇円
（契約書番号　〇〇〇〇）

令和〇〇年〇月〇日
住所
氏名　印

内容証明書用紙

宛先住所
〇〇株式会社
代表取締役　〇〇〇〇　殿

問6　下線部⑥に関して，市場において，多くの財やサービスの需要量が供給量を上回るとき物価が上がり続ける現象を何というか答えよ。

問7　下線部⑦に関して，宇宙産業に関する技術は中小企業の技術も使われている。**資料3**の**ア～ウ**は，2017年における製造業の事業所数，出荷額，従業者数のいずれかについて，大企業と中小企業の割合を表したものである。事業所数にあたるものを右の**ア～ウ**から選べ。

資料3

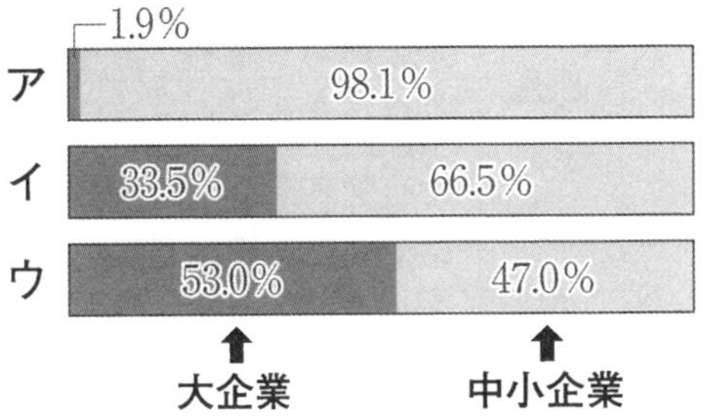

『工業統計調査』

問8　下線部⑧に関して，国会が行う仕事として**適当でないもの**を次の**ア～エ**から選べ。
ア　憲法改正の発議　　**イ**　条約の承認　　**ウ**　法律の制定　　**エ**　最高裁判所長官の指名

問9　下線部⑨に関して，**資料4**は公職選挙法による選挙権と被選挙権を得る年齢をまとめたものである。空欄に当てはまる数字の組み合わせを**ア～カ**から選べ。

資料4

	選挙権	被選挙権
衆議院	満18歳以上	満（　b　）歳以上
参議院	満18歳以上	満30歳以上
都道府県知事	満（　a　）歳以上	満（　c　）歳以上

ア　a　20　　b　30　　c　25　　　**イ**　a　20　　b　25　　c　25
ウ　a　20　　b　25　　c　30　　　**エ**　a　18　　b　25　　c　30
オ　a　18　　b　30　　c　30　　　**カ**　a　18　　b　25　　c　25

問10　下線部⑩に関して，この年8月に総理大臣が辞任し9月に新総理大臣が誕生した。2人の組み合わせとして正しいものを**ア～エ**から選べ。
ア　安部晋三　　菅義偉　　　**イ**　安倍晋三　　管義偉
ウ　安倍晋三　　菅義偉　　　**エ**　安部晋三　　管義偉

問11　下線部⑪に関して，次の文章にあてはまる語の組み合わせとして正しいものを，次の**ア～エ**から選べ。

> 政府は不景気の時は公共投資を①（a　増やして・b　減らして），民間企業の仕事を増やし，②（a　減税・b　増税）を行い，企業や家計の資金を増やすことで景気を上向きにする。

ア　①　a　　②　a　　　**イ**　①　a　　②　b
ウ　①　b　　②　a　　　**エ**　①　b　　②　b

問12　下線部⑫に関して，国際連合の主な専門機関や関連機関について述べた文として適当なものを次の**ア～エ**から選べ。
ア　UNESCO は子どもに必要とされる栄養や医療の提供を目的としている。
イ　WHO は世界各地で発生する難民の保護を目的としている。
ウ　UNICEF は世界遺産などの文化財の保護や，識字教育などの活動をしている。
エ　ILO は労働者の権利の保障や労働条件の改善を主たる目的としている。

問13　下線部⑬に関して，**資料5**は主な人権条約である。日本が批准《ひじゅん》していない条約を右の**ア～オ**から2つ選べ。

資料5

ア	国際人権規約
イ	女子差別撤廃条約
ウ	子どもの権利条約
エ	死刑廃止条約
オ	核兵器禁止条約

令和３年度　鹿児島実業高校入試問題　理　科

（解答…206Ｐ）

1　次の文は，体育大会前日の学校の帰り道でのＫさんとＳさんの会話である。会話文を読み，次の各問いに答えなさい。答えを選ぶ問いについては記号で答えなさい。

Ｋ「今日の体育大会の練習疲れたけど，楽しかったね。」

Ｓ「そうだね。でも，僕は徒競走《ときょうそう》の練習の時，①ピストルの音を聞いて走り出すのがいつも遅れてしまうんだ。明日こそは頑張るよ。」

Ｋ「僕もそうだよ。頑張ろう。そういえば，昨日のモーターをつくる実験，おもしろかったね。」

Ｓ「そうだね。モーターは②磁界《じかい》から電流が受ける力を利用して回転していることが分かって，とても興味深かった。」

Ｋ「あっ！足元に気をつけて。昨日降った雨が，コンクリートの上にまだ残っているよ。」

Ｓ「ありがとう。③朝より水たまりの大きさが小さくなっているね。」

Ｋ「本当だね。ところで，明日の天気はどうかな。」

Ｓ「④インターネットで明日の天気を調べてみよう。」

問１．下線部①は意識《いしき》して起こる反応である。

⑴　下線部①に対して，無意識《むいしき》のうちに起こる反応を何というか。

⑵　意識して起こる反応と無意識のうちに起こる反応では，刺激を受け取ってから筋肉が反応するまでの信号の伝わり方にどのような違いがあるか述べよ。

問２．次の文は，下線部②について述べたものである。

図１のように，導線《どうせん》につないだ軽い金属棒（**図１**の**ａｂ**）をＵ字形磁石の中に水平につるした。**図２**は**図１**のＵ字形磁石を横から見たものである。電流を流して金属棒にどのような力がはたらくか調べたところ，**ａｂ**方向の**ｂ**側から見て**図２**の矢印の向きに力がはたらくことが分かった。

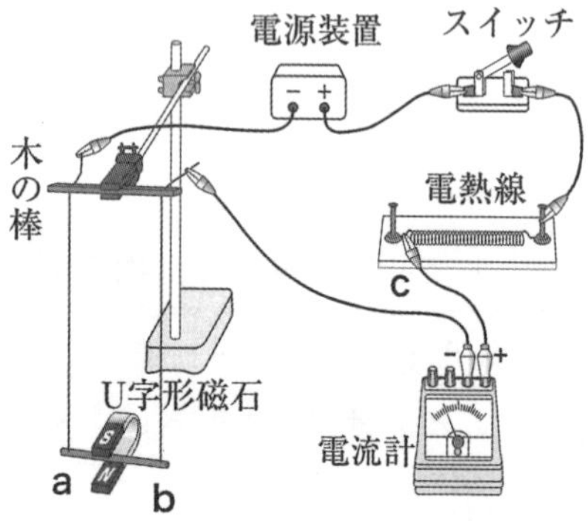

図１

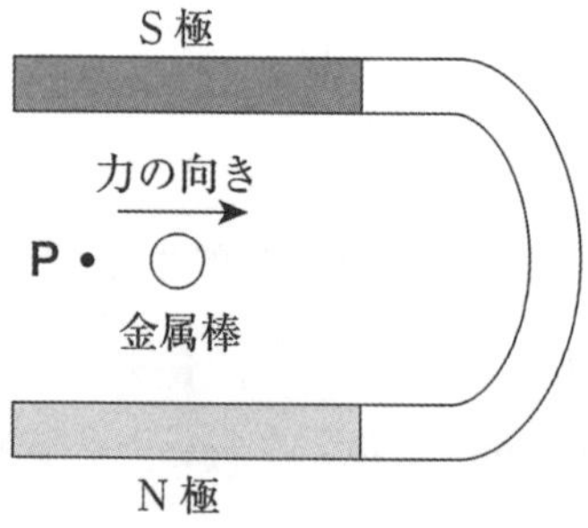

図２

⑴　**図２**の点**Ｐ**におけるＵ字形磁石と金属棒を流れる電流がつくる磁界の向きの組み合わせとして正しいものを，次のア～エの中から１つ選べ。

	Ｕ字形磁石	金属棒を流れる電流
ア	上向き	上向き
イ	下向き	下向き
ウ	下向き	上向き
エ	上向き	下向き

⑵　**図１**のクリップ**ｃ**を電熱線の中央につなぎかえてから電流を流した。このとき，金属棒にはたらく力の大きさは，つなぎかえる前にくらべてどうなるか。

問３．下線部③について，水たまりが小さくなったのは，水が水蒸気に状態変化《じょうたいへんか》して空気中に出ていったからである。

(1) このときの状態変化を何というか。

(2) 水が水蒸気に変化するとき,「密度《みつど》」と「水分子」の変化について正しく説明しているものはどれか。次のア～エの中から１つ選べ。

ア．密度も，水分子そのものも変化しない。
イ．密度は変化し，水分子も変化して原子になる。
ウ．密度は変化しないが，水分子は変化して原子になる。
エ．密度は変化するが，水分子そのものは変化しない。

問４．下線部④について，**図３**は，インターネットで見た体育大会当日の午前９時の予想天気図である。この天気図には，九州の西の海上に移動性高気圧《いどうせいこうきあつ》がある。

(1) **図３**の**A**は，南のあたたかい海の上で発生した。**A**の名称を漢字２字で書け。

(2) この天気図から，体育大会当日の鹿児島市の日中の天気はどうなると予想されるか。最も適当なものを，次のア～エの中から１つ選べ。

ア．広い範囲《はんい》にわたって積乱雲《せきらんうん》が発生し，激しい雨と風になる。
イ．雲が広がり，冷たく乾燥《かんそう》した強風が吹く。
ウ．おだやかに晴れる。
エ．晴れるが，南からの風により気温・湿度《しつど》ともに高くなり，にわか雨が降りやすくなる。

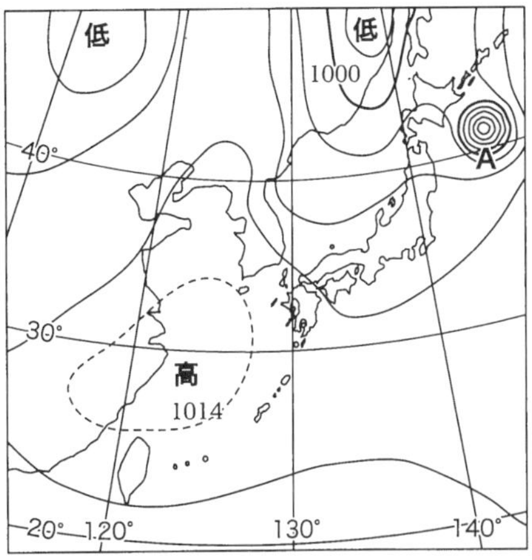

図３

2 次のⅠ，Ⅱについて各問いに答えなさい。答えを選ぶ問いについては記号で答えなさい。

Ⅰ **図４**は，ヒトの消化《しょうか》にかかわる器官を模式的《もしきてき》に示したものである。また，**図５**は，小腸の柔毛《じゅうもう》とその断面《だんめん》を拡大したものを模式的に示したものである。

問１．消化管にふくまれる器官を，**図４**の**A**～**G**の中からすべて選べ。

問２．だ液中にふくまれ，デンプンを分解する消化酵素《こうそ》を何というか。

問３．タンパク質は，どの器官の消化酵素で分解されるか。**図４**の**A**～**G**の中からすべて選べ。

問４．**図５**のように，小腸のかべにひだや柔毛があることで，消化された栄養分が効率よく吸収されるのはなぜか。

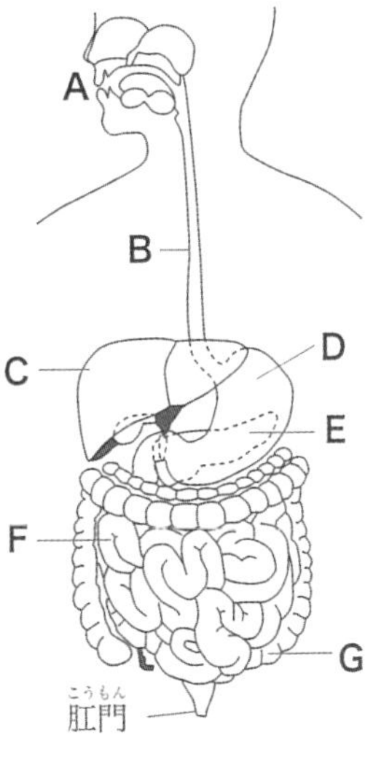

図４

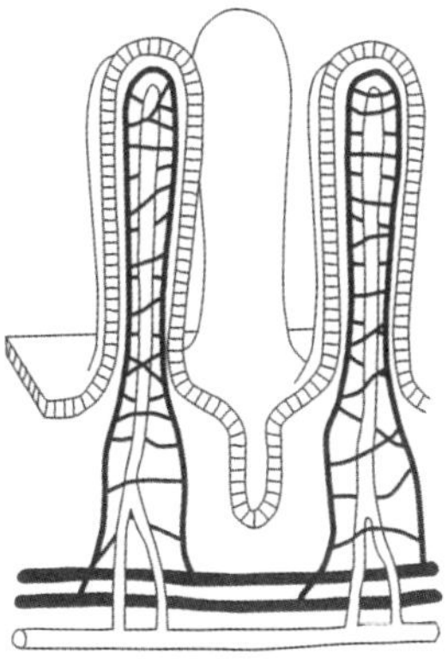

図５

Ⅱ　**図6**は，ヒトの心臓と血管の循環経路《じゅんかんけいろ》を模式的に示したものである。また，**図7**はメダカの尾びれの血管を顕微鏡《けんびきょう》で観察したときのスケッチである。

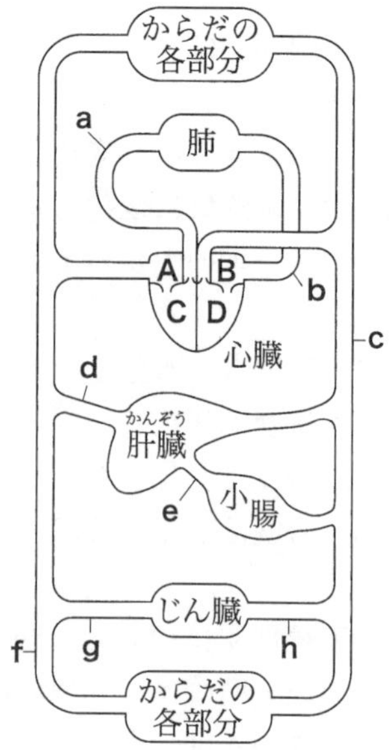

図6

問5．心臓の**A**の部屋を何というか。

問6．動脈血《どうみゃくけつ》が流れている静脈《じょうみゃく》はどれか。**図6**の**a**～**h**の中から1つ選べ。

問7．心臓の**B**の部屋にある血液が，再び**B**の部屋にもどるまでに，心臓の4つの部屋をどのような順序で通るか。血液が通る順に**A**，**C**，**D**を並べよ。

問8．**図7**の**X**は赤い色素タンパク質をふくむ血球である。**X**のはたらきを書け。

問9．観察中にメダカが死なないようにするためには，どのようにすればよいか。方法を1つ書け。

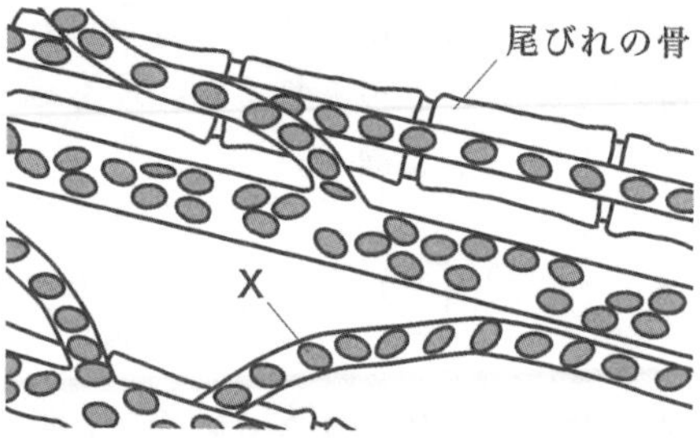

図7

3　次のⅠ，Ⅱについて各問いに答えなさい。答えを選ぶ問いについては記号で答えなさい。

Ⅰ　**図8**は，地震《じしん》計のしくみを示したものである。また，**図9**は，ある地震を震源《しんげん》から140km 離れた地点にある地震計で記録したものである。

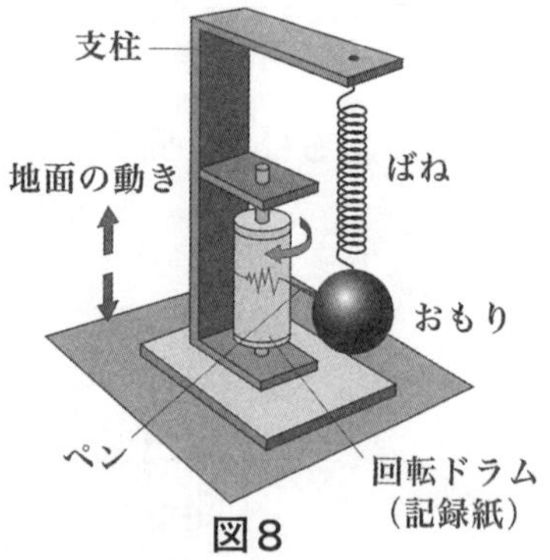

図8

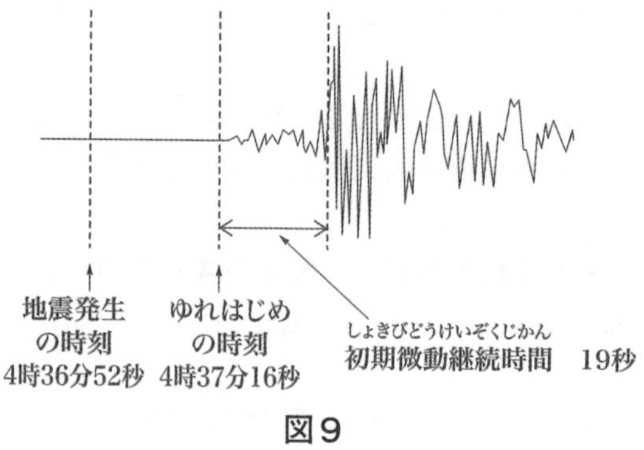

図9

問1．地震計は，物体がもつ慣性《かんせい》を利用して地震のゆれを記録する装置である。次の文の［ a ］，［ b ］にあてはまる言葉の組み合わせとして正しいものを，次のア～エの中から1つ選べ。

慣性とは，物体がその［ a ］を保ち続けようとする性質のことであり，このため，地震でゆれても**図8**の地震計の［ b ］は動かないので，地震のゆれを記録することができる。

	ア	イ	ウ	エ
a	運動の状態	運動の状態	形と大きさ	形と大きさ
b	回転ドラム	おもりとペン	回転ドラム	おもりとペン

問２．**図９**の地震計の記録から，地震の波には伝わる速さのちがう２つの波があることがわかる。
(1)　おそいほうの波による大きなゆれを何というか。
(2)　おそいほうの波の伝わる速さは何 km/s か。小数第１位まで答えよ。

問３．日本列島の太平洋側で起こる大地震はプレートの動きと関係があると考えられている。このような大地震が起こるしくみの説明として最も適当なものを，次のア～エの中から１つ選べ。

ア．海洋プレートが大陸プレートの下にもぐりこむときに，引きずりこまれた大陸プレートがゆがみにたえきれなくなり，反発して地震が起こる。
イ．海洋プレートが大陸プレートの下にもぐりこむときに，もぐりこんだ海洋プレートがゆがみにたえきれなくなり，反発して地震が起こる。
ウ．大陸プレートが海洋プレートの下にもぐりこむときに，引きずりこまれた海洋プレートがゆがみにたえきれなくなり，反発して地震が起こる。
エ．大陸プレートが海洋プレートの下にもぐりこむときに，もぐりこんだ大陸プレートがゆがみにたえきれなくなり，反発して地震が起こる。

Ⅱ　ある場所で，春分《しゅんぶん》・夏至《げし》・冬至《とうじ》の日の太陽の動きを観測した。**図10**の**A**，**B**，**C**はそのときの太陽の動きを１時間ごとに点を打って透明《とうめい》半球上に記録し，なめらかな線で結んだものである。また，**図10**の**X**は8：00に記録した点であり，**Y**は12：00に記録した点である。

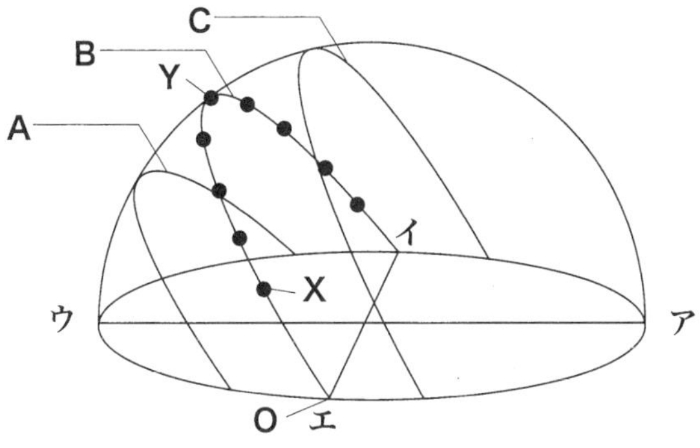

図10

問４．**図10**において北はどれか。**図10**のア～エの中から１つ選べ。

問５．冬至の日の南中高度《なんちゅうこうど》を図にで示せ。解答欄の点線は**図10**の**A**，**B**，**C**を表している。

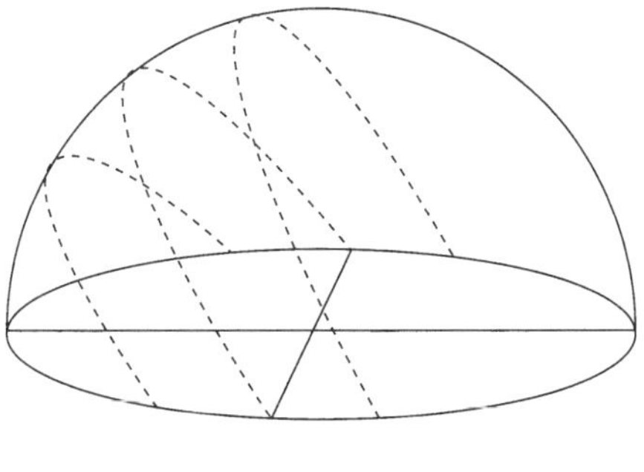

問６．**図10**の**B**において，**XY**間の距離《きょり》が16cm，**OX**間の距離が9.0cmであった。日の出の時刻は何時何分か。

問７．日の出や日の入りの位置が季節によって変化するのはなぜか。

4　次のⅠ，Ⅱについて各問いに答えなさい。答えを選ぶ問いについては記号で答えなさい。

Ⅰ　不純物《ふじゅんぶつ》を含む石灰石《せっかいせき》2.0ｇ（主成分は炭酸カルシウム）と純粋《じゅんすい》な炭酸カルシウムを用いて**実験１**～**実験２**を行った。なお，不純物はうすい塩酸とは反応しないものとする。

実験１　不純物を含む石灰石2.0ｇに十分な量のうすい塩酸を加え，発生した気体Ｘの体積を測定した。
実験２　純粋な炭酸カルシウム2.0ｇに十分な量のうすい塩酸を加え，発生した気体Ｘの体積を測定した。

問１．気体Ｘの化学式を答えよ。

問２．気体Ｘの性質について当てはまるものを，次のア～カの中からすべて選べ。

ア．火のついた線香《せんこう》を入れると激しく燃える。　　イ．無色，刺激臭《しげきしゅう》である。
ウ．石灰水《せっかいすい》を白くにごらせる。　　エ．水にとけて酸性を示す。
オ．密度《みつど》が空気より小さい。　　カ．空気中で燃えると水になる。

問３．石灰石の代わりに用いても気体Ｘが発生するものを，次のア～オの中から１つ選べ。

ア．亜鉛《あえん》　　イ．ベーキングパウダー　　ウ．食塩　　エ．ヨウ素　　オ．水酸化ナトリウム

問４．**実験２**では，気体Ｘが**実験１**のときの1.2倍発生した。不純物を含む石灰石2.0ｇ中に不純物は何ｇ含まれているか。小数第２位まで答えよ。

Ⅱ　マグネシウムと銅の粉末をそれぞれステンレスの皿に取り，ガスバーナーを用いて空気中で十分に熱した。**図11**は，熱したマグネシウムの質量と，マグネシウムと化合した酸素の質量の関係を示したものである。また，**図12**は，熱した銅の質量と，生じた酸化銅の質量（一定の値になったもの）の関係を示したものである。

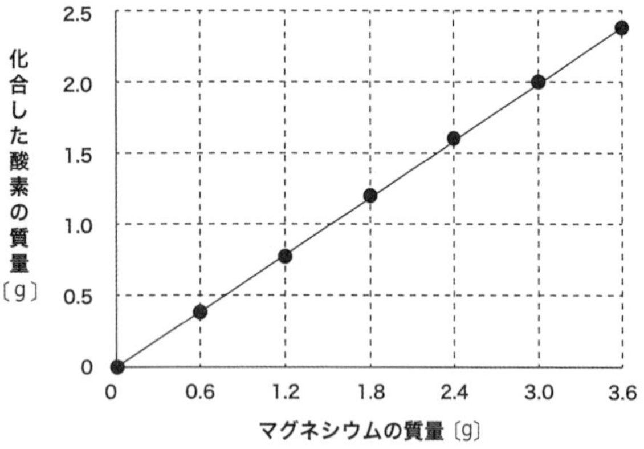

図11

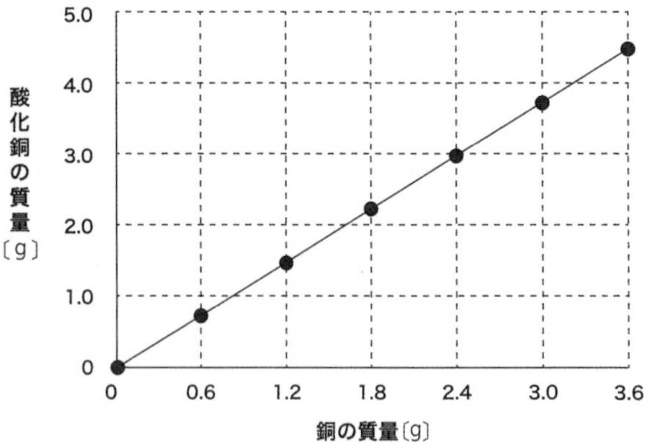

図12

問５．マグネシウムを熱したときの変化を化学反応式で表せ。

問６．酸化マグネシウムが12ｇ生じたとき，熱したマグネシウムの粉末は何ｇか。小数第１位まで答えよ。

問７．同じ質量の酸化マグネシウムと酸化銅が生じたとき，熱したマグネシウムの粉末と銅の粉末の質量比を，最も簡単な整数比で答えよ。

問8．銅の粉末6.0gを熱したが，十分に反応させることができなかった。反応していない銅の質量は何gか。小数第1位まで答えよ。なお，ステンレス皿上の酸化銅と銅の混合物の質量は6.8gである。

5 次のⅠ，Ⅱについて各問いに答えなさい。答えを選ぶ問いについては記号で答えなさい。

Ⅰ 動滑車《どうかっしゃ》を使わないときと使ったときのおもりの運動を記録し，仕事や仕事率《しごとりつ》を調べた。机の上に置かれたおもりを，次の**実験1**～**実験3**の手法を用いて持ち上げた。ただし，糸ののび縮《ちぢ》みや，糸と動滑車の重さ，糸と動滑車との間の摩擦《まさつ》は考えず，質量が100gの物体にはたらく重力を1Nとする。

実験1 **図13**のように，ばねばかりにつけたひもを，質量が1.0kgのおもりに結びつけ，机の上に置いた。手でばねばかりを真上《まうえ》に引き上げていくと，おもりは机から静かに離れた。その後，ばねばかりの示す値《あたい》が一定になるように，2.0cm/sの一定の速さでばねばかりを真上に引き上げた。

実験2 **図14**のように，ばねばかりにつけたひもを，質量が1.0kgのおもりをつけた動滑車に通し，そのひもの先をスタンドに結びつけた。手でばねばかりを真上に引き上げていくと，おもりは机から静かに離れた。その後，ばねばかりの示す値が一定になるように，2.0cm/sの一定の速さでばねばかりを真上に引き上げた。

実験3 **図15**のように，モーターにつけたひもを，質量が1.0kgのおもりをつけた動滑車に通し，そのひもの先をスタンドに結びつけた。モーターでひもを巻き取りながらおもりを真上に引き上げていくと，おもりは机から静かに離れた。その後，モーターは一定の速さでひもを巻き取った。

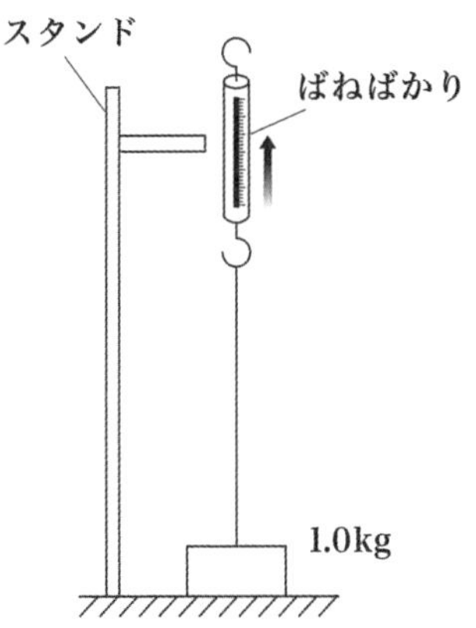

図13

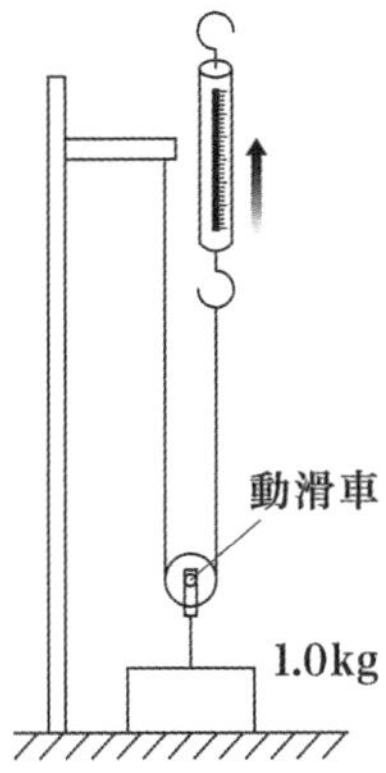

図14

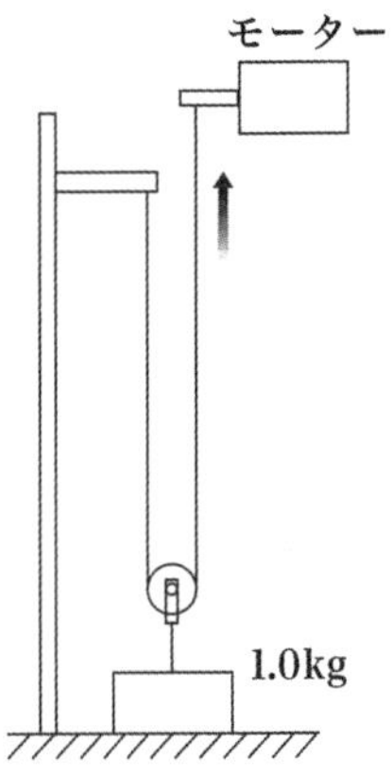

図15

問1．**図14**のばねばかりの示す値は，**図13**のばねばかりの示す値の何倍か。

問2．**図13**において，3秒間で物体を引き上げる力がした仕事の大きさは何Jか。

問3．**図14**において，3秒間で物体を引き上げる力がした仕事の仕事率は何Wか。

問4．**図15**において，このモーターは5Nの一定の力でひもを巻き取り，常に0.2Wの仕事率で仕事を行っていた。物体が8cm上昇《じょうしょう》するのにかかる時間は何秒か。

Ⅱ　ろうそく，焦点距離《しょうてんきょり》15cm の凸《とつ》レンズ，半透明《はんとうめい》のスクリーンが一直線になるように置いた。ろうそくとスクリーンを動かして，スクリーンにうつる実像《じつぞう》をスクリーンの裏側から観察した。**図16**のように，ろうそくとスクリーンを置いたとき，スクリーン上に鮮明《せんめい》な実像がうつった。

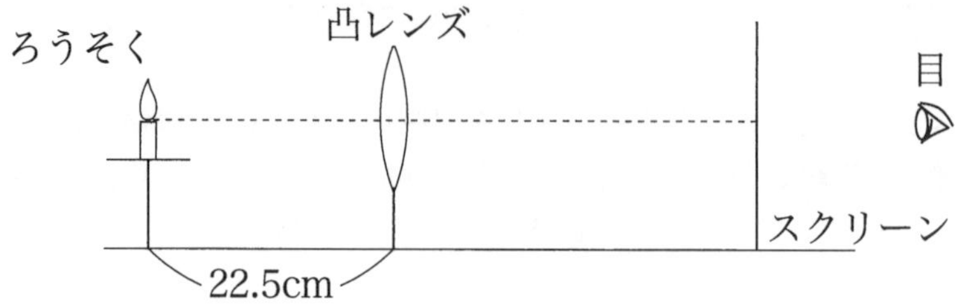

図16

問５．凸レンズによる実像の作図をせよ。

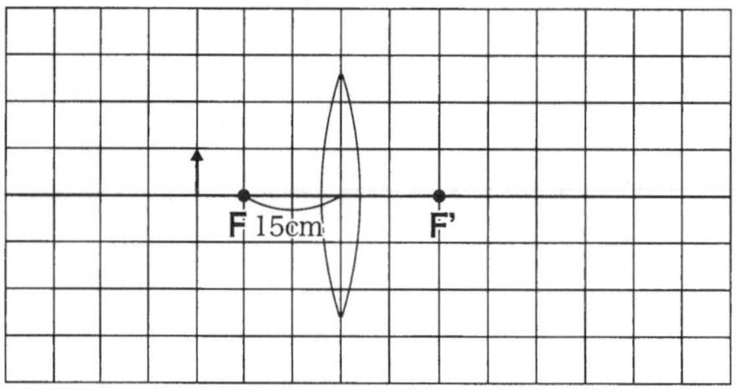

問６．**図16**において，ろうそくと同じ大きさの鮮明な実像がスクリーンにうつるように，ろうそくとスクリーンを動かした。**図16**の位置から何 cm ろうそくを凸レンズに近づけたか，または遠ざけたか。

問７．**図16**において，アルファベットのＦの字の形を切り抜いたカードを**図17**のように置いた。スクリーンにうつった実像をスクリーンの裏側から観察するとアルファベットはどのように見えるか。次のア～エの中から１つ選べ。

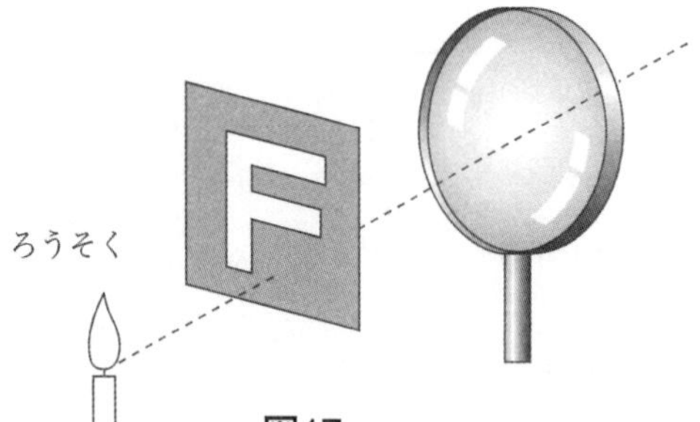

図17

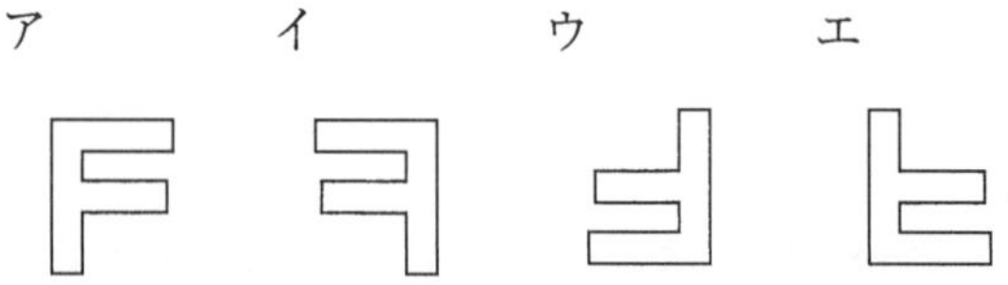

問８．**図16**において，凸レンズの上半分を黒い紙で覆《おお》うとスクリーンにうつる実像はどのようになるか。次のア～エの中から１つ選べ。

ア．スクリーンにうつらなくなる。
イ．実像の上半分がスクリーンにうつらなくなる。
ウ．実像の下半分がスクリーンにうつらなくなる。
エ．全部うつるが，全体的に暗くなる。

樟南高等学校

理　事　長　時任保彦
学　校　長　山崎隆志
所　在　地　〒890-0031　鹿児島市武岡一丁目120番１号
電　　　話　(099)　２８１－２９００
Ｆ　Ａ　Ｘ　(099)　２８１－２５２２
ホームページアドレス　https://www.shonan-h.ac.jp/
メールアドレス　kando@shonan-h.ac.jp
交　　　通　鹿児島中央駅西口から
ア．通学バス　中央駅西口 ⇄ 樟南高校（登下校時）（南国交通）
イ．中央駅西口から武，武岡線，樟南高校前下車（市営バス，南国バス）

<table>
<tr><th colspan="5">受　験　情　報</th><th colspan="6">試験会場（鹿児島市・日置市・南さつま市・指宿市・薩摩川内市・姶良市・霧島市・鹿屋市・各離島）</th></tr>
<tr><th colspan="2">学　　科</th><th>定員</th><th>志願者数</th><th>試験科目</th><th>出願期間（予定）</th><th>試験期日</th><th>合格発表（予定）</th><th>受検料</th><th>入学金</th><th>授業料（月　額）</th></tr>
<tr><td rowspan="3">普通科</td><td>文理コース</td><td>40</td><td>881</td><td rowspan="8">普通科文理コース，
普通科英数コース
【国語・数学・英語・社会・理科・面接】
普通科未来創造コース
【3教科】・【5教科】の選択制を導入
（いずれも面接あり）
【自己アピール型】
（基礎学力50分（国・数・英）・作文・自己アピール・面接）
商業科，工業科全コース
【国語・数学・英語・面接】</td><td rowspan="8">令和４年
一般入試
１月４日
～
１月７日
推薦入試
1月7日まで</td><td rowspan="8">令和４年
一般入試
１月 25 日
（火）
推薦入試
１月17日
（月）
（本校会場のみ）</td><td rowspan="8">令和４年
一般入試
１月31日
（月）
推薦入試
１月19日
（水）</td><td rowspan="8">11,000円</td><td rowspan="8">100,000円</td><td rowspan="8">51,200円</td></tr>
<tr><td>英数コース</td><td>90</td><td>680</td></tr>
<tr><td>未来創造コース</td><td>120</td><td>546</td></tr>
<tr><td rowspan="2">商業科</td><td>資格キャリアコース</td><td rowspan="2">60</td><td rowspan="2">406</td></tr>
<tr><td>特進ビジネスコース</td></tr>
<tr><td rowspan="3">工業科</td><td>機械工学コース</td><td>25</td><td>200</td></tr>
<tr><td>電気工学コース</td><td>25</td><td>150</td></tr>
<tr><td>自動車工学コース</td><td>20</td><td>106</td></tr>
<tr><th colspan="4">学校説明会（体験入学）</th><td colspan="7">第１回目　７月11日（日）　　第２回目　８月４日（水）　　第３回目　10月３日（日）</td></tr>
</table>

進学・就職状況

進　　学

〈国公立大〉

東京大学・京都大学・一橋大学・東京工業大学・北海道大学・筑波大学・千葉大学・横浜国立大学・首都大学東京・大阪大学・神戸大学・広島大学・山口大学・九州大学・北九州市立大学・福岡教育大学・長崎大学・佐賀大学・大分大学・熊本大学・宮崎大学・鹿児島大学・防衛医科大学校・自治医科大学

〈私立大〉

早稲田大学・慶應義塾大学・東京理科大学・明治大学・青山学院大学・中央大学・日本大学・東洋大学・同志社大学・立命館大学・福岡大学・西南学院大学・鹿児島国際大学・志學館大学・鹿児島純心女子大学・第一工業大学

就　　職

三菱日立パワーシステムズ・川崎重工・トヨタ自動車・JFE スチール・トヨタ車体・日本発条・山崎製パン・日立建機日本・神戸製鋼所・日本郵便・西武鉄道・京セラ・鹿児島銀行・南日本銀行・鹿児島信用金庫・山形屋・日本特殊陶業・城山観光・南国殖産・警視庁・鹿児島県警・鹿児島県職・自衛官

校　風　沿　革

── いっしょに学び，いっしょに輝く ──

ゴージャスでゆったりと緑あふれるキャンパスは，好感度の高い施設がつまった快適空間。夢ひろがる樟南キャンパスで青春を過ごしませんか。

創立 138 年の歴史を有し，部活動では全国優勝を数多く有する名門校で，進学も東大をはじめ難関国公立大学に多数合格するなど文武両道で実績を上げています。県内トップレベルの資格取得や就職率を誇る伝統ある工業科や商業科も自信とやる気に満ちています。心と心のふれあいを最も大切にし，「がんばれば感動」を合言葉に，18 の春を笑って締めることのできる生き生きと輝く学校です。

特　色

文理コース…難関大学をはじめ，全員の国公立大学合格をめざす。
英数コース…鹿児島大学をはじめとする国公立大，有名私立大を目標。部活動との両立をめざす。
未来創造コース…「文武両道」を実践し，人間性の向上をめざす。個性，希望に応じて幅広い進路選択（大学・専門学校等への進学，公務員・一般企業への就職）ができる。
資格キャリアコース…将来に役立つ多くの資格取得と，充実した体験を生かして，就職や進学の幅広い進路実現を目指す。
特進ビジネスコース…進学を意識した資格取得と授業内容で，国公立大学等の専門学科推薦等で進学を目指す。
機械工学コース…「ものづくり」の楽しさと資格取得や工業技術を習得し，全員の進路決定をめざす。
電気工学コース…専門知識・技術を深く学び，資格も数多く取得し，将来技術者として活躍することを目標とする。
自動車工学コース…自動車整備士としての知識・技術を学び，二年修了時に３級自動車整備士国家試験を受験・取得して，将来自動車整備士をめざす。

全校応援

授業風景

食堂風景

修学旅行（海外）

体験入学

一日遠足

太郎：難しいなあ。確か「ない」には、「補助形容詞」、「形容詞」などもあるんですよね。
花子：答えは［ 9 ］よ。
先生：上出来、上出来。じゃあ、最後に次のはどうかな。品詞の異なる「なる」を選んでごらん。

> **ア** 木になる実
> **イ** 幸せになる実
> **ウ** いかなる実
> **エ** おいしくなる実
> **オ** 気になる実

太郎：これは楽勝だ。［ 10 ］ですね。
花子：私もそう思います。
先生：その通り。これでおしまいだよ。二人とも良く学習しているね。これからも頑張ってね。

問一　［ 1 ］～［ 3 ］に＝＝部で使われている敬語の種類を後のア～ウから選び、記号で答えよ。
ア 丁寧《ていねい》語　**イ** 尊敬語　**ウ** 謙譲《けんじょう》語

問二　［ 4 ］・［ 6 ］に最も適当なものをア～エから選び、それぞれ記号で答えよ。
ア 尊敬　**イ** 謙譲　**ウ** 丁寧　**エ** 二重敬語

問三　［ 5 ］に適語（終止形）を入れよ。

問四　［ 7 ］について、～～部「言って」を適当な言葉に改めよ。

問五　［ 8 ］～［ 10 ］に入る適当なものを、それぞれ直前のア～オから選び、記号で答えよ。

四 次の文章を読んで、あとの問いに答えなさい。

先生と太郎さんと花子さん、三人で会話をしています。

先生：最近は敬語を含めて、ことばの乱れが気になるね。
君たちはどうかな。まずは敬語についての知識を確認しよう。
丁寧《ていねい》語、尊敬語、謙譲《けんじょう》語の区別はつきますか。

(1) お客様からお菓子をいただく。

(2) 校長先生がいすにお座りになる。

(3) 朝食にはパンを食べます。

花子：私が、答えるわ。いい。

太郎：どうぞ。

花子：(1)は[1]、(2)は[2]、(3)は[3]ですよね。

先生：いいね。その調子。では、今度のはどうかな。例えば、「お飲み物は何にしますか。」は「お飲み物は何になさいますか。」だよね。
「何にしますか。」では、[4]に言っているだけで、敬意が不足しているので、「する」の尊敬語の「[5]」を使うんだよね。では、「何をお召し上がりになられますか。」だと、どう直したらいいだろうね。太郎さんならどう直す。

太郎：はい。
「お召し上がりになられますか。では[6]になっていて、敬語の使い方が大げさで、現代の感覚に合いません。「何を召し上がりますか。」にします。

先生：さすがだね。では、次の会話文を聞いて、おかしなところを状況を考えて、適当な敬語表現に直してごらん。
「月曜日に、学校へうかがいますと父が言っておりました。」

花子：「[7]」ですよね。

先生：その通りです。結構、結構、大いに結構。それでは、君たちに助詞や形容詞についても質問してみよう。では、このパネルを見てごらん。「彼はもう家を出ました。」の「は」と同じ働きの語がつかわれているものはどれかな。

ア できるとは思わなかった。
イ 走ることは苦手だ。
ウ 考えるほどやさしくはなかった。
エ 私の周りにはそんな人もいた。
オ したくないわけではないが、やらない。

花子：（[8]）ですよね。これぐらいは、なんとかなります。

先生：じゃあ、ちょっと難しいよ。次は、助動詞の「ない」はどれかな。

ア 昼間はそんなに暗くない。
イ あの人が誰なのか知らない。
ウ 情けない顔をするな。
エ そんなことは聞いたことがない。
オ 受け取ってない。

問三　［A］に入る最も適当なものを、ア～エから選び、記号で答えよ。

ア　かくて　　**イ**　しかうして

ウ　すなはち　**エ**　しかれども

問四　――部③「が」と同じ働きをしているものを、ア～エから選び、記号で答えよ。

ア　母が、そちらに向かう。　　**イ**　わがことのように喜ぶ。

ウ　ところが、逆転した。　　**エ**　待っていたが、来なかった。

問五　――部④「きこしめし及ばれ」の主語を、ア～エから選び、記号で答えよ。

ア　大舜　　**イ**　瞽叟

ウ　堯王　　**エ**　女英

問六　――部⑤「これひとへに孝行の深き心より起《おこ》れり」とあるが、その説明として最も適当なものを、ア～エから選び、記号で答えよ。

ア　舜をかわいそうに思った神様が、象や鳥を使って作物を作らせた。

イ　舜が王になれたのは、舜が孝行者だったからである。

ウ　家族に恵まれない舜は、ひたすらがまんしていた。

エ　堯王は娘たちに勧められて、舜に王位を譲った。

三　次の文章を読んで、あとの問いに答えなさい。

隊々《たいたいとして》耕レ春《はるにたがやす》象《ざう》　紛々《ふんふんとして》耘レ草《くさをくさぎる》禽《とり》
嗣レ堯《ぎようについで》登二寶位一《はうゐにのぼる》　孝感《こうかん》動二天心一《てんしんをうごかす》

※大舜《たいしゅん》は至《いた》って孝行なる人なり。父の名は、瞽叟《こそう》と①いへる。一段かたくな《へんくつで》にして、母はかだましき《心がねじれている》人なり。弟は②おほいにおごりて、いたづら人《役にたたない者》なり。［　A　］大舜は、ひたすら孝行をいたせり。ある時歴山といふ所に、耕作しけるに、かれが③孝行を感じて、大象が来《きた》つて、田を耕し、又鳥飛来つて田の草をくさぎり《除き去り》、耕作の助《たすけ》をなしたるなり。さてその時天下の御主《あるじ》をば、※堯《ぎょう》王と名づけ奉《たてまつ》る。姫君まします《いらっしゃる》。姉をば、娥《が》皇《こう》と申し、妹は、女英《じょえい》と申し侍《はべ》り。堯王すなはち舜の孝行なることを④きこしめし及ばれ、御女《むすめ》を后にそなへ、終《つい》に天下を譲り給へり。⑤これひとへに孝行の深き心より起《おこ》れり。

（『御伽草子《おとぎぞうし》』による）

※　大舜＝大舜は舜の敬称。中国古代の五帝のひとり。

※　堯王＝中国古代の伝説上の聖王。舜と並んで中国の理想的帝王とされる。

問一　冒頭部の漢詩について後の問いに答えよ。

(1)　この詩の形式として適当なものをア～エから選び、記号で答えよ。

ア　五言絶句　**イ**　七言絶句

ウ　五言律詩　**エ**　七言律詩

(2)　第一句と第二句のように、対応しているふたつの句を並べる表現法をなんというか、答えよ。

(3)　四つの句をそれぞれ「起句」・「承句」・「［　B　］句」「結句」という。［　B　］に入る漢字一字を答えよ。

問二　――部①「いへる」、――部②「おほいに」を現代仮名遣いに直して書け。

問七 [1]～[3] に入る最も適当なものをア～カから選び、それぞれ記号で答えよ。(同じ記号は使えない)

ア まさか　**イ** だが　**ウ** ところで

エ ましてや　**オ** すると　**カ** 逆に

問八 二カ所の ══ 部「人間もまた同じ」、「人間は違う」について、何が「同じ」で、何が「違う」のか。解説した次の文章の中で、正しい解釈がなされているものをア～エから選び、記号で答えよ。

ア 野菜の花も人間も、美しい部分があるのが同じで、野菜の花にだけ可憐な品がある点が人間とは違う。

イ 野菜の花も人間も、その品格が表にあらわれる点が同じで、野菜の花は生まれたときから決まっているが人間は教養や経験によって変化する点が違う。

ウ 野菜の花も人間も、人々のためになるかならないかだけが存在意義になっている点が同じで、不鮮明な相を持つのが人間だけである点が違う。

エ 野菜の花も人間も、品を持つために必要になるものが同じで、野菜の花だけに人々を楽しませる品格がある点が違う。

ものでもない。品も徳も、それによってもたらされる人相も目の深さや力も、野菜の花と同じく、人々のためになるかならないかの、その存在の意義に依《よ》っているのかもしれない……。

（宮本輝『天の夜曲　流転の海第四部』による）

※　目論見＝計画すること。また、その計画。
※　不如意＝思い通りにならないこと。
※　楚々＝清らかで美しいさま。
※　毀誉褒貶＝ほめたり、悪口を言ったりすること。

問一　――部a～dの漢字の読みを答えよ。

問二　――部①「聞いているのかいないのかわからない」とほぼ同じ意味で使われている表現を本文中から七字で抜き出せ。

問三　――部②「これまでに教えた『これが大事だ』という言葉」について、

(1)　伸仁が答えたのはいくつか。数字を書け。

(2)　熊吾はなぜこれらの言葉を伸仁に覚えさせているのか。次の〔　〕に当てはまる言葉を本文中から十二字で抜き出せ。

この言葉を意識していれば〔　　　　　　〕から。

問四　[A]～[C]に入る語の組み合わせで適当なものをア～エから選び、記号で答えよ。

ア　A　煙草　　B　灰皿　　C　マッチ
イ　A　灰皿　　B　煙草　　C　マッチ
ウ　A　煙草　　B　マッチ　C　灰皿
エ　A　マッチ　B　灰皿　　C　煙草

問五　――部③「含蓄のある話」とは、何についての話であったか。熊吾の会話文中の語を用いて三十字以内で説明せよ。

問六　――部④「ある特殊な品のようなもの」について、「品」という言葉を用いずに、ほぼ同じ意味で使われている表現を本文中から九字で抜き出せ。

「人相とか、その人間が持っちょるたたずまいというものの大切さについての話じゃった」
と熊吾は言い、田園を見渡して、遠くにキュウリの畑とおぼしきところをみつけてそれを指差した。
「野菜の花っちゅうのはじつに可憐《かれん》で品があって美しいもんじゃという話題から始まってのお……」
とつづけた。
最近は目にすることが少なくなったが、自分も若いころ農村で暮らして、ナスビの花、キュウリの花、山椒《さんしょう》の花等々と四季それぞれに咲く野菜の花を目にしたが、収穫のことばかりが念頭にあって、その真の美しさに気づかなかった。
心斎橋の居酒屋で交わされた客と主人との会話によって、そう言えばたしかに野菜の花というものには④ある特殊な品のようなものが漂っていたなと思った。
バラやチューリップなどの観賞用の花の、派手で華《はな》やかな美しさではなく、その多くはいつのまにか咲いていつのまにかしぼんでいく、野菜を得るためだけの※楚々《そそ》とした小さな花にすぎないが、これみよがしでもなく、美しすぎるゆえの邪《よこし》まなところもなく、それでいてどこか揺るぎない品といったものを持っている。
居酒屋の主人は、その野菜の花の美しさは、人々に季節の味や栄養をもたらし、人々の役に立つ働きとか使命とかを担っているが故に天から与えられた徳のような気がすると言った。
そうとでも解釈しなければ、あの野菜の花の可憐な品の由来d は説明できない、と。
[1]客は強く同意し、人々を楽しませ、人々の役に立ち、人々を癒《いや》すために生まれたからこその品格が小さな花にも厳と存在するならば、人間もまた同じではあるまいかと言った。そしてそれは見事なまでに人相にあらわれるのではないだろうか、と。
美醜とは関係なく、なんとも言えず品のいい顔立ちをした人がいる。そういう人の、とりわけ目はきれいだ。視力が弱くて眼鏡をかけているとか、目が大きいとか小さいとか、そうした表相的なものの底に、深い目がある。
[2]、人々に災いをなす者、悪意に満ちた者、自己中心的な者、人から何かを与えられることしか考えていない者は、やはりどこかくすんだ、濁った、不鮮明な人相をしているし、目には汚れた光が沈んでいる。
[3]、野菜は生まれたときから野菜なのでキュウリであろうがナスビであろうが、そこに咲く花の色も形も決まってしまっている。人間は違う。
人間の相、そして目の深さは、その人の心根や教養や経験や修練や、とりわけ思想や哲学といったものによって培われていくもので、決して生まれつきのまま不変であったり、また※毀誉褒貶《きよほうへん》によって変化する

と土手にのぼった。清流ははるか南から流れて来て、集落の横を通り、富山地方鉄道の線路のほうへと蛇行[a]しているようだった。

農道も集落を過ぎたあたりで三本に別れていて、そのうちの西へ延びる道を行けば、大泉本町の嶋田《しまだ》家からはあまりにも遠ざかってしまいそうだったので、熊吾は腕時計を見て、そろそろ帰路につこうと思った。すでに八時を廻《まわ》っていて、野良仕事に出かける人々が集落からそれぞれの田畑へと向かい始めていた。

土手の草叢《くさむら》でバッタに似た緑色の虫を追っている伸仁に煙草を買って来てくれと頼んで金を渡し、熊吾は土手にそこだけわずかな影を作っている自生[b]の柿の木の下に腰をおろした。

都会では、稲穂に囲まれた道で気がねなく自転車を走らせて、遠くの峰々の景観を楽しむなどということは望むべくもないのだから、伸仁が富山にいるあいだは、できるだけ親子でサイクリングをする機会を持とうと熊吾は思った。

息子には教えなければならないことがたくさんある。自分は無学な人間なので学校の勉強を教えてやることはできないが、独学で学んだり、若いころに人から教えてもらって心に残ったものを、伸仁に伝えておくことはできる。論語や唐詩、有名な俳句や和歌、今昔物語の逸話[c]等々……。いますぐに頭には浮かんでこないが、きょうは南へ、あしたは西へと気の向くままに並んで自転車を漕《こ》いでいるうちに、これも教えておこう、あれも語っておこうと、さまざまに思い浮かぶであろう……。

熊吾はそう思うと、この※目論見の外れた※不如意な富山での生活も意味のあるものだという気がした。

伸仁が煙草を買って帰って来た。その伸仁を見たとき、マッチも買って来るようにとつけ加えなかったなと思ったが、伸仁は片方の手にピースの箱を、片方の手にマッチとお釣りを持っていた。

「ちゃんとマッチも買うてくるとは、おぬし、できるのお」

熊吾が賞《ほ》めて頭を撫《な》でると、伸仁は身をよじって笑い、

「［A］と言えば［B］。［B］と言えば［C］」

と言って熊吾の膝の上に坐《すわ》り、水筒の水を飲んだ。

「こないだ心斎橋の飲み屋で、③誠に含蓄のある話を聞いた。店の主人と常連客が話しちょるのを横で黙って聞いちょったんじゃが、あの客も店の主人も、なかなか上等の人物やったのお」

熊吾の言葉に、心斎橋の飲み屋さんとは「ふじ幸」かと伸仁が訊《き》いた。

「ふじ幸には長いこと行っちょらんのじゃ。あそこの親父は、繁盛《はんじょう》するようになって手抜きを始めた。何事につけ、手抜きをするようになるとおしまいじゃ。自分ではこれまでの十分の一くらいの手抜きのつもりでも、それによってあらわれてくるのは十分の九もの結果じゃっちゅうことに気づかにゃあいけん」

熊吾は煙草に火をつけて、初めて入った心斎橋の居酒屋で聞いた話を伸仁に語って聞かせた。

二　次の文章を読んで、あとの問いに答えなさい。

大阪で中古車事業を発足させた松坂熊吾《まつざかくまご》は、富山に妻と子の伸《のぶ》仁《ひと》を住まわせていた。久しぶりに富山で伸仁と再会した熊吾は伸仁を連れてサイクリングに出かける。

熊吾は自転車の速度を落とし、自分は仕事のために近々大阪に戻らなければならず、お前と母さんとはまたすぐに二人きりの生活になるが、来年の春には大阪での生活が再開するので、それまでは寂しがったり、母さんを心配させるようなことはせずに富山で暮らすのだと伸仁に言った。

父の言葉を①聞いているのかいないのかわからない顔つきで伸仁は西《すい》瓜《か》畑で舞う二匹の大きな蝶《ちょう》ばかり見ていた。

「お前はいっつも心ここにあらずっちゅう目をしちょる。人が話しかけたら、その人の目を見るんじゃ」

と熊吾は言い、②これまでに教えた「これが大事だ」という言葉を暗唱してみろと睨《にら》みつけた。

「約束は守らにゃあいけん」

と伸仁は眩《まぶ》しそうに空を見ながら言った。

「うん。そうじゃ」

「丁寧な言葉を正しく喋《しゃべ》れにゃあいけん」

「うん。それも大切なことじゃ」

「弱いものをいじめちゃあいけん」

「よし」

「自尊心よりも大切なものを持って生きにゃあいけん」

「えらい！　忘れんと覚えちょったか」

「女とケンカをしちゃあいけん」

「それはいつ教えたかのお……」

「京橋のおでん屋さんでや。淀の競馬場でぎょうさん負けた日ィ……」

「ああ、そうじゃった。イカサマ臭いレースがつづいたときやったのお」

さらに東側に集落が見えた。熊吾は煙草が吸いたくなり、伸仁を促して再び自転車を走らせた。

「なにがどうなろうと、たいしたことはあらせん」

伸仁がそう大声で言った。その言葉は、近江丸の事件の数日後、銭湯に行った帰り道に、熊吾が伸仁に教えたのだった。

「そうじゃ、そのとおりじゃ。えらい！　ようちゃんと覚えちょる。記憶力がええっちゅうのは頭がええ証拠じゃ。だいたいそのくらいのことをわきまえちょったら、使い物になるおとなになるはずやけんのお」

灌漑《かんがい》用の水路が低い土手から延びていて、その向こうに小さな川があった。熊吾はその川がどの方向から流れているのかをたしかめよう

問八 ―――部⑤「リアル帰省」はどういう意味か。答えよ。

問九 筆者の主張として最も適当なものをア～エから選び記号で答えよ。

ア 人々の暮らしは時代によって変わっていくが、それに応じて柔軟に対応していくことが望ましい。

イ 人々の暮らしは時代によって変わっていくが、あくまで自分の信念を大切にしていくことが望ましい。

ウ 人々の暮らしは時代によって変わっていくが、そこから新しい道具について学んでいくことが望ましい。

エ 人々の暮らしは時代によって変わっていくが、それに応じて距離を置いた人間関係を築くことが望ましい。

政府は5月の大型連休の際、帰省をやめ「［C］帰省」を呼び掛けた。お年寄りにも使いやすくなれば、毎日テレビ電話する方が盆と正月くらいの⑤リアル帰省よりも、ふるさとの父母や祖父母はよほど喜ぶかもしれない。人間関係を取り持つ手段も時代により変わる。良しあしはその使い方で決まる。

（二〇二〇年五月三一日『山陰中央新報』による）

問一 ――部a～dのカタカナを漢字で答えよ。

問二 ［A］に適切な語句を三字で答えよ。

問三 ――部①「好むと好まざるとにかかわらず」の意味として最も適当なものをア～エから選び記号で答えよ。

ア これまで以上に

イ いやおうなく

ウ 思った通りに

エ 言うまでもなく

問四 ――部②「あらがわず」について、「あらがう」と同じ内容の部分を本文中から二十字以内で抜き出せ。

問五 ［B］に入る慣用句として最も適当なものをア～エから選び記号で答えよ。

ア 朱に交われば赤くなる

イ 竹馬の友

ウ 袖振り合うも多生の縁

エ 類は友を呼ぶ

問六 ［C］に入る適切な語句を本文中から五字で抜き出せ。

問七 ――部③「感染症」と――部④「通信」の例は何を示すために書かれたものか。最も適当なものをア～エから選び記号で答えよ。

ア 日本の暮らし、特に社交や人間関係のありようは、新型コロナウイルスを機にある程度変わらざるを得ないということ。

イ 人々の暮らし、街の様子も時代によって変わってきたし、これからも変化は避けられないということ。

ウ 社会経済活動は、物理的距離を取り合うことが前提になれば、相当な影響を受けるということ。

エ 日本人は古来、人と近づき、つながることを大事にしてきたし、これからもそうであること。

令和三年度　樟南高校入試問題　国語

（解答…207P）

一　次の文章を読んで、あとの問いに答えなさい。

新型コロナウイルスの緊急事態宣言は全面解除された。期間中の外出自粛、テレワークなどの日々は［　A　］より産むがやすしで、やってみれば結構できると実感した人もいるのではないか。

政府は解除後も再流行防止のため「新しい生活様式」への転換を呼び掛けている。①好むと好まざるとにかかわらず日本の暮らし、特に社交や人間関係のありようは、これを機にある程度変わらざるを得ない。それが時代の流れなら、②無理にあらがわず新たな良さを見いだしていきたい。

「［　B　］」で日本人は古来、人と近づき、つながることを大事にしてきた。だが新しい生活様式は「すれ違う時は距離をとる」「人との間はできるだけ2メートル空ける」と求める。社会経済活動は、物理的距離を取り合うことが前提になれば、相当な影響を受ける。

米国映画の題名にあった「ものすごくうるさくて、ありえないほど近い」ような人いきれの場ほど、人と人が出会い、言葉を交わし、気心を知る機会をaテイキョウしてきた。居酒屋、カラオケボックス、ライブハウス、会社によっては会議室もだ。だが緊急事態宣言が解除されても、こうした場に以前のようなにぎわいは当面戻るまい。

少人数が間近で顔を突き合わせる社交の場もしかりだ。夜の街のクラブやバー、小料理屋などで一対一のbシンライ関係を築くことはビジネスでも常道だった。「おしゃべりは控えめに」とする新しい生活様式が定着すれば、このような場にも人は以前通りには戻らない可能性がある。

これらが緊急事態宣言中にパソコンやスマートフォンを使ったオンライン飲み会、ウェブ会議に取って代わられた。さらには商売のお手本とされてきた現場主義、足で稼ぐ営業、対面cハンバイなどは避けるよう促され、新しい生活様式では「名刺交換はオンラインで」という状況になる。

大きな集団となった人と家畜が近くで暮らすようになった太古の昔から天然痘《てんねんとう》、コレラなど動物由来の③感染症と人類の闘いはdシュクメイだと言ってもいい。その中で、中世の欧州でペストが流行し公共浴場が廃《すた》れていったように、人々の暮らし、街《まち》の様子も時代によって変わってきた。これからも変化は避けられまい。であれば「以前の方が良かった」という拒否反応は建設的ではない。今回収穫があったとすれば、会社の大部屋で共同作業せずともパソコンでの在宅勤務である程度代替可能と分かったことではないか。日立製作所や富士通などは在宅勤務を「新常態」として続ける。

かつて④通信の主役が郵便から電話に代わった後も、手紙の方が丁寧で好ましいといわれたが、それでも手紙が主流に戻ることはなかった。今や電話より電子メール、会員制交流サイト（SNS）となり、パソコンやスマホのテレビ電話普及の流れも止まらないだろう。

令和３年度　樟南高校入試問題　数　学

（解答…209Ｐ）

1　次の計算をしなさい。

(1)　$13-5+7$

(2)　$4-7\times 2$

(3)　$\dfrac{9}{2}\div 3-\dfrac{5}{4}$

(4)　$7\times 1.3-5.8$

(5)　$\dfrac{1}{4}x+\dfrac{5x-7y}{8}-\dfrac{3}{2}y$

(6)　$(2x-3)(x-2)-(x+2)(x+3)$

(7)　$27a^4b\div(-3ab)^2\times b^3$

(8)　$\sqrt{8}\times\sqrt{24}-\sqrt{75}$

2　次の問いに答えなさい。

(1)　1次方程式 $6(x-3)+2=4x$ を解け。

(2)　$x^2-6xy+9y^2$ を因数分解せよ。

(3)　連立方程式 $\begin{cases}4x+3y=10\\ x=2y-3\end{cases}$ を解け。

(4)　2次方程式 $x^2+x-3=0$ を解け。

(5)　右の図において，$\triangle ABC\equiv\triangle ADE$ で，AE // BC である。$\angle ABC=52^\circ$，$\angle DAC=40^\circ$ のとき，$\angle ACB$ の大きさを求めよ。

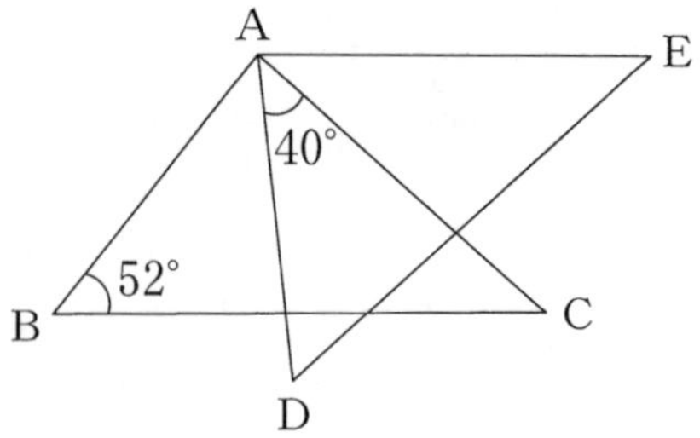

(6)　下の5つの数の平均値を a，5つの数の小数第一位を四捨五入した数の平均値を b とする。$a=b$ となるとき，□に入る適当な数字を答えよ。ただし，□には小数第一位の数字が入る。

20.5，21.2，19.3，22.4，16.□

(7) 容器Ａには濃度10％の食塩水が200g，容器Ｂには濃度5％の食塩水が300g入っている。これら2つの容器からそれぞれ等しい重さの食塩水を取り出す。容器Ａから取り出した食塩水を容器Ｂに，容器Ｂから取り出した食塩水を容器Ａに入れて，それぞれよくかき混ぜたところ，2つの容器の食塩水の濃度が等しくなった。2つの容器それぞれから何g取り出したか求めよ。

(8) 底面の半径が3cm，母線の長さが5cmの円錐の表面積を求めよ。

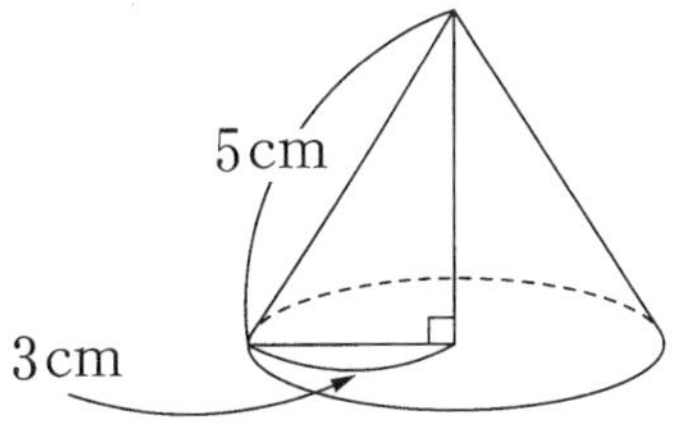

(9) 次の**ア～オ**のうち，正しいものを**すべて**選べ。

ア 無理数と無理数の和は，かならず無理数である。

イ ひし形の定義は，2組の対辺がそれぞれ平行である。

ウ 正多面体は，5種類である。

エ かならず起こることがらの確率は1である。

オ 資料の中でもっとも多く出てくる値は中央値である。

3 下の表のように，7行，8列のマスの中に1から56までの数が並んでおり，行と列の重なった数を選んでいく。例えば，第2行，第3列の数は11であり，第7行，第5列の数は53である。このとき，次の問いに答えなさい。

	第1列	第2列	第3列	第4列	第5列	第6列	第7列	第8列
第1行	1	2	3	4	5	6	7	8
第2行	9	10	11	12	13	14	15	16
第3行	17	18	19	20	21	22	23	24
第4行	25	26	27	28	29	30	31	32
第5行	33	34	35	36	37	38	39	40
第6行	41	42	43	44	45	46	47	48
第7行	49	50	51	52	53	54	55	56

(1) $(9-1)+(17-1)+(25-1)+(33-1)+(41-1)+(49-1)$を計算せよ。

(2) 表の第1行にある8個の数から異なる7個の数を選ぶ。選んだ7個の数の和が33になったとき，選ばなかった数がある列は第何列か答えよ。

(3) 表から異なる7個の数を選ぶ。ただし，7個の数は，同じ行，同じ列からそれぞれ1個しか選べないものとする。選んだ7個の数の和が198になったとき，選ばなかった数がある列は第何列か答えよ。

4 右の図のように，2 直線 $y = ax + 6$ …① と $y = x$ …② がある。点 A(4, 0) とし，2 直線 ① と ② の交点を B とする。点 A と点 B の x 座標が等しいとき，次の問いに答えなさい。

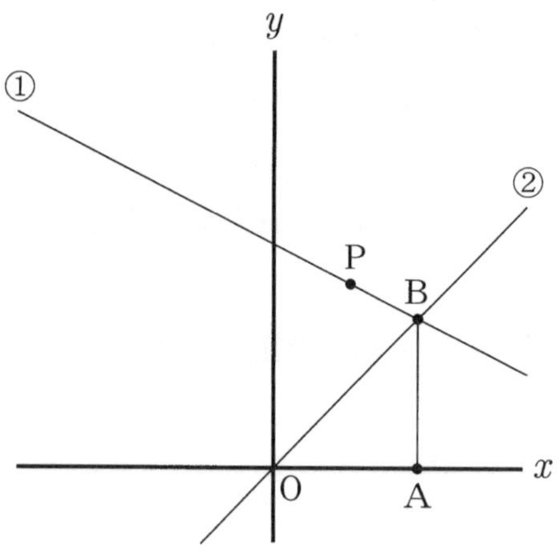

(1) 点 B の座標を求めよ。

(2) a の値を求めよ。

(3) 直線 ① 上に点 P をとる。△OAB と△OPB の面積の比が 4：3 で，点 P の x 座標が点 B の x 座標より小さいとき，点 P の x 座標を求めよ。

(4) (3) のとき，△OPB を x 軸を軸として 1 回転してできる立体の体積を求めよ。ただし，円周率を π とする。

5 大小 2 つのさいころを同時に投げるとき，大のさいころの出た目の数を a，小のさいころの出た目の数に 3 を足した数を b とする。ただし，さいころを投げるときの 1 から 6 までのどの目が出ることも同様に確からしいとする。このとき，次の問いに答えなさい。

(1) $a = b$ となる確率を求めよ。

(2) $a + b = 8$ となる確率を求めよ。

(3) $2a + b = c$ となる確率が $\frac{1}{18}$ のとき，これを満たす c の値は何通りあるか答えよ。

(4) $\frac{1}{3}(2a + b)$ の値が素数となる確率を求めよ。

令和３年度　樟南高校入試問題　英　語　　(解答…210P)

1

次の各文の(　　　)に入る最も適切な語(句)を下のア～エから１つ選び，記号で答えなさい。

1 He (　　　) English now.
　ア am studying　　イ is studying　　ウ are studying　　エ was studying

2 Yoko gets up at seven and (　　　) breakfast.
　ア have　　イ has　　ウ had　　エ having

3 He can speak English (　　　) can't speak Japanese.
　ア and　　イ so　　ウ or　　エ but

4 Please write your name (　　　) this pen.
　ア in　　イ by　　ウ with　　エ at

5 I have never seen a panda (　　　).
　ア before　　イ ago　　ウ earlier　　エ last

2

次の各日本文の意味を表すように(　　　)内の語(句)を正しく並べたとき，３番目と５番目にくる語(句)を記号で答えなさい。ただし，文頭にくる語(句)も小文字で示してある。

1 私は毎朝バスで学校に行きます。
　I (ア bus　イ to　ウ every morning　エ go　オ school　カ by).

2 たいてい何時に昼食を食べますか。
　(ア do　イ usually eat　ウ time　エ lunch　オ what　カ you)?

3 君を幸せにするためなら何でもする。
　I'll (ア make　イ happy　ウ to　エ anything　オ you　カ do).

4 母は私に部屋をきれいにするようにと言った。
　(ア my room　イ to　ウ my mother　エ me　オ told　カ clean).

5 これは若者が読む本だ。
　(ア young people　イ by　ウ is　エ read　オ this　カ a book).

3 次の各組の英文がほぼ同じ意味になるように，(　　　)に適切な語を入れなさい。

1
Speaking English is easy for Taro.
(　　　) is easy for Taro (　　　) speak English.

2
My class has thirty students.
(　　　) (　　　) thirty students in my class.

3
I have never seen such a wonderful movie.
This is (　　　) (　　　) wonderful movie that I have ever seen.

4
I was too tired to run.
I was (　　　) tired that I (　　　) run.

5
I want to know the price of this book.
I want to know (　　　) (　　　) this book is.

4 次の英文を読んで，各問いに答えなさい。

Mr. Smith and Mr. Tanaka teach (1) we English. We like (2) they lessons. One day they talked about "Summer Time." Mr. Smith said, "Do you have Summer Time here in Japan? Probably not. In the United Kingdom, we use it from March to October. (3) We change time in March. We set our clocks one hour ahead on March 1."
"(4) We don't have such Time in Japan. Why do you need Summer Time?" asked Mr. Tanaka. "Because the sun rises earlier in the morning, and maybe we want to enjoy longer daytime." said Mr. Smith.

問 1 下線部(1)，(2)の語を適切な形にせよ。

問 2 下線部(3)，(4)の語がさすものをア～エから 1 つずつ選び，記号で答えよ。

ア Japanese people　　イ The students

ウ The teachers　　エ British people

問 3 イギリスで夏時間を実施している理由として，スミス先生の考えていることを 2 つ日本語で答えよ。

5 次の会話文を読んで，文中の(1)～(5)に入る最も適切なものを下のア～カから１つずつ選び，記号で答えなさい。

Tom : Hi, Sarah. How are you?

Sarah : ＿＿(1)＿＿ And you?

Tom : Oh, fine. What did you do this weekend?

Sarah : ＿＿(2)＿＿

Tom : What movie did you see?

Sarah : *Love Story*.

Tom : Was it good?

Sarah : Yes. ＿＿(3)＿＿

Tom : How often do you go to the movies?

Sarah : ＿＿(4)＿＿ How about going to the movies with me some time?

Tom : Sure. ＿＿(5)＿＿

ア About three times a month.
イ I went to the movies.
ウ Fine, thanks.
エ I hope you'll feel better.
オ I'd love to.
カ I really enjoyed it.

6 探偵シャーロック・ホームズ(Sherlock Holmes)が，友人(Watson)とある帽子(hat)について話している。これを読んで，各問いに答えなさい。

My name's Sherlock Holmes. Two days after Christmas one of my good friends, Watson, came to my house.

"Sit down and look at this interesting old hat," I said. He sat down and said, "(1) (in / the / why / you / old / are / hat / interested)?" I got it from Peterson who works at a hotel. He found it and a good Christmas *goose in the street and (2) bring them here on Christmas Day (3) me to look at.

At about four o'clock in the morning of Christmas Day, Peterson went home after work. He saw a tall man who had a goose in the street in front of him. Peterson walked behind him. Some young men were in the street in front of them. Then one of them hit the tall man and his hat fell into the street. The tall man also tried to hit the young man with his *walking stick, but he broke the window of a shop behind him. Peterson ran to the man to help him, but (4) the tall man ran soon. Perhaps he felt bad about breaking the shop window. He left his Christmas bird in the street near his hat, so Peterson took them here.

I said, "we can see an interesting little *ticket on the goose's left leg. It said 'For Mr. and Mrs. Henry Baker.' We can find the *letters H.B. in the hat too."

"Oh...a person of the hat and the goose is called Henry Baker," Watson said.

"Yes, but this doesn't help me very much. We have so many Henry Bakers in London, but this hat can help me. I think that the person of this hat is a *wise man. His wife loved him once but she doesn't love him now. And (5) he's thirty or forty years old."

"Why is he (6) a wise man, do you think?" Watson asked. I put the hat on my head and said, "This is a big hat. A man with a big hat has a big head, and a man with a big head thinks a lot."

"But you say he is thirty or forty years old. How does the hat tell you this?" Watson asked again. "When I looked at the hat with my *magnifying glass, I could see some white hairs in it. People usually get white hair when they are thirty or forty years old."

"I see. But how about his wife? You say she doesn't love him." "Because the hat is *dirty. When a woman loves a man, she cleans his hat for him." "Perhaps he hasn't got a wife." "(7) Yes, he has. Remember the ticket on the goose's leg." "Ah yes, you know everything," Watson said.

(Sir Arthur Conan Doyle *Sherlock Holmes : The Blue Diamond*
OXFORD UNIVERSITY PRESS 2014 から一部改変)

(注) goose ガチョウ　walking stick 歩行用のステッキ　ticket 札　letter 文字
wise 賢い，聡明な　magnifying glass 虫めがね　dirty 汚れて

問1　下線部(1)が「なぜその古い帽子に興味をもっているのか」という意味になるように(　　　　)の語を正しく並べかえよ。ただし，文頭にくる語も小文字で示している。

問2　下線部(2)の語を適切な形にせよ。

問3　(　3　)に入る最も適切な語をア～エから1つ選び，記号で答えよ。

ア　in　　イ　for　　ウ　on　　エ　of

問4　下線部(4)の行動をとったのはなぜだと考えたのか。日本語で答えよ。

問5　下線部(5)のようになぜ推理したのか。日本語で答えよ。

問6　Holmesが考える下線部(6)とはどのような人か。それを示す1文の最初の2語と最後の2語を答えよ。

問7　下線部(7)の意味として最も適切なものをア～エから1つ選び，記号で答えよ。

ア　はい，彼には妻がいます。
イ　はい，彼には妻がいません。
ウ　いいえ，彼には妻がいます。
エ　いいえ，彼には妻がいません。

問8　本文の内容に合うものをア～オから2つ選び，記号で答えよ。

ア　Watson told his friend Holmes about a tall man with an old hat.
イ　Peterson left his Christmas bird and his hat in the street.
ウ　The name on the goose's ticket wasn't helpful for Holmes, but the hat was helpful.
エ　Holmes thought the owner of the hat could think a lot.
オ　The man with a big hat and his wife lived a happy life.

7 次の英文は，ある一人の女性が幼い頃の高価な花瓶(valuable vase)にまつわる出来事を回想したものである。これを読んで，各問いに答えなさい。

Mrs. Sato came to visit us one day when I was a young girl. Her son, Yuichi, was 5 years old. My mother and I were in the kitchen and we were making tea for them. Suddenly, I heard a loud noise from the other room.

My mother and I went to the room. There, on the floor, was a broken vase. This broken vase was very valuable. It was over 200 years old and was given to my grandfather by his grandfather.

Yuichi was standing near the broken vase. He looked very (1) worry; he started to cry. And Mrs. Sato's face was very red. She looked very unhappy.

"I... well... don't know (2) why..." Mrs. Sato began to *explain.

My mother quickly said, "Oh, that's all right. It was an old vase. It was not valuable."

"But the vase just fell off the table," Mrs. Sato answered. "Yuichi didn't touch it!"

My mother answered, "Oh, don't worry about it. Everything is just fine. Would you like some tea? And how about some of these sweets?"

I didn't understand my mother. She knew the vase was very valuable. She knew my father would be very (3) to know that it was broken. Why did she tell a *lie? I thought we always had to tell the *truth. My mother always told me like that.

Later, Mrs. Sato and Yuichi went home. And I said to my mother, "Why didn't you tell the truth?"

"What else could I say?" my mother answered. "Could I say it was valuable and that Yuichi *had broken our family's most important thing? Could I say (4) that?"

"Well," I said, "that is the truth. We should always tell the truth."

"Not always," explained my mother carefully. "Sometimes we must not tell the truth. Sometimes it is best to *hide our true feelings."

"Is there no other way?" I asked.

"No, (5) there is no other way," my mother said.

Then, when I was a young girl, I didn't understand my mother. But I (6) do now. She was a wise person.

(*Impact Issues 1*, Pearson Longman から一部改変)

(注) explain ～を説明する　　lie うそ　　truth 真実
had broken ～を壊した　　hide ～を隠す

問 1　下線部(1)の語を適切な形にせよ。

問 2　下線部(2)で Mrs. Sato は次に何を言いたかったのか。本文中からそのまま英文で抜き出せ。

問 3　(　　3　　)に当てはまる最も適切な語をア～エから 1 つ選び，記号で答えよ。

ア　hungry　　イ　happy　　ウ　surprised　　エ　interested

問 4　下線部(4)の語がさす内容を日本語で答えよ。

問 5　下線部(5)は何以外に方法は全くないと言っているのか。母親が考えている方法を日本語で 2 つ答えよ。

問 6　下線部(6)を本文中の他の英語 3 語で置き換えよ。

問 7　本文の内容に合うものをア～オから 2 つ選び，記号で答えよ。

ア　When my mother heard a loud noise, she got very angry.

イ　I didn't know why my mother told a lie because I was always told to tell the truth by her.

ウ　Yuichi's grandfather gave the vase to my grandfather when he was five.

エ　It's OK to tell a lie only when we are young.

オ　I feel that I was taught something very important by my mother when I was young.

令和３年度　樟南高校入試問題　社　会　　（解答…212P）

1　次の**略地図**は，ゆり子さんが家族と一緒に航空機で世界一周旅行（ほぼ最短経路）をしたときの通過都市を順に示したものである。**略地図**を見て，あとの問いに答えなさい。

略地図

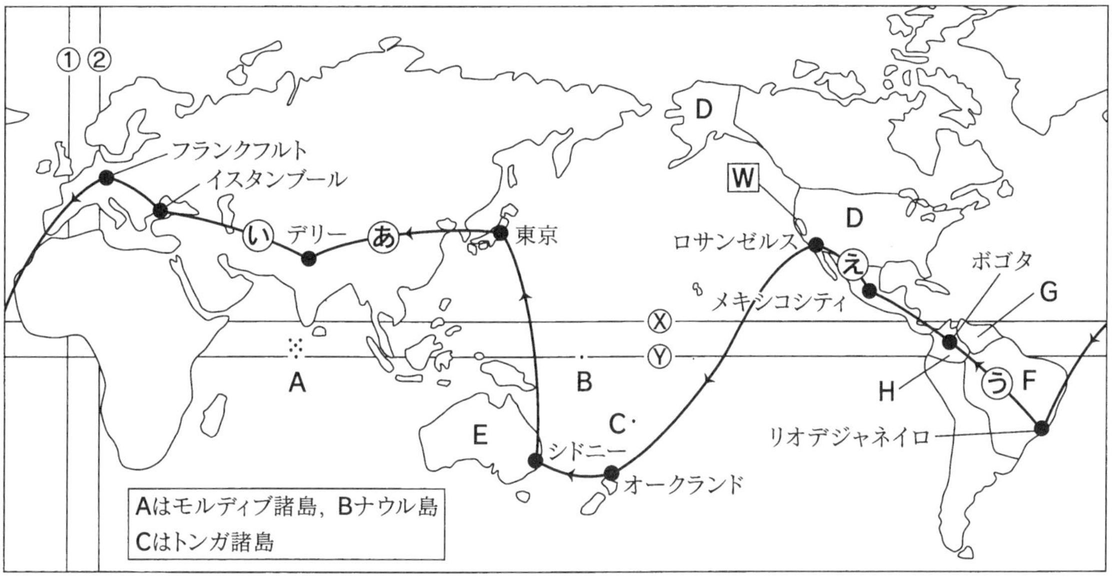

問１　ゆり子さんは旅の途中，赤道と本初子午線を通過した。**略地図**中の，Ⓧ・Ⓨのいずれかが赤道，①・②のいずれかが本初子午線を示している。その正しい組み合わせを，**あ〜え**から一つ選べ。

	あ	い	う	え
赤道	Ⓧ	Ⓧ	Ⓨ	Ⓨ
本初子午線	①	②	①	②

問２　**略地図**中のデリーを首都とする国の，伝統的民族衣装の説明文にあてはまるものを，**あ〜え**から一つ選べ。

一枚の布を体に巻きつけて着用する衣服で，通気性が良いため汗をかいてもすぐに蒸発する。

あ

い

う

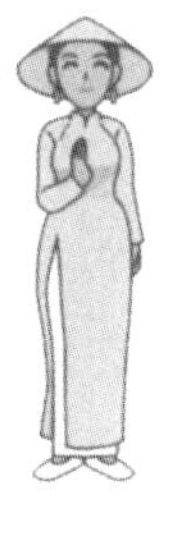

え

問３　**略地図**中のフランクフルトの気候と同じ気候区の雨温図を，**あ〜え**から一つ選べ。

あ

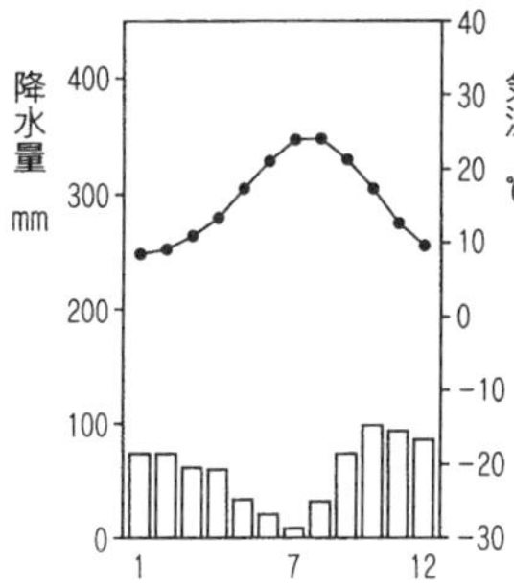

い

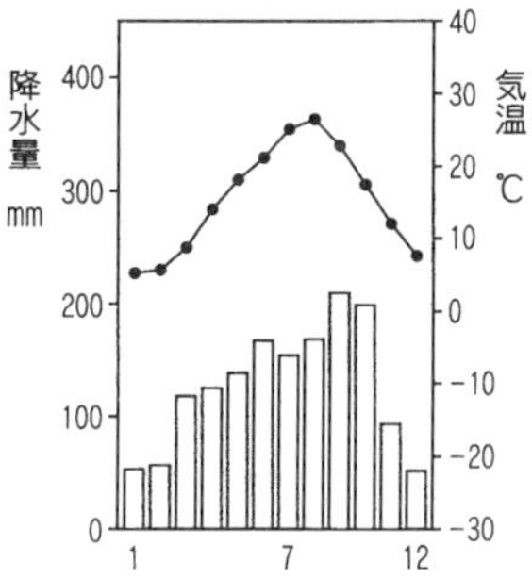

う

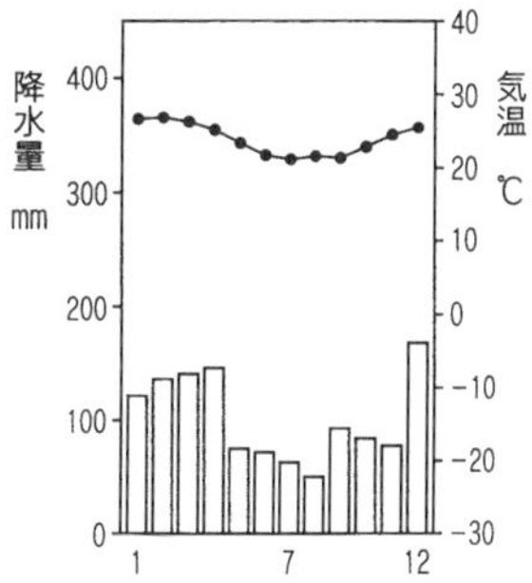

え

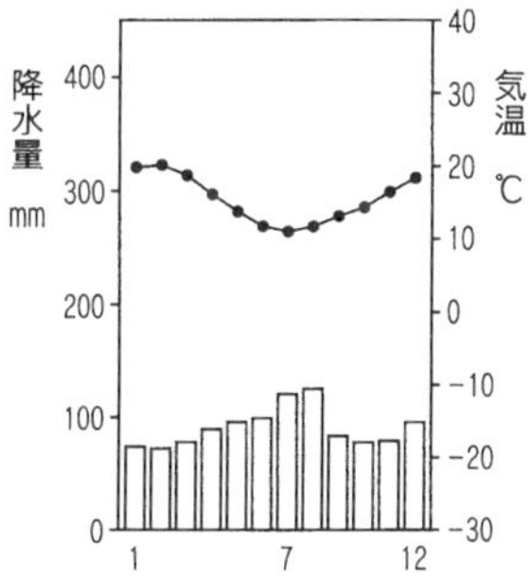

「理科年表（2020年）」による

問４　ゆり子さんは航空機の窓から森林の中を流れるアマゾン川を眼下に見ることができた。アマゾン川上空を飛行した地点を，**略地図**中の(あ)～(え)から一つ選べ。

問５　**略地図**中のＤ国とＥ国の農業について説明した文で**誤っているもの**を，**あ～え**から一つ選べ。

あ　両国の肉牛は，フィードロットとよばれる肥育場で飼育されている。

い　両国の小麦の輸出量（2017 年）は，世界の第１位はＤ国，第２位はＥ国である。

う　両国とも，日本の肉類輸入の貿易相手国（2019 年）で，第１位はＤ国，第２位はＥ国である。

え　両国とも，穀物自給率（2017 年）は 100％を上回っている。

問６　次の**写真**Ⅰ・Ⅱは，**略地図**中のいずれかの都市に関連のある国のスポーツと料理を示したものである。この写真と説明文を読んで，文中［　1　］・［　2　］にあてはまる語句を答えよ。

写真Ⅰ

写真Ⅱ

【説明文】

写真Ⅰは，この国の先住民［　1　］の伝統的なおどり「ハカ」を，試合前に行うラグビーチームである。

写真Ⅱは，［　2　］を粉にした生地《きじ》を焼いたものに，肉や野菜をはさんだタコスである。

問７　**下の**Ｘ～Ｚのグラフは，**略地図**中の**Ｆ国**・**Ｇ国**・**Ｈ国**の輸出品目を示したものである。Ｘ～Ｚと国名との正しい組み合わせを，**あ～か**から一つ選べ。

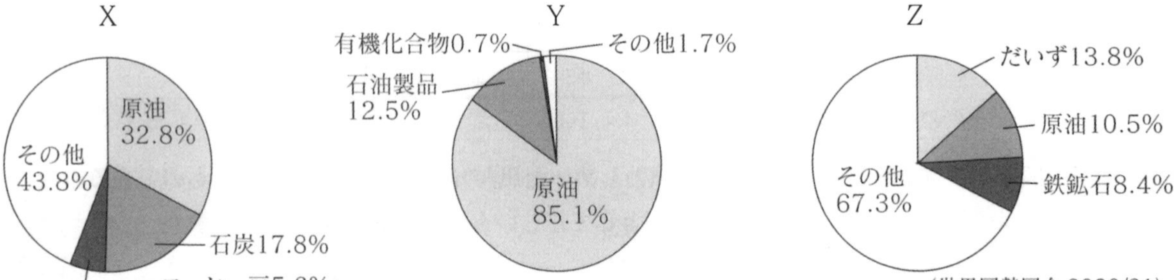

（世界国勢図会 2020/21）

	あ	い	う	え	お	か
Ｆ国	X	X	Y	Y	Z	Z
Ｇ国	Y	Z	X	Z	X	Y
Ｈ国	Z	Y	Z	X	Y	X

問８　次の文の［　　］にあてはまる語句を答えよ。

> **略地図**中の［　W　］には，先端技術産業にかかわる大学や研究機関，ＩＣＴ関連の企業が集中し，［　　］とよばれている。世界中から集まった研究者によって高度な技術の開発が進められている。

問９　**略地図**中の**Ａ～Ｃ**の諸島に共通する環境問題を，**あ～え**から一つ選べ。

あ　生活用水，工場排水などによる海洋汚染

い　海面上昇によるサンゴ礁の被害

う　伐採によるマングローブ林の減少

え　砂漠化による土地の荒廃

2 次の問いに答えなさい。

問１ 下の**写真Ⅰ**・**写真Ⅱ**は，**略地図Ⅰ**中①〜④のいずれかの島を撮影したものである。**写真Ⅰ**・**写真Ⅱ**と**略地図Ⅰ**を見て，次の(1)・(2)の問いに答えよ。

(1) **写真Ⅰ**・**写真Ⅱ**の島を説明した文中の下線部ⓐ・ⓑの正誤について正しい組み合わせを，**あ〜え**から一つ選べ。

(2) 下線部ⓒについて，なぜこの島を保全する必要があるのか，その理由を解答欄の文字に続けて答えよ。

> この島はⓐ南鳥島で，島の位置はⓑ**略地図**Ⅰ中の④である。島はサンゴ礁でできており，満潮時には東小島《ひがしこじま》と北小島《きたこじま》の二つの島が海面上に出るだけになってしまう。日本政府は，ⓒ島が水没しないように消波ブロックやコンクリートで護岸工事をほどこして，保護している。

写真Ⅰ

（工事前の島）

写真Ⅱ

（工事後の島）

略地図Ⅰ

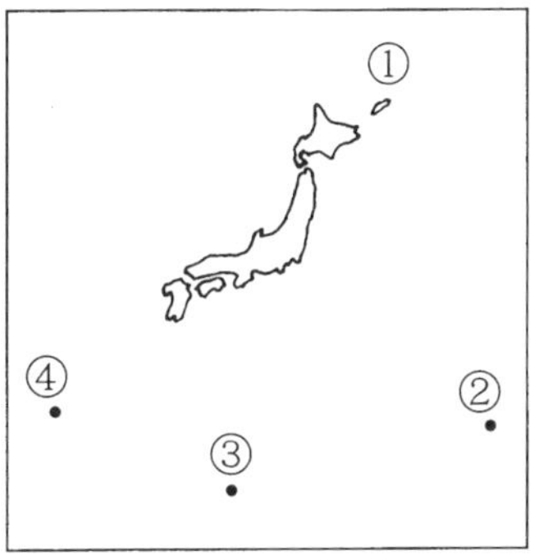

（①〜④は，日本の東西南北端の島）

	あ	い	う	え
ⓐ	正	正	誤	誤
ⓑ	正	誤	正	誤

問２ **図１**は，本州の季節風（かわいた風としめった風）の向きを模式図で示したものである。日本海側に雪をもたらす冬の季節風の向きを示した図として正しいものを，**あ〜え**から一つ選べ。

図１

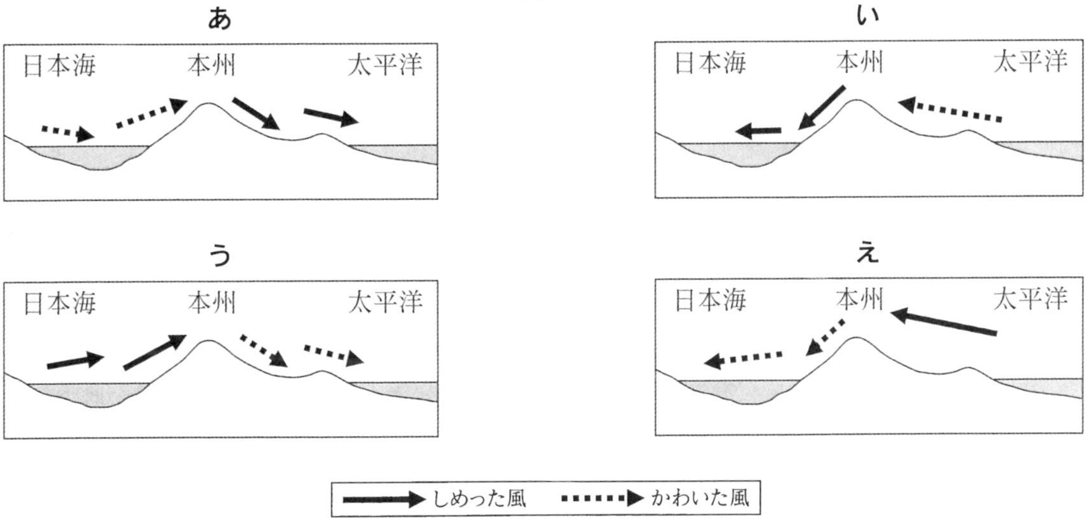

問３　下の表は，農・水産物の主な産地の割合(%)を示したものである。表中の①～③の県にあてはまる組み合わせとして正しいものを，**あ～か**から一つ選べ。

	1位	2位	3位
米	新潟　8.3	①　7.5	秋田　6.7
キャベツ	②　18.8	愛知　16.7	千葉　8.5
うなぎ	③　42.2	愛知　22.9	宮崎　16.8

	あ	**い**	**う**	**え**	**お**	**か**
①	千葉	北海道	愛知	群馬	長野	宮崎
②	北海道	群馬	秋田	長野	宮崎	鹿児島
③	秋田	鹿児島	千葉	新潟	群馬	秋田

(日本国勢図会 2020/21 より作成)

問４　都市問題について，文中の［　X　］・［　Y　］にあてはまる語句の正しい組み合わせを，**あ～え**から一つ選べ。

> 大都市はさまざまな課題をかかえているだけでなく，［　X　］も高かったため，都心の人口は減少し，郊外のニュータウンなどの人口が増加する［　Y　］化現象がおきた。しかし，1990 年代以降は都市再開発が進み，再び都心に近い地域で人口が増加するようになった。

	あ	**い**	**う**	**え**
X	人口密度	人口密度	地　価	地　価
Y	ヒートアイランド	ドーナツ	ヒートアイランド	ドーナツ

問５　右の**図２**中の**あ～え**の都市は，熊本市・福岡市・川崎市・大阪市である。棒グラフは，昼間人口と夜間人口を示している。各都市の特色を考えて，福岡市にあてはまるものを，図中**あ～え**から一つ選べ。

図２

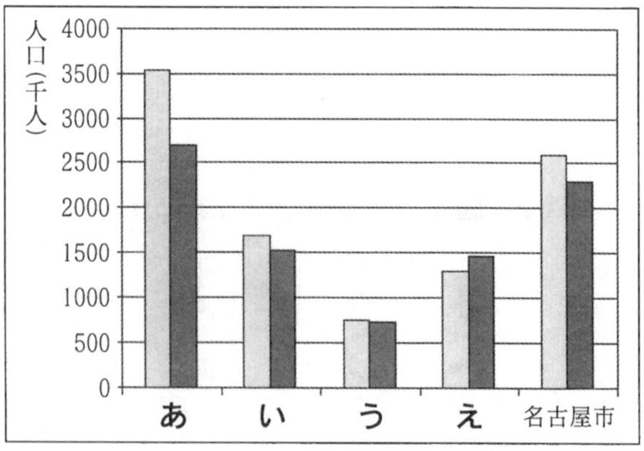

(平成 27 年国勢調査より作成)

問６　次の(1)・(2)の文にあてはまる県の位置を，**略地図Ⅱ**中の**あ～お**から選べ。

(1)　眼鏡フレームの国内生産量の約９割を，この県が占めている。

(2)　スプーンやフォークなど金属洋食器の国内生産量の９割以上を，この県が占めている。

略地図Ⅱ

問７　日本列島側のプレートと太平洋側のプレートがぶつかる三陸海岸沖には，古くから地震が多く発生している。**略地図Ⅲ**中の●は，1990年～2020年のマグニチュード 7.0 以上の三陸沖で発生した主な地震の震源地である。図中の **A** の海溝名と斜線部 **X** のプレート名の正しい組み合わせを，**あ**～**か**から一つ選べ。

	A	X
あ	南海トラフ	ユーラシア
い	南海トラフ	フィリピン海
う	南海トラフ	北アメリカ
え	日本海溝	ユーラシア
お	日本海溝	フィリピン海
か	日本海溝	北アメリカ

略地図Ⅲ

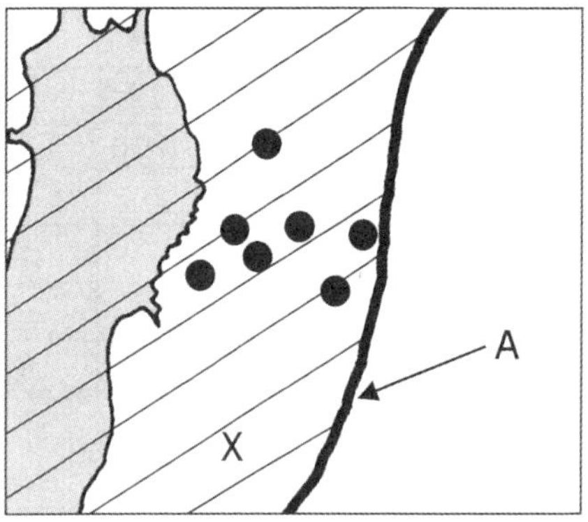

（気象庁震度データベースより作成）

問８　**図３**の地形図を説明した下の各文で，正しいものを，**あ**～**え**から一つ選べ。

あ　図上で，およそ 1.2㎝で示されている小島橋の実際の長さは約 300ｍである。

い　川は矢印 ➡ の方向に流れている。

う　図中 ⬭ で示した ó では茶が栽培されている。

え　永徳寺の集落は火砕流の自然災害に見舞われる可能性がある。

図３

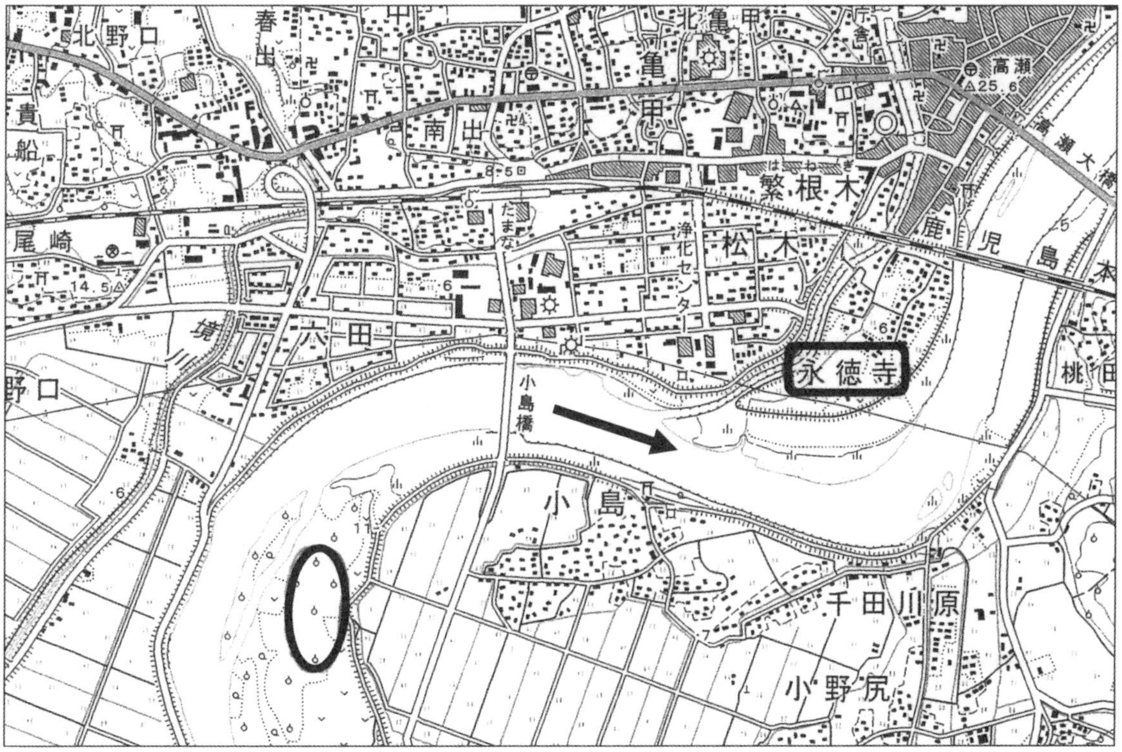

（国土地理院発行２万５千分の１地形図「玉名」の一部を拡大したものである）

3 次のA～Eは，ある条約の一部内容を示したものである。それぞれに関して，あとの問いに答えなさい。ただし，条約の内容はすべて部分要約である。

A

第3条　下田《しもだ》・函館《はこだて》のほか，神奈川《かながわ》，長崎《ながさき》，新潟，兵庫《ひょうご》を開港すること。…神奈川を開いた6か月後，下田を閉ざすこと。

第4条　全て日本に対して輸出入する商品は別に定めるとおり，日本政府へ関税を納めること。…アヘンの輸入は禁止する。もしアメリカ商船がアヘンを※3斤《きん》以上を持ってきた場合は，超過《ちょうか》分は没収《ぼっしゅう》する。　※3斤…約1.8kg

第6条　日本人に対して法を犯《おか》したアメリカ人は，…アメリカの法律によってばっすること。

B

・ロシアは，韓国における日本の優越権《ゆうえつけん》を認めること。
・ロシアは，旅順《りょじゅん》や大連《だいれん》の租借《そしゃく》権，長春《ちょうしゅん》以南の鉄道利権を日本にゆずること。
・ロシアは，北緯《ほくい》50度以南の樺太《からふと》(サハリン)を日本にゆずること。
・ロシアは，沿海州《えんかいしゅう》・カムチャツカ半島周辺での日本の漁業権を認めること。

C

第1条　連合国は，日本国とその領海に対する日本国民の完全な主権を承認《しょうにん》する。

第2条　日本国は，朝鮮の独立を承認し，全ての権利を放棄《ほうき》する。
日本国は，(　X　)と澎湖《ほうこ(ポンフー)》諸島に対する全ての権利を放棄する。
日本国は，千島《ちしま》列島と，上記Bで得た樺太の一部に対する全ての権利を放棄する。

D

・中国(清)は，(　Y　)島をイギリスにゆずりわたすこと。
・中国(清)は，賠償金《ばいしょうきん》として2100万ドルをイギリスに支払《しはら》うこと。
・中国(清)は，広州《こうしゅう》，福州《ふくしゅう》，厦門《アモイ》，寧波《ねいは(ニンポー)》，上海《シャンハイ》の5港を開港すること。
・中国(清)は，※公行《こうこう(コホン)》を廃止し，自由な貿易を行うこと。

※公行…広州で外国との貿易の独占《どくせん》を許された商人の組合

E

・中国(清)は，朝鮮の独立を認めること。
・中国(清)は，遼東半島，(　X　)，澎湖諸島を日本にゆずりわたすこと。
・中国(清)は，賠償金2億両(テール：当時の日本円で約3億1000万円)を日本に支払うこと。

問１　（　Ｘ　）・（　Ｙ　）に入る語句を答えよ。

写真Ⅰ

「ビゴー筆　美術同人社蔵」

問２　Ａは日本にとって不平等条約である。右の**写真Ⅰ**の事件結果を参考にして，第６条から読みとれる不平等条約の内容を，簡潔に答えよ。

問３　右の**写真Ⅱ**は，Ｂが締結された後に東京でおこった暴動を示したものである。この暴動がおこった理由を，Ｂの内容を踏まえたうえで簡潔に答えよ。

写真Ⅱ

『風俗画報』
東京大学法学部附属明治新聞雑誌文庫蔵

問４　Ｃの下線部について，(1)・(2)の問いに答えよ。

(1)　下の**略地図Ⅰ・Ⅱ**は，朝鮮半島とその周辺の国々を示したものである。（　Ｘ　）・（　Ｙ　）の国名の正しい組み合わせを，**あ**～**か**から一つ選べ。

略地図Ⅰ（７世紀前半）

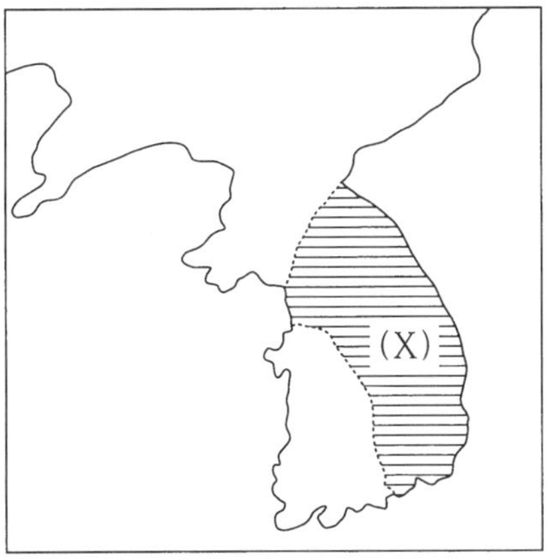

略地図Ⅱ（８世紀）

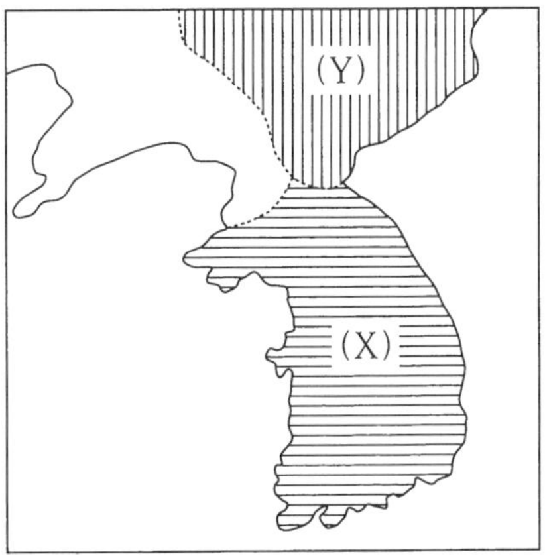

	（　Ｘ　）	（　Ｙ　）
あ	新羅	高句麗
い	百済	高句麗
う	百済	渤海
え	新羅	渤海
お	百済	高麗
か	新羅	高麗

(2)　右の**写真Ⅲ**は，15世紀に朝鮮で作成された文字である。この文字を何というか，答えよ。

写真Ⅲ

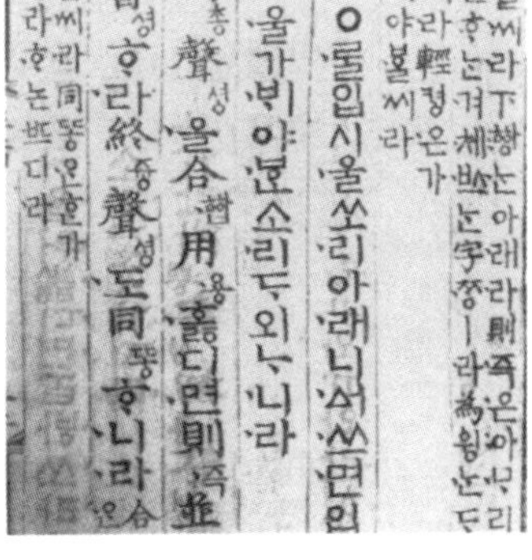

問５　Ａ～Ｅを締結された順に並び替えたとき，３番目にくるものを選び，記号で答えよ。

4 次のA～Eは日本でおこったできごとである。それぞれのできごとについて，あとの問いに答えなさい。

A

（　1　）天皇の没後，<u>弟の大海人皇子と息子の大友皇子が皇位をめぐって争いました</u>。その結果，弟の大海人皇子が勝利して（　2　）天皇となり天皇の権威を高め，反対する豪族らをおさえて，政治の改革を一気に進めました。

問1　（　1　）・（　2　）に入る天皇名の正しい組み合わせを，**あ～か**から一つ選べ。

	あ	い	う	え	お	か
（　1　）	桓武	推古	天武	天智	聖武	天智
（　2　）	天智	聖武	天智	桓武	推古	天武

問2　A中の下線部の争いを何というか答えよ。

B

①　院政をめぐる天皇家や藤原氏の争いが起こると，院の警護する源氏や平氏の武士たちは，これを武力で解決して急速に地位を高めました。

②　さらに，院政のもとでの権力争いが起こると，源氏と平氏は敵対して戦い，この争いに勝利した平氏が，<u>平清盛</u>を中心に勢力をふるいました。

問3　Bは2つの争いを説明している。どちらも京都を中心におこったものであるが，1156年におこった①の争いを何というか答えよ。

問4　B中の下線部について述べた文として**誤っているもの**を，**あ～え**から一つ選べ。

あ　関東での平将門の乱や，西国での藤原純友の乱を鎮圧した。

い　武士としてはじめて朝廷の最高の役職である太政大臣になった。

う　瀬戸内海の航路や摂津(兵庫県)の港を整備し，中国の宋と盛んに貿易を行った。

え　娘の徳子を高倉天皇のきさきにしてさらに権力を強め，朝廷の政治の実権をにぎった。

C

朝廷の勢力を回復しようとしていた（　3　）上皇は，第3代将軍（　4　）が殺害される事件が起こると，この混乱の中で，幕府をたおそうと兵を挙げました。しかし幕府は大軍を送ってこれを破り，（　3　）上皇を隠岐(島根県)に流しました。

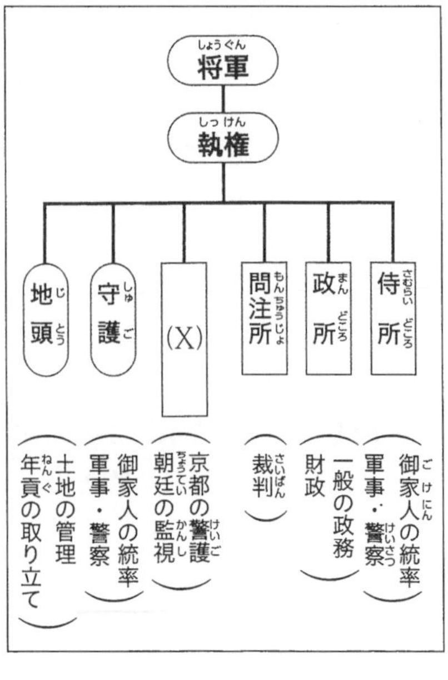

問5　（　3　）に入る上皇名を，**あ～え**から一つ選べ。

あ　白河　　**い**　後白河　　**う**　鳥羽　　**え**　後鳥羽

問6　（　4　）に入る将軍名を，**あ～え**から一つ選べ。

あ　源頼家　　**い**　源実朝　　**う**　北条泰時　　**え**　北条時宗

問7　右の図は，Cの混乱を収拾した後の幕府のしくみである。図中（　X　）の名称を答えよ。

問8　Cの時代の作品と，その作者の正しい組み合わせを，**あ**～**え**から一つ選べ。

	あ	**い**	**う**	**え**
作品	方丈記	方丈記	奥の細道	奥の細道
作者	松尾芭蕉	鴨長明	松尾芭蕉	鴨長明

D

第８代将軍（　５　）のときに将軍のあとつぎ問題をめぐって，有力な守護大名であった（　６　）と山名持豊(宗全)が対立すると，11 年にわたる戦乱が始まりました。東軍，西軍に分かれたこの戦乱は京都から全国に広がり，地方の社会に新たな動きが始まりました。

問9　（５）・（６）に入る人名の正しい組み合わせを，**あ**～**え**から一つ選べ。

	あ	**い**	**う**	**え**
（５）	足利義政	足利義政	足利義満	足利義満
（６）	細川勝元	今川義元	細川勝元	今川義元

問10　右の図は，Dの時代の幕府のしくみである。図中（ Y ）の名称を答えよ。

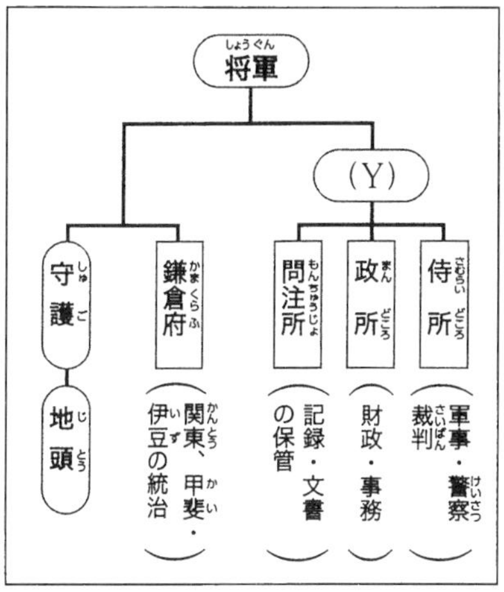

問11　Dがおこった世紀の，世界の状況として正しいものを，**あ**～**え**から一つ選べ。

あ　ローマ教皇(法王)により十字軍が派遣された。

い　羅針盤の実用化により大航海時代が始まった。

う　マルコ・ポーロが，日本を「黄金の国ジパング」としてヨーロッパに紹介した。

え　ローマ教皇(法王)による免罪符販売を批判して，ルターやカルバンが宗教改革を始めた。

E

元大阪町奉行所の役人で陽明学者であった（　７　）は奉行所の対応に不満を持ち，弟子とともに大商人をおそい，米や金をききんで苦しむ人々に分けようとしました。

問12　（　７　）に入る人名を，**あ**～**え**から一つ選べ。

あ　渡辺崋山　　**い**　木戸孝允　　**う**　大塩平八郎　　**え**　天草四郎

問13　Eは天保年間におこったものである。この期間におこったできごととして正しいものを，**あ**～**え**から一つ選べ。

あ　田沼意次は，商工業者が株仲間を作ることを奨励し，特権を与える代わりに営業税を取った。また，印旛沼(千葉県)の干拓も行った。

い　水野忠邦は，風紀や出版を統制し，ぜいたくを禁じたほか，株仲間を解散させ，江戸に流入した人を農村に帰らせた。

う　坂本竜馬は，薩摩藩と長州藩の間を仲介し，薩長同盟を結ばせた。

え　松平定信は，朱子学を重んじ，湯島聖堂の学問所(のちの昌平坂学問所)での人材育成に努めた。

5　日本国憲法の条文を読み，あとの問いに答えなさい。

前　文

日本国民は，正当に選挙された国会における代表者を通じて行動し，われらとわれらの子孫のために，諸国民との協和による成果と，わが国全土にわたつて自由のもたらす恵沢を確保し，政府の行為によつて再び戦争の惨禍が起ることのないやうにすることを決意し，ここに［　1　］が国民に存することを宣言し，この憲法を確定する。そもそも国政は，国民の厳粛な信託によるものであつて，その権威は国民に由来し，その権力は国民の代表者がこれを行使し，その福利は国民がこれを享受する。これは人類普遍の原理であり，この憲法は，かかる原理に基くものである。

第９条

①　日本国民は，正義と秩序を基調とする国際平和を誠実に希求し，国権の発動たる［　2　］と，武力による威嚇又は武力の行使は，国際紛争を解決する手段としては，永久にこれを放棄する。

②　前項の目的を達するため，陸海空軍その他の戦力は，これを保持しない。国の交戦権は，これを認めない。

第14条

①　すべて国民は，［　3　］に平等であつて，人種，信条，性別，社会的身分又は門地により，政治的，経済的又は社会的関係において，差別されない。

②　華族その他の貴族の制度は，これを認めない。

③　栄誉，勲章その他の栄典の授与は，いかなる特権も伴はない。栄典の授与は，現にこれを有し，又は将来これを受ける者の一代に限り，その効力を有する。

問１　文中の［　1　］～［　3　］に適する語句を答えよ。

問２　下線部の理念に最も近い文を，**あ**～**え**から一つ選べ。

あ　人民の人民による人民のための政治を地上から絶滅させない。
い　すべて国民は，健康で文化的な最低限度の生活を営む権利を有する。
う　国会は，国権の最高機関であつて，国の唯一の立法機関である。
え　国民は，すべての基本的人権の享有を妨げられない。

問３　PKO（国連平和維持活動）協力法にもとづいて，自衛隊が初めて派遣された国を，地図中の**あ**～**え**から一つ選べ。

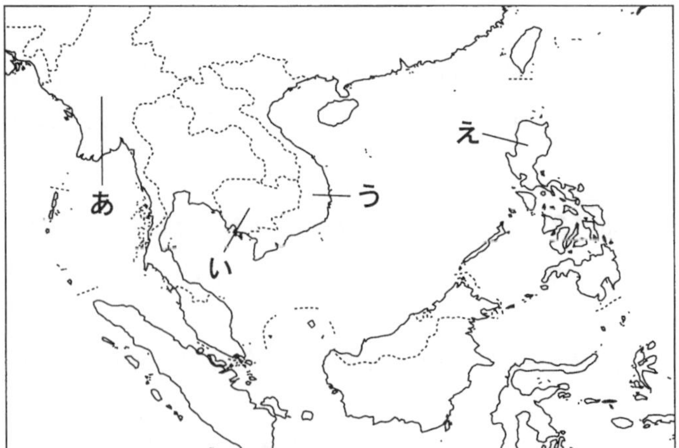

問４　次の事項は人権に関する条約や法律である。採択年・制定年の古い順に並んでいるものを，**あ**～**え**から一つ選べ。

あ　世界人権宣言　→　子どもの権利条約　→　国際人権規約
い　国際人権規約　→　世界人権宣言　→　子どもの権利条約
う　女子差別撤廃条約　→　男女雇用機会均等法　→　男女共同参画社会基本法
え　男女共同参画社会基本法　→　男女雇用機会均等法　→　女子差別撤廃条約

問５　次の図は，三権の抑制と均衡について示したものである。図中の⟶　X・Y　にあてはまる用語の組み合わせとして正しいものを，**あ**～**え**から一つ選べ。

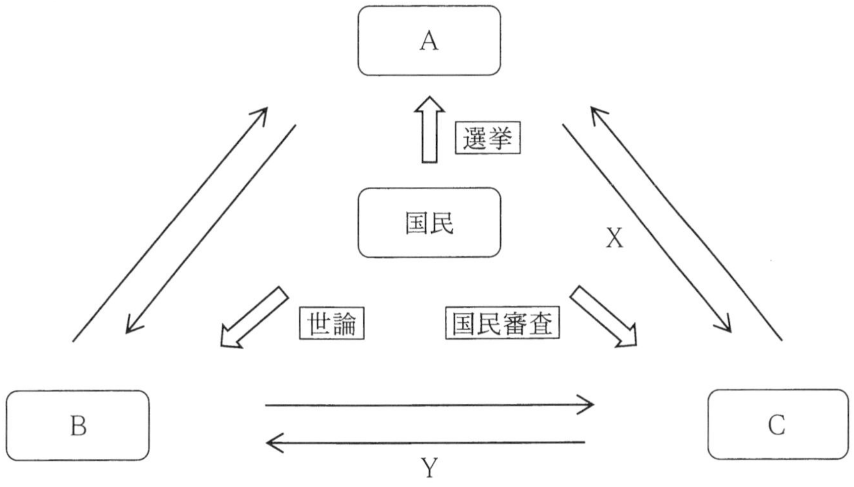

あ	X：弾劾裁判	Y：違憲立法審査
い	X：弾劾裁判	Y：命令・規則・処分の違法性の審査
う	X：国会に対する連帯責任	Y：内閣不信任決議
え	X：違憲立法審査	Y：命令・規則・処分の違法性の審査

問６　国会に関する説明として**誤っているもの**を，**あ**～**え**から一つ選べ。

あ　衆議院と参議院は国政調査権を持ち，政治全般について調査をすることができる。
い　国会議員には，国会の会期中は原則として逮捕されないという特権がある。
う　国会で行われる法案審議は，すべて閣議の了解を得たうえで行われる。
え　予算は，さきに衆議院に提出しなければならない。

問７　日本の司法制度に関する説明として**誤っているもの**を，**あ**～**え**から一つ選べ。

あ　検察審査会は，国民から選ばれた検察審査員で構成され，検察官が事件を起訴しなかったことについて，そのよしあしを判断する機関である。
い　弁護士などの法律家が少ない地域をふくめ，だれもが身近に法律相談を受けられるよう，日本司法支援センター(法テラス)が各地に設立されている。
う　経済的な理由などにより弁護人を依頼できないときは，国が費用を負担して弁護人をつけることになっている。
え　有罪が確定した後で，無罪となる証拠が新たに発見された場合には，裁判をやり直す再審制度が設けられているが，再審によって無罪になった例はない。

問８　現在，日本の衆議院の選挙制度は，小選挙区制と比例代表制を組み合わせて行われているが，比例代表制を取り入れるメリットについて，10字以上20字以内で説明せよ。

令和３年度　樟南高校入試問題　理　科　　（解答…214Ｐ）

1

次の文章を読み，以下の各問いに答えなさい。

細胞に必要な養分や酸素は，$_{\rm A}$血液の流れによって$_{\rm B}$全身の細胞まで運ばれる。ヒトでは，全身に張りめぐらされた$_{\rm C}$血管と，$_{\rm D}$心臓のはたらきによって循環する。心臓から肺，肺から心臓という血液の流れを肺循環，心臓から肺以外の全身を通り，心臓に戻る血液の流れを体循環という。

(1)　下線部Ａについて，**図１**は血液の血球成分を示している。

①　赤血球と白血球を表しているのはどれか。
X～Zから適当なものをそれぞれ１つ選び，記号で答えよ。

②　血小板のはたらきを書け。

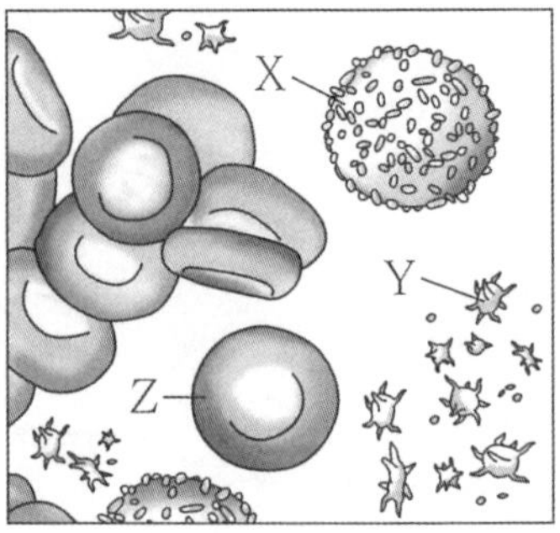

図１

(2)　下線部Ｂについて，赤血球に含まれるヘモグロビンは酸素の運搬にかかわる物質である。全身の細胞に酸素が届けられるしくみについて述べた次の**ア**～**エ**から適当なものを１つ選び，記号で答えよ。

ア　ヘモグロビンは酸素が多いところで酸素をはなす性質をもつ。
イ　ヘモグロビンは酸素が少ないところで酸素と結びつく性質をもつ。
ウ　赤血球のヘモグロビンが毛細血管のかべを通り抜けて，細胞へ酸素を届ける。
エ　赤血球のヘモグロビンは毛細血管のかべを通り抜けられないが，酸素を含んだ血しょうがしみ出ることで，酸素が細胞へ届けられる。

(3)　下線部Ｃについて，静脈内にある血液の逆流を防ぐ役割をするものを何というか。

(4)　下線部Ｄについて，**図２**は正面から見た心臓の模式図であり，矢印は血液の流れを示している。

①　４つの部屋(P～S)のうち，最も筋肉の壁が厚いのはどこか。１つ選び，記号で答えよ。

②　４つの部屋(P～S)のうち，動脈血が流れているのはどこか。すべて選び記号で答えよ。

③　あるヒトの場合，１回の心拍で右心室と左心室からそれぞれ80mLの血液が送り出され，１分間あたりの心拍数は75回である。体内の血液量を5000mLとすると，左心室から出た血液が左心房へ到達するまで何秒かかるか。

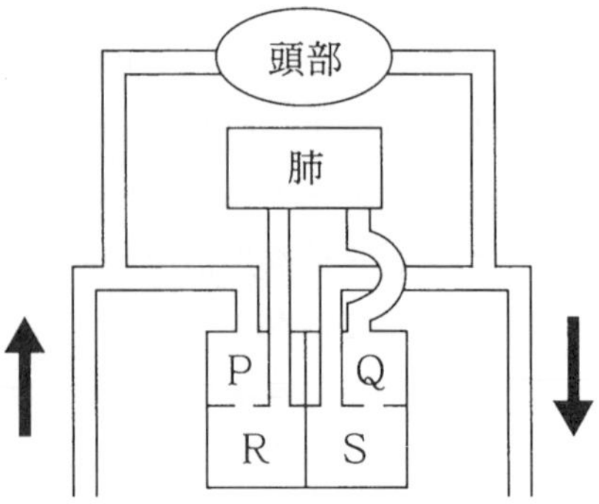

図２

2 校庭や学校周辺の様々な植物を観察し，①～⑤の特徴からＡ～Ｆの各グループに分類した。以下の各問いに答えなさい。

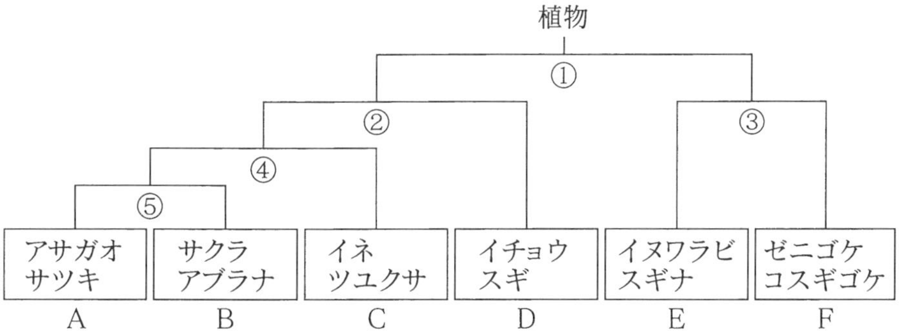

(1) 植物を手にとってルーペで観察をするときの，ルーペの使い方について述べた以下の文章について，(Ｘ)と(Ｙ)に入る正しい組み合わせを次の**ア～エ**から１つ選び，記号で答えよ。

「ルーペはできるだけ(Ｘ)，次に(Ｙ)を前後に動かして，よく見える位置を探すようにする。」

	X	Y
ア	目に近づけ	ルーペ
イ	目に近づけ	観察するもの
ウ	目から離し	ルーペ
エ	目から離し	観察するもの

(2) ①では，植物の「子孫の残し方」の違いによってＡ～ＤとＥ・Ｆに分類できる。グループＥ・Ｆは種子ではなく，何でふえるか。

(3) ②では，(Ｚ)が子房で包まれているか，いないかの違いによってＡ～ＣとＤに分類できる。(Ｚ)に入る適語を書け。

(4) ③のＥとＦの間では「根・茎・葉の有無」と「維管束の有無」の違いがある。ＥとＦに関して適当なものを次の**ア～エ**からそれぞれ選び，記号で答えよ。

ア 根・茎・葉の区別があり，維管束もある。
イ 根・茎・葉の区別はあるが，維管束はない。
ウ 根・茎・葉の区別はないが，維管束はある。
エ 根・茎・葉の区別がなく，維管束もない。

(5) ④は子葉の違いでＡ・ＢとＣに分類できる。Ｃのグループの根の特徴(a, b)，茎の維管束(c, d)，葉脈のようす(e, f)について，正しい組み合わせを次の**ア～ク**から１つ選び，記号で答えよ。

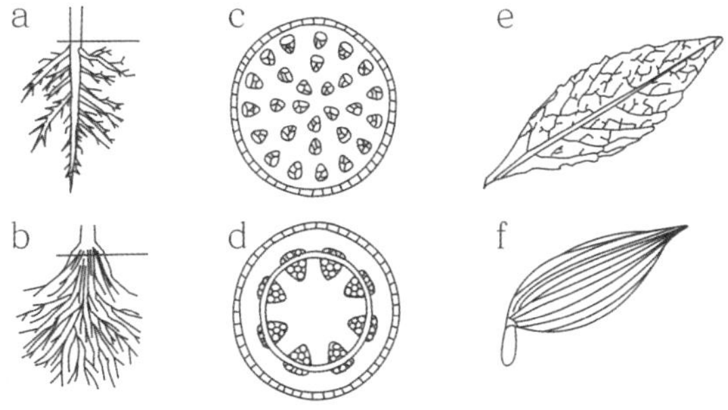

	根の特徴	茎の維管束	葉脈のようす
ア	a	c	e
イ	a	c	f
ウ	a	d	e
エ	a	d	f
オ	b	c	e
カ	b	c	f
キ	b	d	e
ク	b	d	f

(6) ⑤は花弁のつき方の違いでＡとＢに分類できる。Ａのなかまを何というか。植物の分類名で答えよ。

3　空気中の水蒸気が水滴に変わる温度を調べるために，金属製のコップ，温度計，ガラス棒を準備して，**図**に示したように実験を行った。**表**は，気温(℃)と飽和水蒸気量(g/m^3)の関係を示したものである。以下の各問いに答えなさい。

実験

[操作 1]　金属製のコップに水を入れて，しばらく放置した。温度計で水温を測ったところ，20℃であった。
[操作 2]　ガラス棒で金属製のコップの中の水をかき混ぜながら，少しずつ氷水を加えた。
結　果　金属製のコップの表面がくもってきた。

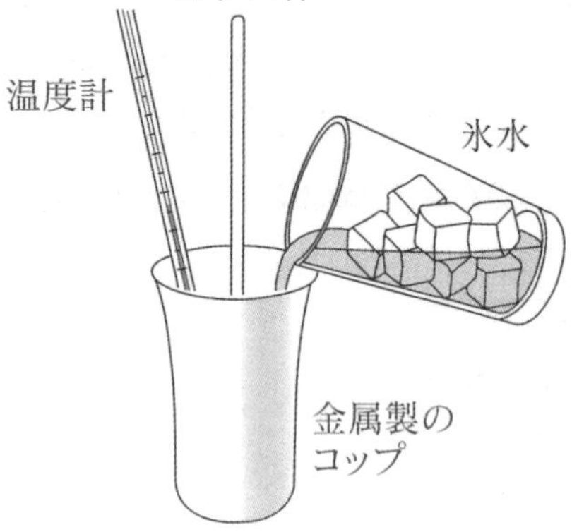

図

気温(℃)	0	5	10	15	20	25	30
飽和水蒸気量(g/m^3)	4.8	6.8	9.4	12.8	17.3	23.1	30.4

表

(1)　この実験の操作 1 でコップに入れた水をしばらく放置した理由を，20 字以内で答えよ。

(2)　この実験の結果から説明できることは，コップのまわりの空気が冷やされ，空気中にふくむことができなくなった水蒸気が小さな水滴になってコップの表面についたからである。この水滴ができはじめる温度を(　X　)という。
(　X　)に入る適切な言葉を漢字 2 字で答えよ。

(3)　(2)の(　X　)に関して，次の**ア**～**エ**のうち，(　X　)に達したために起こる現象として**適当でないもの**はどれか。1 つ選び，記号で答えよ。

ア　冷房をつけていたら，冷房の冷気の吹き出し口に水滴がついていた。
イ　冷凍庫の製氷皿に，ぬれた指でふれるとくっついた。
ウ　閉めきった部屋で暖房器具と加湿器をつけていたら，窓ガラスがくもった。
エ　冷蔵庫から冷えた缶コーヒーを取り出したところ，缶の表面がぬれてきた。

(4)　氷水を入れて金属製のコップがくもりはじめたときの温度は 15℃であった。このときの空気の湿度は何 % か。答えは小数第 1 位を四捨五入して，整数で答えよ。

(5)　(4)の状態からさらに氷水を加えて温度を 5℃まで下げた。このとき，空気 $1m^3$ あたり何 g の水蒸気が水滴となるか。

(6)　30℃の空気 $1m^3$ の湿度が 40% であった。この空気中にふくまれている水蒸気量は約何 g か。答えは小数第 1 位を四捨五入して，整数で答えよ。

4 次の文章を読み，以下の各問いに答えなさい。

地震の波は（ ① ）波と（ ② ）波があり，（ ① ）波と（ ② ）波の伝わる速さのちがいを利用して，緊急地震速報の活用が進められている。緊急地震速報とは，地震が発生したときに震源に近い地震計で（ ① ）波を感知し，瞬時に各地の（ ② ）波の到着時刻を予測して，a被害を減らすシステムである。

表は，bゆれが発生したある地域における観測地点A～Dでの（ ① ）波，（ ② ）波の到着時刻をまとめたものである。ただし，この地域では（ ① ）波と（ ② ）波はそれぞれ一定の速さで伝わるものとする。

観測地点	（ ① ）波の到着時刻	（ ② ）波の到着時刻	震源からの距離
A	14時15分01秒	14時15分04秒	24km
B	14時15分06秒	14時15分14秒	64km
C	14時15分10秒	14時15分22秒	96km
D	14時15分04秒	14時15分10秒	（ ③ ）km

表

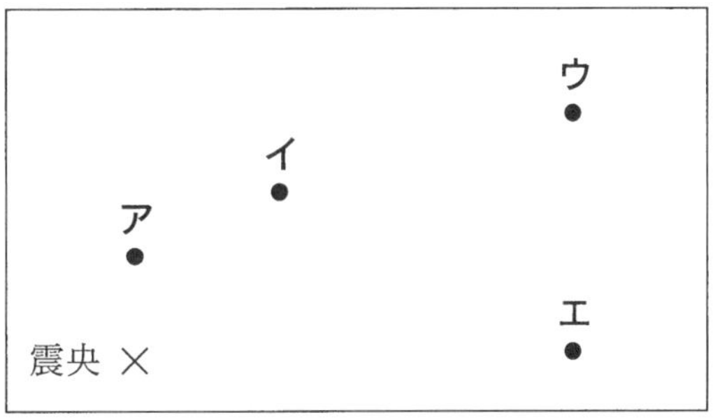

図

(1) （ ① ）と（ ② ）に入るアルファベット1字をそれぞれ答えよ。

(2) B地点における初期微動継続時間は何秒か。

(3) **表**の（ ③ ）を整数値で求めよ。

(4) **図**はある地域を真上から見たものであり，×は震央，**ア～エ**は観測地点A～Dのいずれかである。観測地点Cについて，図の**ア～エ**の中から1つ選び，記号で答えよ。

(5) この地震の地震発生時刻を求めよ。

(6) 下線部aについて，地震によって地面が急にやわらかくなることによって泥水がふき出すことがある。この現象を何というか。

(7) 下線部bについて，震度に関して述べた以下の文章の（ ④ ）～（ ⑥ ）にあてはまる数字をそれぞれ書け。

「震度は，震度（ ④ ）から最大震度（ ⑤ ）までの計（ ⑥ ）段階ある。」

5 水の電気分解と，発生した気体の反応を調べるために，次の実験 1，2 を行った。この実験に関して，以下の各問いに答えなさい。

実験 1

図 1 のように，2 本の炭素電極を電極とする装置を用いて，管 A，B の上端まで，うすい水酸化ナトリウム水溶液を満たした後，水の電気分解を一定時間行ったところ，管 A，B に気体が集まった。

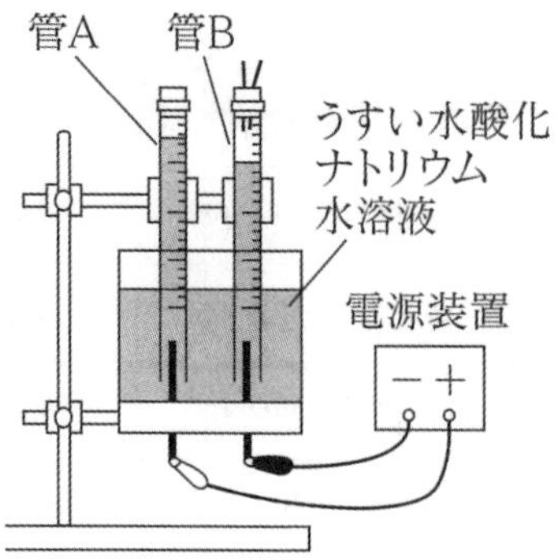

図 1

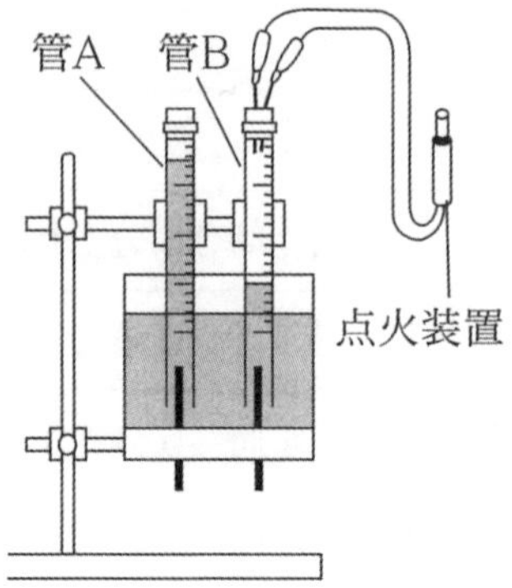

図 2

実験 2

図 2 のように，管 B に気体が 5.0cm^3 集まったところで，電源装置をはずし，管 B の下から空気 10.0cm^3 を加えて混合気体をつくった。この混合気体に点火装置で点火し，完全に反応させた。

(1) 実験 1 について，次の①〜③の各問いに答えよ。

① 水酸化ナトリウムのように，水溶液中で陽イオンと陰イオンに分かれる物質を何というか。その用語を答えよ。

② 水を電気分解したときの化学変化を，化学反応式で書け。

③ 管 A に集まった気体と同じ気体を発生させる他の方法として，次の**ア**〜**エ**から適当なものを 1 つ選び，記号で答えよ。

ア 塩化アンモニウムと水酸化カルシウムの混合物を加熱する。
イ 二酸化マンガンにオキシドールを加える。
ウ 鉄にうすい硫酸を加える。
エ 酸化銅と炭素粉末の混合物を加熱する。

(2) 実験 2 について，反応後の管 B に残った気体の体積は何 cm^3 になるか。ただし，窒素は空気の体積の 78% を，酸素は空気の体積の 21% を，その他の気体は空気の体積の 1% をそれぞれ占めており，窒素とその他の気体は，管 B に集まった気体と反応しないものとする。

6 水を用いた実験に関する次のⅠ・Ⅱの各問いに答えなさい。

Ⅰ. ある金属の密度を調べるために次の実験1を行った。

実験 1

[操作 1] **図 1** のように，ある金属の質量を電子天秤を用いて測定し，記録した。

[操作 2] **図 2** のように，100mL のメスシリンダーに 50mL の目盛りまで水を入れ，その中に操作 1 で用いた金属を入れ，目盛りを読みとり記録した。

結果 … 質量(g) 9.46g　　メスシリンダーの目盛りの読み[前 50.0　後(　X　)]

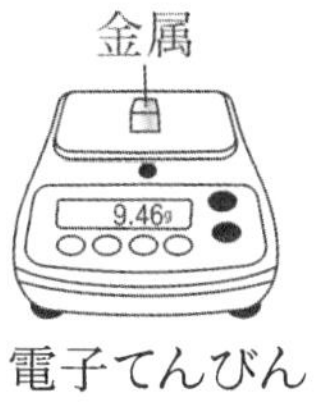

図 1

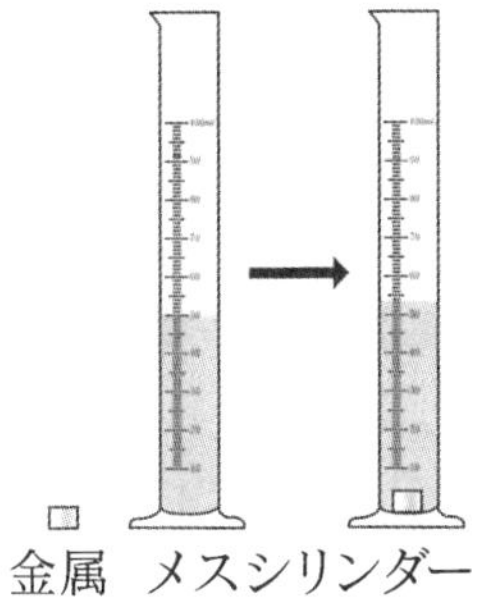

図 2

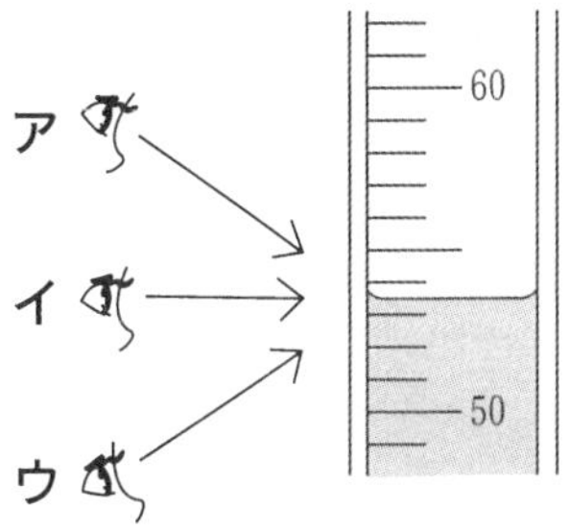

図 3

(1) **図 3** は，**図 2** の金属を入れたときの水面部分を拡大したものである。目盛りを読むときの目の位置として正しいのは，**図 3** の**ア**～**ウ**のどれか，1 つ選び記号で答えよ。

(2) 目盛りを読みとり，結果の(　X　)にあてはまる数値を答えよ。

(3) 結果をもとに金属の密度を求め，単位をつけて答えよ。ただし，1mL＝1cm^3であり，答えは小数第 2 位を四捨五入して，小数第 1 位まで答えよ。

(4) 鉄のかたまりとプラスチックのかたまりを液体の水に入れたところ，鉄のかたまりは沈み，プラスチックのかたまりは浮いた。このとき用いた，鉄，プラスチック，水をそれぞれ 10g ずつ用意してその体積を比較した。体積の大きい順に並べたものを次の**ア**～**カ**から 1 つ選び，記号で答えよ。

ア 鉄＞プラスチック＞水　　**イ** 鉄＞水＞プラスチック

ウ 水＞鉄＞プラスチック　　**エ** 水＞プラスチック＞鉄

オ プラスチック＞水＞鉄　　**カ** プラスチック＞鉄＞水

Ⅱ．固体の溶解度（100g の水にとける物質の質量［g］）の違いを調べるために，4 種類の結晶（硝酸カリウム，ミョウバン，塩化ナトリウム，砂糖）を用意し，次の実験 2 を行った。ただし，加熱による水の減少はないものとする。また，**図 4** は 4 種類の物質の溶解度と温度との関係を示したグラフであり，A～D は，4 種類の結晶のいずれかを示している。

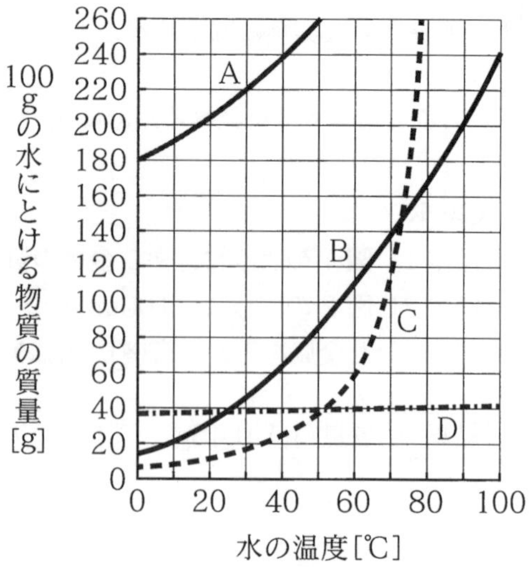

図 4

実験 2

［操作 1］

4 つのビーカーを用意し，それぞれに水を 100g 入れ，水温を 20℃に保った。

［操作 2］

4 種類の結晶を 50g ずつそれぞれ操作 1 のビーカーに入れ，よくかき混ぜた後，水溶液の温度を 20℃に保ちながら放置した。砂糖の結晶はすべてとけたが，他の 3 つの結晶にはとけ残りがあった。

［操作 3］

操作 2 で，とけ残りのあった 3 つの水溶液の温度を 40℃まで上げ，よくかき混ぜた後，40℃に保ちながら放置した。硝酸カリウムの結晶はすべてとけたが，他の 2 つの結晶にはとけ残りがあった。

［操作 4］

操作 3 で，とけ残りのあった 2 つの水溶液の温度を 60℃まで上げ，よくかき混ぜた後，60℃に保ちながら放置した。ミョウバンの結晶はすべてとけたが，塩化ナトリウムの結晶にはとけ残りがあった。

(5) ミョウバンのグラフとして適当なものを，**図 4** の A～D から 1 つ選び，記号で答えよ。

(6) 実験 2 について述べた次の**ア～エ**のうち，**誤りを含むもの**を 1 つ選び，記号で答えよ。

ア 砂糖の結晶は，20℃においてすべてとけた。このとき，砂糖水は飽和水溶液になっている。

イ 塩化ナトリウムの結晶は，60℃において一部とけ残った。このとき，塩化ナトリウム水溶液は飽和水溶液になっている。

ウ 操作 2 で，結晶がとけ残っている 3 つの水溶液の質量パーセント濃度は異なっている。

エ 操作 4 で，とけ残った塩化ナトリウム水溶液の温度を 80℃まで上げても，結晶は一部とけ残っている。

(7) 再結晶を利用して結晶を取り出すのに**図 4** の D は適さない。その理由を，「溶解度」「温度」という語を用いて，25 字以内で説明せよ。

(8) **図 4** の B の 10℃における溶解度は，22g である。このとき，B の飽和水溶液の質量パーセント濃度は何％か。ただし，答えは小数第 2 位を四捨五入して，小数第 1 位まで答えよ。

7 次のⅠ・Ⅱの文を読み，以下の各問いに答えなさい。

Ⅰ．２種類のばねA，Bを用意し，**図１**のように，１個20gのおもりをいくつかつるして，おもりの質量とばねののびの関係を調べた。**表**は，ばねにつるしたおもりの質量とばねののびをまとめたものである。ただし，ばねの質量は考えないものとし，質量100gの物体にはたらく重力の大きさを1Nとする。

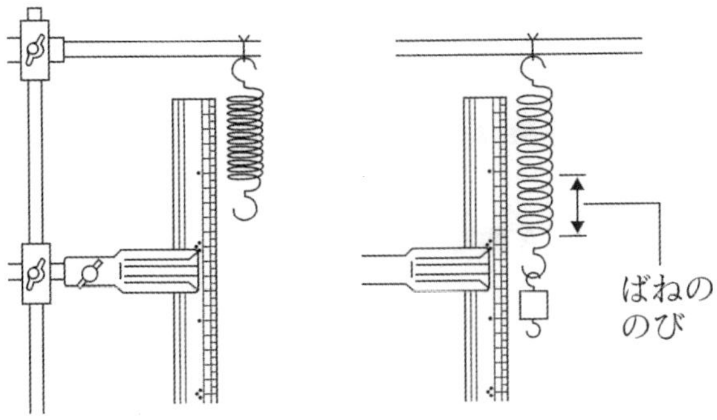

図１

おもりの個数		1	2	3	4
おもりの質量〔g〕		20	40	60	80
ばねののび〔cm〕	A	1.0	2.0	3.0	4.0
	B	1.5	3.0	4.5	6.0

表

(1) 80gのおもりにはたらく重力の大きさは何Nか。

(2) **表**から，ばねののびとばねを引く力の大きさの間には，どのような関係があるかを述べよ。また，この関係を何の法則というか。

(3) ばねAののびが6.0cmになるおもりをばねBにつるすと，ばねBののびは何cmになるか。ただし，(2)の法則が成り立っているものとする。

(4) ばねAの下にばねBを**図２**のように直列につないで１つのばねと考えたとき，20gのおもりを１個つるしたときのばね全体ののびはどのようになるか。

次の**ア**～**カ**の中から適当なものを１つ選び，記号で答えよ。ただし，ばねの質量は無視できるものとする。

ア おもりはばねBを引き，ばねAには力がはたらかないので，のびは1.5cmになる。

イ ばねBはおもりからもばねAからも引かれ，ばねAはのびないので，のびは3.0cmになる。

ウ ばねAもばねBもおもりの重力と同じ大きさの力で引かれるので，のびは2.5cmになる。

エ ばねBがばねAを引くことにより，ばねAのみに力がはたらくので，のびは1.0cmになる。

オ ばねAにおもりが引く力とばねBが引く力の両方がはたらくので，のびは2.0cmになる。

カ おもりが引く力がばねAとばねBに半分ずつはたらくので，のびは1.25cmになる。

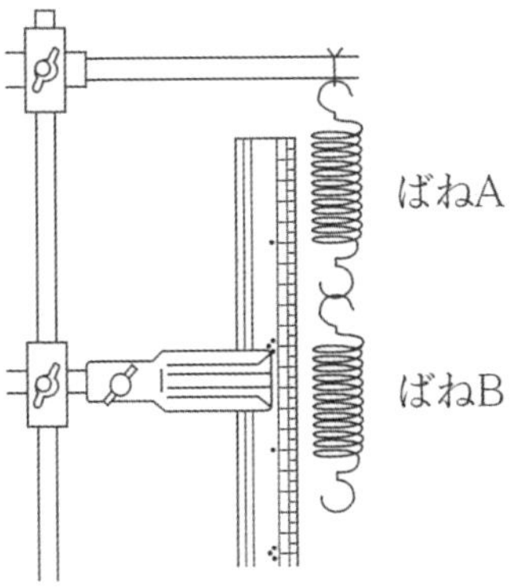

図２

Ⅱ．　**図３**のように，質量 3.0kg の直方体の物体をＡ～Ｃの各面を下にして水平な床の上に置いて，床に及ぼす圧力を調べた。質量 100g の物体にはたらく重力の大きさを 1N とする。

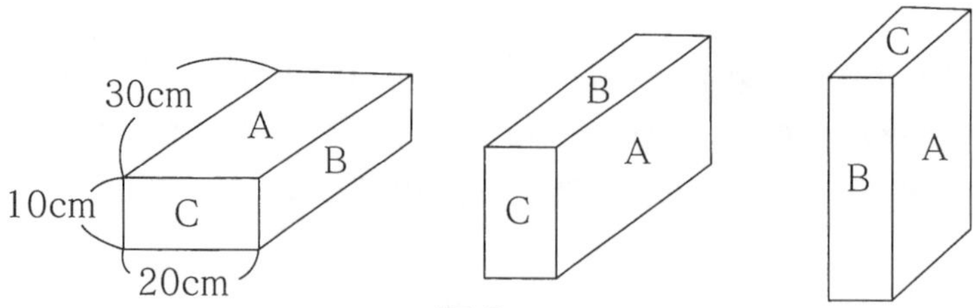

図３

(5)　Ｂ面を下にして床の上に置いたとき，床に及ぼす圧力は何 Pa か。

(6)　Ｂ面を下にして床の上に置いたときの床に及ぼす圧力は，Ａ面を下にして床に置いたときの床に及ぼす圧力の何倍か。

(7)　**図４**のように，Ａ面を下にして床に置き，直方体の上に立方体の物体を置いたところ，床に及ぼす圧力が 1000Pa であった。立方体の質量は何 kg か。

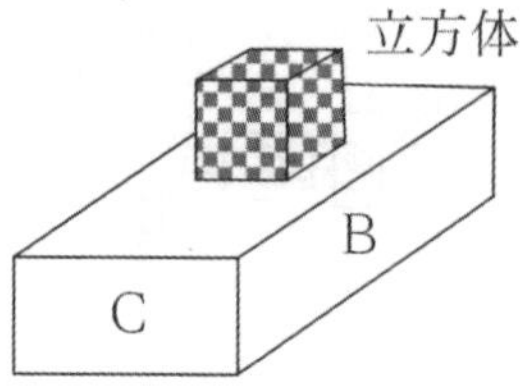

図４

8

次の文を読み，以下の各問いに答えなさい。

図１は，２種類の電熱線Ａ，電熱線Ｂを用意し，それぞれにいろいろな大きさの電圧を加えて，電熱線に流れる電流の大きさを測定した結果を表したグラフである。

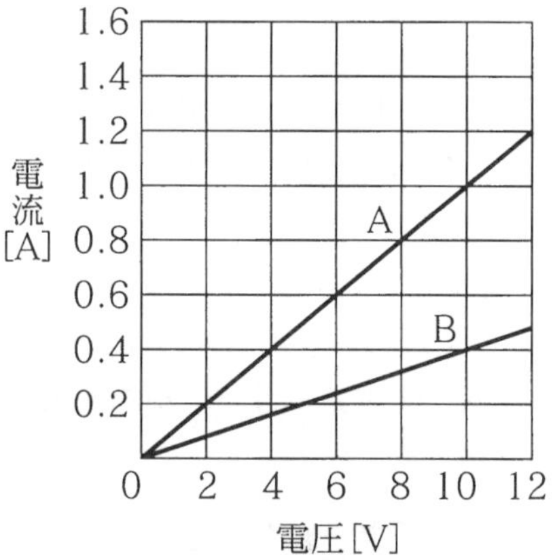

図１

(1)　電熱線に加わる電圧と流れる電流の大きさの関係を表す法則を何というか。

(2)　電熱線Ａと電熱線Ｂの抵抗値はそれぞれ何Ωか。

(3)　電熱線Ａと電熱線Ｂを**図２**のように並列接続して，その両端 ab 間にいろいろな大きさの電圧を加えたとき，ac 間に流れる電流の大きさの関係を**図１**のグラフの中に記入せよ。

(4)　**図２**において，電熱線Ａに 0.5A の電流が流れるようにした。このとき電熱線Ｂに流れる電流は何Ａか。

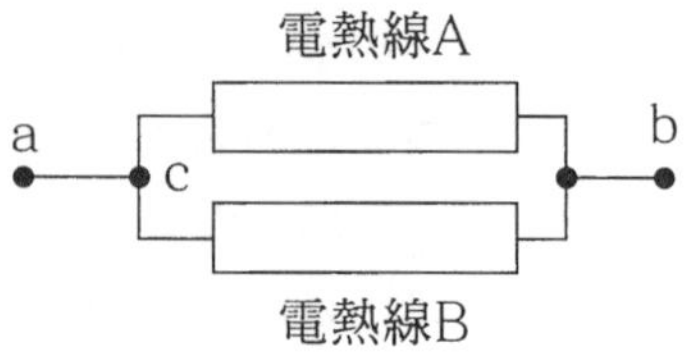

図２

(5)　(4)のとき，電熱線Ａの消費電力は，電熱線Ｂの消費電力の何倍か。

(6)　電熱線Ａと電熱線Ｂを**図３**のように直列接続して，de 間にある電圧を加えたところ電熱線Ａに 0.5A の電流が流れた。このとき,電熱線Ｂにかかる電圧は何Ｖか。

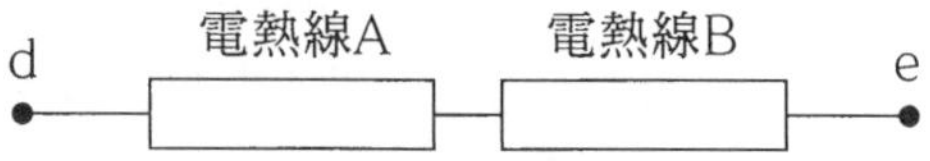

図３

(7)　**図２**の ab 間と**図３**の de 間に等しい電圧を加えたとき，**図２**の電熱線Ａと電熱線Ｂの消費電力の和は，**図３**の電熱線Ａと電熱線Ｂの消費電力の和の何倍か。

鹿児島情報高等学校

理　事　長　原　田　賢　幸
学　校　長　新　納　武　彦
所　在　地　〒891-0141　鹿児島市谷山中央二丁目4118番地
電　　　話　(099)　２６８－３１０１
Ｆ　Ａ　Ｘ　(099)　２６６－１８５１
交　　　通　ＪＲ谷山駅・市電谷山電停より徒歩３分
ホームページ　https：//ka-joho.jp/
Eメールアドレス　info＠ka-joho.jp

本校の特色

多様な社会のニーズに対応、８学科を擁する総合高校です。

難関大学を目指す「ｅ－プレップ科」「プレップ科」をはじめとする普通系３学科、専門的な知識と技能を習得し実社会で活躍できる人材育成を目指す専門系５学科を設置しています。

１　本校は、「資格」・「進学」・「就職」・「部活」・「国際交流」の５本柱のもと、１２０％満足できる学校を目指し、学校一丸となってあなたの夢実現を徹底サポートします。

２　筑波大学・東京外国語大学・国際教養大学・熊本大学など難関国立大学をはじめ、早稲田大学・慶応大学・上智大学などの有名私立大学等へ合格しています。

３　応用情報技術者試験や日商簿記検定の1，2級など、県や九州でも数名程度とされるような超難関資格合格者を毎年のように輩出しています。

４　吹奏楽や柔道、野球、水泳等県内レベルを超えて活躍する部が増えてきました。いま、「情報高校が元気」です。

５　新装なったＪＲ谷山駅、市電終点の谷山電停、そこからいずれも徒歩3分という恵まれた通学環境を誇っています。また、設備の整った快適な男子寮、女子寮も、親元を離れて暮らす生徒や保護者の方々に大変喜ばれています。

各学科の紹介

e-プレップ科
ニュージーランド留学で身につけた英語力をはじめ、大学進学に必要な学力を身に付けます。また、ネイティブスピーカーによるプレゼンテーションやディベートの授業を展開し、グローバル社会での活躍を見据えて指導しています。

プレップ科
理系を重視したカリキュラムと探究活動・グループ学習によって、知識に加えて主体性・コミュニケーション能力・課題解決能力を身に付け、国公私立難関大学への進学と未来のリーダーの育成を目指す学科です。少人数クラスで、生徒一人ひとりと向き合って指導しています。

普通科
学業と部活動を両立させた進路の実現に応える学科です。探究活動を通して、社会性や協働の大切さを学び、これからの時代を強く生き抜くスキルを養います。

マルチメディア科
CG・アニメ・作曲・デザイン等と画像処理などを幅広く学習、併せて、CG検定やパソコン検定（Ｐ検）などの資格取得を目指します。

情報システム科
【特進コース】
難易度の高い国家資格取得に1年次から挑戦、全国有数の合格校と目されています。資格を武器に難関大学進学を視野に入れた独自のカリキュラムを編成、熊本大、長崎大、立命館大、早稲田大等輝かしい合格実績を誇っています。
【システムコース】
ハードウエアの学習からソフトウエア＝プログラム作成やシステム設計などの専門的学習がメインです。コンピュータの専門家を目指します。

自動車工学科
自動車の構造や仕組みなど、実習を通して確かな知識と整備技術を身につけ、３級自動車整備士の２年次合格・取得を目指しています。

メカトロニクス科
実習を通してデジタル回路や制御工学などを学習し、現代の物づくりの基礎となる機械工学やＩｏＴ技術の基礎的技能や知識を身につけます。

情報処理科
コンピュータを駆使した簿記・会計等の実務を学習し、情報化社会の経理・事務などに対応できる知識と技能の習得を図り、銀行やスーパー、ホテルなど実社会での即戦力を目指します。

1　募集要項（一般入試）

1　募集定員（450名）

(1)	e-プレップ科	(25名)	(男・女)
(2)	プレップ科	(25名)	(男・女)
(3)	普通科	(40名)	(男・女)
(4)	マルチメディア科	(120名)	(男・女)
(5)	情報システム科		
	・特進コース	(30名)	(男・女)
	・システムコース	(50名)	(男・女)
(6)	自動車工学科	(50名)	(男・女)
(7)	メカトロニクス科	(30名)	(男・女)
(8)	情報処理科	(80名)	(男・女)

2　受験手続の提出書類等
・入学願書・調査書・受験料 10,000円

3　願書受付　令和４年1月6日(木)～1月12日(水)

4　試験日　令和4年1月26日(水)午前8時50分集合

5　試験会場・・・本校と下記会場
指宿・加世田・枕崎・川内・加治木・鹿屋・西之表
中種子・屋久島・名瀬・喜界・徳之島・沖永良部・甑島

6　試験科目
・e-プレップ・プレップ・普通科
（国・数・英・面接）※予定
・その他の学科（国・数・英・面接）※予定

7　合格発表　令和４年１月31日(月)
・中学校長並びに本人宛に発表

2　推薦入試（一般、e-プレップ科、プレップ科）募集要項

概　要

1　一般入試の他に、３つの推薦入試制度が用意されていて、所定の応募条件を満たせば誰でも受験できる。合格者にはそれぞれ、優遇措置がある。

2　手続き
◆願書受付　令和４年1月6日(木)～1月12日(水)
◆提出書類　願書・調査書・受験料（10,000円）
e-プレップ科は英検合格証の写しも貼付
◆選考日　令和４年１月17日(月)
◆試験科目等　作文・面接　プレップ科は面接、グループワーク
◆試験会場　本校
◆合格発表　令和４年１月19日(水)

(1) 一般推薦入試（部活推薦を含む）

①対象学科　普通科　マルチメディア科
自動車工学科
情報システム科システムコース
メカトロニクス科　情報処理科
②出願資格　（次のア、イを満たし、普通科においてはウに該当する者）
ア　令和4年3月　中学校卒業見込みの者
イ　本校第一志望で中学校長が推薦する者
ウ　普通科においては9教科の評定平均値が 3.0 以上の者

(2) ＡＯ奨学生推薦入試

①対象学科　e-プレップ科
②出願資格　（次のア～エの条件を満たす者）
ア　令和４年３月　中学校卒業見込みの者
イ　本校第一志望で、中学校長が推薦する者
ウ　英検準２級以上の資格を持つ者
エ　９教科の各評定が３．０以上で、５教科（英・数・国・理・社）の評定平均が３．２以上の者
③合格者は入学金が全額免除され、奨学生に指定される。

(3) 奨学生推薦入試

①対象学科　プレップ科
②出願資格　（次のア～ウの条件を満たし、エ～カのいずれかに該当する者）
ア　令和４年３月　中学校卒業見込みの者
イ　本校第一志望で、中学校長が推薦する者
ウ　９教科の各評定が 3.0以上で、３教科（数・理・英）の評定平均値が 3.4以上の者
エ　主体的に行動し、リーダー性のある者
オ　国内外の様々なことに関心を持ち、仲間と共に課題に向き合える者
カ　学校外の活動にも前向きに取り組んでいる者
③合格者は入学金が全額免除され、奨学生に指定される。

4 次の文章を読んで、後の問いに答えなさい。

私も日々メールのお世話になっており、いまやそれがない(a)生活は考えられない。しかし一方で、メールは思いを伝えるのに適した通信手段だろうかと考えると、必ずしもそうだと答えられない(b)自分がいることにも気づく。

メール、特にケータイメールの短いやり取りは、〈用を足す〉という目的のためには最適であろう。「あと5分で着くからね」と、昔は（私などは今でも）電話で伝えていたところをメールで送る。これで用は足りる。

[A]、これであるまとまった思いを、そして自分が何を考えているのかを相手に伝えようとするのは、まず無理である。140字で思いが①伝えられると思えるだろうか。②短歌ではわずか三十一文字で思いを伝えるではないか。名言と言われる文句はたいてい短いがそれでも寸鉄人を刺すような警句もあるぞ、と言われれば確かに可能ではある。しかし、それらは短い言葉になるまえに、言葉を見つけるまでの圧倒的な長さの時間を③経てきたものなのだ。さらっと出たものではない(c)。

特に肉筆で手紙を書いていた頃、書くという行為のなかで、自分の考えが徐々に整理されていくのを実感できた。出来あいの誰もが使う言葉を避け、自分の実感にもっともフィットする言葉を探しながら書くという行為は、自分の考えを整理するとともに、思ってもいなかった考えの④飛躍をもたらすことがある。

言葉にする前は、何か深遠なことを考えているようでも、実はほとんど何も考えていないに等しかったということはよくあることだ。その⑤（　）徹底さは、実際に手紙を書きはじめると、実は何を書きたかったのかさえわからなくなるような⑥混乱として終ることも珍しくない(d)。

[B]、私たちはそれほどにも、日常ものを突きつめて考えると言うことが少ないのだ。

（永田　和宏　著『知の体力』（新潮新書刊）による）

問1　破線部a～dの中から品詞の異なるものを選び、記号で答えよ。

問2　[A]・[B]に入る言葉の組み合わせを次から選び、記号で答えよ。

ア　A　しかし　B　つまり
イ　A　だから　B　つまり
ウ　A　しかし　B　ところが
エ　A　だから　B　そして

問3　傍線部①の助動詞の意味を次から選び、記号で答えよ。

ア　自発　イ　受け身　ウ　可能　エ　尊敬

問4　傍線部②について「短歌」は三十一音で構成されるが、俳句は何音か答えよ。

問5　傍線部③の読みを答えよ。

問6　傍線部④の字を書くとき、次の太字部分は何画目か、答えよ。

飛

問7　傍線部⑤が「徹底しないこと」という意味になるように空欄に入る漢字一字を答えよ。

問8　傍線部⑥の対義語を次から選び、記号で答えよ。

ア　統制　イ　秩序　ウ　平穏　エ　動揺

3 次の文章を読んで、後の問いに答えなさい。

※丹波《たんば》に出雲《いづも》といふ所あり。※大社《おおやしろ》を移して、めでたく造れり。※しだのなにがしとかやしる《領有する》所なれば、秋のころ、聖海上人《しょうかいしょうにん》、その外も、人数多《あまた》①誘ひて、②「いざ給へ、出雲拝みに。かいもちひ召させん《ぼたもちをごちそうしましょう》」とて、具し《連れて》もて行きたるに各《おのおの》拝みて、ゆゆしく《深く》信おこしたり。御前なる※獅子《しし》・狛犬《こまいぬ》、背きて、後《うしろ》さまに立ちたりければ、上人いみじく感じて、「あなめでたや《素晴らしい》。この獅子のア立ちやう、いとめづらし。深き故《理由》③あらん」と涙ぐみて、「いかに※殿原《とのばら》、殊勝のことは御覧じとがめずや《不審にお思いになりませんか》。無下なり《情けない》」と言へば、各怪《あや》しみて、「誠に他に異なりけり。都のつと《土産》に語らん」など言ふに、上人なほゆかしがりて《知りたがって》、おとなしく《大人びた》物知りぬべき顔したる神官を呼びて、「この御社の獅子の立てられやう、定めて習ひあることに侍らん《きっといわれがあることでしょう》。ちと承らばや《お聞きしたい》」と言はれければ、「その事に候ふ《ございます》。④さがなき童《子ども》どもの仕り《いたしました》ける。奇怪《けしからん》に候ふことなり」とて、さし寄りて、イ据ゑ直して往にければ《行ってしまったので》、⑤上人の感涙いたづらに《無駄に》なりにけり。

（『徒然草』第二百三十六段による）

※ 丹波…京都府亀岡市　※ 大社…島根県の出雲大社
※ しだのなにがし…志田（未詳）のなんとかという人
※ 獅子・狛犬…神社入り口に左右に置かれ、魔除けの働きがある
※ 殿原…男子の敬称

問1 『徒然草』が書かれたのはいつか。次から選び、記号で答えよ。
ア 奈良時代　イ 平安時代
ウ 鎌倉時代　エ 室町時代

問2 『徒然草』は次のいずれに分類されるか、記号で答えよ。
ア 小説　イ 説話集　ウ 勅撰集　エ 随筆

問3 傍線部ア・イを現代仮名遣いに改め、すべて平仮名で答えよ。

問4 傍線部①とあるが、誰が誘ったのか。次から選び、記号で答えよ。
ア しだのなにがし　イ 聖海上人
ウ その外の人　エ 神官

問5 傍線部②で使われている表現技法を漢字で答えよ。

問6 傍線部③の現代語訳を次から選び、記号で答えよ。
ア あるだろう　イ あるはずがない
ウ あるべきだ　エ あるのか

問7 傍線部④の意味を次から選び、記号で答えよ。
ア かわいい　イ 幼い
ウ やんちゃな　エ せっかちな

問8 傍線部⑤とあるが、その理由を簡潔に答えよ。

性分をいかす方向を考えたらどうだ？」

「いかすって？どういうこと？そんなのできるわけないよ」

「そうだろうか？繊細な性分は、人の気持ちのあや※をすくいとれる。ものごとを注意深く見られるし、集中すれば思わぬ力をハッキ(イ)することもある。へこみとは、逆から見れば突出した場所だ。悪い所ばかり見ていないで、自分の良い点も探してみたらどうだ？」

「ない。そんなの」

「即答だな」

祖父がスプーンに目を落とした。

「だって、ないから。自分のことだから、よくわかってる」

それは本当か、と祖父が⑤声を強めた。

「本当に自分のことを知っているか？何が好きだ？どんな色、どんな感触、どんな味や音、香りが好きだ。何をするとお前の心は喜ぶ？心の底からわくわくするものは何だ」

「待って。そんなの急にいっぱい聞かれても」

「ほら、何も知らない。いやなところなら、いくらでもあげられるのに」

⑥からかうような祖父の口調に、美緒は顔をしかめる。

「そんなしかめ面をしないで、自分はどんな『好き』でできているのか探して、身体の中も外もそれで満たしてみろ」

「好きなことばっかりしてたら駄目にならない？苦手なことは鍛えて克服しないと⑦・・・」

「なら聞くが。責めてばかりで向上したのか？鍛えたつもりが壊れてしまった。それがお前の腹じゃないのか。大事なもののための我慢は自分を磨く。⑧ただつらいだけの我慢は命が削られていくだけだ」

（伊吹有喜『雲を紡ぐ』による）

※ 気持ちのあや…複雑な心理

問1 傍線部ア・イのカタカナは漢字に直し、漢字は読みを答えよ。

問2 傍線部①について、別の比喩表現をしている箇所を二字で抜き出して答えよ。

問3 傍線部②とあるが、これと同じような美緒の心情を表現している部分を十五字以内で抜き出して答えよ。

問4 傍線部③とあるが、具体的に何を指しているか。次の中から当てはまるものをすべて選び、記号で答えよ。

ア 人の視線　イ 機嫌の悪い人　ウ 暴力的な人

エ からかう人　オ 人のうわさ話

問5 傍線部④とあるが、これはどうすることか。文中から一文を抜き出し、最初の五字を答えよ。

問6 傍線部⑤・⑥とあるが、祖父の気持ちを説明しているものとして適当なものを次から選び、記号で答えよ。

ア 自分には良い所がないと言う美緒に対し、強い否定の気持ちを表し、皮肉を言うことで、美緒の気持ちを試そうとしている。

イ 美緒が自分には良い所がないと言い切るところに強い怒りを感じ、追い詰めようとしている。

ウ 自分のことを悪いと思い込んでいる姿にいら立ちをおぼえ、あきれてこれ以上話したくないと思っている。

エ 美緒が自分を責める気持ちを知り、強い口調でさとし、あえて意地悪を言うことで、楽に考えさせようとしている。

問7 傍線部⑦に入る言葉を、文中の言葉を用いて、十字以内で答えよ。

問8 傍線部⑧とあるが、これは美緒のどのような状況を表しているか。四十字以内で具体的に説明せよ。

２　次の文章を読んで、後の問いに答えなさい。

> 高校一年生の美緒は、周囲からのからかいに耐えられなくなり、学校に通えなくなった。美緒は部屋で、生まれた時に贈られた、祖父と亡くなった祖母の織った赤いショールにくるまって過ごしていた。ある時、母にそのショールを捨てられた。悲しみと怒りで家を飛び出し、ショールを贈ってくれた祖父の織物工房へと向かった。ずっと疎遠だった祖父であるが、美緒を受け入れ、しばらくそこで生活をすることになった。

ピンクの羊毛にふうっと息を吐く。毛は舞い上がり、ピンク色の雲がいくつも宙に浮かんだ。

心の奥から、自然に言葉が浮かんできた。

「おじいちゃん、私ね、笑いが顔にくっついているの。仮面みたいにペタッと貼り付いている。楽しくなくても笑う。つらくても笑う。笑っちゃいけないときも無意識にへらへら笑ってる。頭、おかしいよね」

「そんなふうに言うものじゃない。いつからだ?」

目を閉じて力を抜き、美緒は羊毛に身をゆだねてみる。

気持ちが楽になってきた。

「わかんない。でも小学校の頃から、かな。人の目が怖い。不機嫌そうな人が怖い。だから嫌われないように①『オールウェイズ　スマイル』。いつもニコニコしてた。そうしたら私には何を言っても大丈夫、怒らないって思われて、きつい冗談を言われるようになって・・・」

脂足《あぶらあし》、アビーと呼ばれた声がよみがえる。

その呼び方は好きではないと、勇気を振り絞って言ってみた。しかし「本当に脂足だったら逆にそういうこと絶対言えないって」とみんなは笑っていた。

「そういう冗談を言う人たちは、私のことを『いじられキャラ』で、バラエティなら『おいしいポジション』って言う。でも、私、テレビの人じゃないから、いじられるの、つらい。でもそれを言ったら居場所がなくなる。だから、また笑ってる・・・。『オールウェイズ　スマイル』。そのうち学校に行くと、おなかが下るようになった。満員電車に乗るとトイレに行きたくなる。もらしたらどうしよう。毎日そればっかり考えてた」

「それはつらいな」

祖父の声のあたたかさに、美緒はア薄目を開ける。②気持ちのいいお湯に浮かんでいるみたいだ。

「それでね・・・ひきこもって。駄目だなって思うの。逃げてばかりで。甲羅に頭をひっこめているばかりじゃ何も解決しないのに」

それは亀のことか、と祖父がのんびりと言う。

「固い甲羅があるのなら、頭を引き込めてもいいだろう。③棒で殴る輩が外にいるのに、わざわざ頭を出して殴られにいくこともないぞ」

（中略）

「この間、汚毛を洗っただろう?どうだった?ずいぶんフンをいやがっていたが」

「臭いと思ったけど、洗い上がりを見たら気分が上がった。真っ白でフカフカしてて。いいかも、って思った。汚毛、好きかも」

そうだろう、と祖父が言った。

「美緒も似たようなものだ。自分の性分について考えるのは良いことだが、悪いところばかりを見るのは、汚毛のフンばかり見るのと同じことだ」

祖父が何を言い出したのかわからず、美緒は作業の手を止める。赤い漆塗りのスプーンを取り、祖父が軽く振る。

「学校に行こうとすると腹を壊す。それほどの繊細さがある。良いも悪いもない。駄目でもない。そういう性分が自分のなかにある。ただ、それだけだ。それが許せないと責めるより、一度、④丁寧に自分の全体を洗ってみて、その問1　傍線部ア・イのカタカナは漢字に直し、漢字は読みを答えよ。

問2　傍線部①の語句の意味として適当なものを次から選び、記号で答えよ。

ア　過去にあったことから新たな知識を得ること。

イ　自分の持っている能力を存分に出すこと。

ウ　様々な問題を鮮やかに解決すること。

エ　新しく出てきて期待されていること。

問3　傍線部②について、筆者は「キレる」という言葉には二種類の意味があると述べている。次の（1）・（2）に適当な言葉を文中から抜き出して答えよ。ただし（1）は五字、（2）は十字とする。

以前から使っていた一番目の「キレる」は頭脳明晰、つまり（　1　）の良い人物のことである。しかし現在では、プッツン、いわゆる（　2　）人物のことである。

問4　傍線部③について、四人の生徒が話をしている場面である。「助長」の意味として適当なものをすべて選び、記号で答えよ。

ア　現在でもよく耳にする故事で、不要な手助けをしてかえって害を与えるという意味だよね。

イ　でも、最近では、「失敗を助長する」とか「差別を助長する」とかよくない傾向を著しくさせるという意味でも使われているよね。

ウ　確かにそうだね。でも「国際交流を助長する」という使われ方もしているよね。だから、良くない傾向とは限らないよ。

エ　文字通り、長所を助けるという意味が本来の意味だね。

問5　[A]に当てはまる言葉として、適当なものを次から選び、記号で答えよ。

ア　時雨　　イ　地雨　　ウ　霧雨　　エ　慈雨

問6　[B]に当てはまる言葉をこの段落より前の文章を参考にして五字以内で答えよ。

問7　傍線部④の理由を説明したものとして、適当なものを次から選び、記号で答えよ。

ア　お百姓さんたちにとって、作物は強大な力を持った万物を育む自然から受け取ることができる恩恵であり、キレるに値しない問題だと考えるから。

イ　お百姓さんたちにとって、自然は種を蒔けば必ず作物を増やしてくれるため、その恵みの大きさに比べれば、キレるに値しない問題だと考えるから。

ウ　作物の生長を我慢しながら待つお百姓さんたちにとって、作物以外のことがどうなろうが、キレるに値しない問題だと考えるから。

エ　お百姓さんたちにとって、自然はじっと待てば必ず作物を増やしてくれるので、その恵みの大きさに比べればキレるに値しない問題だと考えるから。

問8　傍線部⑤について、筆者がなぜそのように考えるのか。その理由を五十字以内で説明せよ。

令和三年度　鹿児島情報高校入試問題　国語

（解答…216P）

[1] 次の文章を読んで、後の問いに答えなさい。

私は以前から「キレる」という言葉を使っていた。しかし、それは頭脳明晰《めいせき》な人物の意味だ。※三上章の著作など読んでいると「うーん、キレる」と唸《うな》って本を置くことしばしばだ。剃刀《かみそり》のようにシャープで文字通り「頭のキレ」がよく、まさに①快刀乱麻どんな難問も解くというイメージだ。

しかし、今の日本で流行っている「キレる」という言葉は違うことを知った。いわゆるプッツン。これはキレる時の※オノマトペだろう。※堰《せき》を切ったように突飛《とっぴ》な反社会的な行動を起こすことを言うらしい。しかもその堰の高さが段々低くなってきている。『子どもたちはなぜ切れるのか』という話題作もあるそうだ。本当に、子供たちはなぜキレるのだろう。

まずどんな人たちが②この二番目の意味でキレないかを考えてみたい。私は、お百姓さんたちが、アテンケイ的に「キレない」人たちだと思う。なぜか。お百姓さんたちは「待つ」からだ。待たないで苗が伸びるのを助けようと引っ張り、枯らしてしまった中国の故事が③「助長」（『孟子』公孫丑）の語源である。

種を蒔《ま》き、あるいは苗を育てて植え、雑草を取り、［ A ］を待つ。作物の生長をひたすら待つ。農民にとって作物を「育てる」とは自然に働きかけて蒔いた種を何倍にも増やしてもらうことなのである。それは対等の相手との交換ではない。自然という圧倒的な力を持った優位者からの恵みをイ授かる※営為《えいい》なのだ。台風が来ても冷害のために作物がやられても、④お百姓さんたちはキレない。それは受け取る恵みの大きさに比べれば取るに足らないことだからだ。自然こそが神が※視座《しざ》にあるべき存在なのである。

子供たちが、いや大人でも都会に住む現代人がキレやすくなったのは「［ B ］」からだ。歩いているのか、小走りなのか分からない都会の生活は、時間との勝負だ。家でも学校でも褒められるのは、何よりもテストの成績がいい子供である。試験も時間との戦いだ。長時間自分で考えるゆとりはない。記憶力と勘を頼りに即答で問題をこなしていく。

帰国するたびに驚くのは、電車や地下鉄で見かける子供たちである。小学生も中学生も疲れているのだろう、寸暇《すんか》を惜しんで眠っている。座っている子はもちろん、立っている子も目を閉じている。カナダではあまり見かけない光景だ。学校、クラブ、学習塾、予備校と時間に追われる子供は可哀想《かわいそう》だ。待つことを忘れ時間があるとゲームセンターに通う子供たち、特に男の子たちは、これからますますキレるようになるだろう。

我慢強さ、ねばり、辛抱といった農耕民族特有の長所は次第に薄れていくのではないか。現代の日本では、学校で成績の良い「キレる」生徒と、短絡思考で暴力に走る「キレる」生徒は次第に近づいて行くような気がする。これは何よりも有名校と「一流大学」を目指す成績※至上主義《しじょうしゅぎ》の※弊害《へいがい》である。こんな状況では、自分の頭でじっくり時間をかけて考えるような若者は育たないのではないか。そんな気がして⑤私は祖国の将来を案じている。

（金谷　武洋『日本語と西欧語』による）

※三上章　…言語学者。
※オノマトペ…状態や動きを音で表現した言葉
※堰を切る…こらえていたものが、一度にあふれ出す様子
※営為　…人間が日々営む仕事や生活のこと。
※視座　…物事を見る立場のこと。
※至上主義　…それに勝るものはないとする立場。
※弊害　…害になること。他に悪い影響を与えること。

令和３年度　鹿児島情報高校入試問題　数　学　　（解答…217Ｐ）

（解答…217Ｐ）

[1] 次の１～５の問いに答えなさい。

1　次の(１)～(６)の問いに答えよ。

（１） $3+2\times7$ 　を計算せよ。

（２） $\dfrac{2}{5}\div\dfrac{11}{15}+\dfrac{5}{11}$ 　を計算せよ。

（３） $x-xy$ 　を因数分解せよ。

（４） xについての１次方程式 $-2x+a=0$ の解が３であるとき，aの値を求めよ。

（５） $\sqrt{18}-\sqrt{3}\times\dfrac{2}{\sqrt{6}}$ 　を計算せよ。

（６） $(2a^2b)^2\times b\div\square=2a^3b$ 　のとき，$\square$に入る式を求めよ。

2　y は x に比例し，$x=3$ のとき $y=9$ である。$x=-2$ のときの y の値を求めよ。

3　大小2つのさいころを同時に投げるとき，出る目の積が奇数になる確率を求めよ。

4　右の図で $\angle x$ の大きさを求めよ。
ただし，直線 ℓ，m は平行である。

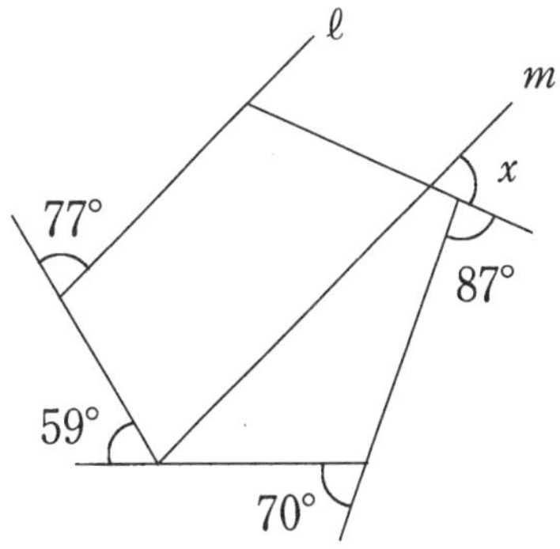

5　下の表は，養殖ぶりの都道府県別生産量とその割合の上位5位を示したものである。全国の生産量合計に最も近いものを下のア～エの中から1つ選び，記号で答えよ。

順位	都道府県	生産量(トン)	割合(%)
1	鹿児島	28,047	28.1
2	大分	16,946	17.0
3	愛媛	13,385	13.4
4	宮崎	9,410	9.4
5	高知	7,671	7.7

(農林水産省「海面漁業生産統計調査（2018）」から作成)

ア　90,000トン　　イ　100,000トン　　ウ　110,000トン　　エ　120,000トン

2　右の表は，ある学級の生徒25人が受けた小テストの結果を表したものである。次の１～４の問いに答えなさい。

得点(点)	度数(人)
0	0
1	1
2	0
3	3
4	5
5	6
6	2
7	ア
8	3
9	1
10	1
計	25

1　中央値（メジアン）を求めよ。

2　ア に当てはまる数を求めよ。

3　6点以上の得点である生徒の相対度数を求めよ。

4　平均値を小数第2位を四捨五入して小数第1位まで求めよ。

鹿児島情報高校

3　Aさんは，手紙（定形郵便物）やプレゼント（定形外郵便物）を送るために郵便局に行った。右の表は，郵便物の重さと料金の関係を表したものである。

次の1，2の問いに答えなさい。

	重さ	料金（円）
定　形郵便物	25g以内	84
	50g以内	94
定形外郵便物	50g以内	120
	100g以内	140
	150g以内	210
	250g以内	250
	500g以内	390
	1kg以内	580

1　20gの定形郵便物と，45gの定形外郵便物と120gの定形外郵便物をそれぞれ1通ずつ送るとき，料金の合計はいくらになるか。

2　40gの定形外郵便物と75gの定形外郵便物を合わせて9通送って，料金の合計は1160円であった。このとき，次の問いに答えなさい。

（1）40gの定形外郵便物をx通，75gの定形外郵便物をy通として，連立方程式を作った。$\square$に適する数を入れよ。

$$\begin{cases} x+y=\square \\ \square x+\square y=1160 \end{cases}$$

（2）40gの定形外郵便物と75gの定形外郵便物をそれぞれ何通ずつ送ったか。

4　右の図は関数 $y=\dfrac{1}{3}x^2$ のグラフである。

このグラフ上に2点A，Bがあり，点A，Bの x 座標はそれぞれ -6，3である。

このとき，次の1～5の問いに答えなさい。

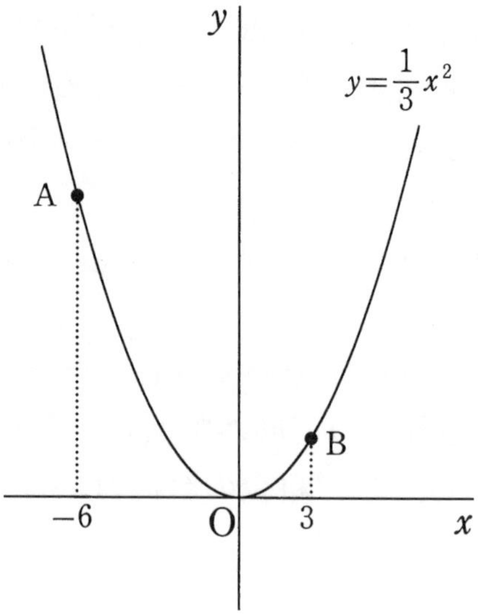

1　x の値が -6 から -3 まで増加するときの変化の割合を求めよ。

2　x の変域が $-6 \leqq x \leqq 3$ のとき y の変域は $a \leqq y \leqq b$ である。a，b の値を求めよ。

3　2点A，Bを通る直線の式を求めよ。

4　△AOBの面積を求めよ。

5　原点を通り，△AOBの面積を2等分する直線の式を求めよ。

5　右の図のように，線分 AB を直径とする円 O がある。この円周上に ∠AOC が鋭角（90° より小さい角）となる点 C をとる。点 B における円 O の接線 ℓ に点 C から垂線を引き，円 O，接線 ℓ との交点をそれぞれ D，E とする。また，線分 BC と線分 OE との交点を G とする。AB＝8cm，CD＝6cm として，次の１～４の問いに答えなさい。

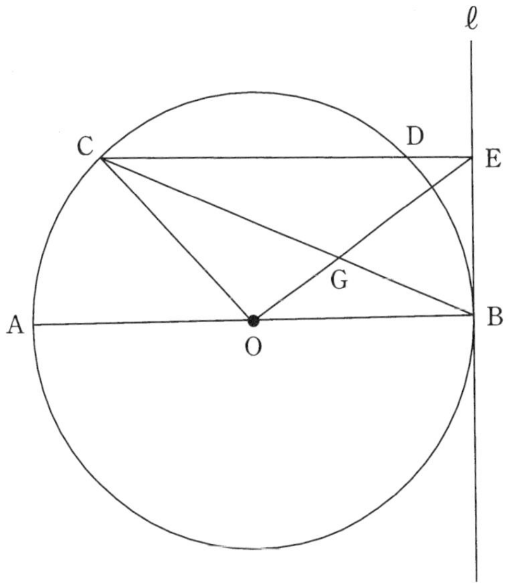

1　∠ABC＝25° のとき，∠AOC の大きさを求めよ。

2　線分 BE の長さを求めよ。

3　OG:GE を求めよ。

4　△OBG の面積を求めよ。

6 右の図のようにAB=6cm，AD=4cm，AE=12cmの直方体がある。辺BF，AE上にFP=8cm，EQ=2cmの点P，Qをそれぞれとり，この直方体を3点C，P，Qを通る平面で切り取る。切り口と辺DHの交点をRとするとき，立体EFGH－QPCRについて，次の1～5の問いに答えなさい。

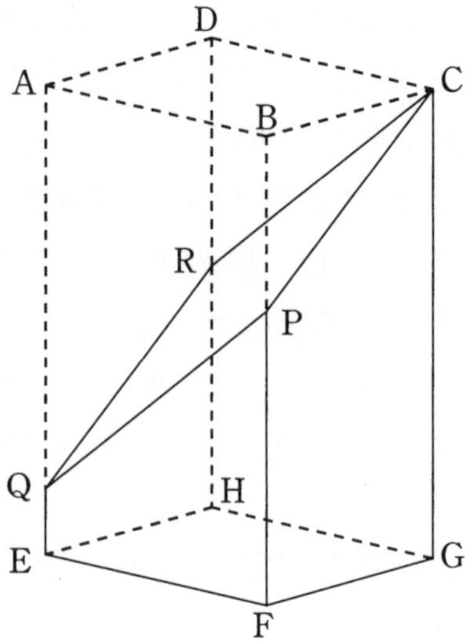

1 この立体の面の数はいくつあるか。

2 辺CPと辺RQの位置関係を答えよ。

3 辺HRの長さを求めよ。

4 四角形CRQPの周りの長さを求めよ。

5 この立体の体積を求めよ。

令和３年度　鹿児島情報高校入試問題　英　語

（解答…219Ｐ）

1 【聞き取りテスト】放送による指示に従いなさい。英文は２回ずつ放送します。メモをとっても構いません。

1 これから Aya と James の対話を放送します。対話のあとに，その内容について英語で質問をします。絵を見ながら対話を聞き，英語の質問の答えとして最も適切なものを，ア～エの中からそれぞれ一つずつ選び，その記号を書きなさい。

Q1

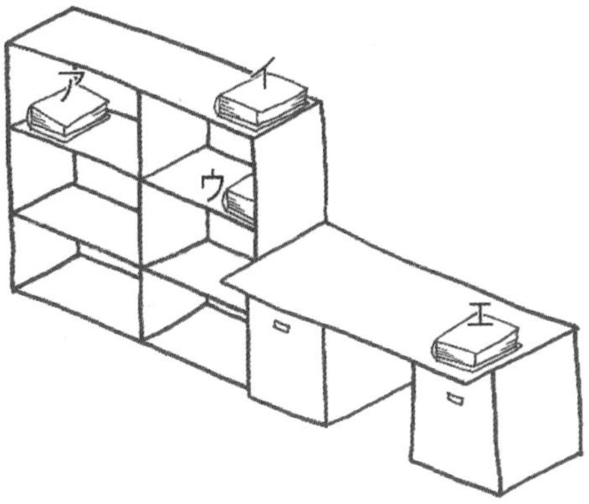

Q2

2 これから Aya と James の対話を放送します。対話のあとに，その内容について英語で質問をします。その質問に対する答えとして最も適切なものを，それぞれ下のア～エの中から一つずつ選び，その記号を書きなさい。

Q1 ア Go to Iso Beach.
イ Visit James's family.
ウ Go to a party at Bob's house.
エ Buy a house near the beach.

Q2 ア Once a year.
イ Twice a year.
ウ Once a month.
エ Twice a month.

3 これから James が彼の一週間の過ごし方について話をします。その後にその内容について英語で二つの質問をします。その質問に対する答えとして最も適切なものを，それぞれア～エの中から一つずつ選び，その記号を書きなさい。

Q1 ア On Wednesdays.
イ On Mondays and Fridays.
ウ On Tuesdays and Thursdays.
エ On Saturdays.

Q2 ア Enjoy games with his friends.
イ Sleep until the afternoon.
ウ Study for the next busy week.
エ Play soccer for many hours.

2 以下の①，②のやりとりが成立するように（　　）に入る５語以上の英語を書きなさい。

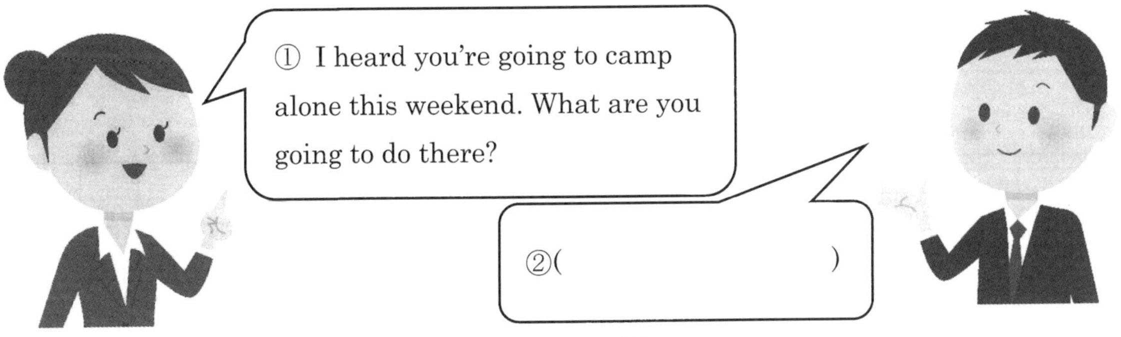

3 次の１，２の問いに答えなさい。

1 次の(1)～(5)の日本文の意味を表すには，【　　】の中の a～c の語（句）をどのように並べたらよいか。正しい順序のものを下のア～エの中からそれぞれ一つ選び，その記号を書け。

(1) 新聞を読まない人は時代に遅れるだろう。

【 a. people　b. don't　c. who 】read newspapers will fall behind the times.

ア a-b-c　イ a-c-b　ウ b-a-c　エ c-a-b

(2) ケンはとても忙しかったので，そのミーティングに来られなかった。

Ken was【 a. so　b. busy　c. that 】he couldn't come to the meeting.

ア a-b-c　イ a-c-b　ウ b-a-c　エ c-a-b

(3) 何か新しいことに挑戦したいです。

I【 a. like to try　b. would　c. something 】new.

ア a-b-c　イ a-c-b　ウ b-a-c　エ c-a-b

(4) 幸子はおじいちゃんに買ってもらったコンピュータを自慢している。

Sachiko is【 a. the computer　b. that　c. proud of 】her grandfather bought her.

ア a-b-c　イ a-c-b　ウ b-a-c　エ c-a-b

(5) 郵便局にはどう行けばいいか教えてくださいますか。

Could【 a. tell　b. you　c. me 】the way to the post office?

ア a-b-c　イ a-c-b　ウ b-a-c　エ c-a-b

2 次の(1)～(5)の会話について（　　）に入る最も適切なものを下のア～ウの中からそれぞれ一つ選び，その記号を書け。

(1) A: Will you help me do my homework? It's too difficult for me.

B: (　　　) I think science is interesting.

ア Go ahead.　イ Yes, I'd love to.　ウ No, I don't care.

(2) A: How does the weather look, Mom?

B: (　　　) It's probably going to rain in the afternoon.

ア It's clear.　イ I'm fine, thank you.　ウ It's cloudy.

(3) A: Why don't you clean up your room, Tom?

B: (　　　) Will you help me?

ア I'll do it now.　イ No, thank you, I'm full.　ウ I have no idea.

(4) A: Tom! The song I wrote won the first prize.

B: Really? (　　　)

ア It's for you.　イ Congratulations!　ウ That's too bad.

(5) A: How long did it take you to come here?

B: (　　　) The traffic was too heavy.

ア Five dollars.　イ Two and a half hours.　ウ At three.

4 次の会話の①～⑤に入れるべき，最も適切な英文を下のア～カの中からそれぞれ一つ選び，その記号を書きなさい。尚，文頭の文字もすべて小文字にしてあります。

Jim is surfing the web and he is looking at some pictures. Akira is looking at Jim's computer.

Akira: (①). Is he a basketball player?

Jim: No. He is 187 centimeters tall, but he is not a basketball player. His name is Koji Tajima. He is *a concept artist. Do you know what a concept artist is?

Akira: No, I don't. What's a concept artist?

Jim: A concept artist makes images and ideas for the design of games and films.
For example, Koji worked on *Godzilla*, *Venom*, and *Attack on Titan*.

Akira: Oh, really? (②). Where does he work? In Japan?

Jim: No. He works at Double Negative Visual Effects in Singapore.

Akira: (③)?

Jim: Yes, he is. But, not at first. He got an e-mail to work at *Lucasfilm when he was 19 years old. But (④), so (⑤). After that, he studied English very hard to get a new job. Finally, his dream came true!

* a concept artist コンセプト・アーティスト
Godzilla「ゴジラ」 *Venom*「ヴェノム」 *Attack on Titan*「進撃の巨人」
Lucasfilm「ルーカスフィルム（映画製作会社）」

ア I have seen those movies
イ he had to give up his dream
ウ he is so tall
エ he couldn't understand what was written
オ is he good at speaking English
カ I have been there before

5 あとの図を参考にしながら，対話文中の①，②には話の内容として最も適切な部活動の英語を，また③にはJohnになったつもりで部活動を一つ選び，④には対話が成り立つように4語以上の英語を書きなさい。

Saki: Did you decide which club you would join in high school?

John: Not yet. But I went to the club activities trial and there were some interesting clubs.

Saki: For example?

John: I joined two club trials. First, I joined the (　　①　　) club. I didn't have a glove, but a club member lent me his glove. I enjoyed playing catch with him.

Saki: My younger brother likes it, too. Anyway, I'm interested in the (　　②　　) club. Did you join the club trial?

John: No, but their musical performance was really good. They played during the opening ceremony for us.

Saki: I wanted to hear their performance. Tell me about the other club, please.

John: Second, I joined the (　　③　　) club, and (　　④　　)

Saki: Sounds great! I wanted to go to the trial, too!

6 次の英文を読み，1～7の問いに答えなさい。

I am Daichi, a second-year high school student in Kagoshima. When I graduate from high school, I would like to study problems about the environment and try to solve them. I want to focus on the plastic bag problem. I wanted to learn more about ①this, so last summer, I traveled around the world and researched what other countries are doing.

My trip started in New Zealand. I arrived in the morning so I had all day to do my research. I went into a supermarket and the first thing I saw was that almost everyone brought their own shopping bag. ②I didn't see anyone using plastic bags. I asked a woman at the store about plastic bags. She said that stores in New Zealand stopped giving *single-use plastic bags last year. She also said that if companies use single-use plastic bags they could be *fined $100,000. I thought that New Zealand was very *strict, but I was happy that they were trying to stop using plastic bags.

Next, I went to Hawaii. I arrived in Honolulu in the afternoon and went for a walk. It was very beautiful. I went to a supermarket, and again, I saw no single-use plastic bags. I said to a customer, "(　　A　　)?" She said, "We stopped using plastic bags in 2015, and in 2022, we will ban other single-use plastics like plastic spoons, straws and *containers." This was great news. Hawaii was really trying to stop using all plastic products.

Next, I went to Dublin, Ireland. I went to a supermarket and looked around. Again, I didn't see anyone carrying plastic bags. I asked a customer about plastic bags and the customer said that in 2007 Ireland started to take 22 *euro cents, which is about 27 yen, for each plastic bag. In 2021 Ireland will also ban all single-use plastic bags, cups, straws, spoons and forks. Ireland was doing a lot to stop using all plastics.

Finally, it was time to return to Japan. I wondered how Japan was doing. I went to a supermarket and saw that many people were using eco bags, but I could still see many plastic bags. I asked the staff about what their store was doing to stop using plastic bags. She said that (　　B　　) you need a bag, you have to pay for one. Also, for now, there is no plan to ban other plastic products in the future.

It was a good trip and I learned a lot, but I was a little ③(worry) about Japan. I learned that New Zealand, Hawaii and Ireland banned single-use plastic bags and are going to ban other plastic products in the near future. In Japan, however, customers have to pay only a little money for a plastic bag, and it has no plans to ban other plastic products.

I'm looking forward to going to university and will enjoy studying about the environment. However, I think that we will have a lot of work to do to ban plastic bags in Japan. This is a serious problem. Why aren't we doing more?

*single-use 使い捨ての　fine 罰金を科す　strict 厳しい　container 容器　euro ユーロ

1　下線部①が指すものを日本語で答えよ。

2　下線部②を日本語に訳せ。

3　(A)に入る最も適切なものを次のア～エの中から一つ選び，記号で答えよ。

ア How long have you been working in this supermarket

イ Where can I find eggs in this supermarket

ウ Do you want to use my plastic bag

エ Why don't I see any plastic bags

4　(B)に入る最も適切なものを次のア～エの中から一つ選び，記号で答えよ。

ア because　　イ if　　ウ during　　エ since

5　下線部③を適切な形に書き換えよ。

6　次のア～ウの中から，本文の内容と合うものを一つ選び，記号で答えよ。

ア Daichi visited Hawaii first then found that people there were trying hard not to use plastic bags.

イ Dublin started to fine people for each plastic bag in 2015.

ウ Daichi will go to university because he wants to study a lot about the environment.

7　次の2人の高校生の会話を読んで，(　　)に適当な5語以上の英語を書け。

A: I got my own shopping bag instead of using plastic bags.

B: I want to see it. Do you have it here?

A: No, but it's green and it has a picture of a cat on it. Do you have one, too?

B: Yes, mine looks different from yours.

A: What does it look like?

B: (　　　　　　　　　　)

7 携帯電話を持つことのメリット（良い点）・デメリット（悪い点）について，3人の学生が話しています。会話文を読み，1～3の問いに答えなさい。

Susumu: Phones have many *applications that we can use for studying. I share the amount of time I study with my friends so that I can study harder. Also, phones have GPS, so parents can know where their children are.

Emily: Well, I see your point that there are many good things about having your own phone. But I've heard that talking on and using smartphones are causing problems. Also, I think spending too much time using phones is bad for your health.

Koyuki: Exactly, Emily. ①There are always two sides to a coin. I often spend too much time on the phone. I really want to reduce the time I spend on **SNS* but I just can't stop checking comments and messages from my friends. I think I use my phone for keeping in touch with my friends, not for studying.

Emily: What's *SNS*?

Koyuki: Oh, in English *SNS* means social media.

Susumu: The other day, I saw on the news that accidents by *aruki sumaho*, people using their phones while walking, are causing a lot of problems in society.

Emily: Speaking of *aruki sumaho*, English speakers call such people *smartphone zombies*.

Susumu: Zombies!? Why? Is it because they may be in an accident and die?

Emily: No. Because *smartphone zombies* always walk slowly and look like zombies!

Koyuki: That's interesting.

*application アプリケーション，アプリ　　SNS ソーシャルネットワークサービス

1 下線部①が表す意味は何か。前後の文から推測し，日本語で説明せよ。

2 なぜ英語では「歩きスマホ」を *smartphone zombies* と表現するか。本文の内容に合うように日本語で理由を書け。

3 Koyuki が抱えている携帯電話に関する悩みは何か。下のア～ウの中から一つ選び，その記号を書け。

ア 携帯電話の使用時間を短くしたいが，SNS をチェックすることが止められない。

イ 携帯電話の使用時間が長く睡眠時間が減ってしまい，また視力が低下している。

ウ 携帯電話で毎日友達と連絡を取り続けることが負担になっている。

令和３年度　鹿児島高校入試問題　国　語

正答例

1　1　ア　**提唱**　　イ　**著**　　ウ　**つの**
　　エ　**素敵**　　オ　**いんが**
　2　A　**オ**　　B　**ウ**　　C　**カ**
　3　**称賛**　　4　**イ**
　5　**結果ではなく，プロセスや努力をほめてあげること。**
　6　**9**　　7　**エ**

2　1　ア　**貸**　　イ　**異様**　　ウ　**案**　　エ　**敬遠**
　2　①　**金**　　②　**青**
　3　**自分の思う通りに劇を完成させたい**　　4　**イ**
　5　**ハンス役に真剣に取り組んでいる**　　6　**ウ**
　7　**本番で自分のやりたいハンスをする前に林田先生に自分のやりたいハンス像を話すこと。**

3　1　**エ**　　2　**三**　　3　**イ**　　4　**擬音語（擬声語）**
　5　**エ**　　6　**イ**　　7　**ア**　　8　**まだれ**
　9　季語　**稲妻**　　季節　**秋**　　10　**ウ**

4　1　**しるゆえ**　　2　**a**
　3　①　**イ**　　②　**エ**　　4　**ア**　　5　**非**
　6　**人に勝れりと思へる**
　7　A　**慢心**　　B　**イ**　　8　**兼好（法師）**　　9　**ウ**

配点例

1	5，7　3点×2　　他　2点×11	計28点
2	3，4，6　3点×3　　7　5点　　他　2点×7	計28点
3	2点×11	計22点
4	3，6　3点×2（3は完答）　他　2点×8	計22点

解　説

1　＜論説文＞

2 A　松井秀喜や伊藤博文に「先天的なセンス」もあるのは言うまでもないという文脈なので，「もちろん」が適当。

B　空欄前で「急速に知的能力が伸びると予測された生徒」の成績が，空欄後でアップしたので，**順接の接続詞**「すると」が適当。

C　8段落から13段落で，勉強面における「結果や能力をほめるのではなく，プロセスをほめる」ことの大切さと，結果や能力だけをほめた場合に起きた問題点について述べられている。15段落では，これが美容やおしゃれにも通じる具体例を述べているので，「例えば」が適当。

4　――線部②の直後に「日本人は，他国に比べると自己肯定感が低い」「ほめることを重視してこなかった日本の文化にも原因がある」とあるので，**イ**が適当。日本の教育においては結果もほめていないので**ア**は不適。**ウ**はテストの話に限定しているので不適。**エ**の「子どもの将来の伸びる可能性を見抜く力」には触れられていない。

5　筆者は，9段落で「結果や能力をほめるのではなく，プロセスをほめるということ」が大事だと述べており，その後の段落で具体例を挙げている。

6　ほめる際に必要な注意点は，9段落冒頭の指示語「それ」の指す内容なので，9段落の直前に入ると判断できる。

7　筆者は，「結果や能力をほめるのではなく，プロセスをほめる」ことの重要性を，結果や能力だけをほめた場合に起きた問題点や，プロセスをほめた場合の効果に触れながら述べているので，**エ**が適当。**ア**は「ほめ方に留意する」が正しい。**イ**は「常に期待を込めて」，**ウ**は「ほめ続けるのは危険」が不適。

2　＜小説文＞

2①　「金切り声」とは，金属を切るときに出る音のように高く張り上げた鋭い声のこと。

②　「青筋を立てる」とは，顔面に静脈が浮き出るほど怒ったり興奮したりする様子を意味する。

3　――線部③を含む段落で，林田先生が「自分の思う通りに劇を完成させたい」と考えていて，セリフの言い方や背景の草むらの色，ハリボテのがちょうの目の大きさや位置など細かい所に異様にこだわっている様子が描かれている。

4　カズ坊さんの考える「最後の手段」を聞いた朝日の，「その前に林田先生に言ったほうがいんでないか？」という言葉の後，富樫くんが「西村くん（＝朝日）の言う通りだ」「言うのは，本番の前の日でいいかな？」と言っていることから，――線部④で富樫くんは，朝日の発言を受けとめ，自分はどうするべきか考え直していると読み取れる。

5　――線部⑤の後の三段落で，朝日が思ったことが述べられている。富樫くんに対して，「度胸がある」「それほどハンス役に真剣に取り組んでいるのだ」と思っている一方，朝日は自分の態度を振り返り，王さまのセリフを「大きな声で～割合早く，別にそれでいんでないか，との答えが出」て，富樫くんのようではないと実感している。

6　カズ坊さんは，「最後の手段」を提案した後，富樫くんと朝日のやり取りを見守り，最終的には「『最後の手段』の前に富樫が男を見せるってことで」と言っていることから，富樫くんの意思を尊重していると読み取れる。**ア**は「朝日の言葉に従うように」，**イ**は「投げやりになった」，**エ**は「新たな作戦を考えようとしている」がそれぞれ不適。

7　「最後の手段」とは，本番で富樫くんのやりたいハンスを演じることである。富樫くんは朝日の言葉を聞き，「言うのは，本番の前の日でいいかな？」と言い，林田先生に自分のやりたいハンス像を伝えた上で，「最後の手段」に出ようと決めたのである。

3　＜随筆文・雑問集合＞

1　――線部①と**ア**～**ウ**の「いる」は，動詞本来の意味が薄れて，前の言葉の意味を補う働きをする補助動詞。直前に「立って」「読んで」「寝て」「理解して」と別の動詞があることから判断できる。**エ**の「いる」は存在を意味する動詞。

2　「吾輩は／猫で／ある」で三文節。

4　**擬音語（擬声語）**とは「事物の音や人・動物の声などを表す語」のことである。

5　漱石が当初，猫を「夜中になると外へつまみ出した」が，猫が翌朝「家に入ってくる」ため，最終的に飼ったことから，「猫を外へ出そう」とする根気が続かなかったとわかる。

6　――線部⑥の後の「今日に至るまで名前さえつけてくれない」は珍重されなかった程度を示す内容である。

7　――線部⑦とアは意味が似た漢字を組み合わせたものである。イは意味が対になる漢字を組み合わせたもの，ウは上の漢字が主語，下の漢字が述語の関係にあるもの，エは下の漢字が上の漢字の目的や対象を表すものである。

9　稲妻は，稲を実らせると信じられたから秋の季語である。

10　「猫」とウ「終」は十一画。ア「新」は十三画，イ「海」は九画，エ「補」は十二画。

4　**＜古文＞**

（**口語訳**）一つの専門の道に携わる人が，専門外の分野$_{a}$の会合に参加して，「①ああ，私の専門分野の話だったら，こんなふうによそものとして傍観してはいませんのに」と言い，心にも思うことは，常のことであるが，世間からたいそう悪く思われるのだ。知らない分野のこと$_{b}$がうらやましく思うなら，「②ああ，うらやましい。どうしてこの分野を習わなかったのだ」と言っていればいいのだ。自分の知恵を取り出して人と争うのは，角のある動物$_{c}$が角を傾けてつっかかっていき，牙のある動物$_{d}$が牙をむき出しにして嚙みつくのと同類である。

人としてはよい行いを自慢せず，他人と争わないのをよしとする。他人より優れていることがあるのは，大きな欠点なのだ。③身分の高さにおいても，学問・芸能の優れていることにおいても，先祖の名声においても，人より優れていると思う人は，たとえ，言葉に出してこそ言わなくても，内心に多くの④欠点がある。慎んで，⑤これを忘れるべきだ。愚かに見え，人からも非難され，災いをも招くのは，このおごり高ぶる心である。

一つの道に本当に精通している人は，自らはっきりとその欠点を知っているがゆえに，望みが常に満たされることはなく，最後まで何事も人に自慢することがないのである。

1　ワ行の「ゐ・ゑ・を」は「い・え・お」に直す。

2　aは直前の言葉が修飾語であることを意味する「の」，b～dは直前の言葉が主語であることを意味する「の」である。b～dは「が」に置き換えることができる。

3①　「自分の専門の話だったら，外野から見ていないのに」という内容なので，負け惜しみだとわかる。

②　「羨まし」と正直に述べていることから素直に受け入れている様子が読み取れる。――線部①とは反対に，世間から悪く思われないための言い回しであることから，対の内容であるエが適当。

4　古文での「品」には「階段」「身分·家柄」「品格」「事情」の意味があるが，ここでは「身分」を意味する。――線部③直後に「高さ」とあるのも手がかりになる。

5　「欠点」の類義語を考えながら探すとよい。現代語でも「非を認める」と使われていることも手がかりになる。

6　――線部⑤の後の「この慢心」は，――線部⑤「これ」と同じ内容である。指示語の内容は直前にあることが多いので，「慢心」を意味する内容を探すとよい。

7A　直後の「見苦しいものであり，災難を招くこともある」は，本文中の「痴にも見え～禍ひをも招く」にあたる。

B　第三段落の「一道にもまことに長じぬる人」の態度に着目するとよい。

8　「徒然草」は，兼好法師による鎌倉時代の随筆。

9　「奥の細道」は松尾芭蕉による江戸時代（元禄文化期）の紀行文・俳諧。「万葉集」は奈良時代に作られた日本最古の和歌集。「方丈記」は鴨長明による鎌倉時代の随筆。「枕草子」は清少納言による平安時代の随筆。

令和３年度　鹿児島高校入試問題　数　学

正答例

1　(1)　**9**　(2)　$\frac{5}{12}$　(3)　$3\sqrt{2}$

(4)　$-18x^3$　(5)　$(x-7)(x+4)$

(6)　$x=\frac{3\pm\sqrt{29}}{10}$　(7)　**7**

(8)　**79**　(9)　**43**(度)　(10)　**150**(g)

2　(1)①　**55**(個)

②　**8**(番目)

(2)①　$\frac{4}{15}$

②　$n=2$

(3)①　**1**(cm)

②　$\frac{5\sqrt{3}}{4}$ (cm²)

(4)　右図

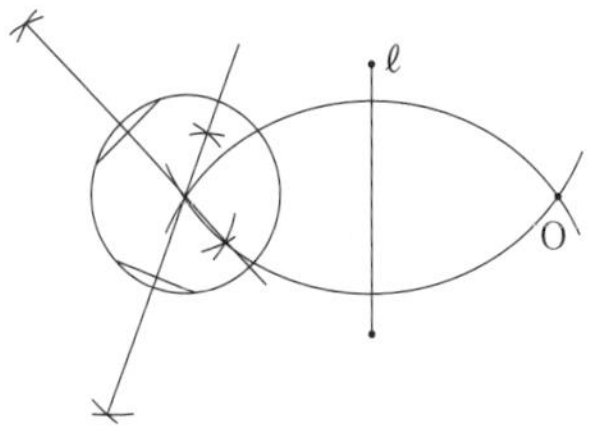

3　(1)　**0.3**　(2)　**7**(時間)

(3)　A　(Ⅲ)　a　**134**　(完答)

B　(Ⅳ)　b　**7.5**　(完答)

(4)　**イ，エ**(順不同・完答)

4　(1)　$a=\frac{1}{4}$　(2)　**30**

(3)　**5**(個)　(4)　**300**

5　(1)　**3 : 2**　(2)　**90**(度)

(3)　$\sqrt{3}$ (cm²)　(4)　$\frac{5\sqrt{3}}{2}$ (cm³)

配点例

1	3点×10	計30点
2	4点×7	計28点
3	(1)，(2)　3点×2　(3)　2点×2　(4)　4点	計14点
4	(1)，(2)　3点×2　(3)，(4)　4点×2	計14点
5	(1)，(2)　3点×2　(3)，(4)　4点×2	計14点

解　説

1　**＜小問集合＞**

(1)　$12-6\div2=12-3=9$

(2)　$\frac{1}{2}+\frac{3}{4}-\frac{5}{6}=\frac{6}{12}+\frac{9}{12}-\frac{10}{12}=\frac{5}{12}$

(3)　$\frac{4}{\sqrt{2}}-\sqrt{18}+\sqrt{32}=2\sqrt{2}-3\sqrt{2}+4\sqrt{2}=3\sqrt{2}$

(4)　$27x^3y\div6xy\times(-4x)$

$=-\frac{27x^3y\times4x}{6xy}$

$=-\frac{108x^4y}{6xy}=-18x^3$

(5)　和が-3，積が-28となる２数の組み合わせは-7と4

よって，$x^2-3x-28=(x-7)(x+4)$

(6)　**解の公式**より，$x=\frac{3\pm\sqrt{3^2-4\times5\times(-1)}}{2\times5}=\frac{3\pm\sqrt{29}}{10}$

(7)　$2\sqrt{13}=\sqrt{4\times13}=\sqrt{52}$　$7=\sqrt{49}$，$8=\sqrt{64}$より，

$7<2\sqrt{13}<8$　よって，整数部分は７

(8)　$3\triangle(2\triangle1)=3\triangle(2^2+2\times1+1^2)$

$=3\triangle7=3^2+3\times7+7^2$

$=9+21+49=79$

(9)　右図より，**三角形の外角は，これととなり合わない２つの内角の和に等しい**から，

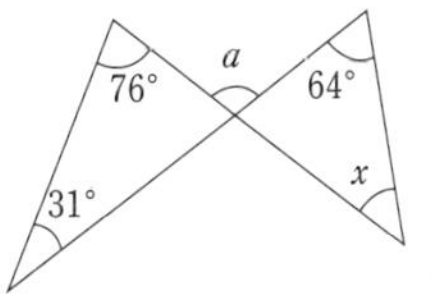

$\angle a=76°+31°=107°$

$\angle x=\angle a-64°$

$=107°-64°=43°$

(10)　加えた水の量をxgとして，食塩の量について等式をつくる。

$250\times\frac{8}{100}=\frac{5}{100}(250+x)$

両辺を100倍し，$2000=1250+5x$，$5x=750$，$x=150$

よって，加えた水の量は150g

2　**＜小問集合＞**

(1)①　■の数は，１番目の図形が５個，２番目の図形が$5+4+4=13$(個)，３番目の図形が$13+4+3+4=24$(個)，４番目の図形が$24+4+3+3+4=38$(個)，５番目の図形が$38+4+3+3+3+4=55$(個)

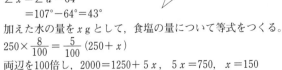

② 各番目の図形における■と▨の個数を表にまとめると次の通り。

番目	1	2	3	4	5	6	7	8
■	5	13	24	38	55	75	98	124
▨	4	12	24	40	60	84	112	144
差	1	1	0	2	5	9	14	20

よって，8番目の図形

(2)① 1回目の取り出し方は10通り，2回目の取り出し方は9通りだから，すべての場合の数は10×9（通り）である。また，1回目が赤玉，2回目が白玉を取り出すのは6×4（通り）である。よって，求める確率は，$\frac{6\times4}{10\times9}=\frac{4}{15}$

② 1回目の取り出し方は$(n+4)$通り，2回目の取り出し方は$(n+3)$通りだから，すべての場合は$(n+4)(n+3)$通りである。また，1回目が赤玉，2回目が白玉を取り出すのは$n\times4=4n$（通り）である。確率が①と同じだから，

$\frac{4n}{(n+4)(n+3)}=\frac{4}{15}$

$4(n+4)(n+3)=15\times4n$

$(n+4)(n+3)=15n$，$n^2+7n+12=15n$

$n^2-8n+12=0$，$(n-2)(n-6)=0$

nは6と異なる自然数だから，$n=2$

(3)① 円の中心を点O，△ABCの頂点Aから下ろした垂線と辺BCとの交点をHとする。△ABH，△BOHは，**30°，60°，90°の三角形**だから，

BH$=\frac{1}{2}$AB$=\frac{\sqrt{3}}{2}$（cm）

OB$=\frac{2}{\sqrt{3}}$BH

$=\frac{2}{\sqrt{3}}\times\frac{\sqrt{3}}{2}=1$（cm）

よって，円の半径は1cm

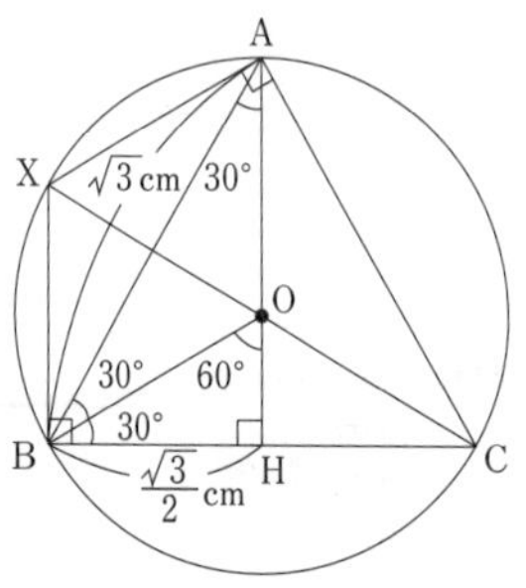

② 点Xが$\overset{\frown}{AB}$上にあるとき，求める3つの三角形の面積は，△ABXの部分が最大になるとき最も大きくなる。

このとき，点Xは直径上にあり，

△ABX＋△BCX＋△CAX

＝△ABX＋△ABX＋△ABC

＝2△ABX＋△ABC

＝2△ABO＋△ABC

$=\frac{2}{3}$△ABC＋△ABC$=\frac{5}{3}$△ABC

AH$=\sqrt{3}$BH$=\frac{3}{2}$（cm）より，

△ABC$=\frac{1}{2}\times\sqrt{3}\times\frac{3}{2}=\frac{3\sqrt{3}}{4}$（$cm^2$）

よって，求める面積は，$\frac{5}{3}\times\frac{3\sqrt{3}}{4}=\frac{5\sqrt{3}}{4}$（$cm^2$）

(4) まず，図の円の中心を作図する。弦の垂直二等分線は円の中心を通るから，2つの弦をかき，それぞれの弦の垂直二等分線の交点が円の中心になる。次に，直線ℓ上に2点をとり，2点を中心とし，先ほどの円の中心を通る円をそれぞれかくと，図の円の中心以外に交点ができるから，その点をOとすればよい。

3 ＜資料の整理＞

(1) **中央値は資料を大きさの順に並べたとき，中央にくる値**。資料の総数が偶数のときは，中央に並ぶ2つの値の合計を2でわった値を中央値とする。総度数は1＋2＋3＋2＋1＋1＝10（人），1＋2＝3，3＋3＝6より，中央値を含む階級は4時間以上6時間未満で，度数は3人。

ある階級の相対度数＝$\frac{\text{その階級の度数}}{\text{総度数}}$ よって，$\frac{3}{10}=0.3$

(2) **平均値＝$\frac{\text{資料の値の合計}}{\text{資料の総数}}$**

度数分布表から平均値を求めるには，各階級値と度数の積をそれぞれ求め，その値の総和を総度数でわればよい。

$(3\times4+5\times2+7\times2+9\times5+11\times1+13\times1)\div(4+2+2+5+1+1)=\frac{105}{15}=7$（時間）

(3) （階級値）×（度数）の和をそれぞれ求めて比較すると，

（Ⅲ）は，$1\times3+3\times2+5\times5+7\times3+9\times2+11\times2+13\times3=134$

（Ⅳ）は，$3\times3+5\times2+7\times4+9\times3+11\times3+13\times1=120$ となり，（Ⅲ）の部活動の方が大きい。

平均値をそれぞれ求めて比較すると，

（Ⅲ）は，$\frac{134}{20}=6.7$（時間）　（Ⅳ）は，$\frac{120}{16}=7.5$（時間）

となり，（Ⅳ）の部活動の方が大きい。

(4) **ア** 中央値を含む階級の階級値について，（Ⅰ）が5時間，（Ⅱ）が7時間，（Ⅲ）は中央にくる値がそれぞれ4時間以上6時間未満，6時間以上8時間未満に含まれ，（Ⅳ）は7時間より，誤り。

イ 最頻値は，（Ⅰ）が5時間，（Ⅱ）が9時間，（Ⅲ）が5時間，（Ⅳ）が7時間より，全部で3種類となるから，正しい。

ウ （Ⅰ）～（Ⅳ）で，1週間の自宅学習時間の合計が14時間以上の部活動生はいないから，誤り。

エ （Ⅰ）に15時間自宅学習をした生徒2人を追加した平均値は，$(1\times1+3\times2+5\times3+7\times2+9\times1+11\times1+15\times2)\div12=\frac{86}{12}=7.1\cdots$となり，(2)，(3)より，正しい。

オ ア，イより，最頻値と中央値を含む階級の階級値が等しくなる部活動は（Ⅰ），（Ⅳ）の2つあるから，誤り。

4 ＜関数＞

(1) $y=ax^2$にA$(-6,\ 9)$の座標を代入し，

$9=a\times(-6)^2$，$9=36a$，$a=\frac{1}{4}$

(2) 点B，Cの座標は下図の通り。

直線ABの式は，$y=mx+n$とおき，2点A，Bの座標をそれぞれ代入し，

$9=-6m+n$…①，$4=4m+n$…②

①－②より，$5=-10m$，$m=-\frac{1}{2}$…③

③を②に代入し，$4=4\times\left(-\frac{1}{2}\right)+n$，$n=6$

よって，$y=-\frac{1}{2}x+6$

直線COの式は，$y=kx$とおき，点Cの座標を代入し，

$1=-2k$，$k=-\frac{1}{2}$

よって，$y=-\frac{1}{2}x$

直線の傾き（変化の割合）が等しいから，AB∥CO

平行線と面積の関係より，

△ABC＝△ABO

直線ABとy軸との交点をDとすると，

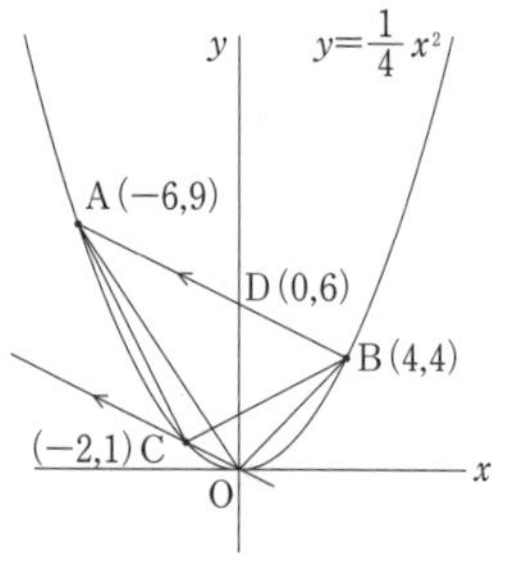

△ABO

＝△AOD＋△OBD

$=\frac{1}{2}\times6\times6+\frac{1}{2}\times6\times4=18+12=30$

(3) **平行線と面積の関係**を利用する。

△ABC

＝△ABP

（辺ABが共通）

のとき，

P_1～P_3の3個

△ABC

＝△APC

（辺ACが共通）

のとき，

P_4の1個

△ABC

＝△PBC

（辺BCが共通）

のとき，

P_5の1個

よって，点Pの個数は3＋1＋1＝5（個）

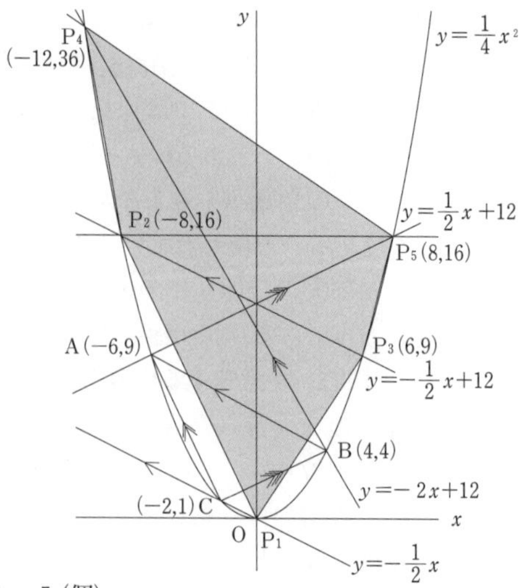

(4) P_1～P_5を通る直線の式とP_1～P_5の座標を求めると，上図の通り。よって，求める面積は，

$\triangle P_1P_3P_2+\triangle P_2P_3P_5+\triangle P_2P_5P_4$

$=\frac{1}{2}\times12\times14+\frac{1}{2}\times16\times7+\frac{1}{2}\times16\times20$

$=84+56+160=300$

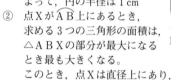

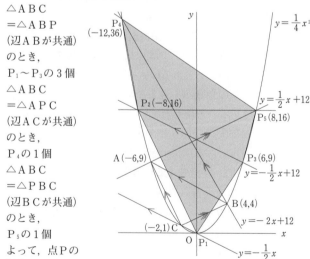

5 ＜空間図形＞

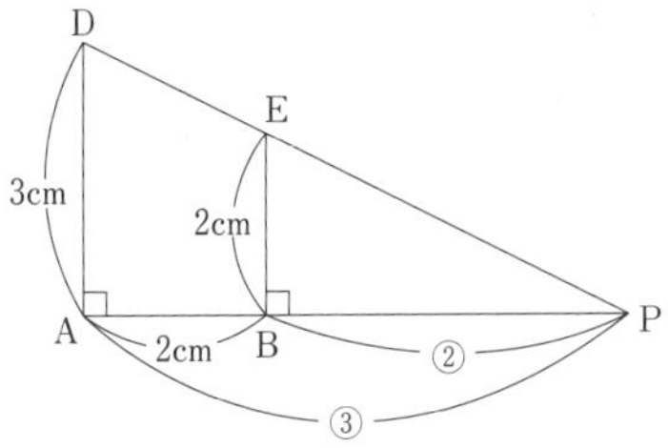

(1) 右図より，
△ＡＰＤ∽△ＢＰＥで
相似比はＡＤ：ＢＥ＝
３：２だから，
ＡＰ：ＢＰ＝３：２

(2) (1)と同様に，
△ＡＱＤ∽△ＣＱＦで
相似比はＡＤ：ＣＦ＝
３：１だから，
ＡＱ：ＣＱ＝３：１
ＡＣ：ＣＱ＝２：１
よって，ＣＱ＝１ (cm)
△ＢＲＥ∽△ＣＲＦで
相似比はＢＥ：ＣＦ＝
２：１だから，
ＢＲ：ＣＲ＝２：１
ＢＣ：ＣＲ＝１：１
よって，ＣＲ＝２ (cm)
△ＣＱＲについて，
ＣＲ：ＣＱ＝２：１
∠ＱＣＲ＝60°より，
△ＣＱＲは30°，60°，
90°の三角形であるから，
∠ＣＱＲ＝90°

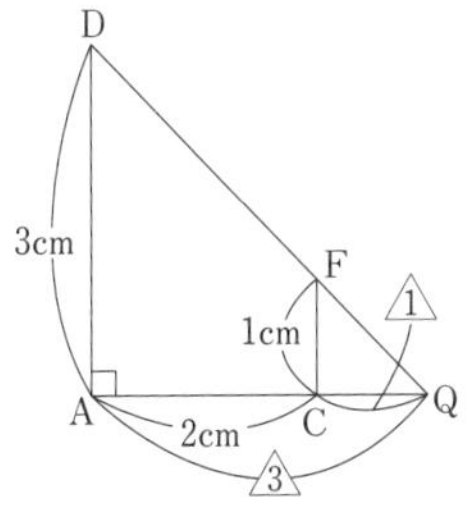

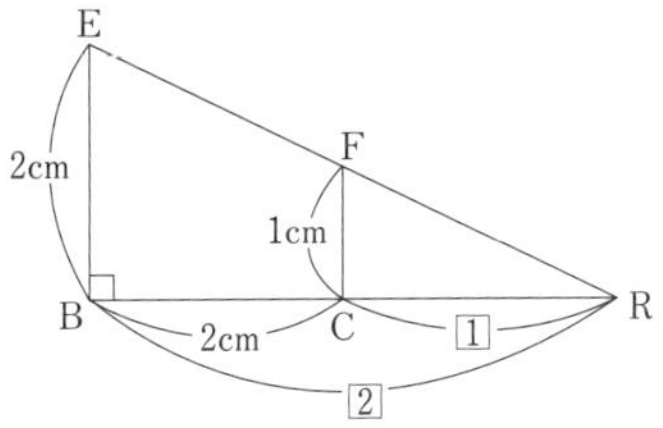

(3) △ＢＱＲ＝△ＣＱＲ＋△ＢＣＱ
(2)より，ＲＱ＝$\sqrt{3}$ ＣＱ＝$\sqrt{3}$ (cm)
△ＣＱＲ＝$\frac{1}{2}\times 1\times\sqrt{3}=\frac{\sqrt{3}}{2}$ (cm²)
頂点Ｂから正三角形ＡＢＣに下ろした垂線との交点をＨとすると，ＢＨ＝$\frac{\sqrt{3}}{2}$ＢＣ＝$\sqrt{3}$ (cm)
△ＢＣＱ
＝$\frac{1}{2}\times 1\times\sqrt{3}$
＝$\frac{\sqrt{3}}{2}$ (cm²)
よって，
△ＢＱＲ
＝$\frac{\sqrt{3}}{2}+\frac{\sqrt{3}}{2}$
＝$\sqrt{3}$ (cm²)

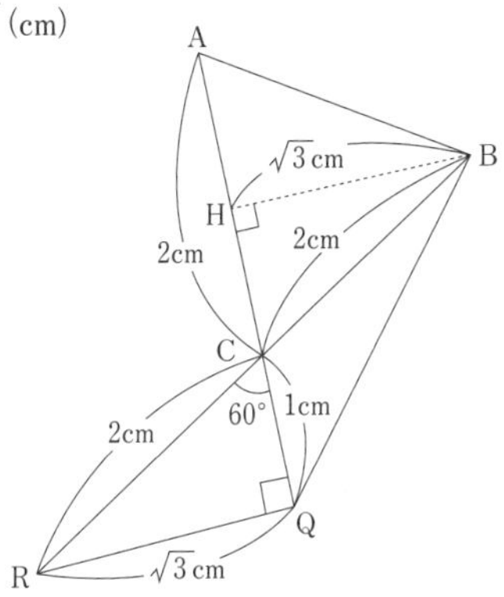

(4) 立体ＥＦ－ＢＣＱＰの体積は三角錐Ｅ－ＢＲＰの体積から三角錐Ｆ－ＣＲＱの体積をひけばよい。
頂点Ｒから辺ＢＰの延長線上に下ろした垂線との交点をＳとすると，△ＲＢＳは30°，60°，90°の三角形だから，
ＲＳ＝$\frac{\sqrt{3}}{2}$ＲＢ＝$2\sqrt{3}$ (cm)
三角錐Ｅ－ＢＲＰ
＝$\frac{1}{3}\times\frac{1}{2}\times 4\times 2\sqrt{3}\times 2=\frac{8\sqrt{3}}{3}$ (cm³)
三角錐Ｆ－ＣＲＱ
＝$\frac{1}{3}\times\frac{1}{2}\times 1\times\sqrt{3}\times 1$
＝$\frac{\sqrt{3}}{6}$ (cm³)
よって，
立体ＥＦ－ＢＣＱＰ
＝$\frac{8\sqrt{3}}{3}-\frac{\sqrt{3}}{6}$
＝$\frac{16\sqrt{3}}{6}-\frac{\sqrt{3}}{6}$
＝$\frac{15\sqrt{3}}{6}$
＝$\frac{5\sqrt{3}}{2}$ (cm³)

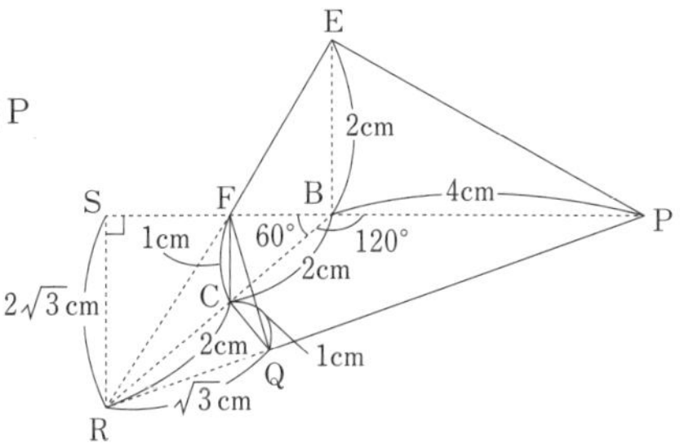

令和３年度　鹿児島高校入試問題　英　語

正答例

1　1 エ　2 エ　3 ウ　4 ア　5 イ
2　1 イ　2 イ　3 エ　4 ア　5 ウ
3　1 ウ，ア　2 オ，ア　3 ア，エ
　4 オ，エ　5 ア，カ　(各完答)
4　問1 無料　問2 光
　問3 ア　問4 イ
　問5 生きていないもの
　問6 A ウ　B Japanese
　　C (e) 失敗　(f) 人生の教訓
5　問1 ① take　⑥ mine
　問2 (a) 返答　(b) 礼儀正しくない
　問3 four　問4 smile
　問5 エ　問6 her wrong
　問7 (d) ate　(e) stranger
　　(f) truth
　問8 エ，オ (順不同)

配点例

1，2	2点×10	計20点
3	3点×5	計15点
4	問5，問6C　4点×3　他　3点×6	計30点
5	問1，問4，問5　2点×4　他　3点×9	計35点

解　説

1 ＜適文選択＞
1　A：あなたはあの男性を知っていますか？
　B：はい，彼は有名な歌手です。
2　A：あなたは何冊の本を持っていますか？
　B：私は20冊の本を持っています。
3　A：由紀はメアリーよりも年上ですか？
　B：いいえ，彼女はメアリーよりも少し若いです。
4　A：あなたは今度の週末にどこに行きたいですか？
　B：博物館はどうですか？
5　A：あなたは何か飲む物がほしいですか？
　B：ありがとうございます。私は水がいくらかほしいです。

2 ＜適語選択＞
1　健は先週の日曜日に弟を公園に連れて行きました。
2　これは彼が私たちに残したメッセージです。
3　彼女は１年間一生懸命ピアノを練習しました。
4　私は昨日この本を家への帰り道で買いました。
　on one's way home：～の帰り道に
5　メグは彼女の家族に朝食を作るために朝早く起きた。
　in order to ～：～するために

3 ＜並びかえ＞
1　A：あなたはどんな種類の音楽が好きですか？
　B：僕はＪポップが好きです。
　What kind of music do you like？
2　A：見て！　彼女は英語を上手に話せますね。
　B：裕子はクラスで一番いい英語の話し手の一人です。
　Yuko is one of the best English speakers in the class.
3　A：彼らはいつロンドンを出発しましたか？
　B：私は彼らがいつそこを出発したのか知りません。
　I don't know when they left there.

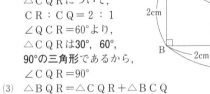

4　A：私は今週末に映画を見に行く予定です。あなたも来たいですか？
　B：いいえ，結構です。私は川で**釣りをする計画をすでに立てているのです。**
　I **have made a plan to go fishing** in the river.

5　A：メアリーは私を，土曜日にある彼女の誕生日パーティーに招待しましたが，私はその日にテニスの試合があります。
　B：あなたは**彼女に電話をしてあなたは**行けない**と言うべきです。**
　You **should call her and say that you** can't go.

4　＜対話文読解＞

健太がレストランに着いたとき，彼は友達のマットを見つけるために周囲を見回した。健太は彼の姿が見えなかったため，二人掛けのテーブルをお願いした。ウェイターは窓際のテーブルに彼を案内して，彼に1杯のコーヒーを出して去った。

M：やあ！　長く待っていたらごめんね。　K：大丈夫だよ。僕もちょうど着いたところだよ。君はコーヒーがほしいかい？　「①**サービス**だよ。」　M：もちろん彼らはコーヒーを出すよ，レストランだから！　君はときどき僕を笑わせてくれるね。僕は，きっと君がそのコーヒーは無料だと言おうとしているんだと思うよ。　K：そうだよ！　それは無料だよ！　それは正しくないのかい？　M：いいや！　君は「これはサービスだよ」と言ったね。それは正確ではないんだ。「service」はただ単にメニューから買えるということを意味しているんだ。それは無料を意味しないよ。　K：おや，僕はそれを全く知らなかったよ！　僕はいつも物事を間違って言っているようだね。　M：分かった，僕が君の先生になろう。他に君が難しいと思っているものは何？

健太はウェイターがマットに1杯のコーヒーを出す間，少し考えた。

K：君は昨日大雨と雷があったことを覚えているかい？　M：うん。　K：僕の同僚が今朝その雷について聞いて来て，僕は雷が「僕の目を傷つけた」と答えたんだ。でも彼女はそれを聞いたときに驚いてまばたきをしたんだ。　M：僕は彼女がどう感じたか分かるよ。…教えてよ，「thunder」って何だい？

健太はその説明の仕方が分からなかったため，彼はテーブルの上に絵を描くために指を使った。

M：すまないけれど，②**それ**はあまり正確ではないんだ。　K：どういう意味だい？　M：僕たちは実際にはそれを「lightning」と呼ぶんだ。「Thunder」は音だけだよ。　K：音だけ？　僕はそれを知らなかったよ。　M：それについては心配しすぎなくてもいいよ。　K：ところで，マット，僕は君の電話を借りてもいいかい？　僕は自分の職場に電話をかけないといけないんだ。　M：もちろん。でも君の電話に何かあったの？　K：昨日，僕は電車の中で眠りに落ちて，僕のかばんは僕の隣の座席にあったんだ。僕が起きたとき，僕はかばんに盗まれていて，そして僕の電話は中にあったんだ。　M：何だって？　③**それは不可能だよ。**　K：なぜだい？　僕はまた間違えたのかい？　M：ああ，大きな間違いをね！　君は「僕のかばんが盗まれた」か，「誰かが僕のかばんを盗んだ」と言うべきだよ。君は僕に，君のかばんが君を盗んだと言っていて，それはおかしな間違いだよ。　K：「My bag was stolen」，「Thunder」，「Free coffee」…僕はたくさんのことを学ばないといけないね！　M：君は間違うことを恐れるべきではないよ。僕はいつも間違っているよ！

*④**健太はまだ悲しそうだった。***

M：僕が君に似たような話をしたら，それは君を喜ばせるかな？　K：うん。僕は君の話にとても興味があるよ！　M：僕が大学で勉強をしていて日本にいたとき，僕は大きな間違いをしたんだ。ある日僕は友達の早希のところに贈り物を持って訪ねて行って，僕は彼女に日本語で「お土産がいます」と言ったんだ。彼女はとても驚いた様子だったよ！　それから早希は僕に，僕が「ある」ではなく「いる」を使ったから，僕の文章は彼女にとってとても奇妙に聞こえたと言ったんだ。そして僕は彼女から「いる」は僕たちが生きているものについて話す時に使われなくてはいけないけれど，「ある」は僕たちが生きていないものについて話す時に使われるということも学んだんだ。　K：外国人の学生にとっては，最初はその2つの間の違いを理解するのは難しいね。　M：うん。君の言う通りだよ。たぶんそれは日本語を理解することをより難しくしているよ。　K：僕はそれが分かるよ。でも間違うことは大きな問題ではないよ。挑戦することが大事だよ。今度は僕が君の先生になるよ。

問1　本文訳波線部参照。
問2　本文訳二重傍線部参照。
問4　健太は**英語を上手に話せなかった。**
　ア　たくさんの間違いをしなかった
　ウ　マットの間違いに驚いた
　エ　マットの間違いに興味があった
問5　本文訳破線部参照。
問6　やあ，マット，
　アドバイスをどうもありがとう。実のところ，君は本当に僕を1**救って**くれたんだよ。君に会った後，僕は仕事に戻ったんだ。僕は自分自身に挑戦したかったから，「thunder」「service」「stolen」という言葉を会話の中で使ったんだ。僕はその言葉を正確に使ったよ。僕の友達は僕に，僕の英語はずっと良くなっていると言ってくれたよ。君も2**日本語**でもっと会話をするべきだよ。今君は，**僕たちは失敗を人生における僕たちの先生にできる**ということを知っているね。すぐに会おうね。
健太

5　＜長文読解＞

マーティンさんは午後の買い物の後に疲れていて，そしてそのとき彼女は大きな買い物袋を運ばなくてはならなかった。雨も降っていて，彼女が家へのバスに①**乗れる**まで待つ時間がまる1時間あった。彼女にはいくらかの紅茶とケーキを食べるだけの時間しかなかった。彼女は彼女のお気に入りの喫茶店に向かって歩きながらひとりほほ笑んでいた。

カウンターで彼女は紅茶とキットカットビスケットを受け取った。キットカットはチョコレートで覆われたウエハースバーのお菓子だ。キットカットを食べることは彼女を再び子どものころのように感じさせてくれた，なぜなら彼女は子どものときのキットカットの古いテレビでの広告が，どれだけ彼女を幸せにしたかをいつも思い出したからだ。

店内にはたくさんの人がいたが，彼女は最後の空席を見つけた。ティースプーンで彼女は砂糖を２杯入れて，それから温かくて甘い紅茶を少しずつ飲んだ。それはこの寒くてじめじめした日にはぴったりだった！

「こちらに座っている方はいますか？」

若い男性が彼女の返事を待たずに彼女のテーブルに座った。②**彼女は彼に対して少し怒りを感じた**が，「どうぞ」と言い，その男性はあまり礼儀正しくはないと思ったが少しほほ笑んだ。

彼女は紅茶を飲み切るまでの間，彼の方を見ないように懸命に努めた。だが彼女が空のカップをテーブルに置いた時，彼女が買ったばかりの③**キットカット**を彼が開けて最初の一切れを食べたのを見て驚いた。赤い包み紙がテーブルに置いてあった。そしてその若い男性はもう一切れ食べて彼の人差し指をなめた。

その後，彼は食べるのをやめて彼女のキットカットの最後の２切れを彼のコーヒーの隣に置いた。そして彼は彼女を見上げてほほ笑んだ。

彼の④**笑顔**は何よりも彼女を怒らせた。誰かのキットカットをそんなにも堂々と取るのも悪いことで，彼の⑤**笑顔**はなお悪かった。それは彼女がこのチョコレート菓子を食べることにどれだけわくわくしているのかを彼が知っていて，彼がそれをこのような悪い方法でそれを彼女から奪ったかのようだった。

彼女は自分自身を奮い立たせた。「これは⑥**私のもの**ね，ありがとう。」彼女は彼の皿から最後の２つのチョコレートバーを拾い上げて，それらをすばやく食べた。

若い男性は顔をしかめ，ほほ笑んで顔を振るのを全て同時に行った。彼はおそらくそんなにも力強いお年寄りの女性に驚かされたのだ。きっと，彼は彼女がキットカットを取り返すには親切すぎるか臆病すぎると思っていただろう。

彼女は彼に怒りの視線を向け，彼女の買い物袋を持って立ち去った。彼女は立ち去る間，若い男性の視線を背中に感じていて，今は彼女が⑦**勝者**であるかのように感じる番だった。そう，彼女は勝利してバス停へと歩いている間，足取りが軽かった。彼女の乗るバスが来るまでまだ10分あったため，彼女は赤ん坊を抱えた女性の隣に座ってベンチで待っていた。

彼女はますます気分が良くなった。彼女はいつも持ち歩いている最後のいくつかのアメを探すために，手をハンドバッグに入れた。彼女はそれらを見つけたが，ちょうど彼女がそれらをかばんから取り出すときに，何か赤いものをかばんの中に見つけた。彼女はキットカットを取り出し，それを見てとても⑧**驚いた**。

彼女はすぐに立ち上がってできる限り速く喫茶店に走って戻った。疲れて暑くなった彼女が到着したとき，彼女は男性が立ち去るためにドアを開けようとしていたところを見た。彼が外に出てすぐ，彼女は彼の前に立った。

「大変すみません！　私はあなたが私のキットカットを食べたと思っていて，でも私がかばんの中を見たら…」

そして彼女は悲しそうに彼にキットカットをあげた。彼女は彼が彼女に対して叫んでくれるのを待っていた。でも代わりに彼は笑った。彼はとても大きな声で笑ったのでレストランにいた全員が窓越しに彼を見た。

彼は彼女を見てキットカットを振り，「これを分け合いませんか？」と言った。

問２　本文訳波線部参照。

問３　Q：キットカットの中には何切れのチョコレートが入っていますか？

A：**４**切れのチョコレートが入っています。

問５　ア　馬　　イ　敗者

ウ　子ども　　オ　ウェイター，給仕係

問６　マーティンさんはその若い男性は**彼女の**キットカットを食べておらず，彼女が彼に対して**間違った**考えを抱いていることに唐突に気がついた。

問７　数日前，私の行きつけの喫茶店で自分のキットカットと一緒にコーヒーを１杯飲んでいたとき，女性がいきなり私のキットカットをつまみ上げてd**食べた**ので私は衝撃を受けた。それは信じられないことだった！　また，全くのe**他人**が私に対して理由もなく怒っていた。しばらくして，私が出ようとしていたときに，彼女はキットカットを手に店のちょうど前に立っていた。ちょうどその時彼女は私にf**真実**を伝えてくれた。

問８　ア　数日後，マーティンさんはコーヒー屋で彼が犯した間違いについて若い男性を許した。

イ　マーティンさんは彼女の買い物の後に紅茶と一緒に店でキットカットを買うのを忘れていた。

ウ　若い男性は彼女が彼のチョコレートに手を伸ばしてそれを取り返したときに怒った。

エ　買い物の後マーティンさんは喫茶店に行って若い男性とテーブルを共有した。

オ　若い男性はとても親切で女性の間違いを温かい心で受けとめた。

令和３年度　鹿児島高校入試問題　社　会

正答例

1 Ⅰ１　ウ
２(1)　鉄鉱石　(2)　暖流の北大西洋海流
３　１月31日午後11時　４(1)　ウ　(2)　ア
５　イ　６(1)　オリーブ　(2)　ア
７　大きな市場から遠いので牛乳を加工して輸出するから。
Ⅱ１Ｘ　やませ　Ｙ　品種改良　Ｚ　フェーン
２　ウ
３　太平洋側は寒流の千島海流が流れているが，日本海側は（暖流）の（対馬）海流が流れているから。（完答）
Ⅲ１　工業団地　２　エ

2 Ⅰ１①　渡来人　②　寺子屋
２　ウ　３　防人　４　エ
５(1)　Ｘ　肥料　Ｙ　牛
(2)　領国を統一して支配する法律。
６　ア
Ⅱ１　天皇　２　ウ
３(1)　イ　(2)　二・二六事件
４(1)　日本を西側陣営の一員とし，東側諸国に対抗するため。
(2)　ア
５　ア

3 Ⅰ１　ウ　２(1)　利潤　(2)　株主総会
３　証券取引所　４　多国籍企業　５　イ
Ⅱ１　イ
２(1)　民事裁判　(2)　14名
(3)　何色にも染まることがなく，裁判官の公正さを表した色だから。
３(1)　12000名　(2)　選挙管理委員会
４　地方分権一括法

配点例

1	Ⅰ２(2)，３，７　３点×３	他　２点×14		計37点
2	Ⅰ５(2)　Ⅱ４(1)，５　３点×３	他　２点×13		計35点
3	Ⅰ２(3)，３(1)　３点×２	他　２点×11		計28点

解　説

1 ＜地理総合＞

Ⅰ１　北極圏とは，北緯66度33分以北の地域のことであるから，Ａの緯線は北緯60度。北緯40度は，日本の秋田県や，スペイン，ポルトガルなどを通る。

２(1)　資料１において，オーストラリア，ブラジルの輸出量が多いことから考える。

(2)　ヨーロッパの西側は，暖流の北大西洋海流と偏西風によって，高緯度のわりに比較的に温暖。

３　イギリスは０度の経線である本初子午線が通り，ベルギーよりも西側に位置しているため，中央ヨーロッパ時間のベルギーよりも１時間遅れている。このことから，１時間前の１月31日午後11時。

４(1)　日本の面積は約38万㎢，人口は約1.2億人。フランスの面積は日本の約1.5倍とあるので，約57万㎢，人口は約２分の１とあるので，約6,000万人と考えると，人口密度は，60,000,000 ÷ 570,000 = 105.26…。よって，最も近いウがフランス。アーイギリス，イーイタリア。

(2)　フランスは，原子力発電が盛んであることからア。イー①のノルウェー，ウー②のデンマーク。

５　リアス海岸とは，もともと山地の谷であった部分に，海水が入りこんでできた海岸のことで，複雑で出入りが多い海岸線になっている。フィヨルドは，氷河の侵食でつくられた谷に海水が入りこんでできた，細長く奥行きのある湾。スカンディナビア半島などで見られる。

６(1)　地中海式農業は，夏は高温で乾燥し，冬は温暖で雨が多い地中海性気候を生かした，オリーブやオレンジなど乾燥に強い作物を栽培する農業。

(2)　イ，ウー主に温帯（温暖）湿潤気候，エー主に冷帯に分布する。

７　スイスや北海道は，大消費地である大都市から遠いため，チーズなどに加工することで消費期限が延びるため，遠くまで輸送できるようにしている。

Ⅱ１Ｙ　品種改良とは，いろいろな性質のものの中から目的に合ったものを選び出すこと。

Ｚ　フェーン現象とは，気流が山を越えて降下する風下側のふもとで，乾燥して気温が高くなる現象のこと。

２　②の１位が宮崎であることから，②は肉用若鶏で①が採卵鶏。Ａは①や②，肉用牛で上位にあることから鹿児島と考えられるので，Ｂは岩手。

３　秋田市など東北地方の日本海側は，季節風と対馬海流の影響を受けて，冬は雪が多く降る。宮古市など東北地方の太平洋側は，夏になると寒流の親潮（千島海流）の影響を受け，やませと呼ばれる冷たくしめった北東の風がふくため，気温が上がらないことがある（冷夏）。

Ⅲ１　工業団地とは，工場を計画的に集めた地域のことで，輸送の便を考え，高速道路のインターチェンジ付近などにつくられる傾向がある。

２　製造品出荷額が最も多く，機械の割合が高いことから②が中京工業地帯，化学や金属の割合が高いことから③が京葉工業地域，残る①が京浜工業地帯。

2 ＜歴史総合＞

Ⅰ１①　渡来人によって漢字の他に，儒学や仏教，須恵器，上質な絹織物を作る技術などが伝えられた。

②　寺子屋では，読み，書き，そろばんなどの実用的な知識や技能が教えられた。武士に学問や武道を教え，人材の育成を図った藩校と区別する。

２　メソポタミア文明は，チグリス川，ユーフラテス川流域で発展し，月の満ち欠けに基づく太陰暦やハンムラビ法典がつくられた。**象形文字（神聖文字）**はエジプト文明でつくられた。中国文明では，漢字の基となった**甲骨文字**がつくられた。

3　奈良時代には，防人など兵役の他に，収穫量の３％の稲を納める**租**，特産物などを納める**調**，麻布などを納める**庸**などの負担が人々に課せられた。

4　エ－鎌倉時代に**後鳥羽上皇**の命令で編集された。

5(2)　室町時代におきた応仁の乱以後，実力のある者が力をのばして上の身分の者に打ち勝つ**下剋上**の風潮が広がって守護大名の地位をうばって実権を握ったり，守護大名が成長したりして，各地に**戦国大名**が生まれた。戦国大名が独自に定めた法律を**分国法**という。

6　**本居宣長**は**国学**を大成した。イ－ヨーロッパの解剖書を翻訳した「**解体新書**」を出版し，オランダ語でヨーロッパの学問や文化を学ぶ**蘭学**の基礎を築いた。ウ－「富嶽三十六景」などの風景画の浮世絵を描いた。エ－絵のように風景を表現した俳句を詠んだ。ウ，エの人物は，19世紀初めに，江戸で庶民をにない手として発展した**化政文化**で活躍した人物。

Ⅱ　A－伊藤博文，B－原敬，C－犬養毅，D－吉田茂。

1　大日本帝国憲法は天皇主権であり，人権は，法律の範囲内で認められるものであった。

2　**原敬**は，1919年に選挙法を改正し，選挙権をもつのに必要な納税額をそれまでの10円以上から３円以上に引き下げた。ア－関税自主権の完全な回復は，1911年に**小村寿太郎**によって実現した。イ－1925年に，共産主義に対する取りしまりを強めるために定められた。同年，加藤高明内閣によって，納税額による制限を廃止して，満25歳以上の男子に選挙権を与える**普通選挙法**が成立した。エ－1902年。

3(1)　ア－日本の国際連盟脱退，ウ－1918年におきた米騒動，エ－満州事変に関する記事。

(2)　**五・一五事件**によって政党内閣の時代が終わり，軍人が首相になることが多くなった。また，**二・二六事件**以降，軍部は政治的な発言力をますます強め，軍備の増強を推し進めた。

4(1)　当時，アメリカを中心とする資本主義の西側と，ソ連が率いる共産主義の東側の両陣営の対立である**冷たい戦争（冷戦）**の状態であった。

(2)　日ソ中立条約は，第二次世界大戦中の1940年に結ばれた条約。1956年に結ばれ，ソ連と国交が回復した日ソ共同宣言と混同しないようにする。1965年に日韓基本条約が結ばれ，日本は韓国政府を朝鮮半島唯一の政府として承認した。中国とは，1972年に田中角栄内閣が日中共同声明によって国交を正常化し，1978年に日中平和友好条約を結んだ。

5　黒田清隆は大日本帝国憲法発布時の，近衛文麿は1938年に**国家総動員法**を制定し，1940年に**大政翼賛会**を結成したときの，池田勇人は高度経済成長期に所得倍増をスローガンにかかげた首相。

3　＜公民総合＞

Ⅰ 1　**消費者基本法**ではなく**独占禁止法**。**公正取引委員会**がその運用にあたっている。消費者基本法は消費者の権利や自立の支援などの基本理念を定めた法律。

2(1)　利潤を目的とする民間企業を**私企業**という。国や地方公共団体が資金を出して運営する**公企業**は，利潤目的ではなく公共の目的のために活動する。

3　証券取引所では，売買を通じて株式の価格（株価）が決定される。人々が株式を売買するのは，主に，株価の変動や配当によって利益を得るためである。

4　経済のグローバル化の進展で，広大な市場と安い労働力を求めて，多国籍企業の展開が加速しており，その結果，日本でも，近年輸入額が輸出額を上回る貿易赤字が続き，「**産業の空洞化**」が進んでいる。

5　持続可能な開発目標（SDGs）とは，貧困に終止符を打ち，地球を保護し，すべての人が平和と豊かさを享受できるようにすることを目指す目標を示したものである。労働基準法とは，労働時間や休日などの労働条件について，最低限の基準を定めた法律。

Ⅱ 1　政権公約のことを**マニフェスト**という。**表1**から，**A党**の政権公約は，高所得者の税負担率を上げるとあるので，**図1**において**A党**は，所得が多くなればなるほど高い税率を適用する**累進課税**の強化を示す**イ**か**エ**になる。また，**表1**から，**A党**は関税率を下げるとあるので，**図1**において**A党**は，貿易自由化の推進のほうにあたる。よって答えは**イ**。

2(1)　刑事裁判の場合，訴えるのは原告ではなく検察官，訴えられた人は，被告ではなく被告人である。

(2)　最高裁判所の裁判は大法廷か小法廷で行われ，通常は５人の裁判官からなる小法廷で行われるが，重要な裁判は15人全員の裁判官からなる大法廷で行われる。

(3)　裁判所や裁判官は公正中立であるための原則が**司法権の独立**である。これは，国会や内閣は裁判所の活動に干渉してはならず，また個別の裁判において，裁判官は自らの良心に従い，憲法と法律だけに拘束されるという原則であり，日本国憲法第76条に定められている。

3(1)　監査請求の場合，必要な署名は有権者の50分の1であるので，60万人×$\frac{1}{50}$＝12,000人。

(2)　議員や首長の解職請求の請求先は選挙管理委員会，副知事や副市町村長，各委員の解職請求の請求先は首長。地方自治では，監査請求や解職請求などのように，住民による直接民主制の要素を取り入れた権利である**直接請求権**が認められている。

4　地方分権一括法は，国に政治権力が集中するのではなく，地方公共団体に行政・財政上の自治を大幅に認める地方分権を実現するために成立した。

令和３年度　鹿児島高校入試問題　理　科

正答例

1　1　**消化酵素**(漢字４字)
2(1)　**エ**　(2)　**毛細血管**　(3)　**ア**
3(1)　**体循環**　(2)　**ウ**　(3)　**h**
4　**20.58**(ｍＬ)

2　Ⅰ１　**ウ**　２　**主要動**　３　**160**(km)
４　**ア**　５　**18**(時)**50**(分)**46**(秒)
Ⅱ１　**太陽投影板**　２　**恒星**
３　**低い**　４　**エ**

3　1　**$2Cu+O_2 \rightarrow 2CuO$**　2　**イ**
3　**d→b→a→c**
4　**全て酸素と化合した**
5(1)　**４：５**　(2)　**63.61**(ｇ)
6(1)　**還元**　(2)　**イ**

4　Ⅰ１(1)　**イ**　(2)　**ウ**
２Ａ　**イ**　Ｂ　**オ**
３　**ウ**
Ⅱ１(1)a　**反比例**
b　**5.0**
(2)　右図
２　**250**(Ω)

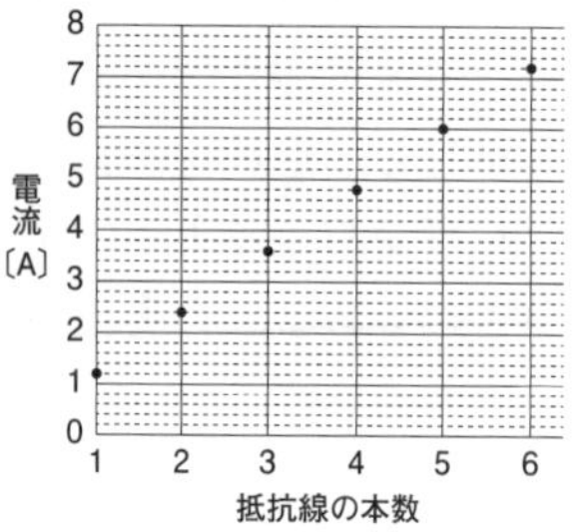

配点例

1	４	４点	他３点×７	計25点
2	Ⅰ２，Ⅱ２	２点×２	他３点×７	計25点
3	５(2)	４点	他３点×７	計25点
4	Ⅱ１(1)	２点×２	他３点×７	計25点

解　説

1　＜動物の生活と生物の変遷＞

１　消化酵素には，だ液にふくまれるアミラーゼや胃液にふくまれるペプシンなどがある。

２(1)　アの液胞は，植物の細胞のみに見られる細胞質の一部。イの白血球は，血液にふくまれていて，細菌などの異物を分解するはたらきをもつ。ウの血小板は，血液にふくまれていて，出血した血液を固めるはたらきをもつ。

(3)　尾びれの部分は血管が枝分かれしているので，図２の左が尾びれ側，右が心臓側だと考えられる。動脈は，心臓から送り出される血液，静脈は，心臓へもどってくる血液がそれぞれ流れる血管のことなので，血液は，動脈では右から左へ，静脈では左から右へ流れている。

３(1)　心臓から肺，肺から心臓という血液の流れを肺循環という。

(2)　ａは肺静脈，ｃは肺動脈である。また，酸素を多くふくむ血液を動脈血，二酸化炭素を多くふくむ血液を静脈血といい，ａ，ｂは動脈血，ｃ，ｄは静脈血が流れている。

(3)　ブドウ糖とアミノ酸は，小腸にある柔毛で吸収されて毛細血管に入り肝臓に運ばれるので，小腸と肝臓の間のｈが適当。ａは，酸素を最も多くふくむ血液が流れる血管，ｃは，二酸化炭素を最も多くふくむ血液が流れる血管，ｉは，血液にふくまれる不要な物質が最も少ない血管である。

４　血液100ｍＬにふくまれる物質Ｘ15ｇのうち，98％が酸素と結びつき，１ｇの物質Ｘが1.4ｍＬの酸素と結合するので，15×0.98×1.4＝20.58〔ｍＬ〕

2　＜大地の変化・地球と宇宙＞

Ⅰ２　Ｐ波が到達することでおこる小さなゆれを初期微動という。

３　初期微動継続時間は，震源からの距離に比例する。初期微動継続時間は，Ｐ波の到着時刻とＳ波の到着時刻の差である。表より，Ａ地点の初期微動継続時間は10秒であることがわかる。初期微動継続時間が25秒のときの震源からの距離を$x$kmとおくと，
10：64＝25：x　x＝160　よって，160km

４　震度は０～７の10階級で表される。イは震度０，ウは震度４，エは震度２のようすを説明したものである。

５　Ｂ地点とＣ地点，それぞれの震源からの距離とＰ波の到着時刻の差より，Ｐ波が伝わる速さは，
(128－96)÷(６－１)＝6.4〔km/s〕
Ｂ地点は震源からの距離が128kmなので，地震が発生してから，Ｂ地点にＰ波が到着するまでにかかる時間は，128÷6.4＝20〔秒〕　よって，地震の発生した時刻は18時51分06秒の20秒前である18時50分46秒。

Ⅱ４　太陽の黒点は，太陽の東から西の方へ動く。このことから，太陽は自転していることがわかる。また，中央部にあったときには円形をしていた黒点が，周辺部にくるとだ円形に見えることから，太陽は球形であることがわかる。

3　＜化学変化と原子・分子＞

５(1)　銅の質量＝加熱前の質量－ステンレス皿の質量
よって，55.80－54.80＝1.00〔ｇ〕　酸化銅の質量＝加熱後の質量－ステンレス皿の質量　よって，
56.05－54.80＝1.25〔ｇ〕　したがって，銅と酸化銅の質量比は，1.00：1.25＝４：５

(2)　銅の質量＝61.85－54.80＝7.05〔ｇ〕
7.05ｇの銅を十分に加熱したときにできる酸化銅の質量をxｇとおくと，４：５＝7.05：x
x＝8.8125　ステンレス皿の質量をふくめると，加熱後の質量は，8.8125＋54.8＝63.6125　よって，63.61ｇ

６(1)　物質が酸素と化合することを酸化といい，酸化によってできた物質を酸化物という。酸化物が酸素をうばわれる化学変化を還元といい，化学変化のなかで，還元は酸化と同時に起こる。酸化銅と炭素の粉末を混ぜ合わせて加熱すると以下の化学反応式で表される反応が起きる。

2CuO＋C→2Cu＋O_2

酸化銅が炭素によって還元され，炭素は酸化されて二酸化炭素になる。また，酸化銅は炭素のかわりに水素でも還元でき，以下の化学反応式で表される。

CuO＋H_2→Cu＋H_2O

(2) 発生する気体は二酸化炭素。**ア**と**ウ**は酸素，**エ**は水素に関する記述である。

4 ＜運動とエネルギー・電気の世界＞

Ⅰ 1 **図1**より，物体が移動する距離は短くなる。また，下の図のように，斜面の角度を大きくすると，台車にはたらく重力の大きさは変わらないが，重力の斜面方向の分力の大きさは大きくなる。よって，台車の速さのふえ方も大きくなることから，床につくまでの時間は短くなる。斜面の角度を大きくしても，同じ高さから物体を滑らせており，はじめに物体がもつ位置エネルギーは変わらない。床に達したとき，はじめに物体がもつ位置エネルギーが全て運動エネルギーに変わるので，床に達したときの速さは，斜面の長さや角度に関係なく等しくなる。

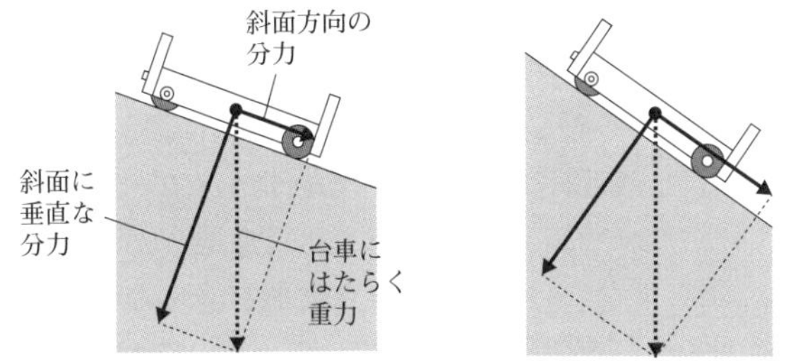

2 レール**A**は，水平部分**b**が，水平部分**a**や水平部分**c**に比べて高さが低いので，水平部分**b**を鉄球が運動するときの速さは，水平部分**a**や水平部分**c**を鉄球が運動するときの速さに比べて速くなり，時間は短くなる。よって，**イ**が適当。同様に考えると，レール**B**は，水平部分**b**を鉄球が運動するときの速さは，水平部分**a**や水平部分**c**を鉄球が運動するときの速さに比べて遅くなり，時間は長くなる。よって，**オ**が適当。

3 **図3**より，カーブは4回あり，1回目と3回目のカーブは同じ形状のカーブであることがわかる。よって，**ウ**が適当。**イ**，**エ**，**オ**はカーブが5回以上あるので不適。**ア**は2回目と4回目のカーブが同じ形状のカーブなので不適。

Ⅱ 1(1)**b** 抵抗〔Ω〕＝$\dfrac{電圧〔V〕}{電流〔A〕}$

$\dfrac{6}{1.20}=5.0$〔Ω〕

2 抵抗の大きさは，抵抗線の長さに比例し，抵抗線の断面積に反比例する。

体積〔cm^3〕は，断面積〔cm^2〕と長さ〔cm〕の積なので，金属1cm^3の塊の断面積を0.02cm^2にすると，長さは$\dfrac{1}{0.02}=50$〔cm〕になる。**抵抗線Q**の断面積は**抵抗線P**の$\dfrac{1}{5}$倍になるので，抵抗の大きさは5倍となり，**抵抗線Q**の長さは**抵抗線P**の5倍になるので抵抗の大きさは5倍となる。よって，**抵抗線Q**の抵抗の大きさは，$10\times5\times5=250$〔Ω〕

令和3年度　鹿児島純心女子高校入試問題　国　語

正答例

1 1 ① **接触**　② **かいさい**　③ **おもも**
④ **扱**　⑤ **おだく**　⑥ **逃**
2 **八（画）**

2 1 **エ**　2 **イ**
3 **「避難所」はほかの人が守ってくれる力という意味になるが，「命綱」は自らの心のうちにあって自分を守るという意味がより強くなるから。**
4 Ⅰ **文化的教養人になる**
Ⅱ **最善の選択を支える**
5 **ウ**

3 1 **ころされなんず**
2 ② **エ**　⑤ **イ**　3 **イ**　4 **ア**
5 Ⅰ **防ぎ戦ふに力**
Ⅱ **ひちりき**
Ⅲ **すばらしい（美しい・心に響いた）**
Ⅳ **何も取らずに去っていった（静まって何も言わなかった）**

4 1 **イ**
2 Ⅰ **自分を追い込んで試合に臨む**
Ⅱ **意地を張っている**
3 **B**　4 **ア**
5 **自分の力だけではどうにもならないことに直面した時に，今の自分を越えた存在になりたいという思いを抱くことで成長しようとする気持ち。**
6 **イ**

5 **省略**

配点例

1	1　2点×6　2　3点	計15点
2	1　3点　3　8点　5　5点 他　4点×3	計28点
3	5Ⅲ，Ⅳ　3点×2　他　2点×7	計20点
4	1，4　4点×2　5　8点　6　2点 他　3点×3	計27点
5	10点	

解　説

2 ＜論説文＞

1 a 日本の科学技術者は，「日本文化について質問を受け」ても，理工系の研究に専念しているため，答えられないという文脈なので，**逆接の接続詞**が適当。

b 日本の文化についての質問も深く興味を持って発せられるようになったことが理由で，教授たちは「学生には，教養を身につけさせなければならない」と考えたため，**順接の接続詞**が適当。

2 **イ**は**副詞**。他は言い切りの形が「だ・です」で終わるので，**形容動詞**。

3 ――線部①の直後の「カタフィゲーは，文字通りには，『避難所』である。『避難所』は，危機のときに身を守る場所であるが，いざというときに身を守る力になるという意味では，むしろ『命綱』と言った方がいいと思う」「これは～自らの心のうちにあって，自分を守る力である」がその理由にあたる。

4 Ⅰ　理工系大学の教授たちが考える教養は[B]の意味段落で述べられている。[B]の最後に「科学技術の専門家であることに加えて，文化的教養人になることも大切だ」とある。

Ⅱ　筆者の考える教養は，[C]，[D]の意味段落で述べられている。[C]では，人間を一本の木にたとえて，[D]では，「よりよい選択をすることによって～よりよい人生を実現することができる」という観点から教養の本質について述べている。最後の一文で「最善の選択を支えるのが教養である」と述べている。

5　[A]では，教養がどのようなものなのかということを，アリストテレスの言葉を筆者なりに解釈しながら述べている。[B]では理工系の教授たちの考える教養について述べ，[C]では木のたとえを用いて，[A]の内容を分かりやすく説明し，[D]では「よりよい選択」の観点から筆者の考える教養についてまとめている。

[3]　＜古文＞

（口語訳） 安芸の国の，何とかいう港で，海賊が襲ってきた。（用光は）弓矢のつかい方を知らなかったので，防戦の力もなくて，今は間違いなく①殺されるに違いないと思って，ひちりきを取り出して，（船の）②屋形の上に座って，「そこの者たちよ，今は何を言っても始まらない。③早くどんなものでもお取りなさい。ただし，長年の間心にかけて思ってきたひちりきの，小調子という曲を，吹いてお聞かせしましょう。『こんなことがあったぞ』と，のちの語り草にしてください」と言ったので，（海賊の）首領と思われる男が大きな声で，「お前たち，しばらく待ちなさい。（あの男が）④このようにいうのです。（その楽器の音を）聞きなさい」と⑤言ったので，（海賊たちは）船をひかえて，それぞれ静まったところ，用光は，これが最期だと思って，涙を流して，すばらしい音を吹き出して，澄んだ清らかな曲を吹いた。

ちょうどよい具合に，その（楽器の）調べが，波の上に響いて，あの潯陽江のほとりで，琵琶を聞いた昔話と同じである。海賊は，(感動のあまり）静まって，何も言わない。

よくよく聞いて，曲が終わって，先ほどの（首領の）声で，「あなたの船に狙いをつけて船を寄せたけれども，曲の音に涙が落ちたので，ここはやめた」と言って，(海賊たちは船を）漕いで去った。

1　「**む**」は「**ん**」に直す。

2② 直前に「ひちりきを取り出でて」とあることから，楽人である用光が主語だと判断できる。

⑤　直前の会話文「主たち～もの聞け」の前に，「宗との大きなる声にて」とあるので，「宗と」が主語。

3　「取り給へ」は「取ってください」という意味なので，**ア**と**イ**に絞られる。「とく」は「早く」という意味なので，**イ**が適当。

4　「かく」は指示語である。指示語の内容は直前にあることが多い。「かくいふこと」とあるので会話に着目すると，「年ごろ，思ひしめたるひちりきの，小調子といふ曲，吹きて聞かせ申さむ。さることこそありしかと，のちの物語にもし給へ」という用光の発言がある。

5 Ⅰ　空欄前後の「武器の使い方を知らなかった」ことと，「抵抗をあきらめた」ことについては，本文中で「弓矢の行方知らねば，防ぎ戦ふに力なくて」とある。

Ⅱ　「殺されなむず」と思った用光は，海賊に「ひちりきの，小調子といふ曲，吹きて聞かせ申さむ」と言っている。

Ⅲ　用光のひちりきの演奏について，本文中で「めでたき音」と表現されていることに着目する。

Ⅳ　用光のひちりきの演奏を聞いた海賊の様子は最後の二段落で描かれている。「静まりて，いふことなし」「曲の声に涙落ちて，かたさりぬ」とあることから，用光の演奏が海賊たちの心に響き，海賊たちが退散した様子がわかる。

[4]　＜小説文＞

1　「清らさん～二人で話したら」「陸人が話を合わせる」，清らの母が二人が奥のテーブルに向かったタイミングでボリュームを下げたという描写から，周囲の人たちが気を遣いながら，二人の会話に興味を持つ様子が読み取れる。一方，清らはボリュームをあげて，話を聞かれないようにしたいと考えられる。**イ**の「にぎやかにしてほしい」という内容は描かれていない。

2 Ⅰ　清らが「辞める」と宣言した理由は，――線部②の後の清らの「今まで，自分を追い込んだり～勝負できてる感じがする」という言葉に描かれている。

Ⅱ　――線部②の直前の「『友郎だって～意地を張る必要もないんじゃないのかな』『意地？　そんなもん，張ってないけど』」という業平と清らの会話から，業平は清らが意地を張っていると思っていたとわかる。

3　「自嘲」とは自分の振る舞いを軽蔑し，あざけり笑うこと。直前で「ずいぶん自分勝手なことを言うてるよな，あたし」と清らが自身を「自分勝手」だと言っていることから，**B**が適当。

4　――線部③の前の「今まで，自分を追い込んだり～勝負できてる感じがする」，――線部③の後の「あたし，負けてもいいと思いながら～ハードルを置かんとそこまで頑張れへん」から，自分に大きな目標を課して，限界に挑戦する様子が読み取れる。

5　清らが「あくがれ」について述べている箇所に着目する。「自分ではどうしようもないっていうか。もっと自分を高めることができる」「あくがれがあるから，人間は成長する」とあることから，清らが自分を高めて成長しようと思う様子が読み取れる。

6　**優柔不断**＝物事の判断がなかなかできず，迷うこと。
孤立無援＝仲間・味方や助ける者もいないさま。
疑心暗鬼＝疑いの心があると，なんでもないことでも怖いと思うことのたとえ。
外柔内剛＝外見はものやわらかだが，心の中はしっかりしていること。

「どうすればいいのか。答えが見つからない」という様子にあてはまる言葉を選ぶ。

令和３年度　鹿児島純心女子高校入試問題　数　学

正答例

1 (1) -2　(2) $2b$　(3) $\dfrac{5x-8y}{6}$
(4) $-6a$　(5) 7

2 (1) $(x-5)(x+3)$　(2) $a=-3$
(3) $\sqrt{(-4)^2}$, $\sqrt{17}$, $3\sqrt{2}$
(4) ① $a=-\dfrac{1}{2}$　② $a=\dfrac{1}{8}$
(5) 正十角形　(6) 105(度)
(7)① 144(度)　② 14π (cm²)
(8)① 9350(円)
② 昼間の電気使用量　480　kWh
夜間の電気使用量　260　kWh(完答)

3 Ⅰ(1) 4.5(冊)
(2) 最頻値　③　中央値　③　平均値　②
Ⅱ(1) $\dfrac{2}{5}$
(2) 異なる数字の玉が取り出される確率の方が $\dfrac{1}{5}$ だけ大きい。

4 (1) ア　対頂角　イ　ＦＥＣ(完答)
(2) △ＡＥＤと△ＦＥＣにおいて，
対頂角は等しいから，
∠ＡＥＤ＝∠ＦＥＣ　…①
ＡＤ//ＢＦより，平行線の錯角は等しいから，
∠ＡＤＥ＝∠ＦＣＥ　…②
仮定より，
ＤＥ＝ＣＥ　…③
①，②，③より，１組の辺とその両端の角がそれぞれ等しいから，
△ＡＥＤ≡△ＦＥＣ
(3) 4 : 3

5 (1) 秒速　1 (m)
(2) 右図
2 (回)
(3) $\dfrac{25}{4}$ (m)

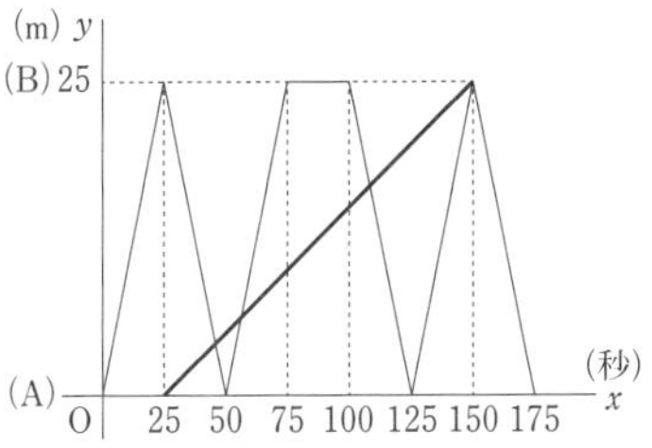

配点例

1	4点×5	計20点
2	(4)，(7)　2点×4　他　4点×7	計36点
3	Ⅰ　2点×4　Ⅱ　4点×2	計16点
4	4点×3　計12点	
5	4点×4	計16点

解　説

1 ＜計算問題＞

(1) $-8-3\times(-2)=-8+6=-2$

(2) $-9a\times(-6ab^2)\div27a^2b$
$=\dfrac{9a\times6ab^2}{27a^2b}=\dfrac{54a^2b^2}{27a^2b}=2b$

(3) $\dfrac{4x-y}{3}-\dfrac{x+2y}{2}=\dfrac{2(4x-y)-3(x+2y)}{6}$
$=\dfrac{8x-2y-3x-6y}{6}=\dfrac{5x-8y}{6}$

(4) $(a+2)(a-8)-(a-4)(a+4)$
$=a^2-6a-16-(a^2-16)$
$=a^2-6a-16-a^2+16=-6a$

(5) $(\sqrt{3}+2)^2-\dfrac{12}{\sqrt{3}}$
$=(\sqrt{3})^2+2\times\sqrt{3}\times2+2^2-\dfrac{12\times\sqrt{3}}{\sqrt{3}\times\sqrt{3}}$
$=3+4\sqrt{3}+4-\dfrac{12\sqrt{3}}{3}=7+4\sqrt{3}-4\sqrt{3}=7$

2 ＜小問集合＞

(1) 和が－２，積が－15となる２数は，－５と３
よって，$x^2-2x-15=(x-5)(x+3)$

(2) $2x-5=5a-3x$ に $x=-2$ を代入する。
$2\times(-2)-5=5a-3\times(-2)$，$-4-5=5a+6$
$-9=5a+6$，$5a=-15$，$a=-3$

(3) $3\sqrt{2}=\sqrt{3^2\times2}=\sqrt{18}$，$\sqrt{(-4)^2}=\sqrt{16}$
よって，小さい順に，$\sqrt{(-4)^2}$，$\sqrt{17}$，$3\sqrt{2}$

(4)① x 軸について $y=\dfrac{1}{2}x^2$ のグラフと対称だから，a と $\dfrac{1}{2}$ の絶対値は等しい。よって，$a=-\dfrac{1}{2}$
② $-1\leqq x\leqq2$ のときの y の変域が $0\leqq y\leqq\dfrac{1}{2}$ より，$a>0$
最大値は，$x=2$ のとき，$y=\dfrac{1}{2}$ だから，
$y=ax^2$，$\dfrac{1}{2}=a\times2^2$，$\dfrac{1}{2}=4a$，$a=\dfrac{1}{8}$

(5) １つの外角の大きさは，180°－144°＝36°　**正多角形の外角の和は360°**だから，360°÷36°＝10より，正十角形

(6) **半円の弧に対する円周角は90°**だから，

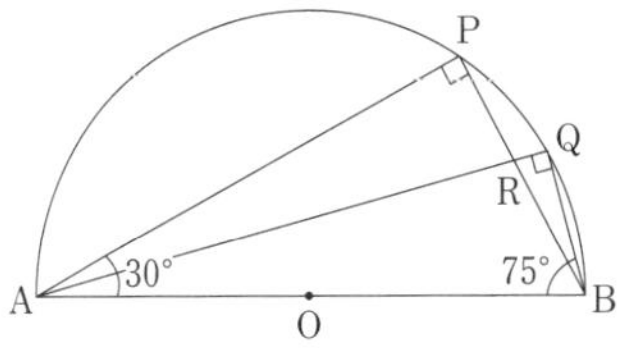

∠ＢＰＡ＝∠ＢＱＡ＝90°
∠ＡＢＰ
＝180°－∠ＢＰＡ－∠ＰＡＢ＝180°－90°－30°＝60°
∠ＲＢＱ＝∠ＡＢＱ－∠ＡＢＰ＝75°－60°＝15°
三角形の外角は，これととなり合わない２つの内角の和に等しいから，∠ＡＲＢ＝∠ＲＢＱ＋∠ＢＱＲ＝15°＋90°＝105°

(7)① おうぎ形の弧の長さと底面の円の円周の長さは等しいから，

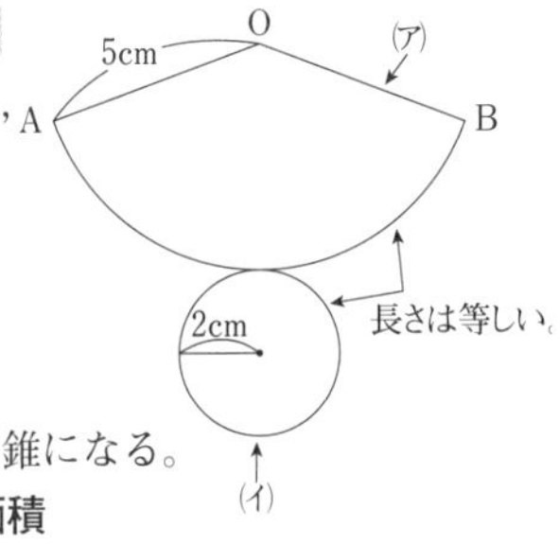

$360\times\dfrac{2\pi\times2}{2\pi\times5}$
$=360\times\dfrac{2}{5}=144$ より，
中心角は144°
② この展開図を組み立てると円錐になる。
円錐の表面積＝側面積＋底面積
$5^2\pi\times\dfrac{144}{360}+2^2\pi$
$=25\pi\times\dfrac{2}{5}+4\pi=10\pi+4\pi=14\pi$ (cm²)

(8)① 1800＋20×100＋25×150＋30×(270－250)＋10×120
＝1800＋2000＋3750＋600＋1200＝9350(円)
② この月の昼間の電気使用量を x kWh，夜間の電気使用量を y kWhとし，電気使用量と電気料金についてそれぞれ立式すると，$x>y$ より，
$$\begin{cases}x+y=740\cdots①\\1800+20\times100+25\times150+30(x-250)+10y=17050\cdots②\end{cases}$$
②より，$1800+2000+3750+30x-7500+10y=17050$
$30x+50+10y=17050$，$30x+10y=17000$
$3x+y=1700\cdots③$　③－①より，$2x=960$，$x=480\cdots④$
④を①に代入し，$480+y=740$，$y=260$　よって，
昼間の電気使用量480kWh，夜間の電気使用量260kWh

3 ＜資料の整理・確率＞

Ⅰ(1) **平均値＝$\dfrac{\text{資料の値の合計}}{\text{資料の総数}}$**
$1\times1+2\times2+3\times2+4\times5+5\times3+6\times2+7\times$
$1+8\times2=1+4+6+20+15+12+7+16=81$
$\dfrac{81}{18}=4.5$(冊)
(2) **最頻値は資料の中でもっとも多く出てくる値**。最頻値は度数が５人の４冊で変化しない。**中央値は資料を大きさの順**

に並べたとき，中央にくる値。資料の総数が偶数のときは，中央に並ぶ２つの値の合計を２でわった値を中央値とする。中央値は８番目と９番目の値より，調べ直す前は $0+1+2+2=5$，$5+5=10$ より，４冊，調べ直した後は $0+1+2+3=6$，$6+5=11$ より，４冊で変化しない。平均値は，(冊数)×(人数)に着目すると，
$(3\times3+5\times2)-(3\times2+5\times3)=19-21=-2$ より，資料の値の合計が減少するので，平均値も減少する。

Ⅱ(1) 取り出されるすべての場合の数は，赤１と赤２，赤１と赤３，赤１と白２，赤１と白３，赤２と赤３，赤２と白２，赤２と白３，赤３と白２，赤３と白３，白２と白３の10通り。同じ色の玉が取り出されるのは，下線をひいた４通りだから，確率は，$\frac{4}{10}=\frac{2}{5}$

(2) 異なる色の玉が取り出されるのは，赤１と白２，赤１と白３，赤２と白２，赤２と白３，赤３と白２，赤３と白３，の６通りで，確率は $\frac{6}{10}$ 異なる数字の玉が取り出されるのは，赤１と赤２，赤１と赤３，赤１と白２，赤１と白３，赤２と赤３，赤２と白３，赤３と白２，白２と白３の８通りで，確率は $\frac{8}{10}$ よって，$\frac{8}{10}-\frac{6}{10}=\frac{2}{10}=\frac{1}{5}$ より，異なる数字の玉が取り出される確率の方が $\frac{1}{5}$ だけ大きい。

4 **＜平面図形＞**

(3) 台形ＡＢＣＤ＝四角形ＡＢＣＥ＋△ＡＥＤ
△ＡＢＦ＝四角形ＡＢＣＥ＋△ＦＥＣ
(2)より，△ＡＥＤ≡△ＦＥＣだから，
台形ＡＢＣＤ＝△ＡＢＦ
右図より，高さが等しい三角形の面積比は，底辺の長さの比に等しいから，ＡＰ：ＡＦ＝２：７

$AP=\frac{2}{7}AF$

$PE=\frac{1}{2}AF-AP$
$=\frac{1}{2}AF-\frac{2}{7}AF$
$=\frac{3}{14}AF$

ＡＰ：ＰＥ
$=\frac{2}{7}:\frac{3}{14}=4:3$

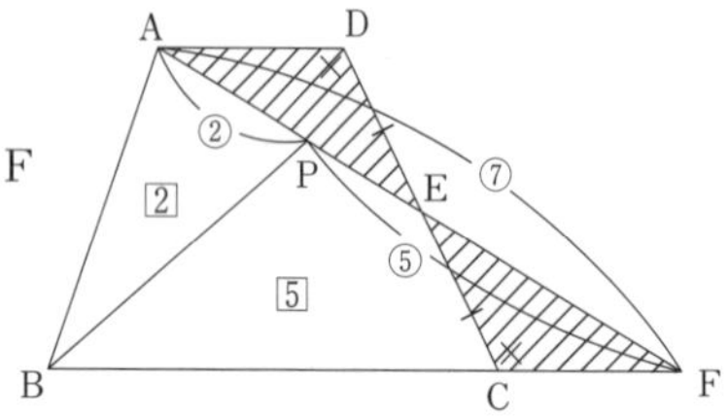

5 **＜関数＞**

(1) 75秒で25ｍを３回泳いでいるから，75÷75＝１より，秒速１ｍ

(2) 久美子さんは，純子さんが泳ぎ始めてから25秒後にスタートするから，グラフは(25, 0)を通り，久美子さんは途中，純子さんに後方から１回追い越されただけで，Ｂには純子さんと同時に到着するから，グラフは(150, 25)を通る。よって，グラフは２点 (25, 0)，(150, 25)を通る直線をかけばよい。また，久美子さんが純子さんと前方から出会うのは純子さんがＢからＡに向かって泳いでいるときだから，グラフより２回である。

(3) 久美子さんが純子さんに後方から追い越されるのは，$50\leqq x\leqq75$ のときである。久美子さんのグラフの直線の方程式を，$y=mx+n$ とおき，２点(25, 0)，(150, 25)の座標をそれぞれ代入すると，$0=25m+n$…①，$25=150m+n$…②
②−①より，$25=125m$，$m=\frac{1}{5}$…③
③を①に代入し，$0=5+n$，$n=-5$ より，$y=\frac{1}{5}x-5$
同様に，$50\leqq x\leqq75$ のときの，純子さんのグラフの直線の方程式を求めると，$y=x-50$ よって，$\frac{1}{5}x-5=x-50$
$\frac{4}{5}x=45$，$x=\frac{225}{4}$ $y=\frac{225}{4}-50=\frac{25}{4}$ より，
Ａから $\frac{25}{4}$ ｍの地点である。

令和３年度　鹿児島純心女子高校入試問題　英　語

正答例

1 1 エ　2 イ　3 イ
4 ① built　② libraries
5 (1) ウ　(2) ア
(3) Going to school is the most important for him.
6 (例) It starts in April.

2 1 ① エ　② イ
2 ① (例) Can you help me ?
② twice　③ must　④ Thursday
3 (例) Who took it ?
4 (例) Yes, I do. Traveling to space is my dream because I would like to see the earth from space. I think it will look beautiful. I want to take a picture of the earth.

3 Ⅰ ① エ　② ウ　③ イ　④ ア
Ⅱ 1 イ
2 pay extra money if they want plastic shopping bags
Ⅲ (1) ウ　(2) ア

4 1 ウ　2 エ
3 (冬) エ　(春) イ　(完答)
4 ・使い捨てマスクのゴミ問題
・夏のマスクの使用が原因の熱中症
・マスクの長時間使用による肌の問題
5 Japanese people often wear masks
6 mouth　7 イ，オ　(順不同)
8 (例) How about sending a thank-you letter to them ?　I think they will be happy.

配点例

1	1～3　2点×3　6　4点　他　3点×5	計25点
2	1，2②～④　2点×5　4　8点 他　3点×2	計24点
3	Ⅰ　2点×4　Ⅱ2　4点　他　3点×3	計21点
4	1，2，6，7　2点×5　8　5点 他　3点×5	計30点

解　説

1 **＜聞き取りテスト＞**

1 Keiko made a boxed lunch this morning. There are two rice balls, a sausage, a boiled egg, some broccoli, and three tomatoes in her lunch box.

2 *Ken :* Let's go to the library after school today. *David :* Yes, let's. How should we go there ? *Ken :* How about by bus ? It's 4:20 now. There is a bus which goes to the library at 4:30. *David :* Oh, we only have 10 minutes. Let's hurry.

3 I asked all of my classmates what subject they studied the most during the winter vacation. Look at the graph. Only a few students studied science. Many students studied English or math the most. However, more students studied English than math.

4 *Bill :* Wow, how cool ! *Tsubasa :* Oh, this building is

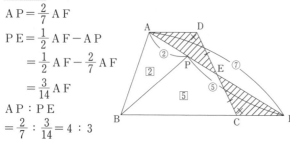

called the Inamori Memorial Hall. *Bill :* It looks new. When was it built ? *Tsubasa :* It was built in 2019. *Bill :* What does Inamori mean ? *Tsubasa :* Inamori is a person's name. Mr. Inamori graduated from this university and gave a lot of money to the university. He is the head of a big company and is very famous in Japan. *Bill :* I see. What can we do in this hall ? *Tsubasa :* We can read books and eat there. I heard there are two libraries and two restaurants. *Bill :* I'm hungry now. Why don't we go in and eat something ? *Tsubasa :* Oh, that's a good idea. Let's go.

5　Last spring, I couldn't go to school for a long time because of the coronavirus, so I had to stay home during that time. I learned some important things.

First, I had to learn how to use the Internet more, because we took many online lessons. Now I can use the Internet better.

Second, I had to help my mother a lot because she goes to work every day. I cleaned the rooms, washed the dishes and made my lunch. It took so long and I got very tired. Now I understand how busy my mother is at home.

Third, I learned that going to school is the most important thing for me. While there was no school, I missed my classmates and teachers. I realized that communicating at school helps us to grow.

I'm happy I can come to school and learn many things with my classmates.

Question (1) : Where did Haruto take online lessons ?
Question (2) : What did Haruto say about his mother ?
Question (3) : What is the most important thing for Haruto ?

6　*Robert :* Did you know that the new school year starts in different months in many countries ? *Ichiro :* Really ? I didn't know that. When does it start in your country ? *Robert :* In New Zealand it starts in February. How about in Japan ?
Ichiro : (　　　　　　　　　　).

2　**＜英文読解＞**

1　B：弥生，あなたの名前は日本語でどういう意味なの？　Y：それは「3月，1年の中で3番目の月」という意味よ。昔の日本では，3月は弥生と呼ばれていたの。　B：なるほど。あなたは3月に生まれたの？　Y：ええ，そうよ。②**私はそれにちなんで名付けられたの**。　B：私の誕生日は12月なの。12月の，古い日本語での名前は何？　Y：それは「師走」よ。ある説ではそれは「先生たちが走る」ことを意味するわ。　B：そうなの？　①**私にそれについてもっと教えて**。　Y：12月には，先生たちはとても忙しくて，彼らの仕事を終わらせるために走り回らないといけないのよ。　B：日本語の古い月の名前はとてもおもしろいわね。

2　K：おはよう，サム。　S：やあ，久美子。僕はこのポスターが読めないんだ。①**僕を助けてくれる？**　K：もちろん。　S：僕は自分のごみを捨てるためのルールを知りたいんだ。　K：分かった，私はそれらについてあなたに教えるわ。あなたは毎週月曜日と金曜日にもやせるごみを出せるわ。　S：それなら，僕はごみを1週間に②**2回**出せるんだね。　K：それに，あなたはそれを家の前に置かないといけないわ。あなたはあなたのごみをここに置いては③**いけない**わ。　S：分かった。ビンとカンの再利用についても教えてくれる？　K：ポスターには，あなたはカン，ガラスのビン，そしてペットボトルを毎週④**木曜日**にここに置けると書いているわ。　S：どうもありがとう。僕は家にいくらかペットボトルがあるから，来週それらを出すよ。　K：それは良いわね。もし質問があったら，私にたずねてね。　S：ありがとう，久美子。

3　①　見て！　この桜の写真はとても美しいわ。**誰がそれを撮ったの？**
②　僕が撮ったよ。

4　先生：私は，技術が向上するから将来はより多くの人が宇宙に旅行するようになると思うよ。君はいつか宇宙に旅行をしたいかな？　生徒：**はい，したいです。私は地球を宇宙から見てみたいので，宇宙へと旅行することは私の夢です。それは美しく見えると思います。私は地球の写真を撮りたいです。**　先生：なるほど。私はそれが分かるよ。

3　**＜英文読解＞**

Ⅰ　H：おはようございます，ホワイト先生。　W：おはようございます，仁美。久しぶりですね。　H：私はあなたに1か月くらいお会いしませんでした，ホワイト先生。①**また会えてうれしいです**。　W：仁美，②**私は質問があります**。あなたは学校が閉まっていた間何をしましたか？　H：ええと，私はコロナウイルスをもらいたくなかったので，外に出ることができませんでした。でも私は家で楽しい時間を過ごしました。私は母とたくさん料理をしました。　W：それは良かったです。③**あなたはあなたのお母さんからたくさんのレシピを学んだのでしょうね**。　H：その通りです。彼女のおかげで，私は今ではたくさんの種類の料理を作れます。でも，私には大きな問題があります。　W：まあ，それは何ですか？　H：④**私は料理をしている間に食べ過ぎてしまいました**。それで，私はとても太ってしまいました。　W：今では，あなたは良い料理人なのですね？

Ⅱ　あなたたちはスーパーやコンビニに行くときに自分の買い物袋を持って行きますか？　私は今そうしています。

昨年の7月に，日本で新しいルールが始まりました。今ではスーパーとコンビニでは，人々にプラスチック製の買い物袋がほしい場合には追加のお金を払うように求めます。これは店が人々にあげるプラスチック製の買い物袋が環境に悪いからです。例えば，これらの買い物袋は海で極小のプラスチック破片になるかもしれません。もし海の生き物たちがこれらの小さなプラスチック片を食べたら，彼らは病気になったり死んでしまうかもしれません。実際に，多くの海の生き物たちがプラスチックを食べたことで死んでしまいました。

この問題を解決するために，政府は買い物袋についての新しいルールを作ると決めました。新しいルールには，人々が店で何かを買うときに**プラスチック製の買い物袋がほしい場合には追加のお金を払う**べきだと書いてあります。もし人々がお金を払う必要があれば，彼らはプラスチック製の買い物袋を使うのをやめるかもしれません。そして私はこの新しいルールのおかげで人々がもっと環境について考えるであろうことを願います。だから，皆さん，買い物には自分の袋を持って行きましょう！

ご清聴ありがとうございました。

1　ア　プラスチックの袋は海にとっては問題ない。だから，あなたはそれらを海に捨ててもよい。

イ　プラスチック製の買い物袋に追加のお金を払うことは，人々がもっと環境について考えることを助けるかもしれない。

ウ　あなたが自分の買い物袋を持ってくるとき，店はあなたに追加のお金を払う。

エ　日本の政府は人々が袋のために払ったお金をお年寄りの人々を助けるために使おうと考えている。

2　本文訳波線部参照。

Ⅲ(1)　麻耶は「私は今日午前９時から午後４時まで働きます。私は大きな画面で映画を観たいです」と言った。

ア　午後２時30分からの006フォールスカイ。

イ　午後５時からのカーラの休日。

ウ　午後11時からのＡＩ 2021年。

エ　午後７時30分からのナイトオブザデッド。

(2)　ショーンは「僕はホラー映画は好きではなくて，12ドルしか持っていない。そして，僕は宿題を終わらせないといけないから今夜10時までに家に着きたい」と言った。

ア　午後２時30分からの006フォールスカイ。

イ　午後３時30分からのカーラの休日。

ウ　午後11時からのＡＩ 2021年。

エ　午後12時15分からのナイトオブザデッド。

4　＜長文読解＞

日本では，電車，バス，学校そして店でマスクを着けることは普通の習慣になった。コロナウイルスの世界的流行の前は，多くの国の人々はそんなに頻繁にはマスクを着けず，多くの日本人がそれらを着けているのを見てしばしば驚いていた。しかし今ではマスクを着けることはヨーロッパや他の多くの場所でも普通になった。2020年の７月には，イギリスでは公共の場でマスクを着けていなかった人は約12,000円の罰金を払わなくてはならなかった。世界中の多くの人にとって，マスクを着けることはコロナウイルスのために生じた①**新しい**習慣だ。だが，②**日本人は長年マスクを着けてきた**。冬には，日本の人々は風邪をひいたり，風邪が広まるのを止めるためにしばしばマスクを着ける。春には，花粉症の季節の間マスクが着けられる。いくらかの若い人は，恥ずかしがり屋なので顔を覆うためだったり，冬に彼らの顔を暖かく保つためにマスクを着ける。

日本でのマスクを着けることの歴史は古い。ずっと昔，人々は特別な行事や祭りの間彼らの口を覆った。そのときには特別な紙が使われた。今日でも，この習慣は京都の八坂神社でまだ見られる。17世紀には，日本の人々はすでにマスクを着けていた。マスクを着ける習慣は江戸時代から古い絵の中に見ることができる。1918年にスペインかぜが日本にやって来て約450,000人を殺した。その当時，日本の多くの都市には人々にマスクを着けるように伝えるポスターがあった。第二次世界大戦の間，日本の人々は「愛国マスク」または英語では「patriot mask」と呼ばれる，布でできた簡素なマスクを使っていた。

マスクを着けることは③**いくつかの問題**を引き起こしてきた。例えば，使い捨てマスクは今世界中で頻繁に使われている。有名な日本人ダイバーの武本匡弘さんは，日本や世界中の浜辺で使い捨てマスクの数が急に増えた，と言った。また，夏にマスクを着けているときに，暑くなりすぎて，時には熱中症になる人もいる。マスクを長時間着けることによる肌の問題を抱えている人もいる。

しかしながら，日本や他の国の多くの医師はマスクを着けることでコロナウイルスの拡散を防げると言う。いくらかの人たちは④**日本の人たちはしばしばマスクを着ける**ので，コロナウイルスに感染する人の数が他の国より少ないと言う。

マスクはこれからとてもありふれた衣類の一つになりそうだ。実際，いくつかの化粧品や衣類の会社は人々が常にマスクを着けているので，新しい製品を作り出している。

もちろん，私たちは皆私たちが通常の生活に戻ることができて，私たちが今しているのと同じようにはマスクを着ける必要がなくなることを願っている。私たちは皆が再び人々の美しい笑顔を見ることを楽しみにしている。しかしそれまでは，私たちは⑤**口**と同じくらい目で話をしなくてはいけないだろう。

1　ア　第一段落の内容。

イ　第二段落３・４行目の内容。

エ　第二段落６・７行目の内容。

4　本文の第三段落の内容をまとめる。

7　ア　コロナウイルスの世界的流行の前は，マスクを着けることは日本人にとっては普通の習慣ではなかった。

イ　イギリスでは，2020年の７月にマスクを着けていなければ人々はお金を払わないといけなかった。

ウ　江戸時代，スペイン人がウイルスを殺すために日本に来た。

エ　日本の医師はマスクを着けることでコロナウイルスを殺すことができると信じている。

オ　多くの人がマスクを着けているのでいくつかの化粧品の会社は新しい商品を作り出している。

8　Y：私は昨日の夜コロナウイルスについてのテレビ番組を見たわ。　N：それは何と言っていたの？　Y：それは医師と看護師がウイルスに対して戦うためにとても一生懸命に働いていると言っていたわ。　N：私もそれを聞いたことがあるわ。私は，いくらかの人たちは彼らに対してとても失礼であるということも聞いたわ。　Y：私は病院で働いている人たちが気の毒だと思うわ。私は彼らのために何かをしたいわ。　N：私には考えがあるわ。**彼らに感謝の手紙を送るのはどう？　彼らはよろこぶと思うわ**。　Y：それは良い考えね。それをしましょう。

令和３年度　鹿児島純心女子高校入試問題　社　会

正答例

1 Ⅰ 1(1)　ウ　(2)　①
2(1)　シリコンバレー
(2)　携帯電話のほうが，固定電話よりも設備の維持や管理にコストがかからないから。
3　イ，ウ（順不同・完答）
4(1)　ウ　(2)　適地適作
(3)　乾燥気候で地下水を無理に汲み上げることで，地下水の枯渇や塩害が発生している。
Ⅱ 1(1)　太平洋ベルト　(2)　ウ
2(1)　（語句）オンライン
（記号）③⇒①⇒②
(2)　産業構造の高度化が進み，第三次産業に従事する人が増加している
3　沖縄県
4(1)　ア，ウ（順不同・完答）　(2)　イ
(3)　A　二酸化炭素の吸収源　B　土砂崩れの
Ⅲ 1　ソヴィエト連邦
2　1　人口が多い　2　資源が豊富である

2 Ⅰ 1①　平城京　②　足利義満
2　エ　3(1)　公事方御定書　(2)　エ
4　唐が衰退し，航路が危険なため，遣唐使を廃止した
5(1)　エ
(2)　家臣の団結をはかる / 家臣の争いを防止する
6　A⇒D⇒B⇒E⇒C
Ⅱ 1　徳川慶喜　2　エ　3　エ　4　イ
5　アメリカ人の雇用が失われる
6　ウ⇒エ⇒ア
Ⅲ 1　平塚らいてう
2　女性の国会議員が誕生した / 女性に参政権が認められた

3 Ⅰ 1　（各国が）生産が得意なものを輸出し，生産が不得意なものを輸入すること
2　デジタルデバイド
3(1)　ドント式　(2)　3議席　4　イ
5　ウ　6　地方交付税交付金　7　条例
Ⅱ 1　ア　2　均衡価格
3　1ドルが150円であった状態から，1ドルが120円の状態になること。
Ⅲ　地産地消

配点例

1～3　2点×50　計100点

解　説

1　＜地理総合＞

Ⅰ 1(1)　ウ－石油輸出国機構の略称。ア－環太平洋パートナーシップ協定，イ－政府開発援助，エ－国連平和維持活動の略称。
(2)　世界最大の流域面積を誇るアマゾン川がブラジルを流れていることから，ブラジルの発電の中心は水力発電。その他，さとうきびを使ったバイオ燃料による発電も行われている。よって①がブラジル。発電量が最も多い③がロシア連邦，残る②がドイツ。
2(1)　シリコンバレーを含む，アメリカの北緯37度より南に位置する温暖な地域はサンベルトと呼ばれ，コンピューターやインターネットに関連した情報技術産業が発達している。
(2)　携帯電話は，固定電話のようにケーブルを張り巡らせる必要がなく，アンテナの設置だけで施設・設備の整備が可能である。そのため，携帯電話の方が，固定電話よりも，施設・設備の整備や維持管理にかかるコストが比較的小さい。
3　イ－ロシア連邦からヨーロッパ諸国へ石油や天然ガスがパイプラインによって送られている。ウ－サンベルトがあるのは北東部ではなく北緯37度より南の地域。ア－ＮＩＥｓとは新興工業経済地域の略称で，1970年代以降，急速に工業化した国や地域をいう。アジアＮＩＥｓは，韓国，台湾，香港，シンガポール。
4(1)　説明文に「葡萄やオリーブ」とあることから考える。乾燥に強いオリーブなどを栽培する地中海式農業は，夏は高温で乾燥し，冬に雨が多い温帯の地中海性気候を生かして行われる。温帯には三つの気候があり，ヨーロッパの大西洋沿岸などのように一年を通して少しずつ雨が降るアの西岸海洋性気候，日本のように，年間の降水量が多くて，一年の中で気温や降水量の変化が大きく，季節の変化がはっきりしているのがエの温帯（温暖）湿潤気候。イ－乾燥帯にみられ，雨が降る季節がわずかにみられる気候。
(3)　サウジアラビアは乾燥帯の砂漠気候に属するため，一年を通して雨が少ない。

Ⅱ 1(1)　1970年代以降，各地の交通網が整備され，空港や高速道路のインターチェンジ付近に工業団地の開発が行われ，内陸型の新しい工業地域が大都市圏の周辺や東北地方，九州地方に形成された。
(2)　愛知県の出荷額が最も高いことからアは自動車，全国的に出荷額が多く，北海道の出荷額が高いことからイは食料品，残るウが電子部品。
2(1)　日本は少子高齢化が進んでおり，年齢の低い子どもほど数が多い③の「富士山型」から，子どもの数とお年寄りの数の差が富士山型よりも小さい「つりがね型」，子どもの数が少なくなり，お年寄りの数が多い「つぼ型」へと変わってきている。
(2)　農業，林業，漁業など，土地や海などの自然に直接働きかけ，動植物を得る産業を第一次産業，鉱業，建設業，製造業など，自然から得られた材

料を加工する産業を第二次産業，情報通信業，小売業，医療・福祉サービス業など，物の生産に直接関わらない産業を第三次産業という。

4(1)　アー水俣病が発生したのは，熊本県と鹿児島県に面する水俣湾。ウー四大公害病においては，全て原告の患者側が全面勝訴している。

(2)　九州北西部にある有明海は九州最大の湾で，福岡県・佐賀県・長崎県・熊本県にまたがっており，のり類の生産が盛んであることから，のり類は**ア**。静岡県は焼津港などでかつおの水揚げ量が多いことから**イ**がかつお類。さんまは北海道での水揚げ量が多いことから**ウ**。

(3)　**資料**の，森林整備に伴うCO_2吸収量の項目から，森林による二酸化炭素の吸収が，森林整備（県有林の間伐）の項目から，森林の保水力の向上による土砂の流出防止が期待できることが読み取れる。

Ⅲ2　ＢＲＩＣＳとは，ブラジル（Brazil），ロシア（Russia），インド（India），中国（China），南アフリカ共和国（South Africa）の頭文字を合わせた，2000年代以降に著しい経済発展を遂げた５か国の総称。

2　＜歴史総合＞

Ⅰ1①　唐の都の長安（西安）にならって造られた。

②　**足利義満**が始めた**日明貿易**は，明から倭寇の取り締まりを求められたため，正式な貿易船に**勘合**と呼ばれる合い札を持たせ，倭寇と区別した。

2　後醍醐天皇は1333年に鎌倉幕府を倒し，建武の新政を始めたが，貴族重視の政策を採ったため，武士の反発を招き，**足利尊氏**の挙兵によって建武の新政はくずれた。アー桓武天皇に関する内容。平安京に都が置かれた。イー院政は，**白河上皇**が1086年に始めた。ウー後鳥羽上皇に関する内容。承久の乱後，鎌倉幕府は朝廷を監視し，西国の武士を統制するために京都に**六波羅探題**を置いた。

3(1)　江戸幕府の第８代将軍は**徳川吉宗**。徳川吉宗の**享保の改革**，**松平定信**の**寛政の改革**，**水野忠邦**の**天保の改革**と合わせておさえる。

(2)　エー**雪舟**のえがいた**水墨画**であり，室町時代の**東山文化**の作品。アー**歌川広重**の浮世絵で，**化政文化**，イー**俵屋宗達**の装飾画で，**元禄文化**，ウー**菱川師宣**の浮世絵で，**元禄文化**の作品。

4　遣唐使の停止によって，平安時代には，唐風の文化をふまえながらも，日本の風土や生活，日本人の感情に合った**国風文化**が栄えた。

5(1)　**あ**は毛利氏，**い**は朝倉氏，**う**は今川氏の領地。上杉氏は越後（新潟県）など，北条氏は相模（神奈川県）などを領地とした。

(2)　戦国大名は分国法を定めて武士や民衆の行動を取りしまり，荘園領主の支配を認めず，領国を統一して支配する政治を行った。

6　**Ａ**は708年とあるので，飛鳥時代。**Ｄ**は平安時代中期，**Ｂ**は後醍醐天皇とあるので，建武の新政（1333年～1336年）の頃。**Ｅ**は足利義満がはじめた明との貿易によって日本に流入したとあるので室町時代。**Ｃ**は江戸時代。

Ⅱ2　**尊王攘夷運動**とは，天皇を尊ぶ尊王論と外国の勢力を排除しようとする攘夷論が結びついておこった運動。

3　アー明治時代に，岡倉天心と協力して，明治維新の時期にいったん否定された日本の美術の復興に努めた。イー1792年，ロシアの使節ラクスマンが，蝦夷地の根室に来航し，漂流民の大黒屋光太夫を送り届け，通商を求め，幕府から長崎に来航する許可を得た。ウー松前藩との交易に対する不満から，アイヌの人々は17世紀後半に，首長のシャクシャインを中心に戦いをおこしたが敗れた。

4　**富岡製糸場**は，1872年に群馬県に設立された**官営模範工場**で，生糸を生産した。

6　1895年に結ばれた日清戦争（1894年）の講和条約である下関条約（ウ）→1899年におこった，日露戦争（1904年）が始まるきっかけとなった義和団事件（エ）→1919年に，第一次世界大戦の講和会議の結果に不満が爆発しておこった五・四運動（ア）。イは1949年。

Ⅲ1　**資料**は，1911年に設立した青鞜社の宣言。

2　1945年に満20歳以上の男女に選挙権が与えられた。

3　＜公民総合＞

Ⅰ1　国際分業が進んだ結果，自国で生産された商品だけで生活を成り立たせるのが難しくなり，互いに依存するようになっている。

3(2)　定員が10議席。この場合，Ａ党が２，Ｂ党が３，Ｃ党が１，Ｄ党が４議席。

政党名	Ａ党	Ｂ党	Ｃ党	Ｄ党
総得票数	1500	2100	900	2700
得票数÷１	1500	2100	900	2700
得票数÷２	750	1050	450	1350
得票数÷３	500	700	300	900
得票数÷４	375	525	225	675
配分議席	2	3	1	4

4　「統治二論」で抵抗権を唱えた。アー「リヴァイアサン」を著した，ウー「社会契約論」で人民主権を唱えた，エーインドで非暴力・不服従の運動を行った人物。

5　ウー内閣は衆議院に対して解散権を持つ。

6　**国庫支出金**は義務教育や道路整備など特定の費用の一部について国が負担するもの。

7　地方公共団体独自の法を条例という。

Ⅱ1　商品の価格は需要量と供給量との関係で変化し，需要量が供給量を上回っている場合には価格が上昇し，逆の場合には価格が下落する。

3　**円安**は逆に外国通貨に対して円の価値が低くなることをいう。

令和３年度　鹿児島純心女子高校入試問題　理科

正答例

|1| Ⅰ　1　**ア**　①，⑧，⑨(順不同・完答)　　**イ**　③
　　2　**アミノ酸**　　3　**ウ**　　4　**エ**
　　5　**小腸**
　Ⅱ　1　**ア**　　2　**d→c→g→f→e**
　　3　**24**(本)　　4　**ク**　　5　**エ**
　　6　**同じ良い品質を持つものを多く収穫できる。**

|2| Ⅰ　1　化学式　**Ｃｕ**　　色　**赤茶色**
　　2　水溶液　**石灰水**　　変化　**白くにごる。**
　　3　**還元された銅が，再び酸化されるのを防ぐため。**
　　4　**銅，炭素**(順不同・完答)
　　5　**ア，エ，オ**(順不同・完答)
　Ⅱ　1　**酸性**　　2　**水にとける。**
　　3　**塩化水素**　　4　**ウ**
　　5　方法　**火のついた線香を近づける。**
　　　結果　**線香が激しく燃えたら酸素が確認できる。**

|3| Ⅰ　1　**140**(ｍＡ)　　2　**60**(Ω)
　　3

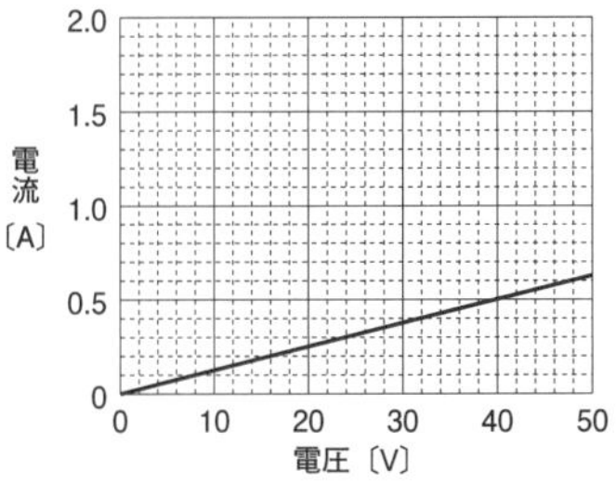

　　4　**磁石のＮ極とＳ極の位置を逆にする。**
　　5　**動きは大きくなる。**
　Ⅱ　1　**0.6**(N)　　2　**7**(cm)　　3　**0.3**(N)
　　4　**0.4**(N)　　5　**10**(cm)

|4| Ⅰ　1　**等粒状組織**　　2　**石基**
　　3　**ア**　　4　**シ**
　　5　**地下深くでマグマがゆっくりと冷え固まったため。**
　Ⅱ　1　**3→2→1**　　2　**オ**
　　3　**小笠原気団**
　　4　**小笠原気団が強くなり，オホーツク海気団の勢力が弱くなるから。**

|5| 1①　**ウ**　　②　**殻の有無。**
　2①　右図　　②　**ウ**

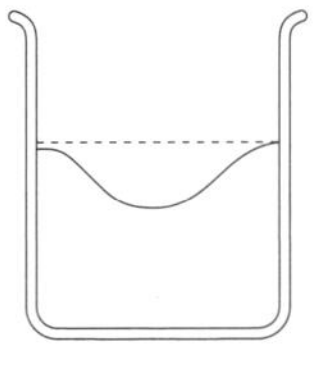

　3　$2HCl \rightarrow H_2 + Cl_2$
　4①　**イ**
　　②　**像の大きさがだんだん大きくなり，焦点の位置に光源がくると，像が消える。**
　5①　**示準化石**(漢字指定)　　②　**イ**

配点例

1	Ⅰ1，Ⅱ4，5	1点×4	他2点×8	計20点
2	Ⅰ1，2，Ⅱ1，2	1点×6	他2点×7	計20点
3	2点×10			計20点
4	Ⅰ5，Ⅱ4	3点×2	他2点×7	計20点
5	1②，4②	3点×2	他2点×7	計20点

解　説

|1| **＜動物の生活と生物の変遷・生命の連続性＞**

Ⅰ1**ア**　それぞれの消化液や消化酵素のはたらきは下の表の通り。

	デンプン	タンパク質	脂肪
だ液中の消化酵素 アミラーゼ	○		
胃液中の消化酵素 ペプシン		○	
胆汁			○
すい液中の消化酵素	○	○	○
小腸表面の消化酵素	○	○	

　イ　肝臓は他にも「養分を別の物質につくりかえたり，一時的にたくわえたりする」「胆汁をつくる」というはたらきもしている。

　4　トリプシンとリパーゼはそれぞれすい液にふくまれる消化酵素である。

Ⅱ1　カエルとイモリは両生類。ヤモリとトカゲとヘビはハチュウ類である。

　3　**図１**の**a**と**b**は生殖細胞である。減数分裂によってできる生殖細胞の染色体の数は，減数分裂前の半分になる。よって，**g**の細胞がもつ染色体の本数は，**a**の細胞の染色体数の２倍である。

　6　無性生殖では，子は親の染色体をそのまま受けつぐため，子の形質は親の形質と同じものとなる。

|2| **＜化学変化と原子・分子・身のまわりの物質＞**

Ⅰ1　黒色の酸化銅が還元され，赤茶色の銅ができ，炭素が酸化して二酸化炭素が発生する。

　4　**図３**より，酸化銅4.00 gと炭素0.30 gで過不足なく反応することがわかる。炭素の質量が0.40 gなので，すべての酸化銅は銅に還元され，炭素が0.10 g残る。

Ⅱ3　Ａは，酸性でにおいがあり，水にとける性質をもつことから塩化水素，Ｃは，においがあり，水にとける性質をもつことからアンモニア，酸素と水素は水にとけにくいという性質があるので，Ａ～Ｃにはあてはまらない。よって，Ｂは，二酸化炭素である。

　4　**ア**は水素，**イ**は酸素，**エ**はアンモニアをそれぞれ発生させる方法である。

|3| **＜電気の世界・身のまわりの現象＞**

Ⅰ2　**抵抗〔Ω〕＝$\frac{\text{電圧〔V〕}}{\text{電流〔A〕}}$**
　図１より，$\frac{30}{0.5}=60$〔Ω〕

　3　電熱線R_2の抵抗を考える。**図１**より，$\frac{10}{0.5}=20$〔Ω〕　直列回路の回路全体の抵抗の大きさは各部分の抵抗の大きさの和に等しいから，回路全体の抵抗の大きさは，60＋20＝80〔Ω〕　したがって，（0，0）と（40，0.5）を通る直線を引けばよい。

　5　電熱線をR_1からR_2に変えると抵抗の大きさが小さくなるので流れる電流の大きさが大きくなる。よって，銅線が受ける力は大きくなる。

Ⅱ 1　ばねAののびは，28－16＝12〔cm〕
図1より，0.6 Nとわかる。

2　**図3**のばねA 1本あたりに加わる力の大きさは，$\frac{0.7}{2}$＝0.35〔N〕　**図1**より，ばねAに0.2 Nの力を加えると4 cmのびることがわかるので，ばねAに0.35 Nの力を加えたときのばねののびをx cmとおくと，0.2：4＝0.35：x　x＝7　よって，7 cm

3　**図4**より，ばねAののびは22－16＝6〔cm〕
図1より，0.3 Nとわかる。

4　0.7－0.3＝0.4〔N〕

5　スポンジのしずんだ深さが半分になったことから，おもりBがスポンジをおす力は$\frac{0.4}{2}$＝0.2〔N〕
よって，手で支えている力は，
0.7－0.2＝0.5〔N〕　**図1**より，このときのばねののびは10cmとわかる。

4　**＜大地の変化・天気とその変化＞**

Ⅰ 2　岩石Bのつくりを斑状組織といい，比較的大きな黒色や白色の鉱物を斑晶という。

3，4　岩石Aのようなつくりをしている岩石を深成岩，岩石Bのようなつくりをしている岩石を火山岩という。火山の形や火成岩の色などは下の表の通り。

マグマのねばりけ	ねばりけが強い ←――→ ねばりけが弱い		
噴火のようす	噴火は激しい ←――→ 噴火はおだやか		
形	 雲仙《うんぜん》普《ふ》賢岳《げんだけ》など	 桜島《さくらじま》など	 三原山《みはらやま》など
火成岩の色	白っぽい(無色鉱物が多い) ←→ 黒っぽい(有色鉱物が多い)		
火山岩	流紋岩	安山岩	玄武岩
深成岩	花こう岩	閃緑《せんりょく》岩	はんれい岩

Ⅱ 1　**図1**は，日本列島の南東にある太平洋高気圧が発達しているので夏，**図2**は，低気圧と高気圧が次々に日本列島付近を通っていることから春，**図3**は，西高東低の気圧配置であることから冬とわかる。

5　**＜4分野総合＞**

1②　魚類と両生類は，水中に殻のない卵をうむ。ハチュウ類と鳥類は陸上に殻のある卵をうむ。

2　ロウは液体から固体に状態変化すると，体積は小さくなるが質量は変わらない。

4②　物体を焦点距離の2倍の位置に置くと，スクリーンにうつる像の大きさは物体の大きさと同じになる。そこからさらに物体を焦点に近づけていくと，スクリーンにうつる像の大きさは大きくなり，物体が焦点上にくるとスクリーンに像はうつらなくなる。物体を焦点上からさらに凸レンズに近づけていくと，スクリーン上に像はできないが，凸レンズをのぞくと物体より大きな同じ向きの虚像が見える。

5②　**D層**から古生代のおもな化石であるフズリナの化石が見つかっているので，**E層**からも古生代の化石が見つかる可能性がある。**エ**のモノチスは中生代のおもな化石なので不適。よって，**イ**が適当。

令和3年度　鹿児島実業高校入試問題　国　語

正答例

1　1　a　**ごうご**　　b　**補給**　　c　**過程**
　　d　**まぎ**　　e　**交換**
2　**ウ**　　3　**イ**
4　**誰からも文句を言われない**
5　**ウ・カ**　　6　**イ**　　7　**ア**　　8　**ウ**

2　1　⑴　**支えようと**　　⑵　**五**
2　**ア**　　3　**腕**　　4　**イ**　　5　**一心同体**
6　**ウ**　　7　**イ**
8　Ⅰ　**陶芸の道を先生とともにひたすら歩み続ける**
Ⅱ　**自分自身の作陶**

3　1　a　**もえあがれり**　　b　**こえ**
2　**イ**　　3　**ア**　　4　**ここに一つ**
5　Ⅰ　**生まれつき気が長く，物事に動じない**
Ⅱ　**しづかに**　　Ⅲ　**エ**

4　1　**三**　　2　**エ**
3　a　**ア**　　b　**イ**　　4　**エ**　　5　**ア**
6　A　**エ**　　B　**イ**　　7　**ウ**　　8　**エ**

配点例

1	1，3　2点×6　　他　3点×6（5は完答）	計30点
2	3点×10	計30点
3	2，3　3点×2　　5Ⅰ　4点 他　2点×5	計20点
4	2点×10	計20点

解　説

1　**＜論説文＞**

2A　「食べる」ことについて「最低限の栄養補給としての食事から，趣味的なグルメのレベル」までいろいろな条件があることは言うまでもないという文脈なので，「もちろん」が適当。

B　「持って生まれた～それがなければ不自由を強いられるのか，といえば，ある程度はそのとおりである」が，それでも人間が「飛べる自由を獲得した」という文脈なので，**逆接の接続詞**が適当。

3　第二段落の最後で「一概に，食べることが動物的だとはいえない」と直前の内容を否定していることから，「動物的」があてはまると考えられる。

4　直後に「普通は～誰かから注意を受けるからだ」という理由があり，その後，文句を言われる現実に言及していることから，「自由」の条件として「文句を言われないこと」も重要だと考えられる。

5　第十段落に，「健康は，自由を得るための一手段」であり，「『健康』の定義は～年齢や状況によって『健康』は変化する」とある。アは第六段落に「健康で～感謝すべき幸せの一要因」，イは第九段落に「健康であることが～僕は錯覚だと思う」，オは第十段落に「若くて～不健康というわけではない」とあるのでそれぞれ不適。エは自分の躰のコンディションに関する内容である。

6　「このような」とあるので，前で「躰による支配」について述べている箇所に着目すると，第五段落に「頭ではもっとしたいことがあるのに，躰がいうことをきかない，そういう不自由な状況」とある。また第七段落には，「空腹や睡魔」など生きていくために必要な要求を「あたかも『したいこと』のように頭脳に訴え」るとある。

7　第十二段落に「個人差というものは，努力だけでは克服できない」とあるが，第十三段落で，人間が「遠くまで飛べる自由を獲得した」例を挙げ，「嘆いたり恨んだりばかりでは，いつまで経っても問題は解決しなかった」と述べているので，アが適当。

8　一般的に認識されている「自由」について，自由な状態なのかと疑問を提示し，生きるための要求という視点から問いかけ，不自由を強いられる中でも自由を獲得できることについて述べているので，ウが適当。

2　＜小説文＞

1　「濱田を／しっかりと／支えようと／心に／決めた」

2　「まったく予想外の提案」であり，「こっけいなくらい動揺し」たことから，戸惑う様子が読み取れる。

4　直前に「リーチと離ればなれになっていた時期」に寂しさがあり，再会したときに，「もう決して先生のそばを離れず，陶芸の道を先生とともにひたすら歩み続ける」「何があろうと帰国はしない」とあることから，イが適当。シンシアにも「会えなくなるのはつらい」が，リーチ先生への思いのほうが強いため，アは不適。

6　亀乃介の決意を聞いたあと，濱田は「リーチが『カメちゃんは日本に帰るべきだ』と言ったら，どうする？」と聞き，「君は，もうこれ以上～後続の世代に伝える」と大事なことを伝えているので，ウが適当。

7　「その言葉」とは「自分自身の作陶」である。亀乃介は，リーチ先生と工房のために帰国しないと言っているが，自分自身の作陶は意識していなかったため，濱田の言葉を聞いて，衝撃を受けているのである。アは「鋭い批判の言葉」が不適。ウ，エは全体的に誤り。

8 Ⅰ　亀乃介の目指すものは，リーチ先生との再会の際の決意の中で，「陶芸の道を先生とともにひたすら歩み続ける」とある。

Ⅱ　濱田が，今の亀乃介に必要だと思っているのは，「日本に帰って，自分自身の作陶をして，ここで学んだことを後続の世代に伝える」ことである。

3　＜古文＞

（口語訳） 中国に，ある人がいた。生まれつき落ち着きがあり，物事に騒ぎ立てない人であって，冬の日のことであるが，友達とともにだんろにあたって，話して座っている時，どうしたことだろうか，友達の着物のすそに火がついて，a もえあがっていた。しかし友達は，① これに全く気付かなかった。その人はとうに知っていたのだが，全く言うことはなく，② しばらくたってから，友達に向かって，ここに一つの大事があった，私は以前からこれを見つけていたが，これを言ってしまったらあなたは驚いて恐れてしまうだろう，また言わなければ私をお恨みになるだろう，一方ではまた，あなたの身も危うくなってしまうだろう，そうなら，これを言ってよいのだろうか，または言わないでよいのだろうかと言った。友達はこれを聞いて，それは一体何の事であろうか，言いなさいと言ったところ，その人は，b 声を静かにして，あなたの着物のすそに火がついて燃えていますと言った。友達は驚いて，すぐに火を消し，とても怒って，あなたは火がついて燃えていることを，早くに見つけたならば，どうして早く私に言わなかったのかと言うと，その人は静かに答えて，私が ③ はじめから言うように，言ったらあなたが驚いて恐れてしまうだろうと，今その言葉に食い違うことなく，思った通り，あなたは驚いて恐れてしまった，私はこういうことだから，④ 言ったほうがよいのか，言わないほうがよいのかと言ったでしょうと言った。

1　語頭以外の**ハ行**は**ワ行**に直し，ワ行の「**ゐ・ゑ・を**」は「**い・え・お**」に直す。

2　指示語の内容は直前にあることが多い。「これ」とは，「友だちの衣の裳に火つきて，もへあがれり」を指す。「ゆめ」は「夢」ではなく，下に打ち消しの語を伴って「全く～ない」の意味。

3　――部②直後の「ここに一つの～いわずしてよからんか」という「さる人」の発言の中に理由が書かれている。その中に「いわずんばわれを恨給ふべし」とあり，言わなかった場合に恨まれると思っているので，アが誤りだと分かる。

4　「はじめに」とあるので，前の部分で，「友だち」に早く言わなかった理由について述べている箇所を探す。

5 Ⅰ　「さる人」の性格があてはまる。「むまれつきゆたかにして，物ごとにさわがぬ人」とあるので，これを現代語に直して指定字数内でまとめる。

Ⅱ　「おおきにいかりて」「なんぞはやくわれにいわざる」と言った「友だち」に対して，「さる人」は「しづかにこたへ」たのである。

Ⅲ　**知らぬが仏**＝知れば腹も立つが，知らないから仏のように平静でいられる。

4　＜国語事項＞

1　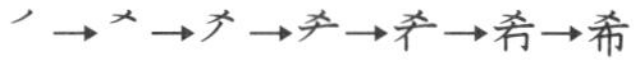

3 a　「関心」は「興味」，「感心」は「感動」，「歓心」は「喜び」，「寒心」は「ぞっとする」の意味。

b　「健闘」は「困難に屈せず，がんばって闘うこと」，「検討」は「よく調べ，考えること」，「見当」は「大体の予想」，「賢答」は「立派な答え」という意味。

4　「確かだ」と言い切りの形が「だ･です」となるので，**形容動詞**。

5　**備えあれば憂いなし**＝万一に備えて，あらかじめ準備をすれば，事が起こっても少しも心配事がない。

6 A　直後でBさんが「人気が高いね」と言っているので，人気が高かった三種目を含むものを選ぶ。

B　「その中でも」とあるので，人気の高かった三種目について，男女別で最も人気が高いものについて言及しているものを選ぶ。

7　条件①～③について一つでも満たしていない種目を探すとよい。

8　条件を満たし，希望の多い種目から男女差の少ないものを選ぶ。

令和３年度　鹿児島実業高校入試問題　数　学

正答例

1	(1) 26　(2) $\frac{1}{15}$　(3) -7　(4) $-6ab-13b^2$　(5) $-\sqrt{5}$
2	(1) $(x+1)(x-6)$　(2) $x=-1$，$y=-1$　(3) (イ)，(オ)(順不同・完答)　(4) $\angle x=115^\circ$　(5) 6(個)　(6) $\frac{4}{27}$　(7) 8π(cm)
3	Ⅰ(1) 2(本)　(2) 13(本)　Ⅱ (ア) ＡＣＤ　(イ) ＡＣ
4	(1) $b=2$　(2) $\sqrt{5}+1$　(3) $(-2,\ 4)$
5	(1) $\sqrt{3}$　(2) 1　(3) $2\sqrt{3}$
6	(1) $\frac{32}{3}$　(2) $\frac{64}{3}$　(3) $\frac{32}{3}$

配点例

4点×25

解　説

1 ＜計算問題＞

(1) $35+54\div(-6)=35-9=26$

(2) $0.5\times\frac{4}{5}-\frac{1}{3}=\frac{1}{2}\times\frac{4}{5}-\frac{1}{3}=\frac{2}{5}-\frac{1}{3}=\frac{6}{15}-\frac{5}{15}=\frac{1}{15}$

(3) $(-3)^2-4^2=9-16=-7$

(4) $(a+2b)(a-2b)-(a+3b)^2$
$=a^2-4b^2-(a^2+6ab+9b^2)$
$=a^2-4b^2-a^2-6ab-9b^2=-6ab-13b^2$

(5) $\sqrt{80}-\frac{10}{\sqrt{5}}-3\sqrt{5}$
$=4\sqrt{5}-\frac{10\times\sqrt{5}}{\sqrt{5}\times\sqrt{5}}-3\sqrt{5}$
$=4\sqrt{5}-\frac{10\sqrt{5}}{5}-3\sqrt{5}=4\sqrt{5}-2\sqrt{5}-3\sqrt{5}=-\sqrt{5}$

2 ＜小問集合＞

(1) 和が-5，積が-6となる２数は，１と-6
よって，$x^2-5x-6=(x+1)(x-6)$

(2) $y=2x+1$…①，$x+2y=-3$…②
①を②に代入し，$x+2(2x+1)=-3$
$x+4x+2=-3$，$5x=-5$，$x=-1$…③
③を①に代入し，$y=2\times(-1)+1=-1$

(3) (ア)～(オ)について，$y=\frac{a}{x}$（aは比例定数）の形で表されるものを選べばよい。
(ア)　$x=y-15$，$y=15+x$
(イ)　**(時間)＝(道のり)÷(速さ)**より，$y=\frac{500}{x}$
(ウ)　**(代金)＝(１個あたりの値段)×(個数)**より，$y=120x$
(エ)　食塩の量について，
$10\times\frac{x}{100}+20\times\frac{y}{100}=30\times\frac{20}{100}$
両辺を整理し，$x+2y=60$，$y=30-\frac{x}{2}$
(オ)　**(三角形の面積)＝$\frac{1}{2}$×(底辺)×(高さ)**より，
$6=\frac{1}{2}xy$，$y=\frac{12}{x}$
よって，答えは(イ)，(オ)

(4) 右図より，$\angle a=180^\circ-80^\circ=100^\circ$
(ｎ角形の内角の和)＝180°×(ｎ－２)より，
五角形の内角の和は，
$180^\circ\times(5-2)$
$=180^\circ\times3=540^\circ$
$\angle x$
$=540^\circ-(90^\circ+100^\circ+125^\circ+110^\circ)=540^\circ-425^\circ=115^\circ$

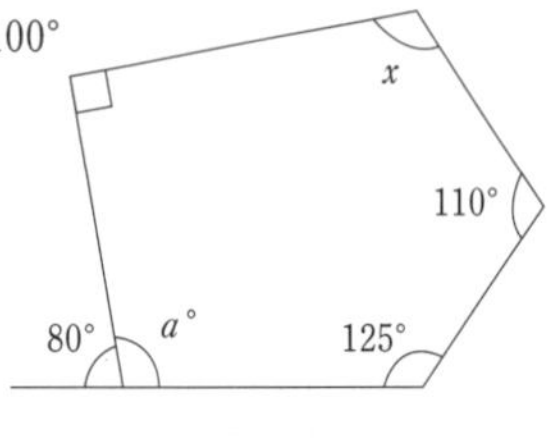

(5) $\sqrt{a}$の値が整数のとき，$a=b^2$（bは整数）
よって，$n-1=0$，1^2，2^2，3^2，4^2，5^2
$n=1$，2，5，10，17，26より，６個

(6) Ａ，Ｂ，Ｃ，Ｄの４人は，それぞれグー，チョキ，パーの３通りの手の出し方があるから，すべての場合の数は，$3\times3\times3\times3=81$(通り)　１人だけが勝つ場合は，Ａ，Ｂ，Ｃ，Ｄの４人がそれぞれ，グー，チョキ，パーの３通りのいずれかの手を出して勝つ方法があるから，$4\times3=12$(通り)
よって，確率は，$\frac{12}{81}=\frac{4}{27}$

(7) 円錐の底面の円の円周の半径を$r$cmとすると，円錐の展開図の側面のおうぎ形の弧の長さと底面の円の円周の長さは等しいから，側面積について，
$6^2\pi\times\frac{2\pi\times r}{2\pi\times6}=24\pi$，$36\times\frac{r}{6}=24$，$6r=24$，$r=4$
よって，底面の円の円周の長さは，$2\pi\times4=8\pi$(cm)

3 ＜資料の整理・平面図形＞

Ⅰ(1) **平均値＝$\frac{\text{資料の値の合計}}{\text{資料の総数}}$**
$\frac{2+8+a+3+10+11}{6}=6$，$\frac{a+34}{6}=6$
$a+34=36$，$a=2$

(2) ６試合におけるシュートの成功数は，(1)より，36本　次の試合でx本決めたとき，平均が$6+1=7$(本)になったとすると，$\frac{36+x}{7}=7$が成り立ち，$36+x=49$，$x=13$より，13本

Ⅱ 四角形ＡＢＣＤ＝△ＡＢＣ＋△ＡＣＤ
△ＥＢＣ＝△ＡＢＣ＋△ＡＣＥ
平行線と面積の関係より，
△ＡＣＤと△ＡＣＥにおいて，
ＡＣ//ＥＤならば，
△ＡＣＤ＝△ＡＣＥ
よって，四角形ＡＢＣＤ＝△ＥＢＣ

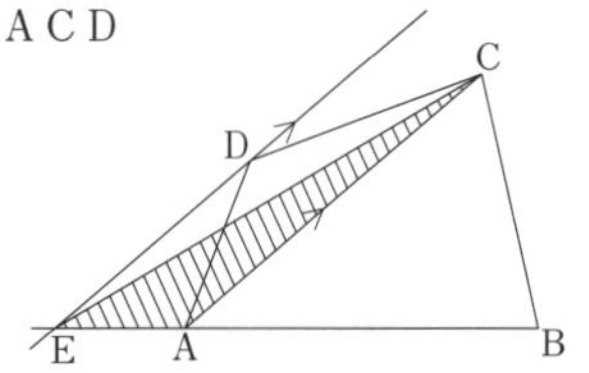

4 ＜関数＞

(1) $y=x^2$に$x=-1$，２をそれぞれ代入し，
$y=(-1)^2=1$，$y=2^2=4$より，$\mathrm{A}(-1,\ 1)$，$\mathrm{B}(2,\ 4)$
$y=x+b$に点Ａの座標を代入し，$1=-1+b$，$b=2$

(2) $y=x+2$に$x=1-\sqrt{5}$を代入し，
$y=(1-\sqrt{5})+2=3-\sqrt{5}$より，$\mathrm{C}(1-\sqrt{5},\ 3-\sqrt{5})$
右上図より，直線$y=x+2$とy軸との交点をＥとすると，
△ＯＢＣ＝△ＯＥＣ＋△ＯＢＥ
$=\frac{1}{2}\times2\times(\sqrt{5}-1)+\frac{1}{2}\times2\times2$
$=\frac{1}{2}\times2\times(\sqrt{5}-1+2)=\sqrt{5}+1$

(3) 右上図より，直線$y=x+2$とx軸との交点をＦとすると，
△ＯＡＣ＝△ＯＡＦ－△ＯＣＦ
$=\frac{1}{2}\times2\times1-\frac{1}{2}\times2\times(3-\sqrt{5})$
$=1-(3-\sqrt{5})=\sqrt{5}-2$
四角形ＯＰＡＣ＝△ＯＡＣ＋△ＡＯＰより，
△ＡＯＰ＝四角形ＯＰＡＣ－△ＯＡＣ
△ＡＯＰ$=(\sqrt{5}-1)-(\sqrt{5}-2)=1$
△ＡＯＥ$=\frac{1}{2}\times2\times1=1$
△ＡＯＰ＝△ＡＯＥより，**平行線と面積の関係**より，
ＡＯ//ＥＰ，直線ＡＯの傾きは-1より，直線ＥＰの式は，
$y=-x+2$
点Ｐは関数$y=x^2$と直線$y=-x+2$の交点だから，
$x^2=-x+2$，$x^2+x-2=0$
$(x+2)(x-1)=0$　点Ｐのx座標は負より，$x=-2$
点Ｐのy座標は，$y=(-2)^2=4$
よって，$\mathrm{P}(-2,\ 4)$

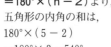

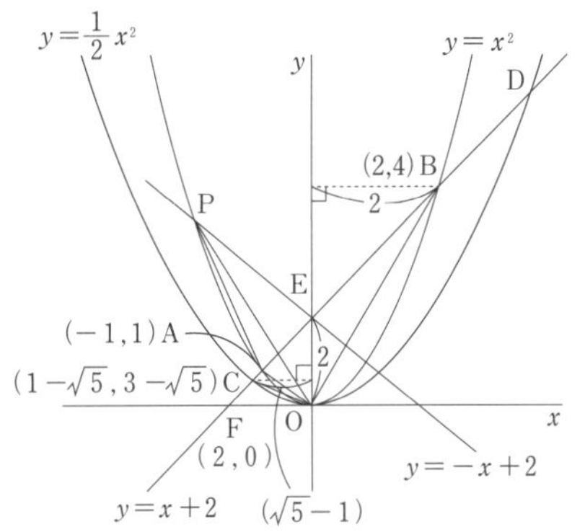

5 ＜平面図形＞

(1) ＣＤ＝２，ＣＥ＝１，∠ＥＣＤ＝60°より，△ＣＤＥは**30°，60°，90°の三角形**だから，ＤＥ＝$\sqrt{3}$ＣＥ＝$\sqrt{3}$

(2) 垂直二等分線の性質より，ＡＧ＝ＤＧで，∠ＤＡＧ＝60°より，**△ＡＧＤは正三角形**。
よって，
ＡＤ＝ＡＧ＝ＤＧ＝２
ＡＤ＝ＤＣ
ＡＧ＝ＧＢ
より，ＤＧ//ＣＢ…①
線分ＤＥと線分ＤＥの垂直二等分線との交点をＩとすると，垂直二等分線の性質と(1)より，∠ＤＩＦ＝∠ＤＥＢ＝90°だから，ＩＦ//ＣＢ…②　①，②より，ＤＧ//ＩＦ//ＣＢ　**平行線と比の関係**より，ＧＦ：ＦＢ＝ＤＩ：ＩＥ＝１：１　よって，ＧＦ＝$\frac{1}{2}$ＧＢ＝１

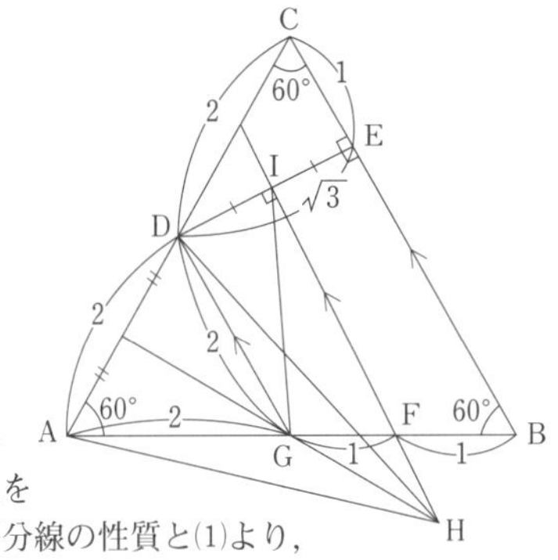

(3) △ＡＤＨ＝△ＡＧＤ＋△ＡＧＨ＋△ＤＧＨ
△ＡＧＤ＝$\frac{1}{2}\times 2\times\sqrt{3}=\sqrt{3}$
△ＡＧＨ＝△ＤＧＨ，**平行線と面積の関係**より，
△ＤＧＨ＝△ＤＧＩ＝$\frac{1}{2}\times 2\times\frac{\sqrt{3}}{2}=\frac{\sqrt{3}}{2}$
△ＡＤＨ＝$\sqrt{3}+\frac{\sqrt{3}}{2}\times 2=\sqrt{3}+\sqrt{3}=2\sqrt{3}$

6 ＜空間図形＞

(1) 四面体ＡＥＦＨは三角錐だから，求める体積は，
$\frac{1}{3}\times\frac{1}{2}\times 4\times 4\times 4=\frac{32}{3}$

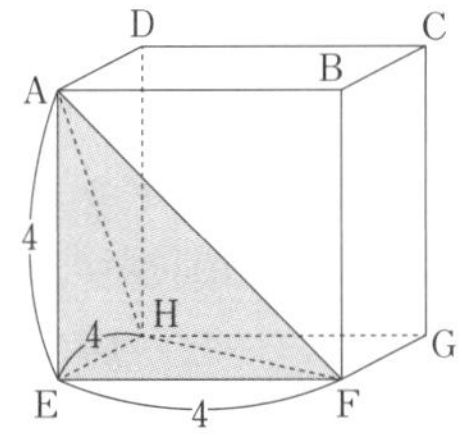

(2) 正四面体ＡＣＦＨの体積は立方体ＡＢＣＤ－ＥＦＧＨの体積から４つの体積が等しい四面体ＡＥＦＨ，ＡＢＦＣ，ＣＧＨＦ，ＨＡＣＤの体積をひけばよい。
$4\times 4\times 4-\frac{32}{3}\times 4$
$=64-\frac{128}{3}$
$=\frac{192}{3}-\frac{128}{3}=\frac{64}{3}$

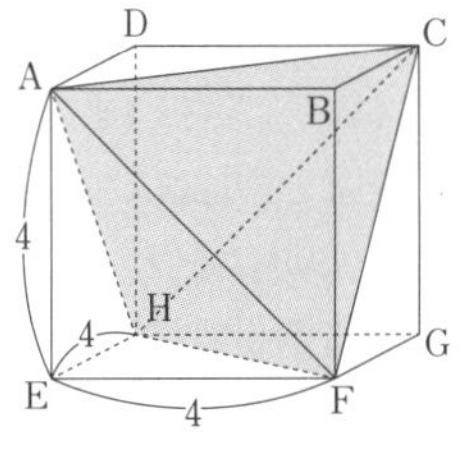

(3) 右図のように，正四面体ＡＣＦＨと正四面体ＢＤＥＧの各辺同士の交点をそれぞれ，Ｐ，Ｑ，Ｒ，Ｓ，Ｔ，Ｕとすると，立体ＰＱＲＳＴＵは正八面体である。この立体は２つの体積が等しい正四角錐ＰＱＲＳＴと正四角錐ＵＱＲＳＴにわけられる。
また，四角形ＱＲＳＴの面積は正方形ＡＢＣＤの半分である。
よって，求める立体の体積は，
$\left(\frac{1}{3}\times\frac{1}{2}\times 4\times 4\times 2\right)\times 2=\frac{16}{3}\times 2=\frac{32}{3}$

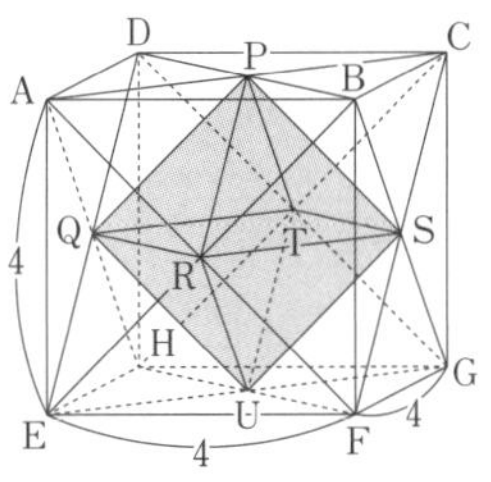

令和３年度　鹿児島実業高校入試問題　英　語

正答例

1 　１　イ　　２　エ
　３①　three　　②　computer
　４(1)　ア　　(2)　イ
　５（例）I want to work at a zoo because I like animals.
　　（例）I want to work in a restaurant because I can meet many people.

2 　１　ウ　２　イ　３　エ　４　ア　５　ウ

3 　１　キ，オ　　２　ウ，エ
　３　ウ，ア　　４　キ，カ　（各完答）

4 　①　ウ　　②　イ

5 　１①　イ　　②　ア　　③　ウ
　２(1)　**朝食をとることは健康にとても良いということ。**
　　(2)　half　　(3)　I can't study hard
　　(4)　Never　　(5)　エ

6 　１　ウ　→　ア　→　イ　（完答）
　２　ウ　　３　イ
　４　**エミールは父が死に，母が一生懸命働いていることを知っていたから。**
　５　イ，エ　（順不同）

配点例

1	５　４点　　他　３点×６	計 22 点
2，3，4	３点×11	計 33 点
5	２(1)，(3)　４点×２　　他　３点×６	計 26 点
6	４　４点　　他　３点×５	計 19 点

解　説

1 ＜聞き取りテスト＞

1 *Akito :* Emily, I'm excited about our school trip next week. We're going to the science museum, right ? *Emily :* Yes, Akito. We'll get there at 9 a.m. I think it'll be fun, but I like animals better than science. *Akito :* We're also going to visit the Asahi Zoo in the afternoon, aren't we ? *Emily :* Yes, we are. Before going there we'll stop by the Sky Tower after lunch.

2 *Mike :* Mom, I'm looking for my Japanese-English dictionary. I can't find it. *Mother :* Have you checked the dining table, Mike ? You often study in the dining room and you often leave something there. *Mike :* I already checked the dining room but there was nothing on the table. *Mother :* Oh, now I remember. Your dictionary was on the TV counter last night, and your big brother said that he was going to use it. *Mike :* I see. I'll go and ask him. Is he in his room ? *Mother :* No. He's at college now. *Mike :* Really ? But I can't wait until he comes back. I need it now. *Mother :* Don't worry. You can use your father's. It's on the bookshelf in the living room. *Mike :* OK. I'll go and get it. Thank you, Mom.

3 *Ken :* Amy, look at this poster. Next Sunday is the day of the school festival. Which program are you

interested in ? *Amy :* Well... I want to join this cooking class, Ken. We can make a chocolate cake ! *Ken :* But it starts at 3 p.m. Our dance performance starts at the same time, so we can't join the cooking class. *Amy :* I see. Then I'm going to take this music lesson. They will teach us how to sing better. It starts at 11 a.m. in the music room. *Ken :* Sounds interesting. I want to take that lesson, too. *Amy :* Good. I'll ask my friend Lina to join us. She likes singing. By the way, where is the music room ? *Ken :* It's on the second floor, next to the computer room.

4 Hello, everyone. I'm Yuriko. As you know, our lives changed a lot last year. I couldn't see my friends for a long time because we didn't go to school. I couldn't play basketball with my teammates, either. That made me feel sad.

One day my grandmother said to me, "How have you been, Yuriko ?" I told her that I was OK but I had nothing to do every day. Then she said, "Yuriko, why don't you think about what you can do now ?" My grandmother couldn't see her friends, either. But she started learning Chinese on the radio because she had a lot of time at home. After talking with her, I began to look for something I could do then.

First, I asked my father to go for a walk with me. My father was working from home twice a week, so we started to walk together in the morning. I also tried to help my mother with cooking. I became more interested in cooking, too. Also, my sister and I grew some flowers in our garden. I found there were lots of things I could do every day.

A few months later, my grandmother called me again. I said to her, "Grandma, thank you for your advice." She said, "I'm glad you tried to do something. We sometimes have to have a difficult time, Yuriko, so I always try to find something interesting to do. I think that's the key to making yourself happy."

Question (1) : Why did Yuriko feel sad ?

Question (2) : What did Yuriko do after talking with her grandmother ?

5 *Erika :* My brother has worked at a supermarket this week. *Kevin :* What ? Your brother is a high school student, isn't he ? *Erika :* Yes. But his school gives students a chance to work. It's called a work experience program. *Kevin :* Oh, I see. You can learn a lot of things through working. Erika, if you join the work experience program, where do you want to work ? And why ? *Erika :* (　　　　　　)

3 ＜並べかえ＞

1 **There is no water in this glass.**

2 He **didn't know where he bought the ticket for** the concert.

3 **They play the guitar as well as you.**

4 **Reading many books is a lot of** fun.

4 ＜適文選択＞

N：お母さん。こっちに来て。はやく！　M：どうしたの，ナンシー？　N：私の植物を見て，お母さん。葉が黄色く見えるわ。それは病気なのよ。私はどうしよう？　M：私の植物が黄色く見えるとき，私はそれらにいくらかの水を与えるわ。

（数分後）

F：やあ，ナンシー。君は何をしているんだい？　N：私の植物が病気で，いくらかの水を与えているの。　F：②**それはいい考えだね**。でも君の植物には日光も必要だよ。君はこれをこんな暗い場所に置いておくべきではないよ。植物は食べ物を作るために日光を使うんだ。葉が植物のために食べ物を作るんだよ。葉は日光なしでは食べ物を作れないんだ。　N：私は分からないわ。　F：分かった。①**君のためにそれをもっと簡単にしよう**。君は食べていないときどう感じる？　N：私は気分が悪くなるわ。　F：植物も同じだよ。彼らはお腹がすいていると気分が悪いんだ。　N：今私はお腹がすいて，のどがかわいてきたわ。

5 ＜英文読解＞

1 プラスチックはとても便利で買い物袋や，ペットボトルなどに使われている。プラスチックは今では私たちの日常生活の大切な一部だ。だが，①**大量のプラスチックごみが環境問題を起こしている**。

プラスチックは石油からできている。それらは燃やされたときに二酸化炭素を作り出す。二酸化炭素は地球温暖化を引き起こすかもしれない。また，プラスチックは分解しにくい。②**だから多くのプラスチックごみが海に留まっている**。5ミリメートル以下に細かく分かれた小さなプラスチックは「マイクロプラスチック」と呼ばれる。マイクロプラスチックは魚や鳥の体内に留まり，生態系に有害である。

世界中の人がプラスチックごみを減らそうとし始めている。③**多くの国がプラスチックの買い物袋を禁止している**。あるコーヒー店はプラスチックのストローを使うのを止めるつもりだ。私たちはプラスチックごみを減らすための新たな方法を見つけようとする必要がある。

2 おはようございます，皆さん。今日は，私はあなたたちに健康と朝食について話したいと思います。あなたたちは毎朝朝食をとっていますか？　私は朝食をとることが私たちの健康にとってとても大切なのだと信じています。私は①**それ**が真実であることをあなたたちに示すために2つのグラフを使います。

先週，私はクラスメートに朝食に関する2つの質問をしました。最初に，私は「あなたたちはどれくらいの頻度で朝食を食べますか？」とたずねました。そのとき，私のクラスメートは「私はいつも食べます」「私はよく食べます」「私はときどき食べます」そして「私は食べません」の4つの答えの中から1つを選びました。グラフ1はこの質問に対する彼らの答えを示しています。あなたたちは私のクラスメートの②**半分**がいつも朝食を食べていることに気がつくでしょう。

さて，グラフ2を見てください。私は彼らに「あなたたちは午前中どのように感じていますか」とたずねました。毎日朝食を食べている生徒の50パーセント以上が気分が良いと感じています。でもときどき朝食を食べる生徒の②**半分**は午前中気分が良くありません。ある生徒は「私が朝食を食べないとき，お腹がすいて何か食べるものについて考えるのを止められないため③**熱心に勉強できません**。私は昼食が待てません！」と言いました。

それで，あなたたちはどう思いますか？　私は朝早く起きて毎朝朝食を食べるようにしています。私が朝食を食べるとき，私は学校でとても気分が良いです。私は，私たちの学校生活をより良いものにするには毎朝朝食を食べることは大切だとわかりました。私はあなたたちも毎朝朝食を食べるべきだと思います。ご清聴ありがとうございました。

6　＜長文読解＞

「さて，エミール」彼の母親が言った。「準備をして。あなたの服はベッドの上にあるわ。服を着なさい，そうしたら夕食を食べるわよ」と言った。

「はい，お母さん。」

「ちょっと待って。私は何か忘れてるかしら？　あなたの他の服はスーツケースの中に入っているわ。あなたの旅のための食べ物があるわ。これらの花はあなたのおばさんへのものよ。夕食の後にあなたのおばあちゃんへのお金をあなたにあげるわ。いいえ，これで全部よね，そう思うわ。」

エミールは部屋を出て，フィッシャー夫人は近所のマーティン夫人のところに行き，「私の息子は２～３週間街に行きます。最初は彼は行きたがりませんでした。でも学校が閉まっている間何ができますか？　私の姉は彼女のところを訪れるように私たちに何度も頼みました。私はとてもたくさんの仕事があるので行けません。エミールはこれまで一度も一人で旅をしたことはありませんが，①**彼は今では十分な年齢です**。彼の祖母が駅で彼に会うので彼は大丈夫でしょう」と言った。

「私は，彼は街を楽しむと思うわ」とマーティン夫人は言った。「男の子は皆それが好きよ。そこにはたくさんの見るべきものがあるわ。私は今すぐに行かないと，フィッシャーさん。ではまた。」

エミールは部屋に戻ってきて席に着いた。彼の髪はきちんとしていて彼の一番いい上着を着ていた。彼は食べている間，母親を見ていた。「僕は食べすぎてはいけないな」と彼は思った。「彼女は僕が初めて遠くに行くことになる時は嫌だろうな。」

「あなたのおばさんと，おばあちゃんと，従妹のポリーによろしくね。②**自分のことは自分でしなさい**。そしていい子にしなさい。私は誰にもあなたが礼儀正しい子ではないと言ってほしくないの。」

「僕は約束するよ。」

夕食の後，エミールの母親はリビングに行った。棚の一つに箱があった。彼女はいくらかのお金を取りだしてテーブルに戻ってきた。

「ここには70ポンドあるわ」と彼女は言った。「10ポンド札が５枚と５ポンド札が４枚よ。あなたのおばあちゃんに60ポンド渡しなさい。私は，以前は彼女にお金を送ることができなかったわ。でも私は一生懸命働いてきてこれを彼女のために貯金したのよ。残りの10ポンドはあなたのためよ。あなたの帰り道に約３ポンドかかるわ。外出するときに残りの７ポンドを使いなさい。私はお金をこの財布に入れるわ。さて，これをなくさないでね！」

「そこにあれば安全だね」と彼は言った。

彼の母親は深刻そうな顔をしていた。「あなたは電車の中で誰にもお金のことを話してはいけないわ。」「もちろんしないよ」とエミールは言った。

70ポンドは大金ではないと思う人もいるだろう。でもそれはエミールと母親にとっては大金だった。エミールの父親は死んだので，彼の母親は１日中働いていた。彼女は彼らの食事，衣服，息子の本と学校の支払いをしていた。エミールは彼の母親が一生懸命働いているのを知っていたので，③**彼は授業で本当によくやろうとした**。１年の終わりに彼が先生からいい成績をもらうと彼女はいつも喜んだ。

「さあ行きましょう」とフィッシャー夫人が言った。「あなたは電車を逃してはいけないわ。もしバスが来たら，私たちはそれに乗るわよ。」

バスが来てエミールと母親はそれに乗った。彼らは駅の前の公園で降りた。

フィッシャー夫人はエミールの切符を買った。彼らは電車を数分だけ待てばよかった。

「何も電車に残さないで」とフィッシャー夫人は言った。

「僕は赤ちゃんじゃないんだよ」とエミールは言った。

「分かったわ。」彼の母親はまた深刻そうな顔に見えた。「あなたは街の正しい駅で降りなくてはいけないわ」と彼女は言った。「それは東駅で，西駅ではないわ。あなたのおばあちゃんは切符売り場のそばにいるわ。」

「僕は彼女を見つけるよ，お母さん。」

「ご飯を食べるときに，紙を電車の床に捨てないでね。そしてお金をなくさないでね。」

エミールは彼の上着を開いてポケットの中に触れた。

「あなたの席はあるかしら」と彼女はたずねた。

「あるよ」とエミールは言った。

フィッシャー夫人は「良い子でね。あなたの従妹のポリーに親切にしなさい」と言った。そして電車はゆっくりと駅の外へと動き出した。

1　ウ　本文14～16行目　→　ア　本文23～27行目。
　→イ　本文38・39行目。

2　ア　彼は街に一人で行くには若すぎます
　イ　私はエミールを街に連れて行きます
　エ　私は彼と一緒に街に行けます

4　本文訳波線部参照。

5　ア　エミールは最初は彼の従妹のポリーに会いたくなかった。
　イ　エミールの母親は一生懸命働いて彼の祖母のためのお金を貯めていた。
　ウ　エミールの母親はエミールに西駅で降りるように言った。
　エ　エミールは彼の上着のポケットの中にあるお金を確認した。
　オ　エミールの従妹のポリーは，エミールに会うために切符売り場のそばにいるだろう。

令和３年度　鹿児島実業高校入試問題　社　会

正答例

1　問１　**日付変更線**　問２　**ウラル**山脈
問３　**イ**　問４　**オ**　問５　**ア**　問６　**エ**
問７　**ウ**　問８　**ポルトガル**語　問９　**イ**

2　問１　**広島市**　問２　**E**　問３　**地熱**
問４　**ウ**　問５　**栽培**漁業　問６　**ア**
問７　**フォッサマグナ**　問８　**エ**
問９　**択捉島**

3　問１①　**寝殿造**　②　**書院造**　問２　**イ**
問３　**コロンブス**　問４　**エ**
問５　**化政**文化　問６　**ア**
問７　**須恵器**　問８　**安土城**

4　問１　**徴兵令**　問２　**義和団事件**
問３　**イ**　問４　**ウ**　問５　**ウィルソン**
問６　**フランス**　問７　**ウ**
問８　**エ**　問９　**イ→ウ→エ→ア**

5　問１　**ア**
問２（裁判の種類）**刑事**裁判
（理由）**被告ではなく被告人になっている／検察官がいる／裁判員がいる**（完答）
問３　**化石燃料**　問４　**高度経済成長**
問５　**クーリングオフ**
問６　**インフレーション**　問７　**ア**
問８　**エ**　問９　**エ**　問10　**ウ**　問11　**ア**
問12　**エ**　問13　**エ，オ**（順不同）

配点例

1～5　各２点×50　　計100点

解　説

1　**＜世界地理＞**

Ａ－イギリス，Ｂ－南アフリカ共和国，Ｃ－中国，Ｄ－オーストラリア，Ｅ－アメリカ，Ｆ－イタリア，Ｇ－インド，Ｈ－ブラジル。

問１　１日の始まりと終わりの線を**日付変更線**といい，経度180度を基準に，陸地にかからないように引かれている。

問２　ロシアはアジア州とヨーロッパ州の二つにまたがる。

問３　鹿児島の標準時は東経135度の経線，モントリオールの標準時は西経75度の経線であり，経度15度ごとに１時間の時差が生じることから，$(135+75)\div 15=14$時間。鹿児島がモントリオールより14時間進んでいるので，モントリオールは１月27日の午後４時となる。

問４　**ア－Ｅ**のアメリカのサンベルト，**イ－Ｂ**の南アフリカ共和国のレアメタル，**ウ－Ａ**のイギリスの産業革命，**エ－Ｃ**の中国に関する内容。

問５　地中海式農業の内容。**イ**－混合農業，**ウ**－施設園芸農業，**エ**－酪農の内容。

問６　冷帯（亜寒帯）は緯度がおおよそ40度以上の地域に分布しているが，南半球にはその周辺に陸地が非常に少ないため，冷帯は分布していない。

問７　インドで主に信仰されているのは**ヒンドゥー教**。ヒンドゥー教では牛は神の使いであるため，ヒンドゥー教徒は牛肉を食べない。**ア**－ユダヤ教，**イ**－キリスト教，**エ**－イスラム教に関する内容。

問８　ブラジルは，ポルトガルによって植民地として支配されていたため，ポルトガル語が使われている。

問９　人口が最も多い**Ｘ**がインドネシア，米の生産量から**Ｙ**がタイ，**Ｚ**がマレーシア。

2　**＜日本地理＞**

Ａ－広島県，Ｂ－愛媛県，Ｃ－愛知県，Ｄ－石川県，Ｅ－岩手県。

問１　それぞれの県庁所在地は，**Ｂ**が松山市，**Ｃ**が名古屋市，**Ｄ**が金沢市，**Ｅ**が盛岡市。

問２　東北地方などの豪雪地帯では，雪が多く降り，農作業ができない冬の家の中の仕事として伝統産業が発展してきた。

問３　近年，環境への配慮や安全性への懸念などから，地熱発電や太陽光発電，風力発電，バイオマス発電のような**再生可能エネルギー**を使った発電が広がっている。

問４　工業生産額が最も多く，機械の割合が高いⓒが中京工業地帯。工業生産額が最も低いⓑが北九州工業地域，化学の割合が高いⓐが阪神工業地帯。

問５　魚や貝，海藻などを，あみを張った海や人工的な池で，大きくなるまで育てる漁業を**養殖漁業**という。養殖漁業，栽培漁業どちらも，限られた水産資源を守るためのつくり育てる漁業である。

問６　冬の降水量が多いⓙは日本海側の気候である**Ｚ**の上越市，年間を通して気温が低く，雨があまり降らないⓘは中央高地の気候である**Ｙ**の松本市，冬に晴れて乾燥した日が多いⓗは太平洋側の気候である**Ｘ**の浜松市。

問８　Ⓡは，夏に寒流の親潮（千島海流）の影響を受けてふく，**やませ**と呼ばれる冷たくしめった北東の風。東北地方の太平洋岸では，やませがもたらす冷気と霧，日照時間の不足により，夏でも気温が上がらない日が続くことがある（冷夏）。それにより**冷害**がおきることがある。

問９　北方領土と呼ばれる。

3　**＜歴史総合＞**

問１①　平安時代には，唐風の文化をふまえながらも，日本の風土や生活，日本人の感情に合った**国風文化**が栄え，寝殿造の邸宅や日本の風景や人物をえがいた大和絵が生まれた。

②　Ｃは足利義政が建てた銀閣と同じ敷地にある東求堂同仁斎。義政のころ栄えた文化を**東山文化**という。

問2　日本から遣唐使が送られていたが，894年に遣唐使に任命された**菅原道真**が，唐のおとろえと往復の危険を理由に派遣の停止を訴えて認められた。**ア**－飛鳥時代に，**聖徳太子**によって**小野妹子**らが**遣隋使**として派遣された。**ウ**－鎌倉時代に，二度にわたって日本に襲来した（**元寇**）。**エ**－足利義満によって，倭寇と正式な貿易船を区別するために**勘合**という合い札を用いた**日明貿易（勘合貿易）**が行われた。

問3　15世紀後半に始まった大航海時代のヨーロッパ人の目的は，キリスト教を世界に広めることと，それまでイスラム商人が仲介していたために高価だったアジアの香辛料などを直接手に入れることであった。

問4　1392年に足利義満によって南北朝は統一された。**ア**－1429年，**イ**－1457年，**ウ**－936年。

問5　**資料2**は，喜多川歌麿がえがいた錦絵。江戸時代に京都や大阪を中心とする上方で，経済力を持った町人をにない手として栄えた文化を**元禄文化**という。

問6　寛政の改革を行ったのは**松平定信**。**ア**－**水野忠邦**が行った**天保の改革**の内容。

問7　渡来人とは朝鮮半島から移り住んだ人々のことで，須恵器の他，漢字や儒学，仏教なども伝えた。

問8　織田信長は，安土城周辺の城下町に，**楽市・楽座**の政策によって商人を招き，座や各地の関所を廃止して，自由な商工業の発展を図った。

4　**＜歴史総合＞**

問1①　徴兵令は，満20歳になった男子は，士族と平民の区別なく兵役を負うという制度。

問2　義和団事件は，日本やロシアなど連合軍によって鎮圧されたが，義和団事件以後もロシアは満州に軍隊をとどめたため，韓国へ勢力をのばそうとしていた日本と対立を深め，これをきっかけに1904年に日露戦争が始まった。

問3　1872年に**ア**の学制が出され，満6歳になった男女を全て小学校に通わせることが義務となった。はじめは期間が3から4年であったが，1907年に期間が6年間に延長された。**ウ**－1886年に最初に制定された。**エ**－1949年。

問4　**ウ**－社会主義者の幸徳秋水やキリスト教徒の内村鑑三などが開戦に反対した。**ア**－日露戦争時の内閣総理大臣で，第3次内閣は，藩閥をたおし，憲法に基づく政治を守ることをスローガンとする運動（**第一次護憲運動**）を受けて退陣した。**イ**－第3代，第9代内閣総理大臣。**エ**－人間の平等主義を分かりやすい表現で説いた「**学問のすゝめ**」を著した。

問5　ウィルソン大統領の提案を基にして，1920年に，世界平和と国際協調を目的とする**国際連盟**が発足した。

問6　世界恐慌時，フランスやイギリスはブロック経済の政策を採り，アメリカは，ルーズベルト大統領の下，1933年から**ニューディール（新規まき直し）**という政策を始め，農業や工業の生産を調整し，積極的に公共事業をおこして失業者を助け，労働組合を保護した。ソ連は，**五か年計画**という独自の経済政策を採っていたため，大不況の影響を受けることなく成長を続けた。

問7　犬養毅首相が暗殺された五・一五事件がおきたのは1932年であり，これにより政党内閣の時代が終わり，軍人が首相になることが多くなった。

問8　1973年に，ユダヤ人とパレスチナ人が聖地エルサレムをめぐって争うパレスチナ問題を背景に，第四次中東戦争がおこったことで，石油価格が大幅に上昇した。この**石油危機（オイルショック）**によって，先進工業国の経済は不況になり，日本でも高度経済成長が終わった。**ア**－1980年～1988年，**イ**－1950年～1953年，**ウ**－1954年。

問9　1989年→1991年→1995年→2001年。

5　**＜公民総合＞**

問1　地方公共団体が独自に集める財源が**自主財源**，国などから支払われる財源が**依存財源**。**イ**－国庫支出金ではなく地方税。**ウ**－地方税ではなく国庫支出金。**エ**－地方債は依存財源。

問2　**裁判員制度**は，国民が裁判員として刑事裁判に参加し，裁判官と一緒に被告人の有罪・無罪や刑罰の内容を決める制度。民事裁判においては，訴えた人は**原告**，訴えられた人は**被告**。刑事裁判において，被疑者を裁判所に起訴するのは**検察官**。

問3　化石燃料は，埋蔵量に地域的な偏りがあり，可採年数も限られている。

問5　欠陥商品で消費者が被害を受けたときの企業の責任について定めた**製造物責任法（ＰＬ法）**や，契約上のトラブルから消費者を保護する**消費者契約法**などの法律も合わせておさえる。

問6　逆に，需要量が供給量を下回り，物価が下がり続ける現象を**デフレーション**という。

問8　**エ**－内閣の仕事。

問9　2016年6月以降，選挙権年齢は満18歳に引き下げられた。

問11　逆に，好景気のときには，公共投資を減らして民間企業の仕事を減らしたり，増税して消費を減少させたりすることで，景気をおさえようとする。このように，政府が歳入や歳出を通じて景気を安定させようとする政策を**財政政策**という。

問12　国連教育科学文化機関（ＵＮＥＳＣＯ），国連児童基金（ＵＮＩＣＥＦ），世界保健機関（ＷＨＯ），国際労働機関（ＩＬＯ）。**ア**－ＵＮＥＳＣＯではなくＵＮＩＣＥＦ，**イ**－ＷＨＯではなく国連難民高等弁務官事務所（ＵＮＨＣＲ），**ウ**－ＵＮＩＣＥＦではなくＵＮＥＳＣＯ。

問13　**エ**－日本は刑罰の中に死刑が含まれている。**オ**－日本は核拡散防止条約に批准している。

令和３年度　鹿児島実業高校入試問題　理　科

正答例

1　問１(1)　**反射**
(2)　**無意識のうちに起こる反応は脳を通らないが，意識して起こる反応は脳を通る。**
問２(1)　**ア**　(2)　**大きくなる**
問３(1)　**蒸発**　(2)　**エ**
問４(1)　**台風**(漢字２字)　(2)　**ウ**

2　問１　A，B，D，F，G(順不同・完答)
問２　アミラーゼ
問３　D，E，F(順不同・完答)
問４　**小腸の壁の表面積が大きくなっているから。**
問５　**右心房**　問６　b
問７　(B)→D→A→C→(B)
問８　**酸素を運ぶ（はたらき）**
問９　**・少量の水の入ったチャック付きのポリエチレン袋にメダカを入れる。**
・メダカにぬれたガーゼをかぶせる。など

3　問１　**イ**　問２(1)　**主要動**　(2)　**3.3**(km/s)
問３　**ア**
問４　**ア**
問５　右図
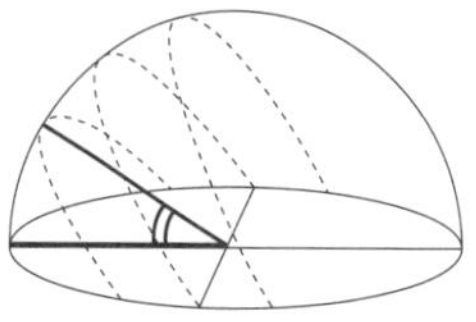
問６　**5**(時)**45**(分)
問７　**地球が地軸を一定の角度に傾けたまま太陽のまわりを公転しているから**

4　問１　CO_2　問２　**ウ，エ**(順不同・完答)
問３　**イ**　問４　**0.33**(g)
問５　$2Mg + O_2 \rightarrow 2MgO$　問６　**7.2**(g)
問７　マグネシウム：銅＝**3**：**4**　問８　**2.8**(g)

5　問１　**0.50**(倍)
問２　**0.60**(J)
問３　**0.10**(W)
問４　**4.0**(秒)
問５　右図
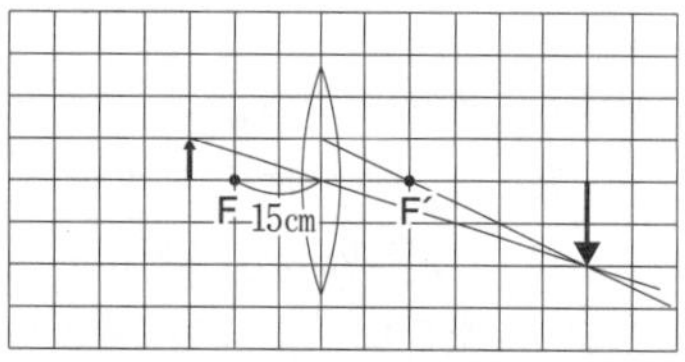

問６　(**7.5**)cm(**遠ざ**)けた
問７　**エ**　問８　**エ**

配点例

1　問１(1)，問２(1)，問３(1)，問４(1)　２点×４
他３点×４　計20点
2　問４，問９　３点×２　他２点×７　計20点
3　問１，問２(1)，問３，問４　２点×４　他３点×４　計20点
4　問１，問２，問３，問５　２点×４　他３点×４　計20点
5　問１，問２，問５，問８　２点×４　他３点×４　計20点

解　説

1　＜**４分野総合**＞

問２(1)　U字形磁石による磁界の向きは，N極からS極なので点Pにおける磁界の向きは上向き，金属棒を流れる電流がつくる磁界の向きは，電流の向きから，**図２**の金属棒のまわりに時計回りの磁界ができるとわかる。よって，点Pにおける磁界の向きは上向き。よって，アが適当。

(2)　クリップcを電熱線の中央につなぎかえると，電熱線の電流が流れる部分の長さが短くなるので抵抗の大きさは小さくなる。よって，流れる電流の大きさが大きくなり，金属棒にはたらく力の大きさも大きくなる。

問４(2)　偏西風の影響を受けるため，日本列島付近の天気は，西から東へ変わることが多い。鹿児島市の西側に高気圧があるため，体育大会当日は，おだやかに晴れることが予想される。

2　＜**動物の生活と生物の変遷**＞

Aは口，Bは食道，Cは肝臓，Dは胃，Eはすい臓，Fは小腸，Gは大腸。

問２，３　それぞれの消化液や消化酵素のはたらきは下の表の通りである。

	デンプン	タンパク質	脂肪
だ液中の消化酵素 アミラーゼ	○		
胃液中の消化酵素 ペプシン		○	
胆汁			○
すい液中の消化酵素	○	○	○
小腸表面の消化酵素	○	○	

問６　動脈は，心臓から送り出される血液，静脈は，心臓へもどってくる血液がそれぞれ流れる血管のこと。また，酸素を多くふくむ血液を動脈血，二酸化炭素を多くふくむ血液を静脈血という。

問７　肺→左心房(B)→左心室(D)→全身→右心房(A)→右心室(C)→肺の順序で血液は循環している。

3　＜**大地の変化・地球と宇宙**＞

問２(2)　**図９**より，震源から140km離れた地点で，ゆれはじめの時刻が４時37分16秒で，初期微動継続時間が19秒なので，主要動がはじまる時刻は４時37分35秒である。地震発生の時刻が４時36分52秒なので，主要動が到達するまでの時間は43秒。よって，140÷43＝3.25…　したがって，3.3km/s

問４　Xは８時，Yは12時に記録した点なので，エが東，イが西とわかる。よって，北はアとわかる。

問５　春分・秋分の日は，太陽は真東からのぼり真西にしずむ。夏至の日は，日の出と日の入りの位置は北寄りに，冬至の日は，南寄りになるので，**図10**のAの線が冬至，Bの線が春分，Cの線が夏至の太陽の動きだとわかる。

問６　XY間の距離が16cmなので，太陽が１時間で透明半球上を動く距離は，16÷(12－8)＝4〔cm〕　OX間の距離が9.0cmなので，9.0÷4＝2.25〔時間〕
0.25〔時間〕＝15〔分〕なので，日の出の時刻は，８時の２時間15分前である5時45分である。

4　＜**身のまわりの物質・化学変化と原子・分子**＞

問４　不純物をふくむ石灰石2.0gにふくまれている炭酸カルシウムの質量をxgとおくと，
$x \times 1.2 = 2.0$　$x = 1.666\cdots$　不純物の質量は，
$2.0 - 1.666\cdots = 0.333\cdots$　よって，0.33g

問６　**図11**より，マグネシウムの質量と化合した酸素の質量の比は３：２。よって，マグネシウムの質量と酸化マグネシウムの質量の比は３：５。熱したマグネシウムの粉末の質量を x gとおくと，

３：５＝x：12　x＝7.2　よって，7.2 g

問７　**図12**より，銅の質量と酸化銅の質量の比は，

2.4：3.0＝４：５　よって，同じ質量の酸化マグネシウムと酸化銅が生じたときの，熱したマグネシウムの粉末と銅の粉末の質量比は３：４。

問８　化合した酸素の質量は，6.8－6.0＝0.8〔g〕

図12より，銅の質量と化合した酸素の質量比は，

2.4：(3.0－2.4)＝４：１　よって，反応した銅の質量は，0.8×４＝3.2〔g〕　したがって，反応していない銅の質量は，6.0－3.2＝2.8〔g〕

5　**<運動とエネルギー・身のまわりの現象>**

問１　動滑車を１つ使うと，必要な力の大きさは$\frac{1}{2}$になる。よって，**図14**のばねばかりの示す値は，**図13**のばねばかりの示す値の0.50倍。

問２　**仕事〔J〕＝物体に加えた力〔N〕×力の向きに移動させた距離〔m〕**

2.0 cm/sの一定の速さで，３秒間物体を引き上げているので移動させた距離は，

2.0×３＝６〔cm〕＝0.06〔m〕

1.0〔kg〕＝1000〔g〕の物体にはたらく重力の大きさは，1000÷100＝10〔N〕

よって，10×0.06＝0.60〔J〕

問３　**仕事率〔W〕＝$\frac{\text{仕事〔J〕}}{\text{時間〔s〕}}$**

動滑車を１つ使うと，必要な力の大きさは$\frac{1}{2}$になるが，ひもを引く距離は２倍になるので，ばねばかりを2.0×３＝６〔cm〕引き上げると，おもりは，３ cm引き上げられる。

よって，$\frac{10\times0.30}{3}$＝0.10〔W〕

問４　物体を８cm上昇させるのに必要な仕事の大きさは，10×0.08＝0.8〔J〕　物体を８cm上昇させるのにかかる時間を x sとおくと，

0.2＝0.8÷x　x＝4.0　よって，4.0秒

問６　ろうそくと同じ大きさの鮮明な実像がスクリーンにうつるのは，ろうそくを凸レンズの焦点距離の２倍の位置に置いたときである。よって，ろうそくを凸レンズから15×２＝30〔cm〕のところに置けばよい。

問７　スクリーンにうつった実像を凸レンズ側から観察すると，元の物体の上下左右逆の像がうつるので，ウのような像がうつっている。スクリーンの裏側から観察すると，さらに左右が逆になるので，エが適当。

問８　凸レンズの上半分を黒い紙でおおうと，凸レンズを通過する光の量は半分になるが，物体の各点から出た光は，黒い紙でおおわれていない凸レンズの下半分を通ることができるので，スクリーンに実像は全部うつるが，全体的に暗くなる。

令和３年度　樟南高校入試問題　国　語

正答例

一　問一　a　**提供**　b　**信頼**
c　**販売**　d　**宿命**
問二　**案ずる**　問三　**イ**
問四　**「以前の方が良かった」という拒否反応**
問五　**ウ**　問六　**オンライン**　問七　**イ**
問八　**実際に帰省すること**　問九　**ア**

二　問一　a　**だこう**　b　**じせい**
c　**いつわ**　d　**ゆらい**
問二　**心ここにあらず**
問三　(1)　**六**
(2)　**使い物になるおとなになる**
問四　**ウ**
問五　**人相や人間が持っているたたずまいの大切さについての話**
問六　**天から与えられた徳**
問七　1　**オ**　2　**カ**　3　**イ**　問八　**イ**

三　問一　(1)　**ア**　(2)　**対句**　(3)　**転**
問二　①　**いえる**　②　**おおいに**
問三　**エ**　問四　**イ**　問五　**ウ**　問六　**イ**

四　問一　1　**ウ**　2　**イ**　3　**ア**
問二　4　**ウ**　6　**エ**
問三　**なさる**　問四　**申して**
問五　8　**イ**　9　**イ**　10　**ウ**

配　点

一	問一，問三，問五　2点×6	他　3点×6	計 30 点
二	問五，問八　3点×2	他　2点×12	計 30 点
三	問五，問六　3点×2	他　2点×7	計 20 点
四	2点×10		計 20 点

解　説

一　**<論説文>**

問二　「案ずるより産むがやすし」とは，始める前はあれこれ心配をするものだが，実際にやってみると案外たやすくできるものだというたとえ。

問三　「いやおうなし」とは，有無を言わせない様子のこと。

問四　「あらがう」には「抵抗する，逆らう」という意味がある。新型コロナウイルスをきっかけに，日本の暮らしや人間関係が「ある程度変わらざるを得ない」という時代の流れに抵抗している箇所を指定字数内で探すとよい。

問五　**袖振り合うも多生の縁**＝知らない人とたまたま道で袖が触れ合うようなちょっとしたことも，前世からの深い因縁であるということ。

朱に交われば赤くなる＝人は関わる相手や環境によって，良くも悪くもなるというたとえ。

竹馬の友＝竹馬に乗って一緒に遊んだ幼い頃からの友達。幼なじみ。

類は友を呼ぶ＝気の合う者や似通った者同士は，自然に寄り集まって仲間を作るものであるということ。

問六　「テレビ電話」もオンラインでのコミュニケーション。

問七　「感染症」によって中世の欧州で公共浴場が廃れたことと，「通信」手段の移り変わりを例に挙げ，時代による変化を避けられないことを伝えているのである。

問八　「リアル」には「現実に関すること」の意味がある。

問九　筆者は「感染症」や「通信」の例にもあるように，変化は避けられないが，「人間関係を取り持つ手段も～良しあしはその使い方で決まる」というように変化に応じて対応すべきだと考えている。

二　＜小説文＞

問二　直後の「お前はいっつも心ここにあらずっちゅう目をしちょる」という言葉が，――部①の伸仁の顔つきについて言及した箇所である。

問三(1)　伸仁が答えたのは，「約束は守らにゃあいけん」「丁寧な言葉を正しく喋れにゃあいけん」「弱いものをいじめちゃあいけん」「自尊心よりも大切なものを持って生きにゃあいけん」「女とケンカをしちゃあいけん」「なにがどうなろうと，たいしたことはあらせん」の六つである。

(2)　熊吾は大事な言葉を覚えていた伸仁に対して「だいたいそのくらいのことをわきまえちょったら，使い物になるおとなになるはずやけんのお」と言っている。

問四　煙草を買ってくるように言われた伸仁が，お願いされていなかったマッチも必要だと思い，合わせて買ってきた描写があることから，伸仁の言葉の冒頭には「煙草と言えばマッチ。」が入ると判断できる。

問五　――部③とは，初めて入った心斎橋の居酒屋で聞いた話である。「人相とか，その人間が持っちょるたたずまいというものの大切さについての話じゃった」と熊吾が具体的な内容を話す前にどのような話題だったのかを端的に示しているので，この部分を指定字数内でまとめるとよい。

問六　熊吾は，心斎橋の居酒屋で話を聞いて，今まで野菜の花の真の美しさに気づかなかったことを自覚し，野菜の花には「ある特殊な品のようなもの」が漂っていたと思っている。そして，その特殊な品のようなものについて，居酒屋の主人が会話で「天から与えられた徳のような気がする」と言っている。

問七1　直前の主人の会話を聞いて，客が同意していることから，**順接の接続詞**「すると」が適当。

2　直前で「品のいい顔立ちをした人」は目がきれいだとしているのとは反対に，「災いをなす者」たちの「目には汚れた光が沈んでいる」ので，「逆に」が適当。

3　直前の三段落では，品格が表にあらわれる点は野菜と人間も同じとしているが，生まれつき形が決まっている点については，「人間は違う」と対比的に述べているので「だが」が適当。

問八　筆者は，品格が表にあらわれるのは人間も同じだと思っているが，野菜の花の色や形のように「生まれつきのまま不変」なものではなく，教養や経験などによって培われるものだと考えている。

三　＜古文＞

(口語訳)　ぞろぞろと春に田を耕す象，飛び交って草を除き去る鳥。堯王に継ぐ形で王位に登る。孝行を感じることは天の心を動かす。

大舜は大変孝行な人だ。父の名前は，瞽叟と①いう。とてもへんくつで，母は心がねじれている者だ。弟は②とてもおごり高ぶり，役にたたない者である。しかし大舜は，ひたすら孝行を続けた。ある時歴山という所で，(大舜が) 耕作をしていると，彼③の孝行を感じて，大きな象が来て，田を耕し，また鳥が飛んで来て田の草を除き去り，耕作の手助けをした。さてその時の皇帝の名は堯王といった。(堯王には) 姫君がいらっしゃる。(堯王の姫君の) 姉は，娥皇，妹は，女英といった。堯王は大舜の孝行の様子を④お聞きになり，自分の娘 (姫君) を (大舜の) 后とし，ついには天下を (大舜に) お譲りになった。⑤これもひとえに孝行の深い心が起こしたことである。

問一　絶句は四句，律詩は八句から成る。絶句の構成を「起承転結」という。

問二　語頭以外の**ハ行**は**ワ行**に直す。

問三　大舜の父はへんくつで，母は心がねじれていて，弟は役にたたないのに対して，大舜は孝行を続けたという文脈なので，逆接が適当。

問四　――部③と**イ**は連体修飾語であることを示す格助詞「の」と同じ役割をもつ「が」である。**ア**は主語であることを示す格助詞，**ウ**は「ところが」の一部，**エ**は逆接の意味を持つ接続助詞。

問五　大舜が「孝行なること」を「きこしめし及ばれ」て，そしてその後「御女を后にそなへ」た人物であることから，「堯王」が主語だと考えられる。尊敬語が使われていることもヒントである。

問六　「これ」は，大舜が堯王から天下を譲り受けたことである。天下を譲り受けるきっかけとなったのは，堯王が大舜の孝行の様子を耳にしたことである。

四　＜敬語・品詞識別＞

問一　**丁寧語**＝話し手が聞き手に対し敬意を表して，丁寧にいう言い方。現代語では「ます」「です」などの助動詞をつけていう。

尊敬語＝話し手が聞き手や話題の主の動作や状態などを高めて言い表すもの。

謙譲語＝話し手が自分または自分の側にあると判断されるものに関して，へりくだった表現をすることにより，相手や話中の人に対して敬意を表すもの。

2　「お～になる」は尊敬語。「お～する」は謙譲語である。

問四　身内である父の動作について敬語表現を使うときには，謙譲語を用いる。

問五8　例文と**イ**の「は」は他と区別する意味の副助詞。他は強調の副助詞。

9　**ア**，**オ**は補助形容詞の「ない」。直前に「は」を補うことができる。**イ**は打ち消しの助動詞の「ない」。「ぬ」に置き換えることができる。**ウ**は形容詞「情けない」の一部，**エ**は形容詞の「ない」。

10　**ウ**は連体詞「いかなる」の一部。他は動詞。

令和３年度　樟南高校入試問題　数　学

正答例

1　(1) **15**　(2) **−10**　(3) $\frac{1}{4}$　(4) **3.3**
(5) $\frac{7}{8}x-\frac{19}{8}y$　(6) x^2-12x
(7) $3a^2b^2$　(8) $3\sqrt{3}$

2　(1) $x=8$　(2) $(x-3y)^2$
(3) $x=1,\ y=2$　(4) $x=\frac{-1\pm\sqrt{13}}{2}$
(5) ∠ＡＣＢ＝44°　(6) **6**　(7) **120**(ｇ)
(8) 24π (cm²)　(9) ウ，エ(順不同・完答)

3　(1) **168**　(2) 第**3**列　(3) 第**6**列

4　(1) Ｂ(４，４)　(2) $a=-\frac{1}{2}$
(3) $x=2$　(4) 36π

5　(1) $\frac{1}{12}$　(2) $\frac{1}{9}$　(3) **4**(通り)
(4) $\frac{7}{36}$

配点例

1	４点×８	計32点	2	３点×９	計27点
3	３点×３	計９点	4	４点×４	計16点
5	４点×４	計16点			

解　説

1　＜計算問題＞

(1) $13-5+7=8+7=15$

(2) $4-7\times2=4-14=-10$

(3) $\frac{9}{2}\div3-\frac{5}{4}=\frac{9}{2}\times\frac{1}{3}-\frac{5}{4}=\frac{3}{2}-\frac{5}{4}=\frac{6}{4}-\frac{5}{4}=\frac{1}{4}$

(4) $7\times1.3-5.8=9.1-5.8=3.3$

(5) $\frac{1}{4}x+\frac{5x-7y}{8}-\frac{3}{2}y$
$=\frac{1}{4}x+\frac{5}{8}x-\frac{7}{8}y-\frac{3}{2}y$
$=\frac{2}{8}x+\frac{5}{8}x-\frac{7}{8}y-\frac{12}{8}y=\frac{7}{8}x-\frac{19}{8}y$

(6) $(2x-3)(x-2)-(x+2)(x+3)$
$=2x^2-4x-3x+6-(x^2+5x+6)$
$=2x^2-7x+6-x^2-5x-6=x^2-12x$

(7) $27a^4b\div(-3ab)^2\times b^3$
$=27a^4b\div9a^2b^2\times b^3=\frac{27a^4b\times b^3}{9a^2b^2}=\frac{27a^4b^4}{9a^2b^2}=3a^2b^2$

(8) $\sqrt{8}\times\sqrt{24}-\sqrt{75}$
$=2\sqrt{2}\times2\sqrt{6}-5\sqrt{3}$
$=4\sqrt{12}-5\sqrt{3}=4\times2\sqrt{3}-5\sqrt{3}$
$=8\sqrt{3}-5\sqrt{3}=3\sqrt{3}$

2　＜小問集合＞

(1) $6(x-3)+2=4x,\ 6x-18+2=4x$
$6x-16=4x,\ 2x=16,\ x=8$

(2) 和が−６，積が９となる２数は−３と−３
よって，$x^2-6xy+9y^2=(x-3y)^2$

(3) $4x+3y=10$…①，$x=2y-3$…②
②を①に代入し，$4(2y-3)+3y=10$
$8y-12+3y=10,\ 11y=22,\ y=2$…③
③を②に代入し，$x=2\times2-3,\ x=1$

(4) **２次方程式 $ax^2+bx+c=0$ の解の公式**
$x=\frac{-b\pm\sqrt{b^2-4ac}}{2a}$
よって，$x=\frac{-1\pm\sqrt{1^2-4\times1\times(-3)}}{2\times1}$
$=\frac{-1\pm\sqrt{13}}{2}$

(5) △ＡＢＣ≡△ＡＤＥより，∠ＡＢＣ＝∠ＡＤＥ＝52°
∠ＡＣＢ＝∠ＡＥＤ＝a°とすると，**ＡＥ//ＢＣより，平行線の錯角は等しい**から，∠ＥＡＣ＝a°
△ＡＤＥにおいて，
内角の和は180°だから，

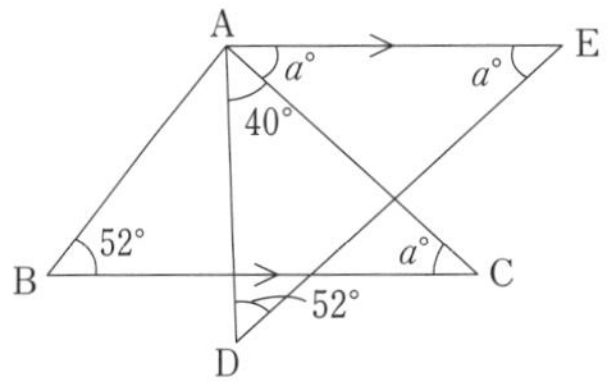

$52+a+40+a=180$
$2a+92=180,\ 2a=88$
$a=44$
よって，∠ＡＣＢ＝44°

(6) $a=b$，$5a=5b$より，四捨五入する前の５つの数の合計と四捨五入した後の５つの数の合計は等しい。また，16.□の小数第一位を四捨五入した数は，16か17の２通りである。16の場合，四捨五入した後の５つの数の合計は21＋21＋19＋22＋16＝99，99−(20.5＋21.2＋19.3＋22.4)＝99−83.4＝15.6となり，不適。17の場合，四捨五入した後の値の合計は21＋21＋19＋22＋17＝100，100−83.4＝16.6となるから，□＝6

(7) ２つの容器それぞれからxgの食塩水を取り出したとする。取り出した食塩水を移し替えた後の，容器Ａ，Ｂの食塩水の濃度をそれぞれ求めると，
容器Ａは，$\left\{(200-x)\times\frac{10}{100}+\frac{5}{100}x\right\}\div200\times100$(%)
容器Ｂは，$\left\{(300-x)\times\frac{5}{100}+\frac{10}{100}x\right\}\div300\times100$(%)
である。２つの容器の食塩水の濃度は等しくなったから，
$\left\{(200-x)\times\frac{10}{100}+\frac{5}{100}x\right\}\div200\times100$
$=\left\{(300-x)\times\frac{5}{100}+\frac{10}{100}x\right\}\div300\times100$
両辺を60倍し，$30(200-x)+15x=10(300-x)+20x$
$6000-15x=3000+10x,\ 25x=3000,\ x=120$
よって，120ｇ

(8) 側面となる半径５cmのおうぎ形の弧の長さは，底面の円の円周の長さと等しく，$2\pi\times3$ (cm)
円錐の表面積＝側面積＋底面積
$5^2\pi\times\frac{2\pi\times3}{2\pi\times5}+3^2\pi$
$=25\pi\times\frac{3}{5}+9\pi=15\pi+9\pi=24\pi$ (cm²)

(9) **ア**　無理数と無理数の和はかならず無理数とはいえない。
(例)　$(\sqrt{3}-1)+(2-\sqrt{3})=1$ など
イ　ひし形の定義は，４つの辺がすべて等しい四角形。
オ　資料の中でもっとも多く出てくる値は最頻値。

3　＜規則性＞

(1) (与式)＝８＋16＋24＋32＋40＋48
＝８＋48＋16＋40＋24＋32＝56×３＝168

(2) １＋２＋３＋４＋５＋６＋７＋８＝９×４＝36
36−33＝３　よって，第３列

(3) 第１行目は０＋(選んだ列の列番号)，第２行目は，８＋(選んだ列の列番号)となり，以下，第７行目は48＋(選んだ列の列番号)であり，全７行の波線部の数の和は，(1)より168
また，(選んだ列の列番号)の和は，(2)より，全ての列を選んだ場合の列番号の和36から，選ばなかった列の列番号をひいた数となる。よって，168＋36＝204から，選んだ７個の数の和をひくと，選ばなかった列の数がわかる。選んだ７個の数の和は198，204−198＝６より，第６列

4　＜関数＞

(1) 点Ａと点Ｂのx座標は等しいから，点Ｂのx座標は４
$y=x$に$x=4$を代入し，$y=4$　よって，Ｂ(４，４)

(2) 点Ｂの座標を，$y=ax+6$に代入し，
$4=4a+6,\ 4a=-2,\ a=-\frac{1}{2}$

(3) $\triangle OAB=\frac{1}{2}\times4\times4=8$
△ＯＡＢ：△ＯＰＢ＝４：３より，△ＯＰＢ＝６

下図において，直線①と y 軸との交点をＣとすると，
Ｃ(0，6)より，$\triangle OBC=\frac{1}{2}\times6\times4=12$
$\triangle OPC=\triangle OBC-\triangle OPB=12-6=6$
$\triangle OPC:\triangle OPB=6:6=1:1$ より，△ＯＰＣと△ＯＰＢは面積が等しく，底辺をそれぞれＰＣ，ＰＢとしたときの高さが等しい三角形だから，
ＰＣ：ＰＢ＝１：１　これより，点Ｐは２点Ｂ，Ｃの中点だから，点Ｐの x 座標は $\frac{4+0}{2}=2$，y 座標は $\frac{4+6}{2}=5$
よって，点Ｐの x 座標は２

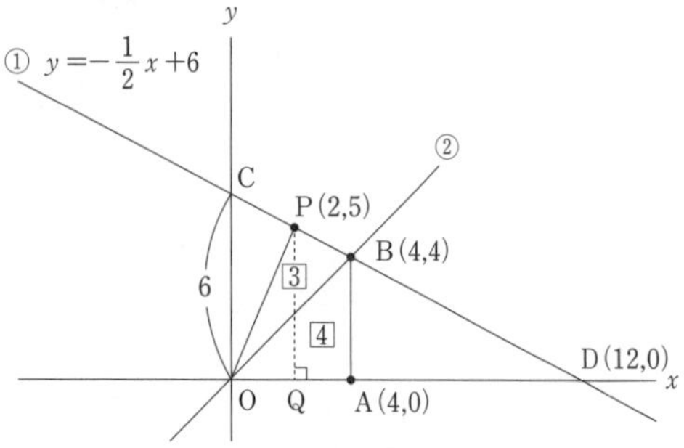

(4)　上図において，直線①と x 軸との交点をＤとする。
$y=-\frac{1}{2}x+6$ に $y=0$ を代入し，$0=-\frac{1}{2}x+6$
$\frac{1}{2}x=6$，$x=12$ より，Ｄ(12，0)
また，点Ｐから x 軸に下ろした垂線と x 軸との交点をＱとすると，△ＯＰＢを x 軸を軸として１回転させてできる立体の体積は，△ＯＱＰを x 軸を軸として１回転させてできる立体の体積と△ＱＤＰを x 軸を軸として１回転させてできる立体の体積との和から，△ＯＡＢを x 軸を軸として１回転させてできる立体の体積と△ＡＤＢを x 軸を軸として１回転させてできる立体の体積との和をひけばよい。
よって，求める体積は，

$$\left(\frac{1}{3}\times5^2\pi\times2+\frac{1}{3}\times5^2\pi\times10\right)$$
$$-\left(\frac{1}{3}\times4^2\pi\times4+\frac{1}{3}\times4^2\pi\times8\right)$$
$$=\frac{1}{3}\times5^2\pi\times(10+2)-\frac{1}{3}\times4^2\pi\times(4+8)$$
$$=\frac{1}{3}\times5^2\pi\times12-\frac{1}{3}\times4^2\pi\times12=100\pi-64\pi=36\pi$$

5　＜確率＞
(1)　大小２つのさいころを同時に投げるとき，すべての場合の数は36通りで，$a=b$ となるのは，
$(a,\ b)=(4,\ 4),\ (5,\ 5),\ (6,\ 6)$ の３通り。
よって，確率は，$\frac{3}{36}=\frac{1}{12}$
(2)　右の表Ⅰより，$a+b=8$ となるのは，○をつけた４通り。
よって，確率は，$\frac{4}{36}=\frac{1}{9}$
(3)　$\frac{1}{18}=\frac{2}{36}$ より，右の表Ⅱから，２通りであるものを選べばよい。
よって，c の値は▒をつけた８，９，18，19の４通り。
(4)　右の表Ⅱの値を $\frac{1}{3}$ 倍して**素数（１とその数自身のほかに約数がない自然数）**になるものを選べばよい。
○をつけた７通りだから，
求める確率は，$\frac{7}{36}$

表Ⅰ

a＼b	4	5	6	7	8	9
1				○		
2			○			
3		○				
4	○					
5						
6						

表Ⅱ

2a＼b	4	5	6	7	8	9
2	⑥	7	8	⑨	10	11
4	8	⑨	10	11	12	13
6	10	11	12	13	14	⑮
8	12	13	14	⑮	16	17
10	14	⑮	16	17	18	19
12	16	17	18	19	20	㉑

令和３年度　樟南高校入試問題　英　語

正答例

1　1 イ　2 イ　3 エ　4 ウ　5 ア
2　1 オ，ア　2 ア，イ　3 ウ，オ
4 エ，カ　5 カ，イ　（各完答）
3　1 It , to　2 There are　3 the most
4 so , couldn't　5 how much　（各完答）
4　問１ (1) us　(2) their
問２ (3) エ　(4) ア
問３ ・太陽が（他の時期より）早くのぼること。
・データイム（昼時間）を長く楽しめること。
5　(1) ウ　(2) イ　(3) カ
(4) ア　(5) オ
6　問１ Why are you interested in the old hat ?
問２ brought
問３ イ
問４ お店の窓を壊したことを申し訳なく思ったから。
問５ 帽子の中に何本か白髪があったから。
問６ A man ～ a lot
問７ ウ　問８ ウ，エ（順不同）
7　問１ worried
問２ the vase just fell off the table
問３ ウ
問４ 花瓶が高価（な物）で，Yuichi が私たち家族の最も大切なものを壊してしまったということ。
問５ ・時には真実を言ってはいけない。
・時には本当の気持ちを隠すことが最良である。（順不同）
問６ understand my mother
問７ イ，オ（順不同）

配点例

1～3，5	2点×20	計40点
4	問３　3点×2　他　2点×4	計14点
6	問１，問４，問５　3点×3　他　2点×6	計21点
7	問１，問３　2点×2　他　3点×7	計25点

解　説

1　＜適語補充＞
1　彼は今英語を勉強しているところです。
is＋動詞の ing 形：現在進行形（～しているところだ）
2　洋子は７時に起きて朝食を食べます。
3　彼は英語を話せますが日本語は話せません。
but：～だが
4　あなたの名前をこのペンで書いてください。
手段・道具の with（～を使って）である。
5　私は以前にパンダを見たことはありません。
have never ～：（以前）～したことがない
2　＜並べかえ＞
1　I go to school by bus every morning.
by：～によって（手段）
2　What time do you usually eat lunch ?
What time ～？：時間を聞くときに使う
3　I'll do anything to make you happy.
make（人・物）～：（人・物）を～にする
4　My mother told me to clean my room.

tell ～ to …：～に…するように言う

5　**This is a book read by young people.**

名詞のあとに過去分詞を続けると，「何をされる／された」という意味で名詞の説明ができる（後置修飾）。

3　**＜適語補充＞**

1　・英語を話すことは太郎にとって簡単です。

・太郎にとって英語を話す**ことは**簡単です。

It's ~ for（人）to …：（人）にとって…は～である

2　・私のクラスは 30 人の生徒を有している。

・私のクラスには 30 人の生徒**がいる**。

There is (are) ～：～がいる

3　・私はこのようなすばらしい映画を観たことがありません。

・これは私がこれまでに観た映画の中で**最も**すばらしい映画です。

the most ＋ 形容詞・副詞：最上級（最も～な）

4　・私は疲れすぎて走れませんでした。

・私は**とても**疲れていたので走れ**ませんでした**。

so ～ that …：とても～なので…である

5　・私はこの本の値段を知りたいです。

・私はこの本が**いくらなのか**知りたいです。

how much：物の値段をたずねるときに使う

4　**＜英文読解＞**

スミス先生と田中先生は(1)**私たち**に英語を教えている。私たちは(2)**彼らの**授業が好きだ。ある日彼らは「サマータイム」について話をした。スミス先生は「ここ日本にはサマータイムはありますか？　きっとないでしょう。イギリスでは，私たちはそれを３月から 10 月まで使います。(3)**私たち**は３月に時刻を変更するのです。私たちは３月１日に時計を１時間早めるのです。

「(4)**私たち**は日本でそのような時刻はありません。なぜあなたたちはサマータイムが必要なのですか？」と田中先生がたずねました。「なぜなら太陽が朝により早く昇るからで，おそらく私たちがもっと長い昼時間を楽しみたいからです」とスミス先生は言いました。

問３　本文訳波線部参照。

5　**＜対話文表現＞**

T：やあ，サラ。ごきげんいかが？　S：(1)**元気よ，ありがとう**。あなたは？　T：ああ，元気だよ。君はこの週末に何をしたの？　S：(2)**私は映画に行ったわ**。　T：何の映画を見たの？　S：「Love Story」よ。　T：それは良かったかい？　S：ええ。(3)**私は本当にそれを楽しんだわ**。　T：君はどのくらい映画を見に行くんだい？　S：(4)**月に３回くらいよ**。いつか私と一緒に映画に行くのはどう？　T：もちろん。(5)**喜んで**。

6　**＜長文読解＞**

私の名前はシャーロック・ホームズだ。クリスマスの２日後，私の良き友人の一人の，ワトソンが私の家に来た。

「座ってこの興味深い古い帽子を見てくれ」と私は言った。彼は座って，「(1)**なぜ君はその古い帽子に興味があるんだい？**」と言った。私はそれをホテルで働いているピーターソンから手に入れたのだ。彼はそれと，良いクリスマスのガチョウを通りで見つけて，それらをクリスマスの日に私(3)**に**見せるためにここへ(2)**持ってきたのだ**。

クリスマスの日の午前４時ごろ，ピーターソンは仕事の後に家に帰っていた。彼は目の前に，通りでガチョウを持った背の高い男性がいるのを見た。ピーターソンは彼の後ろを歩いていた。何人かの若い男たちが彼らの前の通りにいた。すると彼らの中の一人が背の高い男性を殴って彼の帽子が通りに落ちた。背の高い男性も若い男性を彼の歩行用のステッキで殴ろうとしたが，彼の背後のお店の窓を割ってしまった。ピーターソンは彼を助けようと走ったが，(4)**背の高い男性はすぐ逃げた**。きっと彼はお店の窓を割ったことを申し訳なく思ったのだろう。彼は通りで彼のクリスマス用の鳥を彼の帽子のそばに残していったので，ピーターソンはそれらをここに持ってきたのだ。

私は「私たちはガチョウの左脚に興味深い小さな札を見ることができるね。それには『ヘンリー・ベイカー夫妻へ』と書いているよ。私たちは帽子に H.B. という文字も見つけられるね」と言った。

「ああ，…帽子とガチョウの人はヘンリー・ベイカーと呼ばれているんだね」とワトソンは言った。

「うん，しかしそれは私にとってあまり助けにはならないな。ロンドンにはとてもたくさんのヘンリー・ベイカーがいるが，この帽子は私を助けられる。私はこの帽子の持ち主は賢い男性だと思うよ。彼の妻は，かつては彼を愛していたが今は彼を愛していない。そして(5)**彼は 30 代から 40 代だよ**。」

「なぜ彼が(6)**賢い男**だと君は思うんだい？」とワトソンはたずねた。私は帽子を自分の頭にのせて，「これは大きな帽子だ。大きな帽子をかぶっている男性は大きな頭を持っていて，大きな頭の男性はたくさん考えている」と言った。

「でも君は，彼は 30 代か 40 代だと言うよ。どうやってその帽子がこれを君に伝えるんだい？」とワトソンは再びたずねた。「私が帽子を虫めがねで見たとき，私はこの中に何本かの白髪を見ることができた。人々はたいてい彼らが 30 代か 40 代のときに白髪が生える。」

「なるほど。でも彼の妻についてはどうだい？　君は彼女が彼を愛していないと言っているね。」「なぜなら帽子が汚いからだよ。女性が男性を愛しているとき，彼女は彼の帽子を彼のためにきれいにするだろう。」「彼は妻がいないかもしれない」「(7)**いや，彼には妻がいる**。ガチョウの脚の札を思い出せ。」「ああそうだね，君は何でも知っているね」とワトソンは言った。

問４　本文訳波線部参照。

問５　本文訳二重傍線部参照。

問８　ア　ワトソンは彼の友人のホームズに古い帽子をかぶった背の高い男性のことを伝えた。

イ　ピーターソンは彼のクリスマス用の鳥と彼の帽子を通りに残した。

ウ　**ガチョウの札に載っていた名前はホームズにとって助けにはならなかったが，帽子は助けになった。**

エ　**ホームズは帽子の持ち主はたくさん考えることができると思った。**

オ　大きな帽子をかぶった男性と彼の妻は幸せな生活を送っていた。

7　**＜長文読解＞**

佐藤夫人は，私が幼い少女だったときのある日，私たちの元を訪れた。彼女の息子の，佑一は５歳だった。私の母と私は台所にいて彼らのためにお茶をいれていた。突然，私は他の部屋からの大きな物音を聞いた。

私の母と私はその部屋に行った。床の上には割れた花瓶があった。この割れた花瓶はとても価値のあるものだった。それは200年以上前のもので，私の祖父に彼の祖父によって贈られたものだった。

佑一は割れた花瓶の近くに立っていた。彼はとても(1)**不安そうな**様子で，泣き出した。そして佐藤夫人の顔はとても赤かった。彼女はとてもみじめそうに見えた。

「私は…えっと…(2)**なぜ**なのか分からなくて…」佐藤夫人は説明し始めた。

私の母はすぐに「まあ，良いんですよ。それは古い花瓶だったんです。それは価値のあるものではありませんでした」と言った。

「でも花瓶はただ机から落ちたんです」と佐藤夫人は答えた。「佑一はそれに触っていませんでした！」

母は「まあ，それについては心配しないで。全て大丈夫ですよ。お茶はいかがですか？　そしてこれらのお菓子もいくらかどうですか？」と答えた。

私は母のことが理解できなかった。彼女はその花瓶がとても価値があるものだと知っていた。彼女は私の父がそれが割れたことを知ればとても(3)**驚く**であろうことを知っていた。なぜ彼女は嘘をついたのか？　私は，私たちは常に真実を言わなければならないと思っていた。私の母はいつもそのように私に言っていた。

その後，佐藤夫人と佑一は家に帰った。そして私は母に「なぜ真実を言わなかったの？」と言った。

「私は他に何を言えたの？」と私の母は答えた。「私は，それは価値があるもので，佑一は私たち家族の最も大切なものを壊したと言えたの？　私は(4)**それ**を言えたの？」

「ええと，」私は「それは真実よ。私たちは常に真実を言うべきだわ」と言った。

「常にそうではないのよ」と私の母は注意深く説明した。「時には私たちは真実を言ってはいけないのよ。時には私たちの本当の気持ちを隠すことが最良なのよ。」

「他の方法はないの？」と私はたずねた。

「いいえ，(5)**他の方法はないわ**」と母は言った。

私が幼い少女だったそのときは，私は母のことが理解できなかった。でも今では(6)**理解している**。彼女は賢い人だったのだ。

問3　ア　お腹がすいた　　イ　幸せな
　　エ　興味を持った

問4　本文訳波線部参照。

問5　本文訳二重傍線部参照。

問7　ア　私の母は大きな物音を聞いたときに，とても怒った。

イ　私は母親に，真実を話すようにいつも言われていたため，なぜ彼女が嘘をついたのか分からなかった。

ウ　佑一の祖父は彼が5歳だったときに，私の祖父に花瓶をあげた。

エ　私たちは，若いときだけは嘘をついてもいい。

オ　私は若いときに何かとても大切なことを母から教わったように感じている。

令和３年度　樟南高校入試問題　社　会

正答例

1　問1　う　　問2　あ　　問3　え
問4　㋒　　問5　い
問6　1　マオリ　　2　とうもろこし
問7　か　　問8　シリコンバレー　　問9　い

2　問1(1)　え
(2)　島が水没したら**排他的経済水域を失って**しまうから。
問2　う　　問3　い　　問4　え　　問5　い
問6(1)　う　　(2)　あ　　問7　か　　問8　あ

3　問1　X　**台湾**　　Y　**香港**
問2　**日本が領事裁判権を認めた。**
問3　**ロシアから賠償金がとれなかったから。**
問4(1)　え　　(2)　ハングル／訓民正音
問5　E

4　問1　か　　問2　壬申の乱　　問3　保元の乱
問4　あ　　問5　え　　問6　い
問7　六波羅探題　　問8　い　　問9　あ
問10　管領　　問11　い
問12　う　　問13　い

5　問1　1　主権　　2　戦争　　3　法の下
問2　あ　　問3　い　　問4　う　　問5　い
問6　う　　問7　え
問8　**国民のさまざまな意見を反映できる。**

配点例

1～5　2点×50　　　　計100点

解　説

1　＜世界地理＞

D国－アメリカ，E国－オーストラリア，F国－ブラジル，G国－ベネズエラ，H国－コロンビア。

問1　緯度は，**赤道**を0度として，地球を南北にそれぞれ90度に分けたもの。経度は，**本初子午線**を0度として，地球を東西それぞれ180度に分けたもの。

問2　**あ**はサリーといい，インドなど南アジア地域の女性が着用する民族衣装。**い**－韓国の民族衣装のチマチョゴリ。**う**－ベトナムの民族衣装のアオザイ。**え**－ペルーやボリビアなどの高山地域で見られる衣装。

問3　フランクフルト（ドイツ）は，一年を通して雨が降る**西岸海洋性気候**であることから，季節は逆になっているが，一年を通して雨が降る**え**が，同じ西岸海洋性気候の雨温図。

問4　アマゾン川は，ブラジルなど南アメリカ大陸を流れる，流域面積が世界最大の河川。

問5　2017年の小麦の輸出量は，アメリカが第2位，オーストラリアは第4位。

問6 1　**マオリ**はニュージーランドの先住民であるため，**略地図**中のオークランドに関連する内容。

2　タコスはメキシコを代表する料理のひとつであるため，**略地図**中のメキシコシティに関する内容。

樟南高校

問7　Zは，だいずや鉄鉱石があることから**F**のブラジル。Yは，原油が多くを占めていることから**G**のベネズエラ。Xは，原油やコーヒー豆があることから**H**のコロンビア。

問8　シリコンバレーがあるアメリカのカリフォルニア州のサンフランシスコなど，北緯37度付近から南の温暖な地域は**サンベルト**と呼ばれる。**ＩＣＴ**とは情報通信技術の略称。

問9　太平洋に広がるオセアニアの島国などでは，地球温暖化などによる海面上昇で，国土が水没することが心配されている。

2　**＜日本地理＞**

問1(1)　**写真**Ⅰ，Ⅱの島は沖ノ鳥島で，日本の最南端であるため，**略地図**Ⅰ中の③。①は日本の最北端の択捉島。歯舞群島，色丹島，国後島と合わせて北方領土と呼ばれ，ロシアに不法に占拠されている。②は日本の最東端の南鳥島。④は日本の最西端の与那国島。

(2)　**排他的経済水域**は，領海の外側で沿岸から200海里（約370 km）以内の水域で，域内の水産資源や鉱産資源について沿岸国が管理できる。

問2　半年ごとに向きが変わる風を**季節風**という。日本は，大陸からふく冬の季節風が，暖流の対馬海流が流れる日本海をわたるときに大量の水蒸気を含み，日本海側の地域に雨や雪を降らせる。山脈を越える際に水蒸気を落とすため，太平洋側では，かわいた風がふいて晴れの天気が続く。

問3　北海道は米の生産が盛ん。鹿児島はうなぎの養殖が盛ん。群馬県は大都市向けにキャベツなどの高原野菜の**輸送園芸農業**が盛ん。

問4　ヒートアイランド現象とは都市の周辺部と比べて中心部の気温が上がる現象のこと。

問5　**図2**の名古屋市は中部地方の中心都市であり，通勤や通学で郊外から多くの人が訪れると考えられるので，長い左の棒が昼間人口，右の棒が夜間人口であると考えられる。同じように，昼間人口が多い**あ**，**い**，**う**は，人口が最も多い**あ**が大阪市，次いで**い**が福岡市，**う**が熊本市。夜間人口が多い**え**は，神奈川県の県庁所在地である横浜市が隣接する川崎市。

問6(1)　**う**の福井県鯖江市で盛ん。

(2)　**あ**の新潟県燕市で盛ん。

問7　南海トラフとは，四国の南の海底にある水深4,000 m級の深い溝のこと。

問8　**図3**は２万５千分の１の地形図であるため，図上の1.2 cmは，1.2 × 25,000 ＝ 30,000 cm ＝ 300 m。**い**－地形図中の三角点から判断する。北東側の高瀬付近にある三角点の数値は25.6，西側の尾崎付近にある三角点の数値は14.5。よって地形図上の川は北東から南西に向かって流れている。**う**－  は果樹園。茶畑の地図記号は ∴ 。**え**－地形図から火山は見られない。永徳寺の周辺では河川が近いため，洪水などの自然災害がおこる可能性がある。

3　**＜歴史総合＞**

A－日米修好通商条約，**B**－ポーツマス条約，**C**－サンフランシスコ平和条約，**D**－南京条約，**E**－下関条約。

問1　X　太平洋戦争後，**C**のサンフランシスコ平和条約に調印，翌年発効されたことで，日本は独立を回復した。

Y　**D**の南京条約は，1840年におきたイギリスと中国によるアヘン戦争の講和条約。

問2　**写真**Ⅰはノルマントン号事件。**A**の第４条からは，日本の関税自主権を認めないことも読み取れる。

問3　**B**の**ポーツマス条約**は1904年におきた日露戦争の講和条約であり，日露戦争は，1894年におきた日清戦争よりも戦費や戦死者数が多かったにもかかわらず，賠償金がもらえなかったため，**写真**Ⅱの日比谷焼き打ち事件のような暴動がおきた。

問4(1)　７世紀前半の朝鮮半島では，北に高句麗，南東に新羅，南西に百済が勢力を広げていたが，唐が新羅と結んで百済をほろぼした。その後，唐と新羅は高句麗もほろぼし，やがて新羅は唐の勢力も追い出し，朝鮮半島を統一した。渤海は７世紀末から10世紀前半まで朝鮮半島北部などに広がった国。高麗は10世紀初めにおこった国で，やがて新羅をほろぼした。

(2)　ハングルは，14世紀末に李成桂が高麗をほろぼして建国した朝鮮国でつくられた。

問5　D（1842年）→A（1858年）→E（1895年）→B（1905年）→C（1951年）。

4　**＜歴史総合＞**

問1　**推古天皇**は飛鳥時代の天皇で，**聖徳太子**が推古天皇の**摂政**として，天皇中心の政治制度を整えようとした。**聖武天皇**は奈良時代の天皇で，仏教によって国家を守るために，国ごとに**国分寺**と**国分尼寺**を，都には**東大寺**を建て，東大寺に大仏をつくらせた。桓武天皇は794年に都を平安京に移した天皇。

問3　①の保元の乱では，後白河天皇に味方した平清盛と源義朝が勝利した。続く1159年におきた②の平治の乱では，平清盛が源義朝を破って勢力を広げた。

問4　**あ**がおきたのは，10世紀の中頃。

問5　Cは承久の乱。**あ**－1086年に院政を始めた，**い**－保元の乱で平清盛らとともに崇徳上皇側に勝利した，**う**－白河上皇の次に院政を行った上皇。

問6　**あ**－鎌倉幕府第２代将軍。**う**－鎌倉幕府第３代執権。武士の社会で行われていた慣習に基づいた，評定での判断の基準を決めた法律である**御成敗式目（貞永式目）**を定めた。**え**－鎌倉幕府第８代執権であり，二度にわたる元の襲来（**元寇**）がおこったときの執権。

問7　鎌倉幕府は，承久の乱後，六波羅探題を京都に置くとともに，上皇に味方した貴族や西日本の武士の領地を取り上げ，その地頭には東日本の武士を任命し，幕府の支配を固めた。

問８　Ｃは鎌倉時代。「奥の細道」を執筆した**松尾芭蕉**は，江戸時代の元禄文化のころに活躍した人物。

問９　Ｄの戦乱は応仁の乱。応仁の乱以後，実力のある者が上の身分の者に打ち勝つ**下剋上**の風潮が高まった。**足利義満**は室町幕府第３代将軍であり，**勘合**を用いた**日明貿易**を行うなどした。今川義元は戦国時代の大名で，桶狭間の戦いで織田信長に敗れた。

問11　Ｄがおきたのは1467年で15世紀。**あ**－11世紀末～13世紀末まで行われた。**う**－13世紀，**え**－16世紀。

問12　Ｅは大塩平八郎の乱（**大塩の乱**）。**あ**－蘭学者で1839年に蛮社の獄で処罰された。**い**－長州藩の人物で，明治新政府の中心の一人。**え**－1637年におきた，島原・天草一揆の大将。

問13　**い**－水野忠邦が行った天保の改革。**あ**－18世紀後半，**う**－1866年，**え**－1787年から行われた松平定信の寛政の改革。

5　＜公民（政治と憲法）＞

問１　日本国憲法は，**国民主権，平和主義，基本的人権の尊重**を三つの基本原理としている。

問２　あはアメリカの**リンカン**大統領が行ったゲティスバーグ演説の内容。

問３　ＰＫＯ（国連平和維持活動）とは，国際連合が紛争後の平和の実現のために，停戦や選挙を監視するなどの活動のことで，カンボジアに初めて派遣された。**あ**－ミャンマー，**う**－ベトナム，**え**－フィリピン。

問４　日本では，女子差別撤廃条約の採択（1979年）を受けて，男女雇用機会均等法（1985年）が制定され，1999年には，男女共同参画社会基本法が制定された。**あ，い**－世界人権宣言（1948年）→国際人権規約（1966年）→子どもの権利条約（1989年）。

問５　弾劾裁判所は国会が設置し，裁判官をやめさせるかどうかを判断する。裁判所は，国会が制定する法律や内閣がつくる命令，規則，処分が憲法に違反していないかどうかを審査する。これを**違憲審査制**といい，特に最高裁判所は，法律が合憲か違憲かについての最終決定権を持っており，「**憲法の番人**」と呼ばれる。「国会に対する連帯責任」は内閣から国会に対して，「内閣不信任決議」は国会から内閣に対して行われる。

問７　**え**－再審によって無罪になった例もあり，適正な捜査が行われたかどうかを事後に確認できるように，警察や検察では，取り調べの一部を録画・録音する，取り調べの可視化が行われている。

問８　一つの選挙区で一人の代表者を選ぶのが**小選挙区制**，得票に応じて各政党の議席数を決めるのが**比例代表制**。

令和３年度　樟南高校入試問題　　理　科

正答例

1　(1)①　赤血球　Ｚ　　白血球　Ｘ
②　**血液凝固**
(2)　**エ**　(3)　**弁**
(4)①　**Ｓ**　②　**Ｑ，Ｓ**（順不同・完答）
③　**50**（秒）

2　(1)　**イ**　(2)　**胞子**　(3)　**胚珠**
(4)　Ｅ　**ア**　Ｆ　**エ**（完答）
(5)　**カ**　(6)　**合弁花**（類）

3　(1)　**室温とほぼ同じ温度にするため。**
(2)　**露点**（漢字２字指定）　(3)　**イ**
(4)　**74**（％）　(5)　**６**（ｇ）　(6)　**12**（ｇ）

4　(1)①　**Ｐ**　②　**Ｓ**（完答）　(2)　**８**（秒）
(3)　**48**　(4)　**ウ**
(5)　**14**（時）**14**（分）**58**（秒）　(6)　**液状化**
(7)④　**0**　⑤　**7**　⑥　**10**（完答）

5　(1)①　**電解質**　②　$2H_2O \rightarrow 2H_2 + O_2$
③　**イ**　(2)　**8.7**（cm^3）

6　(1)　**イ**　(2)　**53.5**　(3)　**2.7** g/cm^3
(4)　**オ**　(5)　**Ｃ**　(6)　**ア**
(7)　**溶解度が温度によってあまり変化しないから。**
(8)　**18.0**（％）

7　(1)　**0.8**（Ｎ）
(2)　**比例**（関係）　**フック**（の法則）
(3)　**9**（cm）　(4)　**ウ**　(5)　**1000**（Ｐａ）
(6)　**2**（倍）　(7)　**3**（kg）

8　(1)　**オーム**（の法則）
(2)　電熱線Ａ　**10**（Ω）
電熱線Ｂ　**25**（Ω）（完答）
(3)　右図
(4)　**0.2**（Ａ）
(5)　**2.5**（倍）
(6)　**12.5**（Ｖ）
(7)　**4.9**（倍）

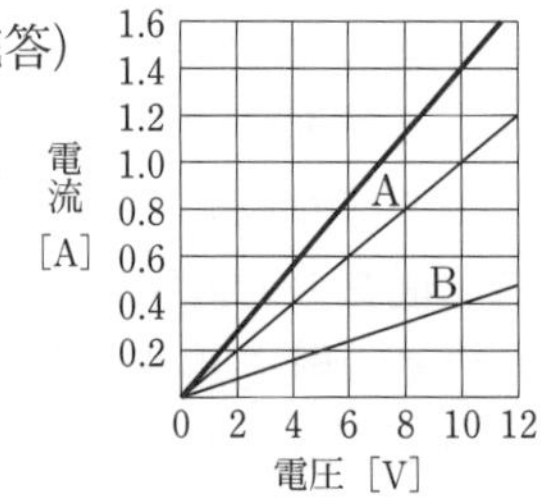

配点例

1	(1)①，(4)①，②　1点×4	他　2点×4	計12点
2	(4)　3点	他　2点×5	計13点
3	(3)　1点	他　2点×5	計11点
4	2点×7		計14点
5	(2)　3点	他　2点×3	計９点
6	2点×8		計16点
7	(1)，(2)　1点×3	他　2点×5	計13点
8	(1)，(2)　1点×2	他　2点×5	計12点

解　説

1　＜動物の生活と生物の変遷＞

(4)①　全身に血液を送り出す左心室のかべは，ほかの部屋より厚い筋肉でできている。

③　5000ｍＬの血液を送り出すのに必要な拍動の回数は5000÷80＝62.5〔回〕　1分間(60秒)あたりの心拍数は75回であり，62.5回の拍動にかかる時間をx秒

とおくと，60：75＝x：62.5　x＝50

よって，50秒

2　＜植物の世界＞

グループAは合弁花類，グループBは離弁花類，グループCは単子葉類，グループDは裸子植物，グループEはシダ植物，グループFはコケ植物。

3　＜天気とその変化＞

(4)　**湿度〔%〕＝$\dfrac{\text{1 m}^3\text{の空気にふくまれる水蒸気の質量〔g/m}^3\text{〕}}{\text{その空気と同じ気温での飽和水蒸気量〔g/m}^3\text{〕}}$×100**

$\dfrac{12.8}{17.3}$×100＝73.9…　よって，74％

(5)　(4)より，空気1 m^3あたりにふくまれている水蒸気量は12.8 g。**表**より，気温5℃のときの飽和水蒸気量は6.8 g/m^3なので，水滴となるのは，

12.8－6.8＝6〔g〕

(6)　**表**より，30℃のときの飽和水蒸気量は30.4 g/m^3なので，30.4×0.4＝12.16〔g〕　よって，約12 g

4　＜大地の変化＞

(3)　**表**より，観測地点Aにおける初期微動継続時間は3秒で，震源からの距離は24kmである。観測地点Dにおける初期微動継続時間は6秒，震源からの距離をx kmとおくと，3：24＝6：x　x＝48　よって，48km

(5)　観測地点Aと観測地点B，それぞれの震源からの距離とP波の到着時刻の差より，P波が伝わる速さは，

(64－24)÷(6－1)＝8〔km/s〕

観測地点Aは震源からの距離が24kmなので，

24÷8＝3　よって，地震の発生した時刻は14時15分01秒の3秒前である14時14分58秒。

5　＜化学変化とイオン＞

(1)③　管Aに集まった気体は酸素，管Bに集まった気体は水素である。**ア**はアンモニア，**ウ**は水素，**エ**は二酸化炭素をそれぞれ発生させる方法である。

(2)　水素と酸素が反応すると水ができる化学反応を化学反応式で表すと，$2H_2+O_2 \rightarrow 2H_2O$

化学反応式より，反応する水素と酸素の体積比は2：1である。空気10.0 cm^3の中にふくまれる酸素の体積は10×0.21＝2.1〔cm^3〕，酸素2.1 cm^3と反応する水素の体積は，2.1×2＝4.2〔cm^3〕　よって，反応後の管Bに残る気体は，水素が5.0－4.2＝0.8〔cm^3〕窒素が10.0×0.78＝7.8〔cm^3〕　その他の気体が

10.0×0.01＝0.1〔cm^3〕

したがって，0.8＋7.8＋0.1＝8.7〔cm^3〕

6　＜身のまわりの物質＞

(3)　**物質の密度〔g/cm^3〕＝$\dfrac{\text{物質の質量〔g〕}}{\text{物質の体積〔cm}^3\text{〕}}$**

金属の体積は，53.5－50.0＝3.5〔cm^3〕

よって，$\dfrac{9.46}{3.5}$＝2.70…　よって，2.7 g/cm^3

(4)　液体中で物体がうくと，液体の方の密度が大きく，しずむと物体の方の密度が大きいと考えられる。よって，密度の大きい順は，鉄＞水＞プラスチック。3つの物質はどれも質量が等しいので，密度が小さいほど体積は大きくなる。

(6)　水の温度が20℃における砂糖の溶解度は，**図4**より，約205 gなので飽和水溶液になっていない。

(8)　**質量パーセント濃度〔%〕＝$\dfrac{\text{溶質の質量}}{\text{溶質の質量＋溶媒の質量}}$×100**

$\dfrac{22}{22+100}$×100＝18.03…　よって，18.0％

7　＜身のまわりの現象＞

(3)　ばねののびは，ばねを引く力の大きさに比例する。**表**より，おもりの質量が60 gのとき，ばねAののびが3.0 cmであることから，ばねAののびが6.0 cmになるのは，おもりの質量が120 gのときだと考えられる。おもりの質量が60 gのとき，ばねBののびが4.5 cmであることから，おもりの質量が120 gのとき，ばねBののびは9.0 cmになると考えられる。

(4)　**図2**のように，ばねAとばねBを直列につなぎ，20 gのおもりをつるすと，それぞれのばねが0.2 Nの力で引かれ，**表**より，ばねののびの合計は2.5 cmになる。

(5)　**圧力〔Pa〕＝$\dfrac{\text{面を垂直におす力〔N〕}}{\text{力がはたらく面積〔m}^2\text{〕}}$**

3000÷100＝30 N，10cm＝0.1 m，30cm＝0.3 m

よって，$\dfrac{30}{0.1\times0.3}$＝1000〔Pa〕

(6)　A面の面積は，0.3×0.2＝0.06〔m^2〕　圧力は，力がはたらく面積に反比例する。B面の面積は，A面の面積の0.5倍なので，圧力は2倍となる。

(7)　立方体が床をおす力をx Nとおくと，

$\dfrac{30+x}{0.06}$＝1000　x＝30　よって，3 kg

8　＜電気の世界＞

(2)　**抵抗〔Ω〕＝$\dfrac{\text{電圧〔V〕}}{\text{電流〔A〕}}$**

電熱線A　$\dfrac{2}{0.2}$＝10〔Ω〕

電熱線B　$\dfrac{10}{0.4}$＝25〔Ω〕

(3)　並列回路の回路全体に流れる電流の大きさは，各抵抗に流れる電流の和に等しい。**図1**より，10Vのとき，1.0＋0.4＝1.4〔A〕の大きさの電流が流れる。

(4)　電熱線Aに加わる電圧の大きさは，

10×0.5＝5〔V〕

並列回路の各抵抗に加わる電圧の大きさは等しいので，電熱線Bに加わる電圧の大きさも5V。よって，電熱線Bに流れる電流の大きさは，$\dfrac{5}{25}$＝0.2〔A〕

(5)　**電力〔W〕＝電圧〔V〕×電流〔A〕**

電熱線Aの消費電力　5×0.5＝2.5〔W〕

電熱線Bの消費電力　5×0.2＝1〔W〕

よって，2.5÷1＝2.5〔倍〕

(6)　直列回路の各抵抗に流れる電流の大きさは等しいので，電熱線Bに流れる電流の大きさも0.5 Aである。よって，25×0.5＝12.5〔V〕

(7)　**図2**のａｂ間と**図3**のｄｅ間に5Vの電圧を加えたとする。**図2**の電熱線Aと電熱線Bの消費電力の和は，(5)より，2.5＋1＝3.5〔W〕　**図3**の電熱線Aと電熱線Bの消費電力の和は，回路全体が消費する電力に等しい。直列回路の回路全体の抵抗の大きさは，各抵抗の大きさの和に等しいので，10＋25＝35〔Ω〕　よって，回路全体に流れる電流の大きさは，$\dfrac{5}{35}=\dfrac{1}{7}$〔A〕

消費する電力は，$5\times\dfrac{1}{7}=\dfrac{5}{7}$〔W〕

よって，$3.5\div\dfrac{5}{7}$＝4.9〔倍〕

令和３年度　鹿児島情報高校入試問題　国　語

正答例

1　問１　ア　**典型**　イ　**さず**　問２　**ウ**

問３　１　**学校で成績（記憶力と勘）**

２　**短絡思考で暴力に走る**

問４　**ア・イ・ウ**

問５　**エ**　問６　**待てない**　問７　**ア**

問８　**成績至上主義の弊害によって，ゆとりがなくなり，じっくり時間をかけて考える若者が育たないと考えたから。**

2　問１　ア　**うすめ**　イ　**発揮**　問２　**仮面**

問３　**気持ちが楽になってきた。**

問４　**ア・イ・エ**　問５　**悪い所ばか**

問６　**エ**　問７　**何も解決しない**

問８　**人に嫌われないように嫌なことも我慢してきたが，結果的に体調を崩してしまった状況。**

3　問１　**ウ**　問２　**エ**

問３　ア　**たちよう**　イ　**すえ**

問４　**ア**　問５　**倒置法**

問６　**ア**　問７　**ウ**

問８　**獅子・狛犬が後ろ向きに置かれていることに何か意味があると思っていたが，実は子どものいたずらだったから。**

4　問１　**b**　問２　**ア**　問３　**ウ**

問４　**十七**音　問５　**へ**

問６　**四**画目　問７　**不**　問８　**イ**

配　点

1　問１　２点×２　問８　５点　他　３点×７　計 30 点

2　問１　２点×２　問２，問６，問７　３点×３

問８　５点　他　４点×３　計 30 点

3　問５，問８　３点×２　他　２点×７　計 20 点

4　問１～問３，問８　２点×４　他　３点×４　計 20 点

解　説

1　**＜論説文＞**

問２　「快刀乱麻」とは，こじれた物事を非常にあざやかに処理し解決すること。

問３　一番目の「キレる」と二番目の「キレる」の特徴について，指定字数で述べている箇所を探す。「つまり」「いわゆる」とあるので，それぞれ「頭脳明晰」「プッツン」を詳しく説明した箇所を探すとよい。

問４　「助長」には，二つの意味がある。

①　力を添え，ある物事の成長や発展を助けること。

②　不必要な力添えをして，かえって害すること。

エの「長所を助ける」という意味は含まれない。

問５　慈雨＝万物を潤し育てる雨。

時雨＝秋の末から冬の初めにかけて，ぱらぱらと通り雨のように降る雨。

地雨＝一定の強さで長く降りつづく雨。

霧雨＝霧のような細かい雨。

問６　Ｂを含む段落では，現代人が二番目の意味で「キレやす」いこととその背景について述べている。二番目の意味で「キレない」お百姓さんは，「待つ」ことができるが，「生活は，時間との勝負」「試験も時間との戦い」である現代人は，時間的に「待つ」ことができないのである。

問７　お百姓さんは，作物を「育てる」ことは，「自然という圧倒的な力を持った優位者からの恵みを授かる営為」であり，作物がやられるのは「受け取る恵みの大きさに比べれば取るに足らないこと」だと考えている。イ，エは「必ず作物を増やしてくれる」が不適。ウは，「作物以外」のことには言及していないので不適。

問８　傍線部⑤の直前に「こんな状況では，自分の頭でじっくり時間をかけて考えるような若者は育たないのではないか」とある。「こんな状況」とは，「有名校と『一流大学』を目指す成績至上主義の弊害」が見られる状況のことである。

2　**＜小説文＞**

問２　傍線部①では，嫌われないように笑っている美緒の様子が描かれている。同じ内容が，「私ね，笑いが顔にくっついているの。仮面みたいにペタッと貼り付いている。」という美緒の言葉に描かれている。

問３　傍線部②では，美緒の話を聞いた祖父が「それはつらいな」と言ってくれたことに対する美緒の安心感が描かれている。同じように祖父の反応を聞いた美緒の安心感が描かれているのは，美緒が羊毛に身をゆだねた時の「気持ちが楽になってきた」である。

問４　ここではひきこもってしまった美緒のことを，甲羅に頭をひっこめる亀に例えている。「棒で殴る」には攻撃の意味があるので，美緒の心を苦しめたものが何かを選ぶ。美緒は「人の目が怖い」「不機嫌そうな人が怖い」「いじられるの，つらい」と話している。

問５　傍線部④を含む祖父の言葉に着目する。祖父は，美緒には「繊細さ」があり，それが悪いと責めるのではなく，その性分をいかしてほしいと伝えているのである。同じことが「悪い所ばかり～探してみたらどうだ？」という祖父の言葉に描かれている。

問６　美緒が自分を責める気持ちを知り，祖父は心配しながらも，美緒に少しでも自分の「好き」なものに気づいてほしいと声をかけているのである。アは「美緒の気持ちを試そう」が不適。イ，ウは美緒に対する怒りやいら立ちは描かれていないので不適。

問７　美緒は「苦手なことは鍛えて克服しないと」と思いながらも実際は「ひきこもって」「逃げてばかり」であり，それでは「駄目だな」「何も解決しない」と思っているのである。

問８　美緒にとっての「ただつらいだけの我慢」とは，嫌われないようにいじられるのを我慢したことであり，「命が削られ」たというのは，我慢をきっかけに

鹿児島情報高校

おなかの調子を悪くしたことである。

3　<古文>

（口語訳） 丹波の国に出雲という所がある。出雲大社の神霊を迎えて，立派に造ってある。

志田のなんとかという人が領有する所であるから，（志田のなんとかという人が）秋のころに，聖海上人，その他の人たちも大勢①誘って，「②さあ行きましょう，出雲のお社の参拝に。ぼたもちをごちそうしましょう」と言って，連れて行ったところそれぞれ拝んで，深く信仰心を起こした。（社殿の）御前にある魔除けの獅子・狛犬が，背中を向け合って，後ろ向きに立っていたので，上人は非常に感動して，「ああ素晴らしい。この獅子のア立ち方は，たいそう珍しい。深い理由が③あるのだろう」と涙ぐんで，「なんと皆様，非常にすばらしいものを不審にお思いになりませんか。情けない」と言ったので，それぞれが不思議がって，「ほんとうに他と違っているなあ。都への土産話として話そう」などと言うので，上人はいっそう知りたがって，大人びた物をわきまえているに違いないような顔をした神官を呼んで，「この御社の獅子の立ち方は，きっといわれがあることでしょう。ちょっとお聞きしたい」と言われたところ，（神官は）「そのことでございます。④やんちゃな子どもたちがいたしました。けしからんことでございます」と言って，近寄って，（獅子・狛犬を正しい位置に）イ据え直して行ってしまったので，⑤上人の感動の涙は無駄になってしまったということだ。

問1，問2　「徒然草」は，兼好法師による鎌倉時代の随筆。

問3ア　「**ア段＋う**」は「**オ段＋う**」に直す。

イ　「**ゐ・ゑ・を**」は「**い・え・お**」に直す。

問4　「しだのなにがし」が，自身の領有する「出雲といふ所」に聖海上人たちを誘ったのである。

問5　**倒置法**＝主語と述語などを，普通の順序とは逆にする表現法。強調の効果がある。

問6　「ん」は推量の意味を表す。後の部分で「この御社の獅子～ちと承はらばや」と，聖海上人が獅子の立ち方について質問していることもヒントになる。

問7　神官が「奇怪（＝けしからん）」と言っていることからも判断できる。

問8　聖海上人は，獅子の立ち方に感動していたが，神官から子どものいたずらだったと聞いて，感動の涙が無駄になってしまったのである。

4　<国語事項>

問1　a，c，dは形容詞の「ない」，bは助動詞「ぬ」に置き換えられるので，打ち消しの助動詞の「ない」である。

問2 A　直前で，短いやりとりの場合はメールでも「用は足りる」としているが，直後でメールでは「まとまった思いを～伝えようとするのは，まず無理である」としているので**逆接の接続詞**「しかし」が適当。

B　直前の段落で述べられた内容を「日常ものを突きつめて考えると言うことが少ない」とまとめているので，**言い換えの接続詞**「つまり」が適当。

問6　

問7　打ち消しの意味を持つ接頭語には「無・未・非・不」がある。「無」は「～がない」，「未」は「まだ～ない」，「非」は「～ではない」，「不」は「～しない」。

令和３年度　鹿児島情報高校入試問題　数　学

正答例

1　1(1)　**17**　(2)　**1**　(3)　$\boldsymbol{x(1-y)}$
(4)　**6**　(5)　$\boldsymbol{2\sqrt{2}}$　(6)　$\boldsymbol{2ab^2}$
2　**−6**　3　$\boldsymbol{\frac{1}{4}}$　4　**67**（度）
5　**イ**

2　1　**5**（点）　2　**3**　3　**0.4**
4　**5.4**（点）

3　1　**414**（円）
2(1)　$\begin{cases} x+y=\boxed{9} \\ \boxed{120}\,x+\boxed{140}\,y=1160 \end{cases}$
(2)　40 g　**5**（通）　75 g　**4**（通）

4　1　**−3**　2　$a=\mathbf{0}$，$b=\mathbf{12}$
3　$\boldsymbol{y=-x+6}$　4　**27**　5　$\boldsymbol{y=-5x}$

5　1　**50**（度）　2　$\boldsymbol{\sqrt{7}}$（cm）
3　**4：7**　4　$\boldsymbol{\frac{8\sqrt{7}}{11}}$（$cm^2$）

6　1　**6**　2　**平行**　3　**6**（cm）
4　$\boldsymbol{20\sqrt{2}}$（cm）　5　**168**（cm^3）

配　点

1 1　3点×6　2～5　4点×4　計34点
2　3点×4　計12点
3 1　4点　2(1)各式　2点×2　2(2)　2点×2　計12点
4　3点×5　計15点
5　3点×4　計12点　6　3点×5　計15点

解　説

1　<計算問題・小問集合>

1(1)　$3+2\times7=3+14=17$

(2)　$\frac{2}{5}\div\frac{11}{15}+\frac{5}{11}=\frac{2}{5}\times\frac{15}{11}+\frac{5}{11}$
$=\frac{6}{11}+\frac{5}{11}=\frac{11}{11}=1$

(3)　共通な因数はxだから，$x-xy=x(1-y)$

(4)　$-2x+a=0$に$x=3$を代入し，
$-2\times3+a=0$，$a=6$

(5)　$\sqrt{18}-\sqrt{3}\times\frac{2}{\sqrt{6}}=\sqrt{3^2\times2}-\frac{2}{\sqrt{2}}=3\sqrt{2}-\sqrt{2}=2\sqrt{2}$

(6)　$(2a^2b)^2\times b\div\boxed{}=2a^3b$
$4a^4b^2\times b\div\boxed{}=2a^3b$
$4a^4b^3\div\boxed{}=2a^3b$
$\boxed{}=4a^4b^3\div2a^3b=\frac{4a^4b^3}{2a^3b}=2ab^2$

2　**yはxに比例するから，y＝ax（aは比例定数）**とおき，
$x=3$，$y=9$を代入し，$9=3a$，$a=3$
$y=3x$に$x=-2$を代入し，$y=3\times(-2)=-6$

3　大小2つのさいころを同時に投げるとき，すべての場合の数は36通り。出る目の積が奇数になるのは，(奇数)×(奇数)のときだから，右の○をつけた9通り。
よって，確率は，$\frac{9}{36}=\frac{1}{4}$

大＼小	1	2	3	4	5	6
1	○		○		○	
2						
3	○		○		○	
4						
5	○		○		○	
6						

4　**多角形の外角の和は360°**より，
▒▒をつけた四角形において，
$\angle a=360°-77°-59°-70°-87°$
$=67°$
平行線の同位角は等しいから，
$\angle x=\angle a=67°$

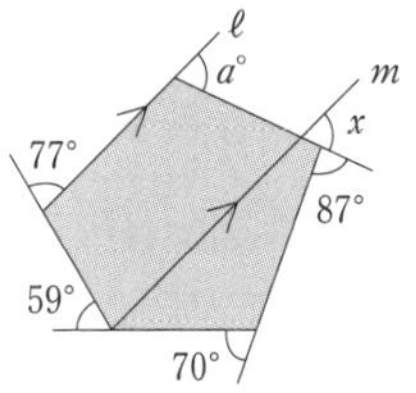

5　表より，全国の生産量の合計の28.1%が鹿児島県の生産量だから，28047÷0.281＝99811…より，全国の生産量合計に最も近いものはイの100,000トンである。

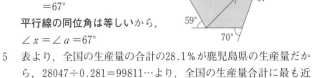

2 ＜資料の整理＞

1 **中央値は資料を大きさの順に並べたとき，中央にくる値**。資料の総数が偶数のときは，中央に並ぶ2つの値の合計を2でわった値を中央値とする。総度数は25(人)より，中央値は得点の小さい方から13番目である。
$0+1+0+3+5=9$，$9+6=15$より，中央値は5点

2 $25-(0+1+0+3+5+6+2+3+1+1)$
$=25-22=3$より，［ア］$=3$

3 **ある階級の相対度数＝$\dfrac{\text{その階級の度数}}{\text{総度数}}$**
表より，6点以上の生徒の人数は，$2+3+3+1+1=10$(人)
よって，$\dfrac{10}{25}=0.4$

4 **平均値＝$\dfrac{\text{資料の値の合計}}{\text{総度数}}$**
度数分布表から平均値を求めるには，各階級値と度数の積をそれぞれ求め，その値の総和を総度数でわればよい。$(0\times0+1\times1+2\times0+3\times3+4\times5+5\times6+6\times2+7\times3+8\times3+9\times1+10\times1)\div25=136\div25=5.44$より，小数第2位を四捨五入し，5.4点

3 ＜連立方程式＞

1 20gの定形郵便物は定形郵便物25g以内だから84円，
45gの定形外郵便物は定形外郵便物50g以内だから120円，
120gの定形外郵便物は定形外郵便物150g以内だから210円，
よって，料金の合計は$84+120+210=414$(円)

2(1) 40gの定形外郵便物と75gの定形外郵便物を合わせて9通送るから，$x+y=9$…①
40gの定形外郵便物は定形外郵便物50g以内だから1通につき120円，75gの定形外郵便物は定形外郵便物100g以内だから1通につき140円で，料金の合計は1160円より，
$120x+140y=1160$…②

(2) ①×140より，$140x+140y=1260$…①′
①′−②より，$20x=100$，$x=5$…③
③を①に代入し，$5+y=9$，$y=4$
よって，40gの定形外郵便物5通，75gの定形外郵便物4通となる。

4 ＜関数＞

1 **(変化の割合)＝$\dfrac{(\text{yの増加量})}{(\text{xの増加量})}$**
$y=\dfrac{1}{3}x^2$に$x=-6$，-3をそれぞれ代入し，
$y=\dfrac{1}{3}\times(-6)^2=\dfrac{1}{3}\times36=12$
$y=\dfrac{1}{3}\times(-3)^2=\dfrac{1}{3}\times9=3$
変化の割合は，$\dfrac{3-12}{-3-(-6)}=-\dfrac{9}{3}=-3$

2 $-6\leqq x\leqq3$のときのyの変域を求める。
yの最小値は$x=0$のときだから，$y=\dfrac{1}{3}\times0^2=0$
yの最大値は$x=-6$のときだから，1より，$y=12$
よって，yの変域は$0\leqq y\leqq12$より，$a=0$，$b=12$

3 2点A，Bを通る直線の式を$y=mx+n$とおき，2点A，Bの座標をそれぞれ代入し，
$12=-6m+n$…①，$3=3m+n$…②
①−②より，$9=-9m$，$m=-1$…③
③を②に代入し，$3=-3+n$，$n=6$
よって，求める直線の式は，$y=-x+6$

4 2点A，Bを通る直線とy軸との交点をCとすると，点Cは切片だから，C(0，6)
$\triangle AOB=\triangle AOC+\triangle BOC$
$=\dfrac{1}{2}\times6\times6+\dfrac{1}{2}\times6\times3=18+9=27$

5 原点を通り，△AOBの面積を2等分する直線と線分ABとの交点をMとすると，△AOM＝△BOMが成り立ち，2つの三角形は線分AM，BMを底辺としたときの高さが等しいから，点Mは2点A，Bの中点である。
点Mのx座標は，
$\dfrac{-6+3}{2}=-\dfrac{3}{2}$
y座標は，
$\dfrac{12+3}{2}=\dfrac{15}{2}$
求める直線の式を
$y=ax$とおき，
点Mの座標を代入し，
$\dfrac{15}{2}=-\dfrac{3}{2}a$，$a=-5$
よって，$y=-5x$

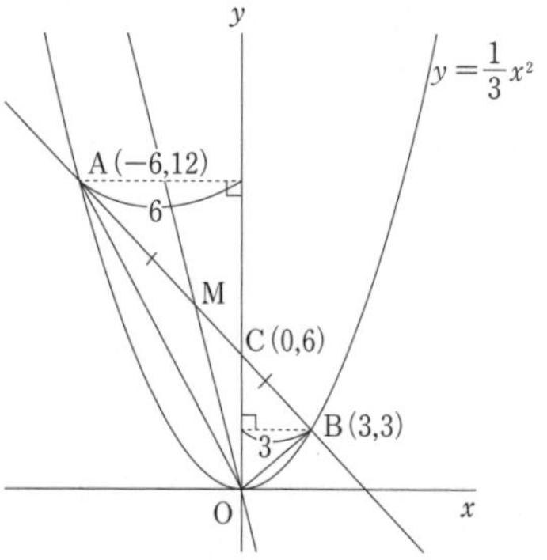

5 ＜平面図形＞

1 **1つの弧に対する円周角は，その弧に対する中心角の半分**より，
$\angle AOC=2\angle ABC=2\times25°=50°$

2 点Oから線分CDに下ろした垂線との交点をHとすると，
BE＝OH　CD＝6(cm)，△CODは二等辺三角形より，
CH＝3(cm)
△COHにおいて，
三平方の定理より，
OH
$=\sqrt{OC^2-CH^2}$
$=\sqrt{4^2-3^2}$
$=\sqrt{7}$(cm)
よって，
BE$=\sqrt{7}$(cm)

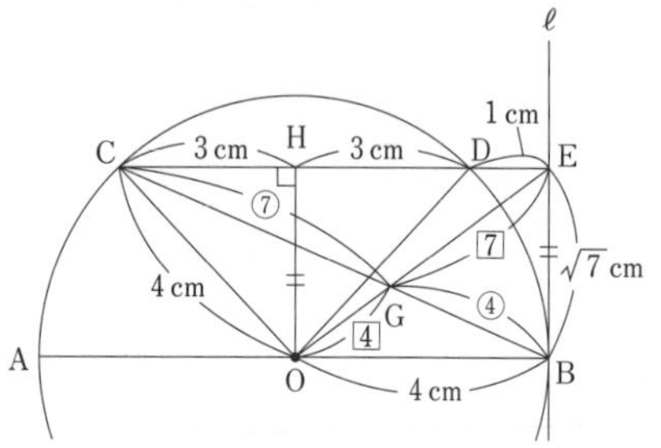

3 上図より，**△OBG∽△ECG**で，相似比は
OG：EG＝OB：EC＝4：7

4 3より，BG：CG＝4：7だから，
$\triangle OBG=\dfrac{4}{11}\triangle OBC=\dfrac{4}{11}\times\dfrac{1}{2}\times4\times\sqrt{7}=\dfrac{8\sqrt{7}}{11}$(cm²)

6 ＜空間図形＞

1 面PCRQ，EHRQ，EFPQ，CPFG，CGHR，EFGHの6つ

2 3点C，P，Qを通る平面で切り取るときに，辺CPを平行移動させた線分が辺RQだから，CP∥RQ

3 点Pから辺CGに下ろした垂線との交点をP′，点Qから辺DHに下ろした垂線との交点をQ′とすると，FP＝8(cm)より，
P′C＝12−8＝4(cm)
2より，CP∥RQより，Q′R＝P′C＝4(cm)
HR＝HQ′＋Q′R
　＝EQ＋Q′R
　＝2＋4＝6(cm)

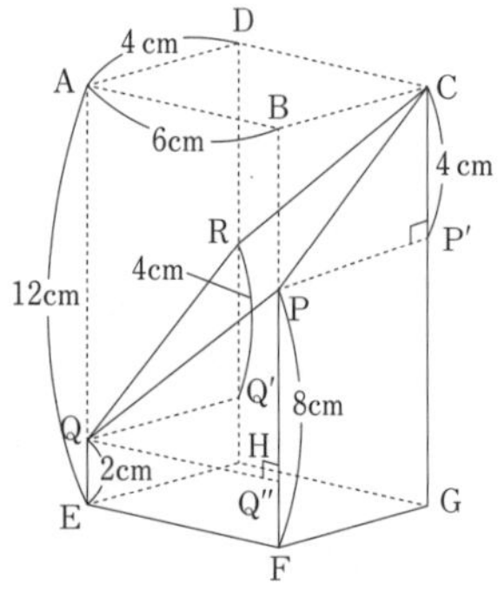

4 四角形CRQPは平行四辺形より，
CP＝RQ，PQ＝CR
三平方の定理より，
CP
$=\sqrt{PP'^2+CP'^2}$
$=\sqrt{4^2+4^2}=4\sqrt{2}$(cm)
点Qから辺BFに下ろした垂線との交点をQ″とすると，
PQ
$=\sqrt{QQ''^2+PQ''^2}$
$=\sqrt{6^2+6^2}=6\sqrt{2}$(cm)
よって，四角形CRQPの周りの長さは，
$2(4\sqrt{2}+6\sqrt{2})$
$=2\times10\sqrt{2}=20\sqrt{2}$(cm)

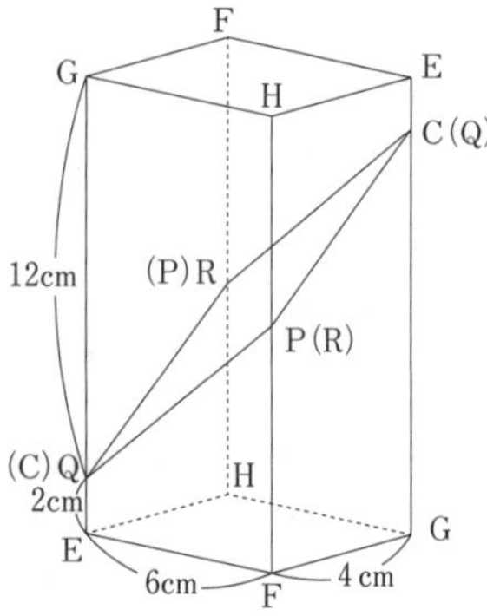

5 右図のように立体EFGH−QPCRを2個合わせた立体の縦，横，高さはそれぞれ4cm，6cm，14cmだから，求める立体の体積は，$4\times6\times14\times\dfrac{1}{2}=168$(cm³)

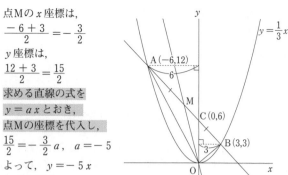

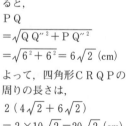

令和３年度　鹿児島情報高校入試問題　英　語

正答例

[1]　1　Q１　イ　　Q２　ア
　　2　Q１　ウ　　Q２　イ
　　3　Q１　イ　　Q２　エ

[2]　(例) **I'm going to have BBQ (barbecue).**

[3]　1　(1)　イ　　(2)　ア　　(3)　ウ
　　　　(4)　エ　　(5)　ウ
　　2　(1)　イ　　(2)　ウ　　(3)　ア
　　　　(4)　イ　　(5)　イ

[4]　①　ウ　②　ア　③　オ　④　エ　⑤　イ

[5]　①　**Baseball**　②　**Brassband**
　　③　**Multi Media Creation / Swimming / Soccer / Calligraphy**
　　④　(Multi Media Creation を選択した時の例)
　　I enjoyed drawing a picture by using a computer.

[6]　1　**プラスチック袋の問題**
　　2　**プラスチック袋を使っている人を見かけなかった。**
　　3　エ　　4　イ　　5　**worried**　　6　ウ
　　7　(例) **It's red and it has a picture of a dog on it.**

[7]　1　**物事にはいつもコインのように表裏（良い面と悪い面）がある。**
　　2　**まるでゾンビのようにいつもゆっくり歩く。**
　　3　ア

配点例

[1]	1　2点×2　　2，3　3点×4	計16点
[2]	4点	計　4点
[3]	2点×10	計20点
[4]	3点×5	計15点
[5]	④　4点　　他　3点×3	計13点
[6]	4　2点　　7　4点　　他　3点×5	計21点
[7]	1，2　4点×2　　3　3点	計11点

解　説

[1]　＜聞き取りテスト＞

(放送した英文)

1Q1　*James:* Aya, could you get my English dictionary ? *Aya:* Sure, where is it ? *James:* It is on the top shelf of the bookcase next to the desk.
Question : Where is the dictionary ?
　J：彩，僕の英語辞書をとってくれる？　A：わかったわ，それはどこにあるの？　J：それは机の隣にある，本棚の一番上の棚の上だよ。
質問：辞書はどこにありますか？

1Q2　*Aya:* James, I don't remember. Did you say you can take me to the airport for my flight to America ? *James:* Sure. You are going in October, right ? *Aya:* No. I am going in September. *James:* Oh, that's right. You're leaving on the 12th. *Aya:* Huh, no. Not the 12th. My flight is on the 20th. *James:* Oh, in that case, I can't take you. I already have plans.
Question : When is Aya's flight to America ?
　A：ジェームス，私は思い出せないの。あなたは私が乗るアメリカへの便のために私を空港に連れて行けると言っていたかしら？　J：もちろん。君は10月に行くんだよね？　A：いいえ。私は９月に行くのよ。　J：ああ，その通りだね。君は12日に出発するんだね。　A：ああ，違うわ。12日ではないわ。私の便は20日よ。　J：ああ，その場合は，僕は君を連れていけないよ。僕はもう予定があるんだ。
質問：彩のアメリカ行きの便はいつですか？

2Q1　*James:* Aya, are you free this weekend ? *Aya:* Yes, James. Why ? *James:* My friend Bob has a house near Iso Beach and he invited me to a party there. Would you like to come ? *Aya:* Thanks. I'd love to.
Question : What will James and Aya do this weekend ?
　J：彩，君は今週末はひまかい？　A：ええ，ジェームス。どうして？　J：僕の友達のボブが磯海水浴場の近くに家を持っていて，僕をそこでのパーティーに招待してくれたんだ。君は来たいかい？　A：ありがとう。私は行きたいわ。
質問：ジェームスと彩は今週末に何をしますか？
ア　磯海水浴場に行きます。
イ　ジェームスの家族を訪れます。
ウ　ボブの家でのパーティーに行きます。
エ　海水浴場近くの家を買います。

2Q2　*James:* I'm going to Mt. Aso in Kumamoto for the first time. Have you ever been there, Aya ? *Aya:* Yes, my grandmother lives near there, so I have been there many times. *James:* When was the last time you went ? *Aya:* I went at the beginning of this month on New Year's Day. I usually go twice a year. So, I am looking forward to going again in a few months.
Question : How often does Aya go to see her grandmother ?
　J：僕は熊本の阿蘇山に初めて行くんだ。君はそこに行ったことはある，彩？　A：ええ，私の祖母がその近くに住んでいるから，そこには何回も行ったことがあるわ。　J：君が最後に行ったのはいつだい？　A：私は今月初めの元日に行ったわ。私は普通１年に２回行くのよ。それで，私は２，３か月以内に再び行くのを楽しみにしているわ。
質問：彩はどれくらいの頻度で祖母に会いに行きますか？
ア　年に１回です。　　**イ　年に２回です。**
ウ　月に１回です。　　エ　月に２回です。

3　I am busy after school every day. On Mondays and Fridays, I practice the piano for two hours. On Tuesdays and Thursdays, I have swimming lessons. On Wednesdays, I have nothing after school so I go home and study. Weekends are the most fun for me. On Saturdays, I play soccer with my friends. Sometimes we play for many hours. It's my favorite thing to do. Sunday is my day for relaxing. Sometimes on Sunday, I sleep until the afternoon. Then, I'm ready for another busy week !
　僕は，放課後は毎日忙しいです。月曜日と金曜日には，僕はピアノを２時間練習します。火曜日と木曜日は，水泳教室があります。水曜日は，放課後に何もないので家に帰って勉強をします。週末は僕にとって最も楽しいです。土曜日は，僕は友達とサッカーをします。時には僕たちは長い時間やります。それは僕がする好きなことです。日曜日は僕がリラックスするための日です。日曜日にときどき，僕は午後まで寝ています。それから，僕は別の忙しい週への準備をします！
Question 1 : When does James have piano lessons ?
　(ジェームスはいつピアノのレッスンがありますか？)
ア　水曜日です。　　**イ　月曜日と金曜日です。**
ウ　火曜日と木曜日です。　　エ　土曜日です。

Question 2 : What does James usually do on Saturdays ?
（ジェームスは普段土曜日に何をしますか？）
ア　友達とゲームを楽しみます。
イ　午後まで寝ます。
ウ　次の忙しい週のために勉強します。
エ　**長い時間サッカーをします。**

2 ＜自由英作文＞

①　私はあなたが今週末に一人でキャンプをするつもりだと聞きました。あなたはそこで何をするつもりですか？
②　(例)　**僕はバーベキューをするつもりです。**

3 ＜語い・文法＞

1　(1)　**People who don't** read newspapers will fall behind the times.
関係代名詞の who である。
(2)　Ken was **so busy that** he couldn't come to the meeting.
so ～ that …：とても～なので…である
(3)　I **would like to try something** new.
would like to ～：～したい
(4)　Sachiko is **proud of the computer that** her grandfather bought her.
be proud of ～：～を誇りに思う
(5)　Could **you tell me** the way to the post office ?
Could you ～ ？：～してくれますか？

2　(1)　A：私が宿題をするのを手伝ってくれますか？　これは私にとって難しすぎるのです。　B：**はい，喜んで**。私は，理科はおもしろいと思います。
(2)　A：天気はどうかな，お母さん？
B：**曇っているわ**。おそらく午後からは雨が降るわ。
(3)　A：部屋を掃除したらどう，トム？
B：**今やるよ**。手伝ってくれる？
(4)　A：トム！　私の作った歌が一等賞をとったわ。
B：本当に？　**おめでとう！**
(5)　A：あなたはここに来るのにどれくらいかかりましたか？
B：**2時間半です**。道がとても混んでいました。

4 ＜適文補充＞

ジムはネットサーフィンをしていて，何枚かの写真を見ている。彰はジムのコンピューターを見ている。

A：①**彼はとても背が高いね**。彼はバスケットボールの選手なの？　J：いいや。彼は身長187センチだけれど，バスケットボールの選手ではないよ。彼の名前は田島光二だよ。彼はコンセプト・アーティストだよ。君はコンセプト・アーティストが何か知っているかい？　A：いいや，知らないよ。コンセプト・アーティストって何だい？　J：コンセプト・アーティストはゲームや映画のデザインのイメージや案を作るんだ。例えば，光二さんは「ゴジラ」，「ヴェノム」，そして「進撃の巨人」に取り組んでいたよ。　A：おお，本当に？　②**僕はそれらの映画を見たことがあるよ**。彼はどこで働いているんだい？　日本？　J：いいや。彼はシンガポールの「Double Negative Visual Effects」で働いているよ。　A：③**彼は英語を話すのが得意なのかい？**　J：うん，得意だよ。でも最初は違ったんだ。彼は19歳のときに「ルーカスフィルム」で働くためのメールを受け取ったんだ。④**でも彼は何が書かれているのか理解できなくて**，だから⑤**彼は自分の夢を諦めなくてはいけなかったんだ**。その後，彼は新しい仕事を手に入れるためにとても熱心に英語を勉強したんだ。ついに，彼の夢は実現したんだよ！

5 ＜適語補充・英語表現＞

S：あなたは高校でどの部活に参加するか決めた？　J：まだだよ。でも僕は体験入部に行って，いくつかおもしろい部活があったんだ。　S：例えば？　J：僕は2つの部活の体験入部に行ったんだ。最初に，僕は①**野球**部に参加したんだ。僕はグローブを持っていなかったけれど，部員の人が彼のグローブを僕に貸してくれたんだ。僕は彼とキャッチボールを楽しんだよ。　S：私の弟もそれが好きなのよ。とにかく，私は②**吹奏楽**部に興味があるの。あなたはそれの体験入部に行った？　J：いいや，でも彼らの音楽パフォーマンスは本当によかったよ。彼らは僕たちのための始業式の間に演奏をしていたよ。　S：私はそのパフォーマンスを聴きたかったわ。他の部活についても教えて。　J：2つ目に，僕は③**マルチメディアクリエーション**部に参加して，④**コンピューターを使って絵を描くのを楽しんだよ**。　S：すばらしいわね！　私もその体験に行きたかったわ！

6 ＜長文読解＞

僕は鹿児島の高校2年生の，大地です。僕は高校を卒業するとき，環境に関する問題について勉強してそれらの解決を試みたいです。僕はビニール袋の問題に焦点を当てたいです。僕は①**これ**についてもっと学びたかったので，昨年の夏に，世界中を旅して他の国は何をしているのかを調査しました。

僕の旅はニュージーランドで始まりました。僕は午前中に到着したので調査をするのに1日使えました。僕がスーパーマーケットに入って見た最初のことは，ほぼ全員が自分の買い物袋を持ってきていることでした。②**プラスチック袋を使っている人は誰も見ませんでした**。私はその店にいた女性にプラスチック袋について聞きました。彼女は，ニュージーランドの店は昨年使い捨てのプラスチック袋をあげるのを止めたと言いました。彼女はもし企業が使い捨てのプラスチック袋を使ったら，10万ドルの罰金が科されるとも言いました。僕はニュージーランドはとても厳しいと思いましたが，彼らがプラスチック袋を使うのを止めようとしているということがうれしかったです。

次に，僕はハワイに行きました。僕はホノルルに午後に到着して，散歩に行きました。そこはとても美しかったです。僕はスーパーマーケットに行き，再び，使い捨てのプラスチック袋を見ませんでした。僕はお客さんに「A**なぜ僕はプラスチック袋を1枚も見ないのですか？**」と聞いた。彼女は「私たちはプラスチック袋を使うのを2015年に止めて，2022年には，私たちはプラスチックのスプーン，ストロー，容器のような他の使い捨てのプラスチックを禁止するのよ」と言いました。これはすばらしいニュースでした。ハワイは本当に全てのプラスチック製品を使うのを止めようとしています。

次に，僕はアイルランドのダブリンに行きました。僕はスーパーマーケットに行って見て回りました。また，僕はプラスチック袋を持っている人を誰も見ませんでした。僕はお客さんにプラスチック袋について聞いて，そのお客さんは2007年にアイルランドではそれぞれのプラスチック袋につき22ユーロ，約27円をとりはじめたと言いました。2021年にはアイルランドも全ての使い捨てのプラスチック袋，カップ，ストロー，スプーン，フォークを禁止します。アイルランドは全てのプラスチックの使用を止めるためにたくさんのことをしていました。

最後に，日本に戻るときでした。僕は日本はどのようにしているのだろうと思いました。僕はスーパーマーケットに行って，多くの人がエコバッグを使っているのを見ましたが，まだ多くのプラスチック袋も見られました。私は店の人にプラスチック袋の使用を止めるために彼らの店は何をしているのかについてたずねました。彼女はB**もし**袋が必要なら，それのために支払いをしなくてはいけないと言いました。また，今のところ，将来的に他のプラスチック製品を禁止する計画はありません。

それは良い旅で僕はたくさん学びましたが，僕は日本について少し③**心配**しました。僕はニュージーランド，ハワイ，そしてアイルランドが使い捨てのプラスチック袋を禁止していて，近い将来には他のプラスチック製品を禁止するつもりであると学びました。しかし日本では，客はプラスチック袋にほんの少しだけお金を払わなくてはいけなくて，他のプラスチック製品を禁止する計画はありません。

僕は大学に行くのが楽しみで，環境について勉強するのを楽しむつもりです。しかし，僕は日本でプラスチック袋を禁止するためにはやることがたくさんあると思います。これは深刻な問題です。なぜ僕たちはもっとやらないのでしょうか？

2　anyone：（否定文で）誰も（～ない）

3　ア　あなたはこのスーパーマーケットでどれくらい長く働いていますか

　イ　私はこのスーパーマーケットのどこで卵を見つけられますか

　ウ　あなたは私のプラスチック袋を使いたいですか

4　ア　なぜなら　　イ　**もし～なら**

　ウ　～の間　　エ　～以来

5　be worried about ～：～が（今）心配である

6　ア　大地は最初にハワイを訪れ人々が熱心にプラスチック袋を使わないようにしていることを発見した。

　イ　ダブリンは2015年にそれぞれのプラスチック袋につき人々に罰金を科した。

　ウ　**大地は環境についてたくさん勉強したいので大学に行くつもりだ。**

7　A：僕はプラスチック袋を使う代わりに自分の買い物袋を手に入れたんだ。　B：僕はそれを見たいな。それをここに持っているかい？　A：いいや，でもそれは緑色で猫の絵が載っているよ。君もそれを持っているかい？　B：うん，僕のものは君のものとは違って見えるよ。　A：それはどんな見た目なんだい？　B：**それは赤色で犬の絵が載っているよ。**

[7]　＜対話文読解＞

S：携帯電話には僕たちが勉強のために使える多くのアプリケーションがあるよ。僕は勉強した時間の長さを友達と共有しているから，より一生懸命勉強できるんだ。また，携帯電話にはＧＰＳがあるから，両親は彼らの子どもたちがどこにいるのかを知ることができるよ。　E：ええと，私はあなたの，自分の携帯電話を持つことに多くの良いことがあるという点はわかるわ。でも私は携帯電話でしゃべったり，携帯電話を使ったりすることが問題を引き起こしていることを聞いたわ。また，携帯電話を使うことに時間を多くかけすぎることはあなたの健康にとって悪いと思うわ。　K：その通りね，エミリー。①**コインには常に２つの面があるわ**。私はよく携帯電話に時間を多くかけすぎてしまうわ。私は本当にＳＮＳに使う時間を減らしたいのだけれど，友達からのコメントやメッセージの確認をするのを止められないの。私は，自分の携帯電話を勉強のためではなく友達と連絡を取ることのために使っていると思うわ。　E：ＳＮＳって何？　K：ああ，英語ではＳＮＳはソーシャルメディアを意味するわ。　S：先日，僕は人々が歩いている間にスマートフォンを使う「歩きスマホ」による事故が，社会において多くの問題を引き起こしていることをニュースで見たよ。　E：歩きスマホと言えば，英語を話す人はそのような人々を「スマートフォンゾンビ」と呼ぶわ。　S：ゾンビ！？　なぜ？　それは彼らが事故に遭って死ぬかもしれないから？　E：いいえ。なぜなら「スマートフォンゾンビ」はいつもゆっくり歩いていてゾンビのように見えるからよ！　K：それはおもしろいわね。

2　本文訳波線部参照。

3　本文訳二重傍線部参照。

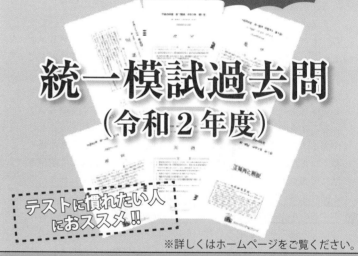

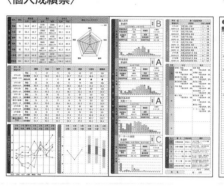

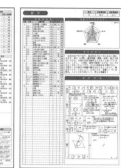